Die Reise in die Vergangenheit

Nordrhein-Westfalen 3

Herausgegeben von:
Hans Ebeling und Prof. Dr. Wolfgang Birkenfeld

Bearbeitet von:
Johannes Derichs, Renata Franz, Erik Freedman,
Henning Geisel, Dr. Patrick Henßler, Wolfgang Pankratz,
Monika Rüter und Heike Schuster

Mit Beiträgen von:
Frank Gerstenberg, Cathrin Schreier, Uta Usener,
Anke Walzer-Mirwald, Heinz-Ulrich Wolf

westermann

© 2014 Bildungshaus Schulbuchverlage
Westermann Schroedel Diesterweg Schöningh Winklers GmbH,
Braunschweig
www.westermann.de

Das Werk und seine Teile sind urheberrechtlich geschützt.
Jede Nutzung in anderen als den gesetzlich zugelassenen Fällen bedarf
der vorherigen schriftlichen Einwilligung des Verlages. Hinweis zu
§ 52a UrhG: Weder das Werk noch seine Teile dürfen ohne eine solche
Einwilligung gescannt und in ein Netzwerk eingestellt werden. Das
gilt auch für Intranets von Schulen und sonstigen Bildungseinrichtungen.
Auf verschiedenen Seiten dieses Buches befinden sich Verweise
(Links) auf Internet-Adressen.
Haftungshinweis: Trotz sorgfältiger inhaltlicher Kontrolle wird die
Haftung für die Inhalte der externen Seiten ausgeschlossen. Für den
Inhalt dieser externen Seiten sind ausschließlich deren Betreiber verantwortlich.
Sollten Sie bei dem angegebenen Inhalt des Anbieters
dieser Seite auf kostenpflichtige, illegale oder anstößige Inhalte treffen,
so bedauern wir dies ausdrücklich und bitten Sie, uns umgehend
per E-Mail davon in Kenntnis zu setzen, damit beim Nachdruck der Verweis
gelöscht wird.

Druck A^2 / Jahr 2014
Alle Drucke der Serie A sind im Unterricht parallel verwendbar.

Redaktion: Britta Naumann
Herstellung: Andreas Losse
Layout und Umschlaggestaltung:
Janssen Kahlert Design & Kommunikation, Hannover
Satz: HenryN. Werbeagentur, Braunschweig
Druck und Bindung: westermann druck GmbH, Braunschweig

ISBN 978-3-14-**110753**-1

Liebe Schülerinnen und Schüler,

vor euch liegt euer neues Buch für das Fach Geschichte. Es will euch zu einer „Reise in die Vergangenheit" einladen. Dieses Buch soll euch helfen, selbstständig Geschichte zu entdecken. Wir, die Autorinnen und Autoren dieses Buches, haben dazu viele Bilder und Texte zusammengestellt, die vom Leben der Menschen in früheren Zeiten berichten. Für eine Reise benötigt ihr eine geeignete Ausrüstung. Euer Buch bietet euch verschiedene Hinweiszeichen. Sie helfen, euch bei eurer Reise in die Vergangenheit zurechtzufinden.

Die Arbeitsaufträge leiten euch dazu an, Texte und Abbildungen auszuwerten und die Zusammenhänge zu verstehen.

ARBEITSAUFTRÄGE

Dieses Hinweiszeichen bei den Arbeitsaufträgen soll euch helfen, eine Aufgabe besser zu verstehen und zu bearbeiten.

Hierbei handelt es sich um einen schwierigen Arbeitsauftrag. Eure Lehrerin oder euer Lehrer sollte entscheiden, ob ihr diese Aufgabe lösen könnt.

Hier werden euch unbekannte Begriffe und schwer verständliche Wörter erklärt.

Kodex: Sammlung von Verhaltensregeln und Grundsätzen

Mit dem Buchstaben Q sind Quellen gekennzeichnet. In diesen Texten haben Menschen lange vor unserer Zeit ihre Gedanken aufgeschrieben. Diese Textquellen müsst ihr genauer untersuchen.

Q1

Der Buchstabe M bezeichnet alle Materialien, die den Autorentext und die Quellen ergänzen.
M kann ein Bild, eine Karte, eine Zeichnung oder eine Tabelle sein.

M1

Hier stellen wir euch Methoden des Faches Geschichte vor. Auf diesen Seiten könnt ihr z. B. lernen, wie man Textquellen miteinander vergleicht, Wahlplakate analysiert oder Zeitzeugen befragt.

Methode

Diese Seiten enthalten Anregungen zum Ausprobieren, Selbermachen und Entdecken. Ihr könnt z. B. ein eigenes Lapbook erstellen.

Projekt

Auf diesen Seiten werden zusätzliche Themen und Inhalte auf höherem Niveau vertiefend behandelt.

Vertiefung

Auf dieser Seite findet ihr eine Zusammenfassung mit allen wichtigen Informationen und Begriffen des Kapitels sowie einen Zeitstrahl mit den wichtigsten Daten.

In Kürze

Auf diesen Seiten könnt ihr eure Kompetenzen, die ihr im Unterricht erworben habt, selbstständig überprüfen. Mit den zusätzlichen Materialien könnt ihr das Gelernte wiederholen, üben und anwenden.
Wie ihr die Seiten bearbeiten und auswerten könnt, erfahrt ihr auf S. 4.

Selbstüberprüfung

Den Alltag und das Leben der Menschen schildern wir euch in einigen Geschichtserzählungen. Diese sind jedoch keine historischen Quellen.

Im Anhang findet ihr ein Methodenglossar und Worterklärungen, mit denen ihr wichtige Arbeitstechniken und Begriffe nachschlagen könnt.

So kannst du dich selbst überprüfen

In diesem Buch hast du die Möglichkeit, deine eigenen Lernprozesse regelmäßig zu kontrollieren. Aufgaben mit unterschiedlichen Schwerpunkten helfen dir, deine Kompetenzen zu überprüfen und festzustellen, ob du in bestimmten Bereichen noch etwas nacharbeiten musst. Zusätzlich kannst du über das ganze Schuljahr hinweg einen Begleitbogen zu deinem allgemeinen Lern- und Arbeitsverhalten führen. Eine Kopiervorlage hierzu befindet sich bei den Zusatzmaterialien zum Buch.

Kompetenz: Fähigkeit, Können

Die Doppelseiten zur Selbstüberprüfung
Am Ende jedes Themenkapitels befindet sich eine Doppelseite, mit deren Hilfe du selbst einschätzen kannst, ob du ...
- historische Sachverhalte jemand anderem erklären oder dazu einen Informationstext verfassen kannst (SK),
- eine bestimmte Arbeitsmethode gut beherrschst (MK),
- schon über genug Informationen verfügst, um einen historischen Sachverhalt beurteilen zu können (UK),
- dich in eine Person aus der Vergangenheit hineinversetzen und ein bestimmtes Problem aus deren Sicht darstellen und dazu Lösungsmöglichkeiten entwickeln kannst (HK).

SK: Sachkompetenz
MK: Methodenkompetenz
UK: Urteilskompetenz
HK: Handlungskompetenz

So gehst du vor
Bearbeite die Materialien auf der jeweiligen Doppelseite. Ordne dann deine Fähigkeiten auf einer Farbskala ein:

- ● – kann ich gut

- ● – kann ich mit Einschränkungen

- ● – fällt mir noch schwer

Je nach Ergebnis solltest du danach Folgendes tun:

- ● – Nutze deine Fähigkeit oder deine besonderen Kenntnisse, um Mitschülerinnen und Mitschülern zu helfen, die in diesem Bereich noch Schwierigkeiten haben!

- ● – Schlage noch einmal im Buch nach, wenn dir zum Beispiel ein bestimmter Sachverhalt nicht klar geworden ist oder dir eine bestimmte Arbeitsmethode noch Schwierigkeiten bereitet. Wenn es dir schwerfällt, Informationen mit eigenen Worten wiederzugeben oder daraus ein Urteil abzuleiten, sprich mit Mitschülerinnen und Mitschülern, die dir helfen können!

- ● – Bitte deine Mitschülerinnen und Mitschüler oder deine Lehrkraft um Unterstützung. Vielleicht kannst du gemeinsam mit ihnen nacharbeiten, was du nicht verstanden hast oder noch nicht so gut umsetzen kannst!

Hinweise zur Bearbeitung der Arbeitsaufträge

Jede Aufgabe im Buch beginnt mit einem Operator. Ein Operator ist das Verb, mit dem die Aufgabe eingeleitet wird und das dir angibt, wie du eine Aufgabe erledigen sollst (z. B. Zähle auf ... / Vergleiche ...).
Durch die Operatoren ergeben sich leichtere und schwierigere Aufgaben. Man kann drei sogenannte Anforderungsbereiche unterscheiden:
- Die Aufgaben mit Operatoren im Anforderungsbereich I sind die leichtesten. Hier sollst du neu erworbenes Wissen wiedergeben und bekannte Arbeitstechniken anwenden.
- Bei den Aufgaben im Anforderungsbereich II sollst du bekannte Inhalte selbstständig untersuchen und danach erklären und begründen, wie es zu einem Ereignis kam und welche Folgen es hat.
- Die Aufgaben aus dem Anforderungsbereich III sind die schwierigsten. Hier sollst du dich mit neuen Inhalten und Problemen auseinandersetzen, um sie dann zu bewerten und Stellung dazu zu nehmen.

Eine Auswahl der häufigsten Operatoren ist hier wiedergegeben.

Anforderungsbereich I

nennen, aufzählen: Du sollst Informationen aus den vorgebenen Materialien (z.B. Schulbuchtext, Quellentexte, ...) knapp und präzise auflisten. Hierbei musst du nichts begründen oder näher erläutern. Achte jedoch auf Vollständigkeit.

beschreiben, wiedergeben, zusammenfassen: Du sollst den Inhalt eines Textes mit eigenen Worten formulieren oder sagen, was auf einem Bild zu sehen ist. Achte darauf, dass du nicht alles nacherzählst, sondern nur das Wichtigste.

zuordnen: Du sollst Informationen unter bestimmte Überschriften oder Oberbegriffe sortieren.

berichten: Du sollst einen Sachverhalt mit eigenen Worten darstellen. Achte dabei besonders auf Verläufe, Begebenheiten und Zusammenhänge. Sammle Informationen zu den Fragen Wer? Wann? Was? Wo? Warum?

schildern, skizzieren: Du sollst Sachverhalte, Probleme oder Aussagen verstehen und zutreffend darstellen (wie bei „berichten"). Dabei sollst du sie nicht näher vertiefen.

Anforderungsbereich II

begründen: Du sollst Behauptungen durch Argumente und Beispiele beweisen. Achte darauf, Sachwissen für deine Argumente zu nutzen, sodass sie für andere nachvollziehbar sind.

erklären: Du sollst dein Sachwissen nutzen, um zu schildern, wie Dinge funktionieren oder womit sie zusammenhängen.

erläutern: Du sollst hier aufzeigen, wie Dinge funktionieren oder womit sie zusammenhängen (wie bei „erklären"). Verwende bei der Erklärung zusätzlich neue Vergleiche oder Beispiele.

vergleichen: Du sollst unterschiedliche Aussagen oder Informationen gegenüberstellen und herausfinden, worin sie sich gleichen, ähneln oder unterscheiden.

prüfen: Du sollst Informationen aus den Materialien mit vorhandenen Kenntnissen vergleichen und feststellen, ob beides übereinstimmt oder sich widerspricht.

einordnen: Du sollst Ereignisse zueinander in Beziehung setzen.

analysieren: Du sollst dir Materialien oder Sachverhalte erschließen. Dafür musst du Fragen stellen und Antworten begründen.

Anforderungsbereich III

beurteilen: Du sollst sagen, ob etwas gut oder schlecht gelungen ist. Dabei geht es aber nicht um deine eigene Meinung, sondern du sollst entscheiden: Wollte die Person genau das erreichen, was sie erreicht hat, oder wollte sie eigentlich etwas anderes erreichen?

bewerten/Stellung nehmen: Hier darfst du deine eigene Meinung zu einem Thema sagen. Findest du das Ereignis, die Sache gut oder schlecht?
Achte darauf, auch Gründe für deine Meinung zu nennen.

diskutieren: Jetzt dürfen mehrere Schülerinnen und Schüler Stellung nehmen. Interessant wird es, wenn sich die Meinungen unterscheiden. Achtet darauf, euch gegenseitig aussprechen zu lassen.

überprüfen: Du sollst kontrollieren, ob eine Aussage, ein Sachverhalt oder eine Argumentation stimmig und angemessen ist. Dazu vergleichst du Informationen aus den Materialien mit vorhandenen Kenntnissen und stellst fest, ob beides übereinstimmt oder sich widerspricht.

Inhalt

12 Identität und Lebensgestaltung *

14 Werte und Wertewandel
14 Was bedeutet Wert?
16 Individuelle Werte
18 Werte wandeln sich

20 Unterschiedliche Lebensentwürfe
20 Vielfältige Familienformen

22 Verschiedene Lebensformen
22 Persönliche Lebensgestaltung
24 **Methode:** Ein Portfolio erstellen

26 Jugendkulturen
26 Freizeitinteressen
28 **Vertiefung:** Selbstinszenierung und Protestkultur

30 Freizeitgestaltung
30 Medien, Politik und Konsum
32 **Projekt:** Eine Umfrage durchführen
33 **In Kürze:** Identität und Lebensgestaltung
34 **Selbstüberprüfung**

36 Die Weimarer Republik

38 Vom Kaiserreich zur ersten deutschen Republik
38 Der Weltkrieg endet: Novemberrevolution 1918

40 Eine Geschichtserzählung
40 Einer von Dreien

42 Die Nationalversammlung in Weimar
44 Der „Unfriede" von Versailles

46 Herausforderungen der Republik
46 Das Krisenjahr 1923
48 **Methode:** Portfolioarbeit: Inflation und Hyperinflation
50 **Vertiefung:** Außenpolitische Erfolge

52 Frauen in der Weimarer Republik
52 Die Emanzipation der Frau
54 **Projekt:** Wir erstellen ein Lapbook

56	**Krisenjahre**
56	Börsenkrach in den USA
58	Politische Krise
60	**Methode:** Politische Wahlplakate analysieren
62	**Das Ende der Weimarer Republik**
62	Das Ende der Demokratie
64	**Projekt:** Wir erstellen eine Lernkartei
65	**In Kürze:** Die Weimarer Republik
66	**Selbstüberprüfung**

68 Nationalsozialismus und Zweiter Weltkrieg

70	**Die NSDAP an der Macht**
70	Adolf Hitler wird Reichskanzler
72	**Methode:** Textquellen vergleichen
74	**Gleichschaltung von Staat und Volk**
74	Die Herrschaft wird gesichert
76	**Ziele und Ideen der NSDAP**
76	Die nationalsozialistische Weltanschauung
78	Die Idee von der „Volksgemeinschaft"
80	**Jugend im Nationalsozialismus**
80	Erziehung im NS-Staat
82	**Vertiefung:** Die NS-Frauenrolle
84	**Die Wirtschaftspolitik der NSDAP**
84	Ein Programm muss umgesetzt werden
86	**Gehasst – verfolgt – vernichtet**
86	Ausgegrenzt und entrechtet
88	Von der Ausgrenzung zur Vernichtung
90	Holocaust – Ende der Menschlichkeit
92	**Methode:** Analyse historischer Fotografien als Quelle
94	**Projekt:** Einen Stolperstein verlegen
96	**Der Zweite Weltkrieg**
96	Hitler entfesselt den Krieg
98	Der Vernichtungskrieg im Osten
100	**Vertiefung:** Schlacht um Stalingrad
102	**Widerstand in Deutschland und Europa**
102	Widerstand gegen die NS-Diktatur
104	Nicht alle machten mit

106	**Kriegsende in Sicht**
106	Krieg in Asien und im Pazifik
108	**Flucht und Vertreibung in Europa**
108	Heimatvertriebene
110	Wie du mir, so ich dir
112	**Antisemitismus & Rechtsextremismus heute**
112	Nichts gelernt aus der Vergangenheit?
114	Projekt: Wir besuchen eine Gedenkstätte
115	In Kürze: Nationalsozialismus und Zweiter Weltkrieg
116	Selbstüberprüfung

118 Deutsche Nachkriegsgeschichte

120	**Deutschland nach dem Krieg**
120	Das Land in Trümmern
122	Was soll aus Deutschland werden?
124	**Ein Deutschland – zwei Staaten**
124	Entwicklung in den westlichen Besatzungszonen
126	Entwicklung in der sowjetischen Besatzungszone
128	Die doppelten Staatsgründungen
130	**Der Ost-West-Gegensatz**
130	Machtblöcke entstehen
132	Die Gegensätze verstärken sich
134	**Leben im geteilten Deutschland**
134	Die Wirtschaft verändert die Gesellschaft
136	Die deutsch-deutsche Grenze
138	**Eine Geschichtserzählung**
138	Erzählte Geschichte im Comic: *drüben!*
140	Wandel durch Annäherung
142	Gesellschaft in Ost und West
144	Methode: Geschichte im Film
146	Vertiefung: Das Ministerium für Staatssicherheit
148	**Proteste schaffen Veränderungen**
148	Protestbewegungen in Ost und West

150 **Auf dem Weg zur Wiedervereinigung**
150 Der demokratische Umbruch 1989

152 **Vereintes Deutschland**
152 Deutschland wächst zusammen
154 **Methode:** Zeitzeugen befragen
156 **Projekt:** Wir planen gemeinsam eine Exkursion
157 **In Kürze:** Deutsche Nachkriegsgeschichte
158 **Selbstüberprüfung**

160 # Das politische System der Bundesrepublik Deutschland *

162 **Aussagen zur Demokratie**
162 Demokratie

164 **Grundlagen unserer Demokratie**
164 Kennzeichen unseres Staates

166 **Parteien in Deutschland**
166 Parteien – warum gibt es sie?
168 **Vertiefung:** Parteien und ihre Programme
170 Engagement in der Politik

172 **Wahlen in Deutschland**
172 Wahlen und Wahlsystem
174 Sie haben zwei Stimmen
176 **Methode:** Eine Umfrage mithilfe von GrafStat erstellen

178 **Wie wird Deutschland regiert?**
178 Das Parlament – Kern unserer Demokratie
180 Parlament – Ordnung und Aufgaben
182 Regierungsbildung
184 Der Bundespräsident und das Bundesverfassungsgericht
186 Der Bundesrat

188 **Ein Gesetz entsteht**
188 Gesetzgebung

190 **Interessenverbände gestalten mit**
190 Einflussnahme in die Politik

Inhalt

192	**Massenmedien – vierte Gewalt?**
192	Kontrolle der Politiker durch Medien
194	**Vertiefung:** Massenmedien – vierte Gewalt des Staates?
196	**Deutschland – ein Sozialstaat**
196	Prinzipien des Sozialstaates Deutschland
198	Armutsrisiko Arbeitslosigkeit
200	Sozialversicherungssystem
202	**Projekt:** Wir besuchen den Landtag in NRW
203	**In Kürze:** Das politische System der Bundesrepublik Deutschland
204	Selbstüberprüfung

206 Europäische Union *

208	**Die Europäische Union**
208	Europa – ein vielfältiger Kontinent
210	Europa wächst zusammen
212	Von der EWG zur Europäischen Union
214	Zuwachs für Europa
216	Der Weg zum Vertrag von Lissabon
218	So funktioniert die EU
220	Gesetzgebungsverfahren
222	**Vertiefung:** Soll die Türkei EU-Mitglied werden?
224	Die EU als Solidargemeinschaft
226	Europas Landwirtschaft
228	**Vertiefung:** Der Euro
230	**Gemeinsame Außen- und Sicherheitspolitik**
230	Europäische Sicherheitspolitik
232	Friedensnobelpreis für die EU
234	**Projekt:** Karikaturen-Rallye: Europäische Union
236	**Methode:** Eine Online-Präsentation erstellen
237	**In Kürze:** Europäische Union
238	Selbstüberprüfung

240 Internationale Politik im Zeitalter der Globalisierung *

242	**Die Vereinten Nationen (UNO)**
242	Die Vereinten Nationen
244	Aufbau der Vereinten Nationen
246	Frieden bewahren, Frieden schaffen

248	Schutz der Menschenrechte
250	**Internationale Rechtsprechung**
250	Der Internationale Strafgerichtshof
251	**Projekt:** Arbeit des Internationalen Strafgerichtshofs
252	**Internationale Sicherheitspolitik**
252	Die NATO
254	Internationaler Kampf gegen den Terror
256	Der Krieg in Afghanistan gegen die Taliban
258	**Globalisierung**
258	Aspekte der Globalisierung
260	Produkt der Globalisierung – Smartphone
262	Globalisierungsgewinner Deutschland?
263	China – eine neue Weltmacht
264	Kulturelle Globalisierung
266	Schattenseiten der Globalisierung
268	Steuerung und Regelung der Globalisierung
269	**Projekt:** Der Globalisierung auf der Spur
270	**Nachhaltigkeit**
270	Nachhaltige Entwicklung als globales Ziel
272	**Klimawandel und seine Folgen**
272	Klimawandel als globales Problem
274	**Nachhaltigkeit und Klimaschutz**
274	Ansätze zum verbesserten Klimaschutz
276	**Eine Geschichtserzählung**
276	Warten auf Rettung
278	**Projekt:** Klimaschutz in der Schule
279	**In Kürze:** Internationale Politik im Zeitalter der Globalisierung
280	**Selbstüberprüfung**
282	**Methodenglossar**
288	**Worterklärungen**
292	**Textquellen**
295	**Bildquellen**

* Das Kapitel ist für den Einsatz an der Realschule fakultativ.

Identität und Lebensgestaltung

Was dich als Person ausmacht, ist deine Identität. Wie du sein möchtest, was du tust und wie du später einmal leben willst, hängt auch von deinen Wertvorstellungen ab. Diese entwickelst du zuerst in der Familie, dann im Freundeskreis und später in deinem Berufsleben. Das unverwechselbare Äußere spielt oft eine große Rolle und bestimmt auch deine Gruppenzugehörigkeit, in der Individualität trotzdem wichtig bleibt. In der Freizeit kennzeichnet der ständige Austausch in verschiedenen sozialen Netzwerken einen einschneidenden Wertewandel.

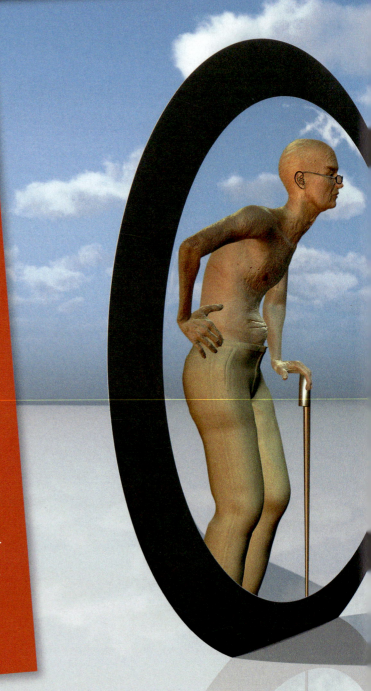

Wie werde ich später leben?
(Fotomontage 2013)

Werte und Wertewandel

Was bedeutet Wert?

„Heutzutage kennt ein Mensch von allen Dingen den Preis und von keinem den Wert." Dieses Zitat des irischen Schriftstellers Oscar Wilde stammt aus dem 19. Jahrhundert und zeigt die Doppeldeutigkeit des Begriffes Wert. Zum Beispiel besitzen wir Gegenstände, die für uns einen bestimmten Wert haben. Wir haben ein Handy oder einen PC für einen festgesetzten Preis gekauft, beides hat einen materiellen Wert. Dieser Wert ist zu berechnen, er hängt nicht von einer persönlichen Meinung ab.

Wenn wir aber darüber sprechen, was wir für gut und richtig halten oder wie wir später leben wollen, kann man das nicht ausrechnen. Es geht um Wertvorstellungen und Lebensentwürfe. Beide sind sehr persönlich und man kann sie nicht kaufen.

materiell: auf Besitz oder Gewinn bezogen
immateriell: bedeutet geistig, man kann immaterielle Werte nicht kaufen

M1 Karikatur von Thomas Plaßmann

Entwicklung von Wertvorstellungen

Kinder orientieren sich in den ersten Lebensjahren vorwiegend an ihren Eltern. Danach spielt die Gruppe der Gleichaltrigen eine große Rolle für die Herausbildung von Wertvorstellungen. Das sind Vorstellungen, die allgemein als wünschenswert anerkannt sind und mit einem bestimmten Verhalten verknüpft werden.

Wertvorstellungen entwickeln sich durch viele unterschiedliche Erfahrungen. Dazu gehören die Erziehungsstile von Mutter und Vater, die Regeln des gemeinsamen Zusammenlebens aufstellen, Belohnung oder Bestrafung festlegen und außerdem wichtige Vorbilder sind. Auch Gespräche mit den Großeltern, Geschwistern und den Freundinnen und Freunden regen zur Auseinandersetzung mit den verschiedenen Ansichten an. Außerdem tragen die Erlebnisse im Schulalltag mit Lehrkräften und Mitschülerinnen und Mitschülern zur Meinungsbildung bei. Das Nachdenken über sich selbst und das, was einem wichtig ist, entwickelt die Wertvorstellungen in der Jugend weiter. Aber auch als Erwachsener ist dieses Nachdenken nie wirklich abgeschlossen, sondern es erweitert und verändert sich.

M2 Freunde geben Sicherheit.

Werte und Wertewandel

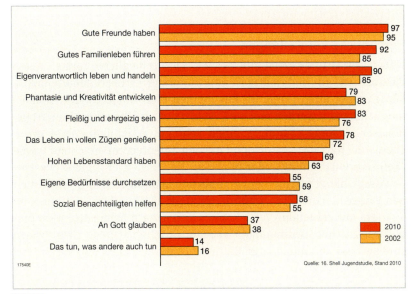

M3 So äußerten sich Jugendliche auf die Frage, was ihnen besonders wichtig ist (Befragung von 2010).

M4 Eine Pflegerin tröstet.

Gesellschaftliche Werte

„Alle Menschen sind frei und gleich an Würde und Rechten geboren", so lautet der erste Artikel der Allgemeinen Erklärung der Menschenrechte. Diese gesellschaftlichen Grundwerte sind teilweise in Gesetzen und in unserer Verfassung, dem Grundgesetz der Bundesrepublik Deutschland, festgeschrieben. Neben dem Leben in Würde ist mit Freiheit die Gedanken- und Glaubensfreiheit gemeint. Aber auch die faire Behandlung aller Menschen vor dem Gesetz oder das Recht auf eine Ausbildung wird in unserer Gesellschaft als wichtig angesehen.

In der Schule zum Beispiel möchten Schülerinnen und Schüler gerecht behandelt werden. Für eine sauber geführte Mappe erwarten sie eine gute Note und für Regelverstöße entsprechende Konsequenzen. Das ist eine gemeinsame Wertvorstellung von Eltern, Lehrkräften und Schülerinnen und Schülern. Der Wert Gerechtigkeit dient also auch der Orientierung für erwünschtes Verhalten, er ist ein gesellschaftlicher Grundwert. Die Belohnung von Fleiß gehört auch dazu. In der Schule wird Fleiß durch gute Noten belohnt und am Ende einer Berufsausbildung mit einem entsprechenden Abschluss, der wiederum später ein gutes Einkommen ermöglicht.

M5 Familienspaziergang

ARBEITSAUFTRÄGE

1. Erkläre, welche unterschiedlichen Bedeutungen der Begriff Wert hat.
2. Erstelle eine Liste aller im Text und in den Materialien dieser Doppelseite genannten Werte und erläutere sie.
3. Setze dich mit dieser Werteliste auseinander, indem du
   a) dazu passende Fotos in verschiedenen Zeitschriften suchst
   b) unter www.spiesser.de, www.fluter.de, www.yaez.de recherchierst.
4. Erläutere: „Wertvorstellungen erweitern und verändern sich im Laufe des Lebens."
5. Interpretiere die Karikatur M1.

zu 2.
*Ein Leben in Würde bedeutet ...
Gerechtigkeit ist ein Wert, der ...*

M1 Höflichkeit

M2 Wohlstand

M3 Selbstverwirklichung

Individuelle Werte

Persönliche Vorstellungen

Neben den Grundwerten gibt es viele unterschiedliche Vorstellungen darüber, was gut und richtig ist oder für erstrebenswert gehalten wird. Ob ich einer alten Dame im Bus meinen Platz anbiete (Höflichkeit), möglichst reich werden möchte (Wohlstand), meine erkrankten Angehörigen versorge (Familie), einen sehr guten Schulabschluss erreichen will (Karriere), ein Hobby meinen Talenten entsprechend wähle (Selbstverwirklichung) oder mich für die Umwelt engagiere (Verantwortung), hängt von meiner persönlichen Lebensgestaltung sowie meinen Wünschen und Plänen für die Zukunft ab.

Diese individuellen Werte können sich je nach Lebenssituation und wirtschaftlichen Bedingungen ändern. Gesellschaftliche Grundwerte sind beständiger und eine große Anzahl von Menschen teilt sie.

Q1 Jugendliche äußern sich zu ihren Wertvorstellungen (Auszug aus einer Jugendstudie, 2010):

Onur, 15 Jahre alt, 9. Klasse Hauptschule: Vor meinem Schulwechsel hatte ich viel Ärger ... Ich dachte mir halt, die Scheißlehrer und Scheiß auf Schule. Und erst dann, wenn es zu spät ist, merkt man, es ist doch wichtig, die Schule ... Zurzeit ist die Schule das Wichtigste überhaupt. Ich konzentrier mich nur noch auf die Schule, weil jetzt beginnt langsam die Endphase. Um einen gescheiten Quali zu machen, muss man lernen ... Also Karriere machen ist sehr wichtig, weil jeder Mensch will aus seinem Leben was machen ...

Ines, 16 Jahre alt, 10. Klasse Verbundschule: Wenn ich zum Beispiel 'ne schlechte Note hab, ... ist das innerlich schon ein bisschen schwer, weil ich stell mich dann selber unter Druck und werf mir dann vor: Ja, hättest du mal lieber mehr für die Schule getan oder genau für dieses Fach ... Mein Schnitt ist 2,4 ... Ich besuche eine Berufsschule nach der zehnten Klasse. Also Richtung Sozial und Gesundheit, dann werde ich im elften Schuljahr ein Jahr ein Praktikum absolvieren ... und dann habe ich mein Fachabi.

Julia, 16 Jahre alt, Realschule: Ich bin gerne Teil einer Mannschaft, kann mich beim Training gut auspowern und spiele Volleyball. ... Bei manchen Dingen sollte man vielleicht mal was sagen, aber ich mache meinen Mund eher weniger auf ... Ordnung und Pünktlichkeit im Sinne von Leitfäden für den respektvollen Umgang miteinander sind mir wichtig. Ich lege auch Wert auf Leistung, was andere Jugendliche meiner Meinung nach eher weniger tun ... Ich bin neugierig auf die Zukunft und wünsche mir, viel zu reisen.

Q2 Mark Twain, Schriftsteller der USA aus dem 19. Jahrhundert:

Natürlich interessiert mich die Zukunft. Ich will doch schließlich den Rest meines Lebens in ihr verbringen.

Werte und Wertewandel

Q3 Interview zu den Wertvorstellungen von Jugendlichen mit dem Jugendforscher Thomas Gensicke (Mitautor einer Jugendstudie, 2013):

Was kann im Blick auf die Jugend über den Rest unserer Gesellschaft gesagt werden?
Die Jugend ist der Spiegel der Gesellschaft, ihrer Vorzüge, aber auch ihrer Mängel. ... Die Politik redet von Werten, beschönigt aber bei ihren eigenen Leuten den Betrug als Kavaliersdelikt.

Woher haben Jugendliche ihre neue Sehnsucht nach Fleiß und Ordnung?
Fleiß und Ehrgeiz beziehen sich auf das Bestehen in einer Leistungswelt, die man trotz ihrer Mängel im Grundsätzlichen akzeptiert ... Ordnung drückt das Bedürfnis nach dem Geregelten und nach Moral aus.

Wie lassen sich diese überlieferten Werte mit den neuen Werten der Selbstentfaltung verknüpfen?
Das ist einfach. Hart arbeiten: in der Schule, in der Ausbildung, im Beruf, im Sport – und trotzdem Spaß und Party haben. Geld zurücklegen und sich doch ein wenig Luxus leisten. Gutes tun, aber dabei auch an die eigenen Interessen denken. In guten Beziehungen leben, aber auch auf seine Freiräume achten.

Jugendliche schätzen zunehmend Familie und Freunde. Warum?
Die sozialen Beziehungen sind Nest, Hafen und Ankerpunkt in einer unsicheren und flexiblen Welt ... die bedrohlich erscheint und moralisch zweifelhaft.

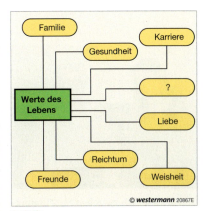

M4 Eine Mind-Map zu Wertvorstellungen

M5 Freizeitvergnügen Party

Placemat

Placemat bedeutet „Platzdeckchen" und bezeichnet eine Gruppenarbeit für vier Schülerinnen und Schüler.

1. Ein Blatt wird in fünf Felder eingeteilt. Jeder schreibt seine Ergebnisse zum Arbeitsauftrag in ein Außenfeld.
2. Diese Ergebnisse werden in der Gruppe besprochen.
3. In der Mitte wird anschließend das übereinstimmende Arbeitsergebnis notiert, um es der Klasse vorstellen zu können.

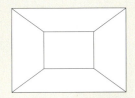

ARBEITSAUFTRÄGE

1. Benenne den Unterschied von gesellschaftlichen und individuellen Werten anhand von Beispielen.
2. Erläutere den Stellenwert von Ordnung, Sicherheit und Fleiß.
3. Bildet Viergergruppen:
    a) Tragt im Placemat eure Wertvorstellungen zusammen (Außenfelder).
    b) Begründet die übereinstimmenden Werte (Mittelfeld).
    c) Sammelt das Klassenergebnis auf einer Wandzeitung.
4. Diskutiert mithilfe von Q3, warum die Jugend als Spiegel der Gesellschaft gilt.

zu 1.
Ein gesellschaftlicher Wert ist zum Beispiel Gerechtigkeit, Schüler wollen alle gerecht zensiert werden. Selbstverwirklichung ist dagegen ein individueller Wert, jeder hat eine andere Vorstellung davon.

Werte wandeln sich

Werte sind alters- und somit generationenabhängig. Eltern erziehen ihre Kinder nach persönlichen Grundsätzen und ihren Vorstellungen des Zusammenlebens. Großeltern wiederum haben anders geprägte Wertmaßstäbe als ihre jetzt erwachsenen Kinder. Die dritte Generation – also Enkelkinder – entwickelt wiederum ihre eigenen Vorstellungen davon, was gut und richtig ist. Jede Generation spiegelt in ihrer Werteskala natürlich auch die Zeit wieder, in der sie lebt.

M1 Gespräch zwischen Enkelin und Großmutter

Q1 Gespräch einer Enkelin mit ihrer Großmutter, Bielefeld 2013:

Oma Lenchen, welche Werte waren in deiner Erziehung wichtig?
Unbedingter Gehorsam war wichtig, Kinder sollten den Mund halten und Respekt zeigen, vor allem den Großeltern gegenüber. Sie durften nichts selber bestimmen. Und Rücksichtnahme gehörte auch dazu.
Deine Kinder sind vor über fünfzig Jahren geboren. Hast du ihnen das auch so beigebracht?
Nein, den unbedingten Gehorsam nicht – meine Kinder sollten Ältere achten, durften aber mitreden und auch eine eigene Meinung haben.
Was war in der Schule wichtig?
Wir mussten still sitzen, Hände auf dem Tisch, aufstehen für eine Antwort und bekamen Schläge für jeden Verstoß.

M2 Hausfrau 1958

M3 Hausfrau 2013

M4 Klassenfoto 1955

M5 Klassenfoto 2013

Werte und Wertewandel

Was war euch in der Kindheit wichtig?
Geld auf jeden Fall nicht, wir besaßen auch nur selbst gemachtes Spielzeug. Mein größter Wunsch war eine Puppe mit Schlafaugen, die habe ich aber nie bekommen, weil sie zu teuer war.

Gab es einen Leitspruch in der Erziehung?
„Ordnung ist das halbe Leben!" Das sagte meine Mutter immer, das habe ich auch meinen Kindern beigebracht.

Wolltest du mehr Geld verdienen als deine Eltern, reicher sein?
Nein, nicht unbedingt – nur auf jeden Fall arbeiten gehen, das war klar.

Welche Vorbilder hattest du denn?
Es gab damals nicht so viele Stars wie heute – ich kannte nur deutsche Schauspieler und fand Brigitte Horney toll.

Hast du von einer Karriere geträumt?
Das Wort kannte ich gar nicht als junges Mädchen, auch Selbstverwirklichung war für uns kein Begriff. Eine 48-Stunden-Woche mit einem freien Tag – dem Sonntag – ist zeitlich sehr „ausfüllend" (Oma Lenchen lacht).

Was war denn dein Traum von der Zukunft?
Als junges Mädchen einen Beruf zu erlernen, danach meine Rolle als Hausfrau und Mutter zu erfüllen. In den fünfziger und sechziger Jahren hat man trotz Ausbildung von den Frauen erwartet, dass sie mit Kindern Zuhause bleiben. Nur in der unmittelbaren Nachkriegszeit war das anders, da fehlten ja viele Männer und die Frauen hatten im Krieg gelernt, einen Beruf auszuüben, selbstständig zu entscheiden und alleine zu leben. Nach dem Ende des Zweiten Weltkriegs 1945 war ein Dach über dem Kopf und sich satt zu essen bestimmend, also Sicherheit. Später ging es um Wohlstand, man wollte mehr besitzen und wir haben gespart für unsere Wünsche.

Was hast du deinen Kindern dazu beigebracht?
Ich fand Schulbildung wichtig, sie sollten es mal besser haben als wir. Und beide Jungen hatten bestimmte Pflichten im Haushalt, sie sollten Verantwortung übernehmen und Ordnung halten, so wie ihre Oma das wichtig fand.

Siehst du Unterschiede zu uns, deinen Enkelkindern?
Ja, der Besitz ist immer mehr geworden, meine Enkel haben alles oder sogar von allem viel zu viel. Aber sie wissen nicht was sie werden wollen, haben keine Ziele, die Orientierung fehlt. Mir fehlt auch die Rücksichtnahme auf Ältere bei Jugendlichen, es geht immer nur um sie, weil sie oft schon als Kleinkinder immer im Mittelpunkt stehen und keine Grenzen gezogen bekommen. Verantwortung für die Gemeinschaft zu übernehmen scheint heute nicht mehr so gefragt zu sein.

M6 Filmstar Brigitte Horney 1950

M7 Filmstar Angelina Jolie 2013

ARBEITSAUFTRÄGE

1. Erstelle eine Liste sogenannter alter Werte mithilfe von Q1.
2. → Beschreibe Unterschiede und Gemeinsamkeiten zwischen der Erziehung in den 1950er-Jahren und deiner eigenen Erziehung.
3. Tauscht euch in Gruppenarbeit darüber aus, welche Werte ihr später als Eltern euren eigenen Kindern vermitteln möchtet.
4. → Führt eine Diskussion über die Aufgabenverteilung von Männern und Frauen in der Hausarbeit.

→ zu 2.
In den 1950er-Jahren war es wichtig, unbedingt gehorsam zu sein, Kinder und Jugendliche sollten nicht widersprechen ...

Unterschiedliche Lebensentwürfe

Vielfältige Familienformen

Herkunftsfamilien ändern sich

Viele Kinder wachsen in einer sogenannten Kern- oder Kleinfamilie auf, bestehend aus Vater, Mutter und Kind. Daneben gibt es eine Vielzahl unterschiedlicher Familienformen. Einige Kinder leben alleine mit Mutter oder Vater, andere in Patchworkfamilien mit den Kindern des neuen Lebenspartners. Großfamilien wohnen mit vielen Geschwistern und den Großeltern unter einem Dach. Es gibt Kinder, die in gleichgeschlechtlichen Partnerschaften aufwachsen, also zwei Mütter oder zwei Väter haben. Manchmal ziehen Jugendliche auch früh zu Hause aus und wohnen alleine, einige haben als Minderjährige – unter 18 Jahren – schon eigene Kinder, leben in Wohngemeinschaften oder mit dem Freund, der Freundin zusammen. Es gibt auch Kinder, die mit Pflege- oder Adoptiveltern aufwachsen oder in einem Heim leben.

M1 Eine Kleinfamilie

M2 Unterschiedliche Lebensformen

Jahr	Eheschließungen	Scheidungen
1950	750 000	135 000
1970	575 000	104 000
1990	516 000	155 000
2010	378 000	186 000

M3 Eheschließungen und Ehescheidungen (Statist. Bundesamt: Familie, Lebensformen und Kinder, 2011)

Entstehung neuer Familienmodelle

Früher waren die Aufgaben in der Familie klar getrennt, Männer gingen arbeiten und Frauen versorgten Haushalt und Kinder. Heute haben sich diese Rollen verändert und dadurch für beide Geschlechter erweitert. Nach ihrem Schulabschluss streben Frauen eine Berufsausbildung an, weil sie finanziell unabhängig sein möchten. Diese neue Eigenständigkeit wird durch den medizinischen Fortschritt noch unterstützt. Erst seit wenigen Jahrzehnten sind Schwangerschaften nicht mehr vom Zufall abhängig, Verhütungsmittel ermöglichen eine genaue Familienplanung. Männer und Frauen können den Wunsch nach Kindern planen, zum Familieneinkommen beitragen und sich gemeinsam oder abwechselnd um die Erziehung kümmern. Die Ehe ist zum Versorgen nicht mehr notwendig, es gibt neue Modelle für das Familienleben.

Unterschiedliche Lebensentwürfe

Großeltern erziehen mit

Die Großeltern leben heute eher selten unter einem Dach mit ihren Enkelkindern. Aber wenn sie ihre Freizeit mit ihnen verbringen, spielen sie oft eine wichtige Rolle als Zuhörer und Ratgeber. Außerdem vermitteln sie die Wertvorstellungen einer anderen Generation.

Q1 Der 16jährige Niklas aus Düsseldorf berichtet in einer Jugendstudie:

„Meine Lieblingsoma verwöhnt mich halt immer. Holt immer alles für mich. Das ist eigentlich kein richtiges Oma-Verhältnis, das ist eher so wie Freunde, finde ich. ... Die Eltern erzählen mir mehr über schulische Sachen und Oma und Opa halt über Erfahrungen ... alles wie es damals war. Oma und Opa schimpfen auch nicht mit mir wie meine Mutter, wenn ich schlechte Noten kriege. Das hier ist also eher so richtiges Erziehen, sag ich mal. Also sie bringen mir etwas aus dem Leben mit und geben es weiter ... sie erziehen einen durch die Erfahrungen vom Leben, die sie hatten ... Halt nicht so stark wie die Eltern jetzt das tun, aber halt schon einen großen Teil."

Sein Opa ist für Niklas ein Vorbild: „Ich hab auch etwas von ihm abgefärbt, mein Opa war sehr sozial ... und ich bin auch sozial. Der hat jedem Menschen geholfen, der irgendwelche Probleme hatte, mir auch immer, meinem Bruder ... Er hat immer geübt für die Schule. Und deswegen: Ich mach das dann auch immer, mit dem Helfen."

M4 Großvater und Enkelsohn

ARBEITSAUFTRÄGE

1. Vergleicht in Partnerarbeit die verschiedenen Familienformen (M2).
   a) Diskutiert mögliche Vorteile und Nachteile.
   b) Begründe deine Wunschvorstellungen für eine spätere Familie.
2. Werte die Statistik M3 aus.
3. Bewerte die Erziehungsleistung der Großeltern in Q1.
4. Recherchiere unter www.bmfsj.de die aktuellen Zahlen zu den verschiedenen Lebensformen für Kinder in Deutschland und berichte.

zu 2.
Achte auf den höchsten Wert und versuche eine Erklärung zu finden.

Verschiedene Lebensformen

Persönliche Lebensgestaltung

Meine, deine, unsere Kinder?

In Deutschland werden fünfzig Prozent aller Ehen nach sieben Jahren wieder geschieden. Die Hälfte der Mütter und Väter hat nach einem Jahr wieder einen neuen Partner und heiratet ein zweites Mal oder gründet eine Patchworkfamilie ohne Trauschein in einer gemeinsamen Wohnung. Es gibt Stiefvater - und Stiefmutterfamilien, Familien mit gemeinsamen Kindern und solchen, die nur zeitweise in der neuen Patchworkfamilie leben. Früher hieß dieser Familienverband Stieffamilie und er wurde nur gegründet, wenn ein Elternteil starb. Konflikte gehörten aber auch damals genauso zum Familienleben wie heute. So viele verschiedene Menschen müssen sich erst aneinander gewöhnen und gemeinsame Regeln für ihren Alltag finden.

M1 Stiefvater unerwünscht?

M2 Eine Patchworkfamilie

> Lars, 16 Jahre, aus Steinhagen: Patchwork ist ja wohl das Coolste überhaupt – ich habe viele Geschwister, zwei Väter, eine nicht mehr so gestresste Mutter und jede Menge Leute zum Quatschen.

> Marcel, 14 Jahre, aus Brake: Ich weiß nicht mehr, wo mir der Kopf steht – zwei eigene Geschwister und der ständige Streit meiner Eltern waren schon anstrengend. Nach der Trennung habe ich in zwei neuen Familien noch jeweils zwei neue Geschwister dazu bekommen, das ist echt blöd.

> Sophie, 15 Jahre, aus Halle: Auf die beiden eingerichteten Zimmer in zwei verschiedenen Elternhäusern könnte ich gut verzichten – aber meine beiden neuen Schwestern sind klasse! Endlich bin ich nicht mehr so alleine, und meine Mutter erlaubt jetzt auch andere Sachen als früher.

> Lisa, 16 Jahre: Flickenteppich ist falsch, Fusseldecke würde eher passen! Weil nämlich jede Menge kleine Fusseln in Form von Alltagsproblemen auftauchen, bis man sich endlich versteht. Aber schlecht finde ich das nicht, ich lebe gern so.

M3 Aussagen von Schülerinnen und Schülern aus Patchworkfamilien

Verschiedene Lebensformen

Alleinerziehende Mütter

Innerhalb der letzten zehn Jahre ist der Anteil alleinerziehender Mütter auf 18 Prozent angestiegen, das heißt fast jede fünfte Frau erzieht ein oder mehrere Kinder alleine. Väter sind mit 9,9 Prozent vertreten. Aus der Sicht befragter Kinder unterscheidet sich ihre Beziehung zu Mutter oder Vater kaum von der in Kernfamilien lebender Kinder.

Familie und Beruf?

Für die eigene Zukunft wünschen sich fast die Hälfte aller befragten Jugendlichen der Jugendstudie von 2010 eigene Kinder. Dazu gehört für sie das Leben in einer Familie, gerne gemeinsam mit den Großeltern. Die Berufsausbildung und der Wunsch nach einem gesicherten Einkommen sind für diese Gruppe aber genauso wichtig wie für die Jugendlichen, die sich ihre Zukunft ohne Kinder vorstellen.

Meine Lebensplanung

Jeder hat sich bestimmt schon einmal ausgemalt, wie das eigene Leben später aussehen könnte.

Die erste Zukunftsfrage lautet: Wie werde ich meinen Lebensunterhalt sichern? Der Schulabschluss mit anschließender Ausbildung sowie die erste Arbeitsstelle bestimmen das Einkommen und entscheiden auch mit über den Wohnort. Begegnungen und Gespräche mit vielen unterschiedlichen Menschen können helfen, dafür Anregungen zu sammeln und eigene Wünsche mit dem Arbeitsleben zu vergleichen.

Die zweite wichtige Zukunftsfrage lautet: Wie möchte ich wohnen und leben? Jugendliche können das Vorbild der eigenen Familie übernehmen, sich andere Lebensformen wünschen oder auch verschiedene Möglichkeiten im Laufe der Zeit ausprobieren. Außerdem ist es möglich, eine Zeitlang in anderen europäischen Ländern zu arbeiten, dort Anregungen zu sammeln und vielleicht ganz neue Ideen zu entwickeln. Die Pläne für die eigene Zukunft können sehr vielfältig sein.

M4 Eine alleinerziehende Mutter mit ihren beiden Kindern

Du bist jetzt 16 Jahre alt und hast eine Lebenserwartung von etwa 90 Jahren. Abgesehen von äußeren Einflüssen, die du nicht kennst (Kriege, Katastrophen, Krankheiten, überraschende Heirat mit einer reichen Person, Lottogewinn …), sollst du dir vorstellen, wie dein Leben verlaufen kann.

Übertrage die Zeitleiste in deine Mappe oder dein Heft und trage die Dinge ein, die du vorhast, mit denen du rechnest bzw. die du dir wünschst. Markiere dabei jeweils den ungefähren Zeitpunkt (Beginn und möglicherweise Ende eines Abschnitts).

M5 Wie sieht deine Lebensplanung aus?

ARBEITSAUFTRÄGE

1. ⇥ Lege eine Figuren-Skizze zu den verschiedenen Formen einer Patchworkfamilie an.
2. Liste die Vor- und Nachteile einer Patchworkfamilie mithilfe von M3 auf.
3. a) Skizziere deine eigene Lebensplanung nach dem Muster von M5.
   b) Sprecht in Partnerarbeit über eure Zeitleisten und vergleicht eure Ergebnisse.
4. ⇨ Führt eine Pro- und Kontra-Diskussion zu der Frage durch, ob ihr später mit oder ohne Kinder leben möchtet.

⇥ zu 1.
Zeichne Symbole für männliche und weibliche Personen und bilde dadurch die möglichen Gruppierungen ab.

Methode

Ein Portfolio erstellen

Ein Portfolio ist eine Mappe, in der deine Arbeitsergebnisse aus dem Unterricht unter bestimmten Kriterien gesammelt und von dir mit Kommentaren versehen werden. Du musst zum Beispiel das verwendete Material erklären, deine Arbeitsweise erläutern, Probleme bei Aufgabenstellungen benennen und dein Ergebnis reflektieren. Zu dieser Reflexion bekommst du eine Stellungnahme deiner Lehrkraft, sodass ihr über deine Arbeit in einen persönlichen Austausch kommt.

Du kannst das Portfolio als Leistungsnachweis anlegen und wie eine Art Lerntagebuch nutzen. In diesem Fall dokumentierst du deine Arbeitsergebnisse zum Unterrichtsthema und bekommst deine Mappe mit den Kommentaren der Lehrkraft wieder zurück.

Oder du bearbeitest langfristig ein umfangreicheres Thema, legst dazu ein Portfolio an und entwirfst einen Beurteilungsbogen. Du schätzt dein Portfolio in diesem Bogen auch selber ein und deine unterrichtende Lehrkraft gibt dir zu allen Punkten eine Rückmeldung.

M1 Idee für ein Deckblatt

M2 Mögliches anderes Deckblatt

Inhaltsverzeichnis

1. Einleitung und Erläuterungen
2. Begriffsklärung
3. Entstehung von Wertvorstellungen
4. Gesellschaftliche Werte
5. Individuelle Werte
6. Wertewandel
7. Umfrage zu persönlichen Werten
8. Klassenstatistik
9. Reflexion
10. Bewertungsbogen

M3 Beispiel Inhaltsverzeichnis

So gehst du vor:

1. → **Inhalt festlegen**
   – Thema eingrenzen
   – Zeitplan erarbeiten
   – Gliederung notieren
   – Ziel der Portfolioarbeit formulieren

2. → **Material sammeln**
   – Recherche im Schulbuch, der Bibliothek und im Internet
   – Sammlung von Kopien bzw. gespeicherten Dateien
   – Anlegen einer Quellen-Seite
   – Dokumentieren der Materialsuche
   – Benennen von Problemen

3. → **Thema ausarbeiten**
   – Lesen und Markieren der gesammelten Texte
   – Texte in eigenen Worten dazu formulieren
   – Veranschaulichungen in Form von Zeichnungen, Statistiken oder Schaubildern anfertigen
   – Austausch über die Portfolios in der Klasse

4. → **Reflexion notieren**
   – Lernfortschritte dokumentieren
   – Schwierigkeiten bei der Ausarbeitung aufzeigen
   – Selbstbewertung vornehmen

5. → **Präsentation vorbereiten**
   – Deckblatt gestalten
   – Inhaltsverzeichnis anlegen
   – Einleitung mit Erläuterungen für den Leser des Portfolios schreiben

1. In meinem Portfolio werde ich die letzte Unterrichtseinheit dokumentieren: Entwicklung und Veränderung von Wertvorstellungen bei Jugendlichen. Ich werde ungefähr … Stunden lang in den Unterrichtsstunden dazu arbeiten. Die Gliederung umfasst folgende Punkte …
Am Ende soll ein umfassender Rückblick auf das Thema entstanden sein.

2. Mein Material bekomme ich aus dem Unterricht, den Seiten im Schulbuch … folgenden Internet-Links …
Problematisch ist für mich …

3. Meine bearbeiteten Texte habe ich abgeheftet und mit Kommentaren versehen. Die Schaubilder sind selbst gezeichnet, die Statistiken habe ich aus …
Die Rückmeldung zu meinem Portfolio im Kugellager-Gespräch mit meinen Mitschülerinnen und Mitschülern war …

4. Für mich war das Unterrichtsthema nicht einfach, weil … Mir fiel das Thema leicht, denn ich habe schon oft mit meinen Eltern darüber gesprochen, welche Wertvorstellungen sie als Jugendliche hatten und was sich im Unterschied dazu geändert hat für mich.
Man sieht an den Arbeitsblättern, wie … und mein Test zeigt, dass ich … Bei der Ausarbeitung hatte ich nur unter Punkt … Schwierigkeiten, weil ich …
Insgesamt ist mein Portfolio mir gut gelungen, ich habe es vollständig alleine erarbeitet und mir viel Mühe gegeben, die Seiten ordentlich zu gestalten und die Texte durch Bilder und Grafiken anschaulich zu machen.

5. Für die Präsentation in der Klasse fehlt mir noch eine gute Idee zum Deckblatt, das Inhaltsverzeichnis ist fertig und …

M4 Beispiel für eine mögliche Portfolio-Arbeit

Kugellager

1. Teilt die Klasse in zwei Gruppen. Bildet zwei Stuhlkreise so, dass sie einen inneren und äußeren Kreis bilden. Jeweils ein Schüler aus dem Innenkreis und sein Gegenüber aus dem Außenkreis sind Gesprächspartner.
2. Der Schüler aus dem Außenkreis stellt seinem Gegenüber im Innenkreis seine Fragen. Der Schüler im Innenkreis beantwortet sie.
3. Die Gesprächspartner wechseln, indem der Außenkreis sich einen Platz weiterbewegt. Jetzt stellt der Schüler im Innenkreis seine Fragen und der Partner im Außenkreis beantwortet sie.
4. Der Platz- und Rollenwechsel wird zwei- bis dreimal wiederholt.

M5 Schülerinnen und Schüler arbeiten an ihren Portfolios (Bielefeld, 2013).

Jugendkulturen

Freizeitinteressen

Es gibt drei große Favoriten bei den Freizeitbeschäftigungen von Jugendlichen, nämlich Fernsehen gucken, Freunde treffen und am PC spielen oder surfen. Außerdem treiben auch viele Sport oder gehören einer bestimmten Jugendszene an. Sie machen zusammen Musik, treffen sich für Rollenspiele, schneidern sich Manga-Kostüme oder probieren einen neuen Style aus.

M1 Rapper in Hannover

> **Q1** Befragung von Jugendlichen im Alter von 14 bis 20 zu ihrem Freizeitverhalten (aus einer Jugendstudie von 2010):
>
> **Patrick, 17 Jahre alt, Schüler:** Also, wir machen ... zusammen Rap. Und, ja, wir schreiben, also wir machen ... so'n Schnulzenrap sozusagen ... also erst suchen wir Beats, dann schreiben wir Texte, ... dann gehen wir ins Tonstudio.
>
> **Rika, 16 Jahre alt, Schülerin:** Also, bei Cosplay ist es so, dass man von dieser Anime- oder Spielfigur, dass man dann auch selbst diesen Charakter übernimmt und man auch so denkt wie die und man auch so läuft und handelt. ... Das ist oft total spannend, das alles zu machen, das Kostüm selber zu nähen oder zu kaufen ... Dass man sich auf 'ne ganz andere Art zeigt. Man merkt schon so, das bin ich. Aber ich seh` nicht so aus wie ich. Das ist unbeschreiblich eigentlich ... Also, auch wenn ich ganz normal vom Cosplay dann komme, nach Hause, und alle Leute starren mich an, ... so fühlt man sich dann. Als ob man König der Welt wäre.
>
> **Ines, 16 Jahre alt, Schülerin:** Ich erzähl mal jetzt über meine Woche. Montags mache ich Schreibtischkram ... dienstags hab ich Tennis und Handball, am Mittwoch treffe ich mich mit Freunden und hatte Kung-Fu-Schnupperkurs, donnerstags mach` ich Babysitten und lerne. Am Freitag ist Malschule und abends Handball. Am Wochenende habe ich Spiele vom Handball und bin mit der Familie unterwegs.

M2 Cosplayerin mit Maske einer Manga-Figur (Düsseldorf, 2012)

M3 Viele Jugendliche treiben in ihrer Freizeit Sport (Handballerinnen, 2013).

Jugendkulturen

> **Q2** Befragung einer Jugendlichen (aus einer Jugendstudie von 2010):
>
> **Sam, 18 Jahre, lernt Köchin:** … Mit 16 hab ich angefangen, meine Haare schwarz zu färben und nur noch schwarz zu tragen. Emo ist eigentlich wirklich nur 'n Style und die Musikrichtung, mehr nicht. Ja, das ist auch 'ne Musik, wo die Texte wirklich Sinn machen … Emo kommt ja von emotional. Emotional Hardcore wird es viel genannt, also die Gefühle frei laufen zu lassen … Der Style hat Verwandtschaft mit Punk und Gothic …

M4 Emo-Style

M5 Rollenspieler

M6 Freizeitinteressen von Jugendlichen

ARBEITSAUFTRÄGE

1. Vergleicht die Aussagen der Jugendlichen in Q1 und Q2 mit der Freizeitgestaltung in deiner Klasse in einem Placemat (Tipps dafür auf Seite 17).
2. ➔ Werte die Grafik M6 aus.
3. Recherchiere zu M1, M2, M4 und M5 unter www.jugendszenen.com Geschichte, Rituale und Symbole einer der abgebildeten Jugendszenen.
4. ➔ Erstelle ein Portfolio zum Thema „Jugendkultur".

➔ zu 2.
Die Grafik zu Freizeitinteressen von Jugendlichen ist eine … Es gibt folgende Rubriken … Die meisten Jugendlichen …

M1 „Aber was, wenn es nicht nur eine vorübergehende Phase ist, John? Ich denke, der Junge hängt einfach mit den falschen Leuten ab!" (Carrillo, 2004)

Selbstinszenierung und Protestkultur

Erkennungsmerkmal Stilmix?

Es gibt heute viele verschiedene Jugendszenen und Musikrichtungen, aber nicht jeder Jugendliche gehört auch einer dieser Gruppen an. Trotz der verschiedenen Bezeichnungen wie Punk, Rap oder Metal sind eindeutige Zuordnungen schwierig. Kleidung und Frisur als Erkennungsmerkmale vermischen sich stark. Der Träger einer Stachelfrisur muss nicht unbedingt Punk hören, komplett schwarz gekleidete Jugendliche sind nicht automatisch Gothic-Fans. Schminke tragen nicht nur Mädchen und sie bedeutet bei Jungen auch nicht Homosexualität. Sich ständig neu zu erfinden, sich über soziale Netzwerke selbst in Szene zu setzen und seinen eigenen Style mit Fotos zu dokumentieren, das ist ein gemeinsames Erkennungsmerkmal der meisten Jugendlichen.

Rock'n Roll als Wegbereiter?

Mit Beginn der Pubertät beschäftigen Jugendliche sich mit sich selbst und vor allem mit ihrer Wirkung auf die Umgebung. Das war schon immer so. Sie protestieren gegen herrschende Regeln, um ihren eigenen Weg zu finden. Ein Begleiter dafür war und ist die Musik. Rock'n Roll und Beatmusik der 1950er- und 1960er-Jahre schockierte die Eltern. Kreischende Mädchen bei Konzertbesuchen, anzügliche Hüftbewegungen von Jungen sowie die Texte waren ein Skandal zu einer Zeit, als Standardtanz mit fester Schrittfolge und genügend Körperabstand noch die vorgeschriebene Regel war.

M2 Auf einem Konzert der Beatles 1963

Hippiebewegung als Protestmode?

Kleidungsstil, Frisur und Musik als Stellungnahme: Die Hippiebewegung der 1960er- und 1970er-Jahre entstand durch einen politischen Protest gegen den Krieg: „Make love, not war" war der Leitspruch. Es gab die ersten großen Musikfestivals als Gemeinschaftserlebnis, Jungen und Mädchen trugen sehr lange Haare, bunte Flattergewänder und demonstrierten unter anderem gegen Erziehungsregeln und Ehezwang.

M4 Plattenhülle der LP zum Woodstockfestival (August, 1969)

M3 Hippies auf dem Musikfestival in Woodstock, 1969

Nur noch schockieren?

Auf jeden Fall anders sein, sich äußerlich abgrenzen und damit provozieren, das war ein Motiv von Punks der 1970er- und 1980er-Jahre. Stachelfrisuren und Nietenbeschläge, zerrissene Kleidungsstücke und die entsprechend aggressive Musik gehörten dazu. Das Motto hieß „No future" und die Ablehnung geltender Werte zeigte sich auch in Zerstörungswut bis hin zur Selbstzerstörung.

Der Begriff Punk bedeutet eigentlich Abfall. Die Musiker haben sich selbst diesen Namen gegeben. Sie wollten mit ihrer extrem lauten und aggressiven Musik auffallen und sich mit ihren Irokesenschnitten oder grellbunten Haaren deutlich von anderen Musikern unterscheiden. Das Zertrümmern von Instrumenten enthielt eine Botschaft: Sie vertraten die Meinung, das Alte müsste zerstört werden, um etwas Neues schaffen zu können.

M5 Konzert der Punkband Sex Pistols (02.01.1976)

ARBEITSAUFTRÄGE

1. Beschreibe den Stilmix heutiger Jugendkulturen.
2. Erkläre, was mit Rock´n Roll als Wegbereiter gemeint ist.
3. Recherchiere:
    a) Beatmusik, Rock´n Roll, Hippies und Punk.
    b) Vergleiche mit heutigen Jugendszenen.
    c) Erstelle ein Info-Plakat. Präsentiere z.B. in einem Galeriegang (S. 278).
4. Beurteile den Protest der verschiedenen Jugendbewegungen und formuliere eine Stellungnahme dazu.

Medien, Politik und Konsum

Netzwerke im Internet

Der Wert von Familienleben und Freundeskreis ist unverändert hoch geblieben, aber nichts hat die Freizeitgestaltung von Jugendlichen so sehr verändert wie das Internet. Durch die neuen Medien und die Nutzung von Internet-Plattformen, sozialen Netzwerken sowie virtuellen Spielewelten verteilt sich die Kontaktpflege unter Jugendlichen auf viele verschiedene Möglichkeiten, die ohne eine direkte persönliche Begegnung stattfinden, aber individuell gestaltet werden können. Simsen, chatten oder posten geschieht über den touchscreen und wird häufig mit persönlichen Fotos ergänzt. Das betont nochmal den großen Stellenwert von Individualität.

Freizeit auf Facebook?

Der persönliche Alltag wird öffentlich gelebt, indem man ihn auf Facebook mit Freundinnen und Freunden teilt. Gedanken, Gefühle oder die jeweilige Tätigkeit werden an der Pinnwand gepostet „Bin gerade shoppen – mein neuer style!", mit einem Foto illustriert und innerhalb kürzester Zeit von anderen Facebook-Nutzern kommentiert. Entweder durch eigenständig formulierte Äußerungen oder – weitaus häufiger – durch den „gefällt mir"-Button.

Mobbing im Netz

Der freundliche Kommentar „gefällt mir" verwandelt sich bei Meinungsverschiedenheiten oder im Streitfall allerdings schnell in gegenseitige böse Beschimpfungen oder sogar Verleumdungen. Auch Konflikte im Schulalltag sind ein öffentliches Thema. Sie führen teilweise zu einer regelrechten Beleidigungs-Schlacht im Internet, dies nennt man auch Cybermobbing.

Die Wertvorstellung vom Schutz der Privatsphäre hat sich innerhalb eines Jahrzehnts gewandelt.

M1 Kampagne einer Hilfsorganisation gegen Cybermobbing in der Schweiz (2013)

M2 Opfer von Cybermobbing (Grafik, 2011)

Freizeitgestaltung

Engagement und Politikinteresse

Das Interesse an politischer Mitbestimmung ist vorhanden, wird aber in völlig neuer Form gelebt und ausgedrückt. Jugendliche organisieren sich über ihre sozialen Netzwerke im Internet. Sie rufen zu Boykottmaßnahmen, Unterschriftenaktionen und flash mobs zur spontanen Meinungsäußerung auf.

M3 Politisches Engagement: Ein Mitglied der Greenpeace Jugend protestiert gegen die klimaschädliche Politik der deutschen Autofirmen.

M4 Fitnesstraining im Studio

Körperkult und Konsumorientierung

Jugendliche wollten früher genau wie heute modisch gekleidet sein, daran hat sich nichts geändert. Der Stellenwert von Mode ist allerdings stark gestiegen und Shoppen als beliebte Freizeitbeschäftigung ist neu. Auch der Wunsch nach einem unverwechselbaren Style, der sich von allen anderen unterscheidet, gehört zur Vorstellung von Individualität dazu, ebenso wie auch Tatoos und Piercings als Körperschmuck. Um Werbevorbildern und Models nachzueifern, haben Sportstudios großen Zulauf. Der eigene Körper kann den aktuellen Trends entsprechend ebenfalls gestylt werden, um einem gerade angesagten Ideal zu entsprechen. Der Wunsch nach Schönheit und einem perfekten Körper kann allerdings auch krank machen. Die Anzahl an Essstörungen bei Mädchen und Jungen zwischen 14 und 18 Jahren nimmt ständig zu.

M5 Beliebte Freizeitbeschäftigung: Schnäppchen-Jagd

ARBEITSAUFTRÄGE

1. Erkläre die veränderte Freizeitgestaltung von Jugendlichen durch die neuen Medien.
2. Erläutere deine Vorstellung von Individualität, indem du dich als Person vorstellst.
3. Tausche dich in einem Schreibgespräch zu Cybermobbing aus.
4. Diskutiert den Wunsch nach Schönheit und einem perfekten Körper und haltet die Ergebnisse auf einer Wandzeitung fest.
5. Recherchiere die aktuelle politische Nutzung des Internets.

zu 3.
In einem Schreibgespräch wird wortlos die eigene Meinung notiert und vom Partner mit einem Kommentar versehen, erst nach Beendigung der Arbeitszeit tauscht man sich über das Ergebnis aus.

Projekt

Eine Umfrage durchführen

Um die Meinung eurer Mitschülerinnen und Mitschüler zu einem Thema wie zum Beispiel Freizeitgestaltung zu erforschen, könnt ihr in der Schule eine Umfrage durchführen. Grundlage dafür ist ein ausgearbeiteter Fragebogen, der anschließend ausgewertet und dessen Ergebnisse präsentiert werden.

So geht ihr vor:

1. **Vorbereitung**
   - Legt das Thema der Umfrage fest, zum Beispiel Freizeitgestaltung.
   - Bildet Arbeitsgruppen.
   - Notiert einen Zeitplan für Befragung und Auswertung.
   - Sprecht Termine ab.
   - Informiert die Schulleitung und die betroffenen Klassenlehrer.

2. **Durchführung**
   - Formuliert einen Erläuterungstext.
   - Notiert eure Fragen am PC.
   - Unterscheidet verschiedene Fragestellungen: Es gibt offene Fragen ohne vorgegebene Antwort, zum Beispiel: Was machst du in der Freizeit am liebsten?
     Es gibt auch geschlossene Fragen zum Ankreuzen:
     Wie lange sitzt du täglich am Computer? a) 1 Stunde b) 2 Stunden c) 3 Stunden und mehr
   - Prüft die Verständlichkeit eurer Fragen.
   - Verteilt die ausgedruckten Fragebögen oder findet Termine für eine persönliche Umfrage.

3. **Auswertung**
   - Legt eine Übersichtstabelle am PC für die Auswertung an.
   - Ihr könnt dazu mit dem Programm GrafStat arbeiten, das ist für Schulen kostenlos: *www.grafstat.de/bezugsquellen*. (Mehr Tipps zum Umgang mit dem Programm GrafStat findet ihr auch auf Seite 176).
   - Wertet eure Ergebnisse aus und gestaltet dann ein Plakat.

4. **Präsentation und Reflexion**
   - Ihr könnt euer Ergebnis im Unterricht vorstellen, auf der SV-Homepage veröffentlichen oder in der Schule ausstellen.
   - Besprecht in der Arbeitsgruppe, wie eure Abschluss-Präsentation aussehen soll.
   - Denkt über eure Arbeitsweise nach und beantwortet dabei die nachfolgenden Fragen:
   - Was hat gut geklappt?
   - Wo gab es Probleme?
   - Was kann man bei der nächsten Umfrage besser machen?

M1 Schülerinnen und Schüler beim Ausfüllen der Fragebögen

In Kürze

Werte und Wertewandel: Familienleben und Freunde bleiben wichtige Werte

Jugendkulturen: Viele Mode- und Musikstile existieren nebeneinander

Vielfältige Familienformen: Lebensformen verändern sich

Freizeitgestaltung: Neue Medien bestimmen den Alltag

1950　1960　1970　1980　1990　2000　2010　2020

In Kürze

Wertvorstellungen entwickeln sich im Laufe des Heranwachsens. Die Familie spielt zunächst eine große Rolle, danach die Schule und der Freundeskreis. Man unterscheidet zwischen gesellschaftlichen Grundwerten wie zum Beispiel Gerechtigkeit und den persönlichen Wertvorstellungen wie beispielsweise Wohlstand. Das Leben in der Gemeinschaft wird von Werten bestimmt, die im Vergleich mit der Eltern- und Großelterngeneration ähnlich geblieben sind. Familie, Freundschaft und eine gesicherte Zukunft sind heute wie vor fünfzig Jahren gleichermaßen wichtig.

Geändert hat sich für viele Jugendliche das Familienleben. Es gibt eine Vielzahl von Familienmodellen neben der Kernfamilie aus Mutter, Vater und Kind. Welche Lebensform Kinder später für sich selber wählen, wird häufig von persönlichen Erfahrungen geprägt.

Die Freizeitgestaltung von Jugendlichen ist durch das Internet verändert worden, die sozialen Netzwerke bestimmen den Alltag. Gestiegener Körperkult und ausgeprägtes Modebewusstsein betonen besonders den Stellenwert von Individualität.

Eine einheitliche Jugendkultur mit festgelegten Erkennungszeichen gibt es nicht. Musikstile und Moderichtungen mischen sich, werden auch gewechselt und existieren in großer Anzahl nebeneinander.

WICHTIGE BEGRIFFE

Cybermobbing
Grundwerte
Jugendkultur
Identität
Individuelle Werte
materiell/immateriell
Patchworkfamilie
Wertewandel

Selbstüberprüfung

1. Werte und Wertewandel

1. Ich kann die unterschiedlichen Bedeutungen des Begriffes „Wert" erklären. ●●● SK
2. Ich kann mithilfe von M1 und M2 den Wertewandel erläutern. ●●● SK
3. Ich kann eine Umfrage zum Thema Wertvorstellungen durchführen. ●●● MK, HK
4. Ich kann begründen, inwieweit gemeinsame Wertvorstellungen für die Gesellschaft notwendig sind. ●●● UK

M1 Tanzschule 1950

M2 Tanzschule heute

2. Lebensformen

1. Ich kann verschiedene Lebensmodelle beschreiben. ●●● SK
2. Ich kann mögliche Probleme neuer Lebensformen darstellen. ●●● MK, SK
3. Ich kann Gründe für unterschiedliche Lebensplanungen benennen. ●●● UK

M3 Verschiedene Lebensformen

M4 „Entspann dich, Ted, das ist nur vorübergehend!" (Comic, 2010)

M5 Lady Gaga in einem Kleid aus Rindfleisch (2010)

M6 Elvis Presley 1955

M7 Mediennutzung Jugendlicher

3. Jugendkulturen

1. Ich kann die Kultur von Jugendlichen heute an einem Beispiel erklären. ●●● SK
2. Ich kann mithilfe von M4 bis M6 Jugendkulturen früher und Jugendkulturen heute einander gegenüberstellen. ●●● SK, UK
3. Ich kann zum Thema „Freizeitinteresse Rollenspiele" ein Portfolio erstellen. ●●● MK, HK, UK
4. Ich kann Stellung nehmen zu der Frage, ob Jugendliche heute einen ausgeprägten Körperkult betreiben. ●●● UK

4. Freizeitgestaltung

1. Ich kann mithilfe von M7 beschreiben, wie sich die Freizeitgestaltung durch die Neuen Medien verändert hat. ●●● SK
2. Ich kann die beliebtesten Freizeitbeschäftigungen charakterisieren. ●●● SK
3. Ich kann die Gefahren des Internets erläutern. ●●● UK
4. Ich kann mit einem aktuellen Beispiel herausarbeiten, wie Jugendliche sich über soziale Netzwerke im Internet politisch engagieren. ●●● MK, HK

Die Weimarer Republik

Die Weimarer Republik war die erste Republik auf deutschem Boden. Nach dem Ersten Weltkrieg aus dem Kaiserreich entstanden, erlebte sie die „Goldenen Zwanziger" ebenso wie die große Weltwirtschaftskrise, die am „Schwarzen Freitag" begann und dem Aufstieg der Nationalsozialisten den Boden bereitete.

Reichspräsident Friedrich Ebert spricht vor der Nationalversammlung in Weimar (6. Februar 1919).

Vom Kaiserreich zur ersten deutschen Republi

Der Weltkrieg endet: Novemberrevolution 1918

Die deutsche Niederlage zeichnet sich ab

1918 tobte der Erste Weltkrieg bereits vier Jahre und die Niederlage des Deutschen Reichs und seiner Verbündeten wurde immer wahrscheinlicher. Der Grund dafür lag vor allem darin, dass die USA ein Jahr zuvor in den Krieg eingetreten waren. Mit frischen Truppen und modernster Technik hatten sie seither das lange ausgeglichene Kräfteverhältnis der Kriegsparteien verändert. Die erschöpften deutschen Soldaten an der Westfront verzeichneten immer mehr Verluste und auch die Bevölkerung in der Heimat wurde nach Jahren des Leidens, Millionen von Toten und Verletzten immer unzufriedener und kriegsmüder. Im September des Jahres empfahlen Generäle wie Ludendorff und Hindenburg dem deutschen Kanzler, Waffenstillstandsverhandlungen aufzunehmen.

M1 Die Generäle Hindenburg und Ludendorff, 1917

Meuterei (auf See): Verweigerung der Befehle und Aufstand gegen Kapitän und Offiziere. Auf Meuterei standen hohe Strafen – nicht selten sogar die Todesstrafe.

M2 Die Revolution beginnt: Arbeiter und meuternde Matrosen in Wilhelmshaven (1918)

Matrosenaufstand: Die Kriegsmarine meutert

Das Ringen um Waffenstillstandsbedingungen zog sich über Wochen hin, da vor allem Frankreich hohe Gegenleistungen für ein Ende des Krieges forderte. Die Kämpfe liefen unterdessen mit voller Härte weiter. Im Oktober 1918 befahl die deutsche Marineführung einen „letzten", verzweifelten Angriff auf die überlegene britische Flotte unter dem Motto: „Sieg oder Untergang". Die Matrosen hatten jedoch bereits von den Verhandlungen über eine Waffenruhe gehört und wollten nicht kurz vor Kriegsende in einer sinnlosen Schlacht sterben. Sie verweigerten den Befehl und begannen eine Meuterei.

Vom Kaiserreich zur ersten deutschen Republik

Revolution von Kiel bis Berlin

Was am 1. November 1918 als Matrosenaufstand begonnen hatte, breitete sich rasch ins ganze Deutsche Reich aus: von Kiel und Lübeck über Essen und Düsseldorf bis München. Vor allem Arbeiter teilten die Wut der Matrosen und protestierten gemeinsam gegen ungerechte Entscheidungen der Regierung sowie gegen Not und Hunger in den Städten. Als Soldaten geschickt wurden, um die Versammlungen mit Gewalt aufzulösen, verweigerten auch diese den Befehl und schlossen sich den Demonstranten an. Bald bildeten sich Arbeiter- und Soldatenräte, die die Regierung der Städte ersetzen sollten.

Am 9. November 1918 erreichte der Aufstand Berlin, wo Zehntausende auf die Straßen strömten. Sie forderten den Rücktritt des Kaisers und die Schaffung eines Staates, der den Arbeitern mehr Mitbestimmungsrechte einräumte. Als die Demonstranten sich dem Regierungssitz von Wilhelm II. näherten, handelte Reichskanzler von Baden. Ohne das Wort des Kaisers abzuwarten, verkündete er eigenmächtig dessen Rücktritt.

Die Republik wird ausgerufen

Die SPD, zu dieser Zeit die größte Partei des Reiches, hätte sich mit dem Rücktritt von Kaiser Wilhelm II. grundsätzlich abgefunden, einen Nachfolger gesucht und die Parteiendemokratie im Kaiserreich gestärkt. USPD und Spartakusbund dagegen formulierten mit der Forderung nach dem Ende von Kaiserreich, Imperialismus und Militarismus deutlich extremere Positionen.

Um ihre Machtposition zu stärken, musste die SPD handeln – und so erklärte der Abgeordnete Philipp Scheidemann am 9. November 1918 vom Balkon des Reichstags das Deutsche Reich zur parlamentarisch-demokratischen Republik. Er kam damit den Spartakisten Rosa Luxemburg und Karl Liebknecht zuvor, die nur wenige Stunden später die freie sozialistische Republik ausriefen.

Gültig wurde jedoch nur die Proklamation Scheidemanns und so übergab der Reichskanzler die Regierungsgewalt des Kaisers an den SPD-Vorsitzenden Friedrich Ebert.

M3 November 1918: Matrosen, Soldaten und Arbeiter ziehen gemeinsam durch Berlin, um das Ende der Not zu erreichen.

Arbeiter- und Soldatenräte: Um Polizei und kaiserliche Regierungsbeamte zu entmachten, schlossen sich Arbeiter und Soldaten zu kleinen Gruppen zusammen. Diese Räte-(Gruppen) bestimmten nun wie vorher die Regierung, was zu tun war.

SPD: Sozialdemokratische Partei Deutschlands, die älteste parlamentarisch vertretene Volkspartei in Deutschland

USPD: Die stark sozialistisch ausgerichtete Unabhängige Sozialdemokratische Partei Deutschlands spaltete sich 1917 von der SPD.

Spartakusbund: Linker Flügel der USPD, aus dem später die Kommunistische Partei Deutschland (KPD) entstand

Proklamation: Ausrufung, offizielle Bekanntmachung

> **Q1** Auszug aus Philipp Scheidemanns Proklamation 1918:
>
> *Arbeiter und Soldaten, seid euch der geschichtlichen Bedeutung dieses Tages bewusst. Unerhörtes ist geschehen! ... Alles für das Volk. Alles durch das Volk. ... Das Alte und Morsche, die Monarchie ist zusammengebrochen. Es lebe das Neue. Es lebe die deutsche Republik.*

ARBEITSAUFTRÄGE

1. Erkläre, warum die deutsche Niederlage nicht mehr zu verhindern war.
2. Liste stichwortartig in einer Tabelle alle Ereignisse auf, die zwischen dem Angriffsbefehl auf die überlegene englische Flotte und der Ausrufung der Republik geschahen.
3. Erkläre, was Scheidemann meint, wenn er sagt: „Alles für das Volk. Alles durch das Volk" (Q1).
4. Erläutere: Warum war die Demokratie in Deutschland „unerhört"? (Q1)

zu 2.

Datum	Ereignis
Oktober 1918	Angriffsbefehl „Siegen oder Untergehen"
1. November 1918	Matrosenaufstand – Meuterei im Norden
2. – 8. November 1918	...

„Einer von Dreien" von Henning Geisel

„Heinrich, Heinrich!" schallte es durch die Innenhöfe. Die Stimme kam von weiter weg, klang noch ganz dünn und gedämpft. Er musste gerade erst von der Rungestraße aus in den ersten der drei Innenhöfe eingebogen sein. Sehr schön, dachte ich. Endlich passiert mal was. Schon den ganzen Morgen lag ich auf dem auf dem Bett und wartete darauf. Denn seit unser Klassenlehrer, Herr Dr. Seigle, in den Krieg berufen worden war, hatten wir schulfrei. Eigentlich toll. Bloß war das jetzt schon zwei Monate her. Und seit der fette Erwin letzte Woche meinen Fußball auf das Fabrikdach geschossen hatte, wurde die Langeweile immer schlimmer.

„Heinrich, hör doch, du musst kommen! Schnell!" Er hatte anscheinend bereits den zweiten Innenhof erreicht, denn die Stimme war jetzt viel klarer. Noch ungefähr 30 Sekunden, dann würde er im dritten ankommen. Er würde sich unter mein Fenster stellen und direkt in den dritten Stock hoch schreien. Erich, der Industrieschlot.

Vom Fenster zog kalte Luft herein. Ganz dicht war es noch nie gewesen, obwohl die Häuser noch gar nicht so alt waren. Es roch nach Kohl, Kohle, der Toilette auf dem Flur – und manchmal wehte etwas von dem Tabakgeruch aus der Manoli-Zigarettenfabrik im ersten Hof herauf zu Mutter und mir.

Draußen hörte ich jetzt entferntes Husten. Zwischen den hohen Backsteinfassaden echote das Klapp-Klapp von Ledersohlen auf dem winterkalten Boden. Kein Zweifel, da kam Erich gerannt. Die anderen Kinder nannten ihn Industrieschlot, weil er so lang war wie ein Schornstein. Und seit dem vorletzten Winter auch so dünn, denn das war der „Hungerwinter" 1916/1917 gewesen. Wir waren alle ziemlich dünn geworden und seit dieser Zeit war es auch wenig besser geworden. Damals gab es nichts außer Steckrüben auf den Teller! Ich rümpfte die Nase beim Gedanken daran. Ich hasste Steckrüben so sehr, dass ich fast jeden Tag für den Sieg betete – bloß, um nicht wieder so einen Winter zu erleben! Mit der linken Hand tastete ich unter dem Bett nach meinen Schuhen.

Vor allem aber hieß Erich Industrieschlot, weil er ständig eine angezündete Zigarette in der Hand hielt, seit er letztes Jahr 12 geworden war. Bei ihm zu Hause kümmerte das niemanden. Sein Vater war schon 1914 gefallen, sein Bruder seit letztem Oktober in Russland. Seine Mutter musste den ganzen Tag in der Munitionsfabrik arbeiten. So wie meine in der Zigarettenfabrik. Und das war mit Sicherheit auch der Grund, warum er mich rief. Denn bei Manoli mit Mutters Schlüssel Zigaretten klauen war eine seiner Lieblingsbeschäftigungen.

In diesem Moment erreichte er den dritten Innenhof. Er brüllte, schon etwas außer Atem: „Heinrich, komm runter! Wo bleibst du denn? Soldaten sind hier, die Sol...!" Doch ganz plötzlich verstummte er. Ich hielt einen Moment inne, um zu lauschen. Und dann knallte es: ohrenbetäubendes Scheppern, polterndes Blech. Holz krachte und die Katze von Frau Meier schrie ganz furchtbar schrill auf. Ich grinste. Die große Pfütze im Innenhof war also zugefroren.

Eine gute halbe Minute später war ich bei unseren Abfalleimern aus Blech und einer Menge anderem Müll, der wild in der Ecke des Innenhofs gestapelt worden war. War! Dreckiges Stroh aus dem Hühnerstall von Hausmeister Sauerbier, morsche Bretter, verfaultes Gemüse, alte Zeitungen, ein paar stinkige Lumpen lagen dort nun kreuz und quer. Und mittendrin sah ich die spindeldürren Beine vom Industrieschlot, zur Hälfte begraben von all dem Plunder. Er war sauber in vollem Lauf aufs Eis geraten, weggerutscht und kopfüber in den Müllhaufen geschlittert. Ich zog an seinen Schnürstiefeln. Zum Vorschein kam die kurze Hose, die wir Kinder auch im Winter trugen. Unter dem Knie zusammengebunden und mit langen, kratzigen Socken dazu. Eine vielfach geflickte Jacke folgte und schließlich der Kopf vom langen Erich, die Haare verstrubbelt und das Gesicht dreckig, aber grinsend. Im Mundwinkel, natürlich, eine Zigarette – die allerdings abgebrochen war.

„Das wurde auch Zeit!" sagte er, zog eine Fischgräte aus seinem mottenlöchrigen Schal und suchte sogleich in den Jackentaschen nach einem Streichholz. Ich zog eins aus meinem Ärmel, riss es an der Mauer an. Er kam näher, zog tief und blies den Rauch genüsslich aus. „Heinrich" flüsterte er, wieder halbwegs auf der Höhe. „Die Soldaten kommen! Die Revolution gegen den Kaiser beginnt!"

Ich blickte ihm forschend in die Augen, sicher, dass er jeden Augenblick lachen würde. Das musste einer seiner verrückten Scherze sein, ganz sicher. Gegen den Kaiser, mitten im Krieg? Unmöglich. Ja, völlig undenkbar! „Autsch!" entfuhr es mir und ich schüttelte meine Hand. Ich war so erschrocken über sein Märchen gewesen, dass ich nicht bemerkt hatte, wie das Streichholz heruntergebrannt war. Mit dem Daumen im Mund murmelte ich: „Erich – erzähl nicht so einen Unsinn! Alle lieben den Kaiser und niemand stellt sich gegen ihn!" Ich überlegte einen Moment. „Außerdem hat er Soldaten und Polizisten, die ihn beschützen." Erich lachte trocken auf, schüttelte den Kopf. „Ich weiß, das kann man gar nicht glauben. Aber das ist es ja gerade! Die Straße ist voll mit Soldaten – nur ziehen sie gemeinsam mit den Demonstranten ins Regierungsviertel."

Er blickte sich um. „Sie wollen den Kaiser aufhängen!" Die letzten Worte flüsterte er bloß. Ich kniff die Augen zusammen. Na klar – erst hier herumbrüllen und dann auf Verschwörer machen. Also war es wirklich nur ein blöder Scherz.

„Aufhängen! So'n Quatsch!" antwortete ich und schmunzelte jetzt. Aber ganz sicher war ich nicht mehr, so überzeugt schaute mich Erich noch immer an. Etwas unsicher fuhr ich fort: „Ich habe letzte Woche erst gehört, dass der Onkel vom fetten Erwin neue Befehle hat. Der ist Bootsmann auf der „Friedrich der Große", einem Schlachtschiff! Und der sagte: Auf zum letzten Kampf gegen den Engländer, alle Schiffe sollen losfahren!"

„Genau das ist es ja!" antwortete Erich triumphierend. „Da war keine Chance mehr für den Sieg! Die Matrosen haben sich einfach geweigert." Seine Stimme überschlug sich fast. „Die haben sich gleich auf den Weg nach Berlin gemacht. So glaub mir doch endlich, ich hab doch gerade mit einem gesprochen auf der Straße. Die wollen den Kaiser hängen!"

Ich schüttelte den Kopf und nahm ihm die Zigarette aus der Hand. „Niemand hängt den Kaiser. Überhaupt – niemand demonstriert gegen den Kaiser, der ist doch unser lieber Herrscher!"

Und gerade in dem Moment, als ich ziehen wollte, explodierte der Schmerz in meinem Gesicht und mit lautem Klatschen flog die Zigarette über den Hof. Wir rissen die Köpfe herum. Da stand Herr Sauerbier, der Hausmeister, mit hochrotem Kopf. Er schüttelte die Hand, mit der er mir gerade eine gescheuert hatte und blaffte: „Ja, spinn' ick denn? Was macht ihr Bengel mit dem Müll?! Und rauchen tun'se auch noch! Warte, bis ick das deiner Mutter erzählt habe, Bürschchen, die versohlt dir den Arsch!" Schon griff mich Erich am Ärmel, um über den Hof zu türmen, denn Sauerbier war kriegsversehrt und hatte nur noch ein Bein. Aber mit den Händen war er flink. Er packte uns an den Ohren, einen links und einen rechts und zog uns ganz nah an sein Gesicht. Ich konnte riechen, dass er wieder was von dem Fusel getrunken hatte, den er heimlich im Heizungskeller brannte.

„Hört mal zu, Jungs, ick sag euch was. Der Kaiser wird heute gestürzt. Der hat zu lange die Soldaten verheizt und sein Volk nicht richtig ernährt. Haben wir ja alle mitbekommen vorletzten und letzten Winter. Und heut ist schon wieder der 9. November. Da wisst ihr ja, dass bald wieder Rübenzeit ist, wa?" Mir wurde selbst jetzt ein bisschen übel bei dem Gedanken.

„Man hört außerdem schon, dass es Friedensverhandlungen gibt. Gerüchte! Und dann noch raus und ersaufen? Nee, nee." Er drehte unsere Ohren noch einmal ein Stück mehr. Erich stöhnte und ich merkte, wie sich meine Augen auch mit Tränen füllten.

„Jungs, einer von drei Männern ist schon gefallen, hunderttausende Verwundete dazu und dein lieber Herrscher will trotzdem nicht mit dem Franzosen verhandeln." Er spuckte verächtlich auf den Boden. „Der Russe! Der ist schlau, das sag' ich euch. Der hat seinen feinen Herrn da oben schon gestürzt, bevor der weiter das Volk ausbeuten und verheizen konnte. Da herrscht jetzt das Volk! Und ab heute, da geht das auch bei uns los, das sag ick euch!" Und damit ließ er unsere Ohren los und wir fielen beide vornüber auf die Knie.

„Und jetzt seht zu, dass ihr dabei seid, aber passt bloß auf euch auf. Wenn das schief geht, hagelt's Blei."

ARBEITSAUFTRÄGE

1. Gib den Inhalt der Geschichte wieder, indem du die W-Fragen stellst und beantwortest.
2. Der Kaiser wird an diesem Tag abdanken. Schreibe dazu einen Tagebucheintrag aus der Sicht von Erich oder Heinrich.

Die Nationalversammlung in Weimar

Große Herausforderungen von Anfang an

Mit der Übergabe der Regierungsmacht an Friedrich Ebert war das Kaiserreich als Staatsform beendet. Das Deutsche Reich wurde nun von Vertretern der SPD und der USPD unter Eberts Führung regiert. Es war eine vorläufige Regierung, bis Wahlen abgehalten werden konnten. Sie hatte von Beginn an mit enormen Schwierigkeiten zu kämpfen. Der Waffenstillstand musste zu Ende ausgehandelt werden, es galt, den Rücktransport der rund fünf Millionen Soldaten in ihre Heimatstädte zu sichern und Unterkunft und Arbeit für sie zu organisieren. Fabriken und landwirtschaftliche Betriebe mussten ihre Arbeit wieder aufnehmen, um die Bevölkerung zu versorgen. Vor allem wollte Ebert eine verfassungsgebende Nationalversammlung wählen lassen.

Innere Unruhen

Schon kurz nach dem Rücktritt Wilhelms II. zeigte sich, dass nicht alle Bürger mit einer parlamentarisch-demokratischen Republik zufrieden waren. Extreme Parteien, wie etwa die KPD, lehnten die vorläufige Regierung von Anfang an ab und riefen zum Generalstreik auf. Im ganzen Land kam es zu innenpolitischen Unruhen und z. T. zu bürgerkriegsartigen Straßenkämpfen, bei denen mehr als 5000 Menschen starben. Auch prominente Politiker kamen ums Leben, so z. B. Rosa Luxemburg und Karl Liebknecht. Sie wurden von ehemaligen Soldaten ermordet.

Friedrich Ebert beschloss, das umkämpfte Berlin zu verlassen und die künftige Nationalversammlung in einer ruhigeren Stadt tagen zu lassen. Seine Wahl fiel auf Weimar in Thüringen.

verfassungsgebende Nationalversammlung: Gruppe von gewählten Volksvertretern, die alle grundlegenden Regeln des staatlichen, demokratischen Zusammenlebens aufstellt: Die Staatsordnung oder Verfassung. Unsere heutige deutsche Verfassung nennt man Grundgesetz.

KPD: Kommunistische Partei Deutschlands, wollte durch Revolution die Herrschaft des Proletariats – also des einfachen Volkes, der Arbeiter und Bauern – erreichen. Die KPD trat aus Protest nicht bei den Wahlen zur Nationalversammlung an.

Generalstreik: Arbeitsniederlegung und -blockade möglichst aller Arbeiter in einem Land, um das gesamte wirtschaftliche Leben zu stoppen

M1 Beisetzung von Karl Liebknecht und anderen Revolutionsopfern (Postkarte, 1919)

Vom Kaiserreich zur ersten deutschen Republik

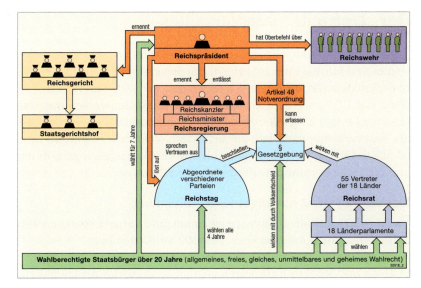

M2 Die Weimarer Verfassung, die am 11. August 1919 in Kraft trat

Der Wahlkampf beginnt

Ende 1918 entbrannte ein kurzer und leidenschaftlicher Wahlkampf mit großem Parteienangebot. Neben SPD und USPD trat die Zentrumspartei an, die sich besonders für christlich-katholische Werte einsetzte. Deutsche Demokratische Partei (DDP) und Deutsche Volkspartei (DVP) standen für unterschiedliche Seiten liberaler Politik. Sie wollten möglichst wenig Aufsicht durch den Staat. In der Deutschnationalen Volkspartei (DNVP) sammelten sich vor allem rückwärtsgewandte, antidemokratische und teilweise judenfeindliche Politiker.

Die Nationalversammlung wird gewählt

Schließlich wählten am 19. Januar 1919 alle deutschen Männer und erstmals auch Frauen. Die Wahl fand damit unter den gleichen Bedingungen statt wie die demokratischen Wahlen heute.

Die erste Regierung bildeten SPD, DDP und Zentrum. Gemeinsam erarbeiteten sie eine Verfassung, die u. a. Gewaltenteilung, Bürgerrechte und Menschenrechte festlegte.

Besondere Bedeutung in der Geschichte sollte wenige Jahre später dann der § 48 erhalten. Dieser regelte, dass der Präsident unter bestimmten Umständen die Grundrechte außer Kraft setzen durfte.

Erster Reichspräsident wurde Friedrich Ebert, die Regierung leitete Philipp Scheidemann als Reichskanzler.

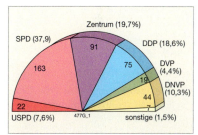

M3 Sitzverteilung in der Nationalversammlung am 19. Januar 1919. Die Prozentzahlen geben die Anteile der Wählerstimmen an.

ℹ️ Besuche die Webseite der Bundeszentrale für politische Bildung, um Material zu bekommen und dich über die Entwicklung der deutschen Demokratie zu informieren: *www.bpb.de*

ARBEITSAUFTRÄGE

1. Erkläre, wieso die erste deutsche Republik „Weimarer Republik" heißt.
2. Liste die großen Herausforderungen auf, mit denen die junge Demokratie von Anfang an zu kämpfen hatte. Du kannst deine Ergebnisse in einem Lerntempoduett vergleichen. Tipps dafür findest du auf Seite 133.
3. Beschreibe den Aufbau der deutschen Demokratie im Jahr 1919 (M2).
4. Vergleiche die Verfassung der Weimarer Republik in M2 mit der heutigen Verfassung und notiere die Unterschiede in einer Tabelle: Was ist anders, was gleich?
5. Besonderheit § 48: Diskutiere mit deiner Klasse, welche Vor- und welche Nachteile aus dieser „Sonderregelung" entstehen könnten.

↳ zu 3.
Schlage dazu im hinteren Teil dieses Buchs zunächst den Begriff „Gewaltenteilung" nach.

↳ zu 4.
Nutze dazu die Abbildung der heutigen Verfassung in diesem Buch auf Seite 187.

Der „Unfriede" von Versailles

Am 28. Juni 1919 trafen im französischen Versailles Vertreter der Kriegsgegner und Journalisten zusammen. Im Spiegelsaal des Schlosses sollte der Friedensvertrag unterzeichnet werden, der nach dem Waffenstillstand von 1918 ohne deutsche Beteiligung aufgesetzt worden war. Das Hauptziel seiner über 400 Artikel bestand darin, deutsche Angriffe auf die Nachbarländer dauerhaft zu verhindern. Vor allem Frankreich setzte sich dafür ein, die Handlungsfähigkeit des Deutschen Reichs durch umfangreiche Reparationszahlungen einzuschränken.

Reparationszahlung: Geldbetrag, den der Verursacher eines Krieges zahlen muss, um entstandene Schäden „zu reparieren". Als Reparationen gelten auch allgemeine Entschädigungen wie z. B. die Lieferung von Maschinen, Rohstoffen etc.

Der Vertrag stößt auf allgemeine Ablehnung

Im Jahr 1921 wurden die Reparationen um ein Strafgeld von 132 Milliarden Goldmark – umgerechnet rund 300 Milliarden Euro – erweitert. Außerdem sollte das Deutsche Reich stark abrüsten: Panzer, Flugzeuge, U-Boote und Kriegsschiffe waren zu verschrotten, die Armee musste auf 100 000 Soldaten verkleinert werden. Zur Sicherstellung der Zahlungen beschloss man zudem die Besetzung des Rheinlandes durch die französische Armee für einen Zeitraum von 15 Jahren.

Die Gründe für die deutsche Ablehnung des Versailler Vertrages waren vielfältig. So hatte im Reich z. B. kaum jemand eine Vorstellung von den Zerstörungen, die der Krieg in Belgien und Frankreich angerichtet hatte. Entsprechend wurden die Reparationen oftmals als übertrieben harte Strafe gesehen, die den wirtschaftlichen Wiederaufbau gefährdete. Infolge der erzwungenen Abrüstung fühlte man sich darüber hinaus militärisch „schutzlos".

Auf die deutlichste Ablehnung durch Vertreter aller deutschen Parteien stieß Paragraph 231, der „Kriegsschuldparagraf". Der legte fest, dass die alleinige Schuld für den Krieg beim Deutschen Reich und seinen Verbündeten lag. Aus Protest gegen den Vertrag trat Reichskanzler Scheidemann von seinem Amt zurück und Reichspräsident Ebert fragte beim Militär an, ob ein neuer Krieg möglich wäre. Erst als das Heereskommando angab, dass eine militärische Lösung „völlig aussichtslos" sei und die Kriegsgegner damit drohten, das gesamte Reich zu besetzen, unterzeichnete die Regierung den Friedensvertrag.

Stühletausch

1. Alle lösen die gestellte Aufgabe. Das Ergebnis des Arbeitsauftrages wird am Platz ausgelegt.
2. Jeder gibt seinen Platz frei und sucht einen anderen Stuhl. Dort lest ihr das ausgelegte Ergebnis und notiert eine Rückmeldung.
3. Alle gehen zu ihrem Platz zurück und lesen die Rückmeldung zu ihrer Lösung.
4. Gemeinsam wird in der Klasse ein auswertendes Gespräch geführt.

M1 „Was wir verlieren sollen" (Protestplakat, 1919)

Vom Kaiserreich zur ersten deutschen Republik

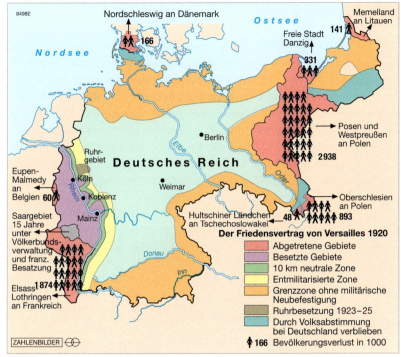

M2 Folgen des Versailler Vertrages

Gesellschaftskrise: Die Republik wird zum Sündenbock

Die Folgen des Versailler Vertrages wurden zur Belastungsprobe für die demokratische Regierung, die von ihren Gegnern bald für den „Gewaltfrieden" von Versailles verantwortlich gemacht wurde.

So stieg nach dem Ende des Krieges die Arbeitslosigkeit erheblich, denn die Industrie erholte sich nur langsam. Zudem gab es zahlreiche arbeitslose Kriegsheimkehrer. Reiche Bürger, Großbauern und Fabrikbesitzer konnten dagegen oftmals profitieren. Sie besaßen Land und Fabriken, konnten Waren und Nahrungsmittel produzieren. Schon bald forderten vor allem die Armen eine Revolution, um eine Regierung der Arbeiter und Bauern zu errichten. Andere dagegen sehnten sich nach dem Kaiser oder einem neuen, starken Anführer und träumten vom nächsten Krieg gegen Frankreich. Der sollte die Folgen des „Unfriedens von Versailles" korrigieren. Schließlich kam sogar die „Dolchstoßlegende" auf, die unter Verdrehung der Tatsachen den Sozialdemokraten die Schuld für die Weltkriegsniederlage gab.

M3 „Dolchstoßlegende": Der Soldat an der Front wird von einem rotgekleideten Maskierten (Sozialdemokraten) von hinten erstochen (Ausschnitt aus einem Wahlplakat der Deutschnationalen Volkspartei zum Waffenstillstand 1918).

ARBEITSAUFTRÄGE

1. Beschreibe, warum der Versailler Vertrag von Deutschland unterzeichnet wurde.
2. Verfasse einen kurzen Zeitungsbericht aus der Sicht eines Franzosen.
   a) Berichte davon, welche Folgen der Friedensvertrag für Deutschland hat (M1, M2).
   b) Bearbeitet den Artikel mit der Methode „Stühletausch".
3. Beurteile, ob der Friedensvertrag von Versailles den Frieden in Europa tatsächlich langfristig sichern kann.
4. Recherchiere, welche politischen Gruppen in der jungen Weimarer Republik aufeinander stießen und welche Forderungen sie formulierten.

zu 2. a)
In angespannter Atmosphäre werden die Paragraphen vorgelesen. Die Strafen sind gewaltig ... Deutschland muss ... Alle Kolonien sollen von nun an ... Das Heer wird stark verkleinert, zukünftig sind nur noch ... Endlich erkennen die Deutschen ...

zu 3.
Versetze dich dazu zum Beispiel in die Lage eines deutschen Soldaten, der als „Kriegsverlierer" nach Hause zurückkehrt, keine Arbeit findet und dann von den hohen Strafzahlungen liest.

Herausforderungen der Republik

Das Krisenjahr 1923

Reparationsprobleme

Nach den Beschlüssen des Versailler Vertrages stand die Weimarer Republik vor enorm hohen Reparationszahlungen, was für den jungen Staat eine extrem hohe Belastung war. Besonders Frankreich drängte auf pünktliche Auszahlungen. Sollte Deutschland dieses Geld nicht zahlen können, würde der Rhein-Ruhr-Bereich von französischen Truppen besetzt werden. 1922 war die Republik von einer schweren wirtschaftlichen Krise geprägt und kam mit den Reparationszahlungen in Verzug. Die Reparationskommission verkündete, dass die Deutschen gegen den Versailler Vertrag verstoßen hatten.

M1 Propagandaplakat gegen die Ruhrbesetzung, 1923

Sabotage: absichtliche Beschädigung politischer, wirtschaftlicher oder militärischer Einrichtungen

M2 Zivilist und französischer Besatzer (1923)

Ruhrbesetzung

Am 11. Januar 1923 marschierten französische und belgische Truppen ins Ruhrgebiet ein, um die Lieferungen von Holz und Kohle zu überwachen. Dies löste in den Parteien und in der Bevölkerung Empörung und Protestwellen aus. Die Regierung rief die Behörden und Betriebe zum „passiven Widerstand" auf. Die deutschen Arbeiter sollten jegliche Arbeitsanweisungen und Aufforderungen der Franzosen ignorieren. Die Franzosen antworteten daraufhin mit harten Maßnahmen. Sie legten alle Zechen und Fabriken still, beschlagnahmten alle öffentlichen Kassen und wiesen ca. 180 000 Menschen aus dem Gebiet aus. Oft kam es zu öffentlichen Auseinandersetzungen, die zu vielen Toten und Verletzten unter den Zivilisten führten.

Neben dem passiven Widerstand entwickelten sich rechtsradikale Sabotagegruppen, die entgegen den Regierungsappellen aktiven Widerstand leisteten.

In dieser Zeit unterstützte die Regierung die streikenden Arbeiter und Betriebe finanziell und druckte dafür mehr Geld, denn jeder Tag des passiven Widerstandes kostete den Staat etwa 40 000 Goldmark. Diese finanzielle Belastung verstärkte zusätzlich die Wirtschaftskrise. Im September 1923 beschloss die deutsche Regierung den Abbruch des Widerstandes.

M3 Ein Französischer Soldat bewacht einen Güterbahnhof im besetzten Ruhrgebiet (1923).

Herausforderungen der Republik

Hyperinflation

Schon in den Kriegsjahren hatte die Inflation begonnen. Nach dem Krieg stand das Land vor neuen Herausforderungen: Wiederaufbau des Reiches, Reparationen, Versorgung verletzter Soldaten sowie der Witwen und Waisen. Aufgrund dieser schweren Situation ließ die Regierung mehr Geld drucken. Die massive Erhöhung der Geldmenge führte dazu, dass das Geld immer weniger wert wurde. 1923 stieg die Geldentwertung so schnell an, dass sogar mehrmals am Tag Preise und Löhne neu festgelegt werden mussten. Die Menschen versuchten, die ausgezahlten Löhne sofort in Ware umzusetzen, denn am nächsten Tag war dieses Geld schon so gut wie wertlos. Das Bargeld wurde überall durch Sachgüter wie Lebensmittel, Schmuck und andere Sachwerte ersetzt. Diese besaßen allerdings nur die Wenigsten, sodass es zu vielen Hungerdemonstrationen und Plünderungen kam.

Im November 1923 kam es zu einer Währungsreform. Die Regierung ersetzte das wertlose Geld durch eine neue Währung, die Rentenmark, und beendete somit die Hyperinflation.

M4 Heizen mit Inflationsgeld (1923/24)

> **Q1** Die Zeitzeugin Erna Arntz berichtete über das Inflationsjahr 1923:
>
> 1923 waren Geldscheine mit Millionen- und Milliardenbeiträgen in Umlauf. Wenn wir Brot kaufen wollten, brauchten wir für das Geld einen kleinen Koffer. Die Union, ein Großbetrieb in Hamm, zahlte zweimal pro Woche den Lohn, weil das Geld zu schnell an Wert verlor. Es musste in Waschkörben transportiert werden. Schwer hatten es damals die Rentner. Meine Großmutter gehörte auch dazu. Sie war eine sehr sparsame Frau und stapelte ihr Geld im Wäscheschrank. Dass dieses Geld schon wenige Tage später wertlos war, begriff sie nicht. Sie war empört, als meine Mutter ihr riet, das Geld sofort auszugeben.

Inflation: bedeutet Geldentwertung: Es gibt mehr Geld als Waren, das Geld verliert an Wert und die Preise steigen. Hyperinflation ist eine Form der unkontrollierbaren Inflation, bei der sich die Preise extrem schnell erhöhen.

NSDAP: 1920 gegründete Nationalsozialistische Deutsche Arbeiterpartei

Der Hitler-Putsch

Die wirtschaftliche Not des Landes führte zu politischen Unruhen. In Bayern entwickelte sich die NSDAP zur aktivsten rechtsradikalen politischen Kraft. Adolf Hitler wurde Vorsitzender dieser Partei. Sein Ziel war die Abschaffung der Demokratie. Am 8. November 1923 proklamierte Hitler die „nationale Revolution" und erklärte die Reichsregierung für abgesetzt. Gemeinsam mit einigen Helfern versuchte er einen Regierungssturz, der von der bayerischen Landespolizei niedergeschlagen wurde. Im anschließenden Hochverratsprozess wurde Hitler zu fünf Jahren Haft verurteilt. Das war eine sehr milde Strafe, denn normalerweise wurden Hochverräter zu lebenslangen Gefängnisstrafen oder zum Tode verurteilt. Von den Ereignissen konnte die NSDAP stark profitieren, denn dadurch wurde sie bekannt.

Datum	Preis in Mark
1919	0,32
1919	0,80
1921, Juni	3,90
1922, Juli	53,15
1923, Januar	250,00
1923, Juli	3 465,00
1923, September	1 512 000,00
1923, November	201 000 000 000,00

M5 Preisentwicklung für Brot in Deutschland

→ zu 2.
Beachte drei wichtige Schritte:
1. Beschreiben
2. In den historischen Kontext einordnen
3. Aussage interpretieren.

→ zu 3.
Bedenke, was damals noch Wert hatte und wie die Unternehmer ihre Betriebe finanzierten.

ARBEITSAUFTRÄGE

1. Fasse zusammen, vor welchen Herausforderungen die Weimarer Republik im Jahr 1923 stand.
2. → Deute das Propagandaplakat M1.
3. → Diskutiert in der Klasse über die Gewinner und die Verlierer der Inflation.
4. Erörtere mögliche Ursachen für das Urteil im Prozess gegen Hitler.

Portfolioarbeit: Inflation und Hyperinflation

Zu den häufigsten Stichworten in Bezug auf die Weimarer Republik gehören „Inflation" und „Hyperinflation". Grundsätzlich bedeuten sie „Geldentwertung". Aber wie genau wird Geld denn entwertet – der Wert steht doch schließlich immer gleich darauf? Was für Gründe gibt es dafür und warum wird aus Inflation die Extrem-Geldentwertung „Hyper-Inflation"? Schließlich: Welche Folgen hatte sie für die Demokratie? Um diese Fragen umfassend zu beantworten, kannst du mit einem Portfolio arbeiten.

M1 So könnte ein Deckblatt für dein Portfolio aussehen.

So gehst du vor:

1. → **Schwerpunkt finden**
   - Suche dir eine Schwerpunktfrage aus, also etwa „Welche Ursachen hatte die Inflation?" oder „Welche Folgen hatte die Inflation für die normalen Bürger?" oder ähnliches.
   - Lege eine erste Gliederung (z. B. in einer Mindmap) an, indem du notierst:
   - Warum wähle ich dieses Thema?
   - Wo recherchiere ich?
   - Was weiß ich schon über das Thema?
   - Erweitere diese Gliederung jeweils, je mehr du in Erfahrung bringst.

2. → **Material sammeln**
   - Recherchiere in Schulbüchern, der Bibliothek und im Internet.
   - Sammle alle Informationen, Kopien, Abbildungen usw.
   - Notiere unbedingt alle Quellen auf einer „Quellen-Seite".
   - Notiere auf einer „Problem-Seite", wo du Schwierigkeiten hast (Verständnis, Sprache usw.).

3. → **Thema ausarbeiten**
   - Lies und markiere die gesammelten Texte.
   - Übertrage deine Anmerkungen, indem du kurze, eigene Texte daraus schreibst.
   - Veranschauliche deine Ergebnisse in Form von Zeichnungen, Statistiken oder Schaubildern.
   - Tausche dich in der Klasse über Tipps und Ideen aus.

4. → **Immer gleichzeitig: Reflexion notieren**
   - Was habe ich heute gelernt? (Stichworte)
   - Was war schwierig?
   - Wie habe ich gearbeitet, was lief gut, was mache ich nächstes Mal besser? (Selbstbewertung)

5. → **Präsentation vorbereiten**
   - Gestalte ein Deckblatt.
   - Lege das Inhaltsverzeichnis an.
   - Schreibe eine Einleitung mit Erläuterungen für die Leserinnen und Leser deines Portfolios.

Inhaltsverzeichnis

1. Einleitung – Warum ich mich für das Thema entschieden habe
2. Begriffserklärung: Was ist Inflation?
3. Alltag von normalen Bürgern am Beispiel eines Schneiders
4. Millionär und trotzdem hungrig – der Schneider verliert sein Haus
5. Die Folgen: Die Republik wird für die Armut verantwortlich gemacht
6. Reflexion meiner Arbeit am Thema
7. Bewertungsbogen
8. Quellen

M2 Beispiel für ein Inhaltsverzeichnis

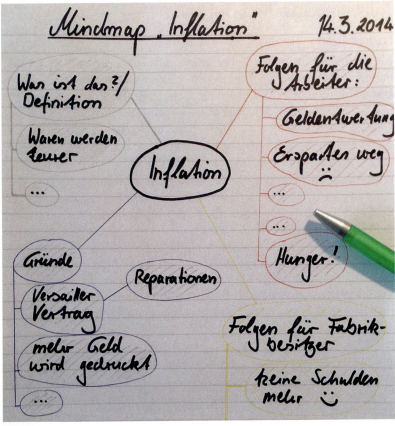

M3 Portfolio-Arbeit (Schritt 2: Material sammeln in einer Mindmap zum Thema Inflation in der Weimarer Republik, Schülerarbeit, 2013)

M5 Billiger und schneller als Neudrucken: Die Währung verfiel zeitweise so rasch, dass man Scheine zu Eintausend Mark mit dem Stempel zu einer Milliarde Mark machte.

Einleitung

In meinem Portfolio werde ich mich mit dem Leben eines Schneiders in der Inflation des Jahres 1923 auseinandersetzen. Ich habe die Berufsgruppe gewählt, weil sie mich interessiert … weil ich gute Informationen gefunden habe … weil die Geschichte des Schneiders besonders viel über das Leben der normalen Menschen sagt…
Mein Portfolio ist wie folgt aufgebaut … Ich starte mit der Erklärung des Begriffs, damit meine Leser wissen, was grundsätzlich passierte. Dann zeige ich, welche Folgen es …

Ausarbeitung

Nachdem ich nun den Begriff erklärt habe, komme ich zum Leben von Balduin Wiesemann. Der ist ein Düsseldorfer Schneider gewesen. Seine Lebensgeschichte habe ich in der Bücherei, im Band „Schneider in Düsseldorf" gefunden … Er hatte einen Betrieb … im Jahr 1923 kostet eine Reparatur der Nähmaschine 1 000 000 Mark … Haus verloren …

Reflexion

Die Bearbeitung des Themas fand ich sehr interessant, denn … Ich habe gelernt, dass ich mir immer Notizen machen muss, weil … Die Gliederung vorher zu schreiben, hat mir sehr geholfen, denn so … Das Thema selbst hat mich sehr berührt, vor allem das Schicksal von Balduin … Abschließend würde ich beim nächsten Mal … ändern.

Bewertung

Die Aufteilung meines Portfolios gefällt mir gut – mittel – schlecht
Die Struktur ist übersichtlich – in Ordnung – chaotisch
In den Arbeitsphasen war ich fleißig – bemüht – faul
Meine Mitschüler fanden meinen Vortrag super – ok – unverständlich

M4 Formulierungshilfen für ein Portfolio

M6 „Spielgeld": 1923 sind Geldscheine so wenig wert, dass Kinder damit spielen dürfen.

Außenpolitische Erfolge

Dawes-Plan

Nach der Einführung der Rentenmark stabilisierte sich die wirtschaftliche Lage. Dies wurde durch weitere politische Maßnahmen unterstützt. Im August 1923 wurde Gustav Stresemann Reichsaußenminister. Sein Ziel war es, das Deutsche Reich wieder zu einem geachteten Land in Europa werden zu lassen. Eine wesentliche Verbesserung in der Frage der Reparationen brachte ein unter der Leitung des amerikanischen Bankiers Charles Dawes entwickelter Plan. Das zentrale Element dieses Plans war die Anpassung der Reparationszahlungen an die wirtschaftliche Entwicklung des Deutschen Reiches. Nach diesem Konzept erhielt die Weimarer Republik 800 Millionen Goldmark, um die Wirtschaft anzukurbeln. Stresemann setzte sich für die Umsetzung des Dawes-Plans ein. Dank der Kredite besserte sich vorübergehend die deutsche Wirtschaft und die Zahl der Arbeitslosen sank.

M1 Gustav Stresemann, Reichsaußenminister (Foto, um 1927)

Verträge von Locarno und Beitritt zum Völkerbund

Der Dawes-Plan bewirkte Verbesserungen der politischen Lage. Im Oktober 1925 trafen sich die Regierungschefs Deutschlands, Großbritanniens, Frankreichs, Belgiens, Italiens und Polens in Locarno, einem Ort in der Schweiz. Dort wurden Maßnahmen zur Stabilisierung des Friedens in Europa und Voraussetzungen für die Verbesserung der wirtschaftlichen Lage ausgearbeitet. Außerdem wurde in Locarno der Beitritt Deutschlands zum Völkerbund vorbereitet. Der Völkerbund war eine internationale Organisation, die sich nach dem Ersten Weltkrieg um die Erhaltung und Sicherung des Weltfriedens kümmerte. Mitglieder des Völkerbundes waren zunächst 45 Staaten wie z. B. Frankreich, England, Polen, Italien. 1926 durfte das Deutsche Reich dank der großen Bemühungen Stresemanns diesem Bund beitreten. Die politische Isolation des Deutschen Reiches war damit durchbrochen.

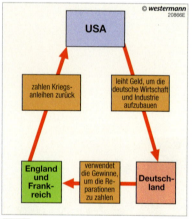

M2 Schaubild zum Dawes-Plan

Q1 Auszug aus den Locarno-Verträgen, 1925:

Anlage A, Art. 2:
Deutschland und Belgien und ebenso Deutschland und Frankreich verpflichten sich gegenseitig, in keinem Falle zu einem Angriff oder zu keinem Einfall oder zum Kriege gegeneinander zu schreiten … (Sie) verpflichten sich, auf friedlichem Wege … alle Fragen jeglicher Art zu regeln.

M3 Rede von Außenminister Gustav Stresemann vor dem Völkerbund, 1926

Wirtschaftsentwicklung

Mit den Dawes-Plan und den Locarno-Verträgen begann im Deutschen Reich die Phase des wirtschaftlichen Aufschwungs. Hiervon profitierten vor allem Unternehmer und Kaufleute. Volkseinkommen, Produktion und Konsum erhöhten sich stetig. Es entstanden immer mehr Arbeitsplätze und die Zahl der Arbeitslosen sank. In den Jahren 1928/1929 erreichten die Löhne das Vorkriegsniveau und die Wochenarbeitszeit verringerte sich.

Es konnten viele neue technische Projekte realisiert werden. Die Technik für die Kommunikation wie Telefon und Rundfunk wurde stets weiterentwickelt. Nun waren internationale Telefongespräche und öffentliche Radiosendungen möglich. Die teuren Geräte konnten sich die meisten Menschen allerdings nicht leisten.

M5 Handelsflugzeug, 1926

M4 Die Einführung des Radio-Apparates bei der deutschen Schutzpolizei, 1923

Die vorhandene Industrie wurde durch die Automobil- und Flugzeugindustrie ergänzt. Die Entwicklung der Flugzeuge ging rasant voran, wodurch schnelle Verkehrsverbindungen ermöglicht wurden. Mit dem Aufschwung des Luftverkehrs gründeten sich viele private Fluggesellschaften. In dieser Zeit blühte auch die deutsche Filmindustrie. Nach den harten Kriegs- und Krisenjahren boten die Filme eine interessante Ablenkung vom schweren Alltag. Anfangs waren es noch Stummfilme mit Musikbegleitung. Ende der 1920er-Jahre setzte sich der Tonfilm durch. Die Produktionen deutscher Regisseure waren im Ausland ebenfalls sehr erfolgreich.

M6 Der 1927 gedrehte Film „Metropolis" von Fritz Lang ist einer der berühmtesten Stummfilmklassiker.

ARBEITSAUFTRÄGE

1. Beschreibe die Politik Stresemanns und deren Folgen für die Weimarer Republik.
2. Erkläre mithilfe von M2 den Dawes-Plan.
3. Beurteile die Bedeutung des Beitritts zum Völkerbund für Deutschland.
4. a) Recherchiere im Internet, wann die letzten Reparationszahlungen laut Versailler Vertrag geleistet wurden.
   b) Erläutere den Grund für den Zeitrahmen bis zur letzten Auszahlung.

Frauen in der Weimarer Republik

Die Emanzipation der Frau

Das Frauenbild verändert sich

Nach dem Ersten Weltkrieg veränderte sich vieles auch für die Frauen, zum ersten Mal bekamen sie das Wahlrecht und durften studieren.

Viele Berufe vor allem in Büros und Verwaltungen wurden nun von Frauen ausgeübt. Frauenrechtlerinnen wie Helene Lange und Clara Zetkin setzten sich für die Emanzipation der Frauen ein. Frauenbewegungen und Bündnisse bildeten sich mit dem Beginn des neuen Jahrhunderts. Die Frauen beteiligten sich nicht nur am politischen Leben, sondern arbeiteten auch in Gewerkschaften, Parteien oder Verwaltung.

M1 Turnerinnen, 1929

Emanzipation: eine weltweite soziale Bewegung, die sich für Frauenrechte und Gleichberechtigung einsetzt

Die Frauenbewegung war in vielen Ländern der Welt verbreitet. So kämpften in den USA und England die sogenannten Suffragetten für die Rechte der Frauen.

M2 Die damals bekannte Schauspielerin Senta Söneland forderte die Frauen zur Teilnahme an der bevorstehenden Wahl zur Nationalversammlung auf (Foto, Berlin, Januar 1919).

Die Werbung vermittelte das Bild der „neuen" Frau – unabhängig, berufstätig, selbstbewusst. Dies zeigte sich deutlich in der Mode durch kürzere Röcke, Hosenanzüge und Frisuren mit Kurzhaarschnitt. Die „neue" Frau trug abends auffälliges Make-up und schmückte sich mit Stirnbändern und mehrreihigen Ketten. Sie verbrachte ihre Freizeit mit Sportaktivitäten, ging in Bars und durfte nun in der Öffentlichkeit rauchen. Diesen Lebensstil konnten sich allerdings nur wenige wohlhabende Frauen leisten.

M3 Titelseite einer Illustrierten aus dem Jahre 1929

Q1 Erika R., eine Auszubildende zur Kindergärtnerin erinnerte sich an 1919:

Wir hatten fabelhafte Frauen als Lehrerinnen. Da begriff ich, dass jede Frau schöpferische Kräfte hat, sie muss sie nur finden. Man konnte sich was Neues ausdenken, z. B. beim Werken. Ich wusste ja gar nicht, dass man das konnte und durfte. Wir diskutierten nächtelang die Frage: Was ist Demokratie? Wie können wir sie verwirklichen? Wir fühlten uns als neue Generation. Wir wollten den Aufbruch versuchen.

Frauen in der Weimarer Republik

Die „neue" Frau mit alten Problemen

Trotz der Versuche zur Gleichberechtigung blieben die Frauen noch oft benachteiligt. Frauen erhielten im Durchschnitt nur zwei Drittel der Männerlöhne für die gleiche Arbeitstätigkeit. Bei den Bewerbungen wurden immer noch die Männer bevorzugt. Viele Frauen mussten die doppelte Belastung von Lohn- und Hausarbeit tragen. Während der Krisenzeit war die berufliche Stellung der Frauen bedroht, denn man forderte sie auf, zugunsten der Männer auf ihre Arbeit zu verzichten. Die Gesellschaft brauchte noch viel Zeit, um sich vom alten Frauenbild zu lösen. Doch seit 1919 sicherte das Frauenwahlrecht das politische Mitspracherecht und war somit die Basis für den langen Weg zur Gleichberechtigung.

M4 Frauen montieren am Fließband Staubsauger (1926).

Q2 Eine Arbeiterin berichtete:

Durch Arbeitslosigkeit meines Mannes bin ich zur Erwerbstätigkeit gezwungen. Um nicht in allzu große Notlage zu geraten, muss ich zum Haushalt meiner Familie beitragen ... Da ich fast eine Stunde Bahnfahrt habe, stehe ich um 4.30 Uhr auf ... (In der Fabrik) putze ich bis 14.15 Uhr die Krempelmaschinen. Der Zug, mit welchem ich fahren kann, fährt erst um 17.13 Uhr. Ich muss mich solange auf dem Bahnhof aufhalten und bin um 18 Uhr zu Hause. Nun gibt es noch daheim zu schaffen. Das Essen fertig zu kochen, für den nächsten Tag vorzubereiten, bei den Kindern die Sachen nachsehen, ob sie noch ganz und sauber sind ... Am Abend ist man von der langen Zeit müde und abgespannt und die Sachen, Wäsche und Strümpfe müssen sonntags ausgebessert werden. Manchmal muss ich noch meinen Schlaf opfern, da ich Partei- und Arbeiterwohlfahrtversammlungen besuche und letztere sogar als Vorsitzende leiten muss ...

Krempelmaschine: Maschine zur Herstellung von Textilfasern

Q3 Die Historikerin Ute Frevert schrieb über die Gleichberechtigung in der Weimarer Republik:

... Auch wenn sich die Berufsmöglichkeiten von Frauen erweiterten und Frauen Richter, Rechtsanwälte, Ärzte und Hochschullehrer wurden, wenn Frauen wählen konnten und gewählt werden durften, wenn sich Moralvorstellungen und Geschlechterschranken besonders bei Jugendlichen lockerten, war die Republik weit davon entfernt, Frauen gleiche Rechte, gleiche Macht- und Einflusschancen und gleiche Belohnung zu gewähren wie Männern ...

M5 Die Fliegerin Elly Beinhorn war ein Idol vieler junger Frauen, die nach Unabhängigkeit strebten (Foto, 1930).

ARBEITSAUFTRÄGE

1. a) Beschreibe das Bild der „neuen" Frau.
   b) Bewerte das veränderte Frauenbild.
2. ⇥ Beurteile anhand von Q2 und Q3 die Einflussmöglichkeiten der Frauen und überlege, welche Gründe es dafür geben könnte.
3. ⇨ a) Recherchiert in Gruppen über berühmte Frauenrechtlerinnen wie Clara Zetkin, Helene Lange oder andere erfolgreiche Frauen wie Elly Beinhorn.
   b) Fertigt ein Plakat über eine der Personen an.
   c) Präsentiert euer Plakat in der Klasse z. B. in einem Galeriegang (Seite 278).

⇥ zu 2.
Einerseits ermöglichte das Frauenwahlrecht, dass die Frauen ... Andererseits war die Gesellschaft noch ...
Ihr könnt die Aufgabe auch mit der Methode Think-Pair-Share bearbeiten (S. 211).

Projekt

Wir erstellen ein Lapbook

Die Goldenen Zwanziger

Mit dem wirtschaftlichen Aufschwung entwickelte sich in der Mitte der 1920er-Jahre ein neues Lebensgefühl. Die Republik förderte die Volksbildung und unterstützte dies mit hohen Geldsummen. Für die Förderung der Volksschulen gab die Republik doppelt so viel aus wie das Kaiserreich, um das Volk an Kunst und Wissenschaft heranzuführen. Immer mehr Menschen zogen in die Städte. Vor allem Berlin lockte mit vielen industriellen Betrieben, Unternehmen und Büros Millionen von Menschen an. Nach nur wenigen Jahren entwickelte sich Berlin zur zweitgrößten Stadt der Welt. Hier pulsierte das Leben. Die guten Verkehrsverbindungen mit einer großen Anzahl von Automobilen, Straßenbahnen und Bussen nahm stetig zu und beschleunigte das Lebenstempo der Metropole.

In dieser Zeit entstanden viele neue Restaurants, Theater, Tanzlokale und Kinopaläste. Dies wurde auch durch neue technologische Entwicklungen begünstigt. Neue Medien, Musik und modische Tänze wie Charleston und Tango lockten die Menschen in die Lokale. Es fand ein Wandel in der Kunst und Architektur statt. Deutsche Musiker, Schriftsteller, Maler und Schauspieler fanden weltweit Anerkennung. Viele deutsche Wissenschaftler wie Albert Einstein erhielten in dieser Zeit besondere Auszeichnungen.

Nun könnt ihr selbstständig über die Zeit der Goldenen Zwanziger forschen und dabei in der Gruppe oder auch selbstständig ein Lapbook erstellen.

Was ist ein Lapbook?

Ein Lapbook ist eine kleine oder auch größere Mappe, die entsteht, wenn man sich bastelnd und schreibend mit einem Thema auseinandersetzt. Ein Lapbook lässt sich aufklappen. Darin findet man viele überraschende Motive wie Leporellos, Kärtchen, Klapptaschen, Faltbücher, Fächer und vieles mehr. Diese sorgen für eine schöne und interessante Präsentation.

Das benötigt ihr:
- großes Plakat
- Lapbook-Vorlagen
- Filzstifte
- Schere
- Klebestifte

So geht ihr vor:

1. Informationen suchen
Arbeitet in Gruppen und sucht in Büchern oder im Internet nach interessanten Themenaspekten der 1920er-Jahre: Mode, Kunst, Musik, Film, technischer Fortschritt usw.

2. Lapbook vorbereiten
Überlegt euch: Wie wird euer Lapbook aussehen? Welche Motive soll euer Lapbook enthalten? Wie gestaltet ihr die Titelseite?

3. Lapbook gestalten
Nehmt ein großes Plakat. Faltet es so, dass eine Mappe mit zwei sich öffnenden Türchen entsteht.

Gestaltet die Titel- und die Innenseite. Verwendet dabei unterschiedliche Motive und Lapbook-Vorlagen.
Hier könnt ihr euch inspirieren lassen.

http://www.zaubereinmaleins.de/kommentare/blanko-vorlagen-fuer-lapbook-innenteile....589/

http://www.homeschoolshare.com/lapbooking_resources.php

Verwendet dabei Bilder und farbiges Papier.
Ihr könnt auch kleinere Gegenstände anbringen.

4. Lapbook präsentieren
Plant nun die Präsentation eures Lapbooks in der Gruppe.

Stellt dann euer Lapbook vor. Denkt dabei an die Regeln der richtigen Präsentation wie z. B. freies Sprechen und Augenkontakt mit den Zuhörern.

TIPP: Ihr könnt euer Lapbook im Klassenraum an der Wand befestigen und immer wieder hineinschauen.

5. Lapbook besprechen
Notiert euch Fragen während der Präsentation und diskutiert das Lapbook in der Klasse. Gebt euch gegebenenfalls Tipps und beratet einander.

Krisenjahre

Börsenkrach in den USA

Die Krise in der Weimarer Republik

Am 24. Oktober 1929, dem sogenannten „Schwarzen Freitag" geriet die New Yorker Börse in eine schwere Krise. Die Aktienkurse fielen dramatisch. Der Grund dafür war eine jahrelange Überproduktion der Industrie. Die Menschen konnten nicht mehr so viel kaufen, wie produziert wurde. Darum mussten viele Betriebe ihre Arbeitskräfte entlassen oder sogar schließen. Die amerikanischen Banken forderten ihre Kredite zurück, die sie den Deutschen geliehen hatten. Das Deutsche Reich konnte dieses Geld allerdings nicht aufbringen, sodass viele Banken Pleite gingen. Die meisten Sparer verloren deshalb ihre Ersparnisse.

Börse: organisierter Markt für Aktien oder bestimmte Waren

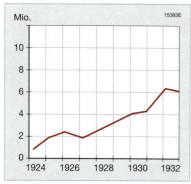

M1 Entwicklung der Arbeitslosenzahlen in Deutschland

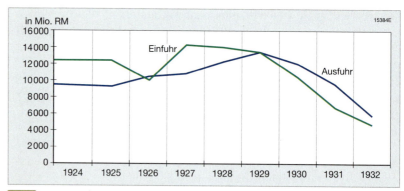

M2 Der deutsche Außenhandel

Die USA hatten viel Geld in die deutsche Wirtschaft investiert. Aufgrund der Krise brach der Weltkreislauf der Finanzen ebenfalls zusammen. Plötzlich hatte Deutschland keine amerikanische Unterstützung mehr, auf die das Land so angewiesen war. Da der Handel stark zurückging, mussten viele deutsche Fabriken ihre Produktion stark einschränken oder schließen und ihre Arbeiter entlassen. Die Zahl der Arbeitslosen stieg schnell auf etwa sechs Millionen an. Die Menschen hatten immer weniger Geld und die Nachfrage nach Waren wurde deshalb geringer. Dies verschärfte die Krise immer weiter, sodass ein Teufelskreis der Arbeitslosigkeit entstand.

M3 Teufelskreis der Arbeitslosigkeit

M4 Arbeitslose Menschen stehen vor dem Arbeitsamt (Hannover, 1930).

Krisenjahre

Die Folgen der Krise

Die hohe Arbeitslosigkeit verursachte große Armut, da die Arbeitslosenunterstützung nicht ausreichte. Viele Menschen wurden obdachlos. Die Ernährung der Menschen war völlig unzureichend, was besonders die Kinder betraf. Es fehlte an Vitaminen aufgrund hoher Obst- und Gemüsepreise. Viele waren auf die öffentlichen Suppenküchen angewiesen, denn für sie war es die einzige Möglichkeit, eine warme Mahlzeit zu bekommen. Krankheiten breiteten sich aus, die aber nur in den wenigsten Fällen behandelt werden konnten, da die Arztkosten dafür viel zu hoch waren. Auch unter den Akademikern herrschte eine große Arbeitslosigkeit. Sie sahen sich gezwungen nach Arbeit jeglicher Art zu suchen, um sich und ihre Familien ernähren zu können. Es kam außerdem zu zahlreichen Zwangsversteigerungen, weil viele Menschen ihre Kredite nicht mehr zahlen konnten.

Die Bevölkerung war verzweifelt und frustriert. Die Menschen erwarteten, dass die Regierung diese Situation endlich löste. Die regierenden Parteien schienen aber unfähig, an der schwierigen Lage etwas zu ändern. Je länger es dauerte, desto weniger Rückhalt hatte die Regierung in der Bevölkerung. In den Zeiten der Not diskreditierten die radikalen Parteien bewusst und gezielt die Republik und bekamen dadurch großen Zulauf der Wähler.

M5 Arbeitsloser, um 1930

Zwangsversteigerung: Wenn ein Schuldner nicht mehr fähig ist, Kredite zurückzuzahlen, werden seine Vermögensobjekte und wertvolle Gegenstände beschlagnahmt und verkauft.

diskreditieren: jemandes Ruf oder Ansehen gezielt untergraben

Q1 Ein Arbeitsloser schilderte 1932 seine Situation:

Schlimmer wie Arbeit und Zwang ist die Arbeitslosigkeit. Diese furchtbare Arbeitslosigkeit bringt den Menschen um. Da hat man gelernt und liegt nachher auf der Straße, keine Aussicht auf Besserung, keine Aussicht auf Weiterbildung, man hat das schreckliche Gefühl des Überflüssigseins.

Q2 Ein Arbeitsloser schilderte 1932 seine Situation:

*Der Hunger ist lange nicht das Schlimmste. Aber seine Arbeit verlernen, bummeln müssen und nicht wissen, ob man jemals wieder in seine Arbeit kommt, das macht kaputt. Man ist rumgelaufen nach Arbeit Tag für Tag. Man ist schon bekannt bei den einzelnen Fabriken, und wenn man dann immer das eine hört: nichts zu machen – wird man abgestumpft.
Ich hasse diesen Staat, und ich habe als Arbeitsloser das Recht und die Pflicht, den deutschen Besitzenden zu hassen.*

Eine Familie mit zwei Erwachsenen und einem Kind bekam in der Krisenzeit etwa 51 RM als Arbeitslosenunterstützung. Davon mussten etwa 33 RM für Miete und Heizung ausgegeben werden. Der Rest hat kaum für einfache Lebensmittel wie Brot und Milch ausgereicht.

ARBEITSAUFTRÄGE

1. Erkläre anhand des Textes, wie es zur Krise in Deutschland kam.
2. Erläutere M2 im Hinblick auf die Weltwirtschaftskrise.
3. Versetze dich in die Lage eines entlassenen Arbeiters und schreibe einen Brief an einen Freund, in dem du die Situation schilderst (Q1, Q2, M3–M5).
4. a) Sammelt in Gruppen Zahlen und Informationen über die Arbeitslosigkeit heute. Denkt auch an die heutige Unterstützung der Arbeitslosen.
b) Verfasst einen Zeitungsartikel, in dem ihr Deutschlands Entwicklung hinsichtlich der Arbeitslosigkeit darstellt.

→ zu 2.
Vor der Weltwirtschaftskrise lagen die Zahlen bei … Dies lag daran, dass … Ab 1929 kam es zu einem starken …, weil …

→ zu 3.
Lieber …, schon seit Monaten fühle ich mich … und versuche … Das belastet mich sehr, weil … Ich bekomme keine Hilfe vom Staat, darum …

Politische Krise

Die Demokratie am Rande des Abgrunds

Kaum jemand blieb von den Folgen der Wirtschaftskrise verschont. Dies verschärfte auch die politische Situation der Republik. Die Regierung war unfähig, die politische Sachlage zu stabilisieren. Jede Partei versuchte die Situation in ihrem Sinne zu beeinflussen. Dadurch kam es zu vielen Auseinandersetzungen zwischen den Parteien. Schlägereien im Parlamentssaal und politische Morde waren an der Tagesordnung.

> **Q1** Auseinandersetzung im Parlament, 1932 (Zeitungsartikel):
>
> ... Das war ein Signal für die Massenschlägerei, bei der Aschenbecher, Pultdecken und aus der Wand gerissene Telefonapparate als Waffen eingesetzt wurden. Die Glasscheiben der Verbindungstüren gingen zu Bruch, ein Kronleuchter stürzte ab. Schließlich wurden die Kommunisten von den Nationalsozialisten bis in den Wandelgang zurückgedrängt, in dem diese sich gewöhnlich aufhielten. Im Laufe des Handgemenges erlitten mehrere Abgeordnete blutige Verletzungen.

M1 Reichspräsident Paul von Hindenburg, 1847–1934

Von Papen wird neuer Reichskanzler

Im Reichstag war nun keine Mehrheitsfindung mehr möglich, sodass die politische Macht sich auf den Reichspräsidenten verlagerte. Um der Instabilität entgegen zu wirken, erließ Reichspräsident Paul von Hindenburg, der nach seinen eigenen Aussagen ein demokratisches System ablehnte, eine Anzahl von Notverordnungen. Zudem setzte Hindenburg am 1. Juni 1932 Franz von Papen als neuen Reichskanzler ein. Von Papen hob das SA-Verbot auf, um von den NSDAP-Mitgliedern toleriert zu werden. Außerdem veranlasste er die Absetzung der Regierung, die in dieser Zeit aus der SPD und der Zentrumspartei bestand. Er begründete diese Entscheidung mit der Behauptung, die Sicherheit und Ruhe des Landes seien gefährdet. Republikanhänger leisteten keinen Widerstand, sodass der Unmut gegenüber der Republik immer weiter wuchs. Einige Politiker erklärten die Demokratie für die Hauptursache des Elends. In dieser Not hoffte die Bevölkerung auf Rettung durch Parteien wie NSDAP und die KPD, die die demokratische Republik ablehnten. Der Wunsch nach einem starken Mann zur Lösung der Probleme wurde immer deutlicher.

SA: Sturmabteilung, bewaffnete Schläger- und Kampfgruppen der NSDAP

> **Beispiele der 66 Notverordnungen, 1932:**
>
> **18.7.1932:** Die Reichsregierung erlässt ein Verbot von Demonstrationen unter freiem Himmel.
> **9.8.1932:** Errichtung von Sondergerichten und Festlegung, politische Morde zukünftig mit Todesurteil zu ahnden. Es dürfen keine Rechtsmittel eingelegt werden.
> **4.11.1932:** Autodiebstahl wird mit hoher Gefängnisstrafe belegt. In Berlin werden täglich Autos gestohlen.
> **28.12.1932:** Die deutsche Margarineproduktion muss inländische Produkte benutzen.

M2 Franz von Papen, 1879–1969

M3 Beispiele für Notverordnungen, 1932

Krisenjahre

59

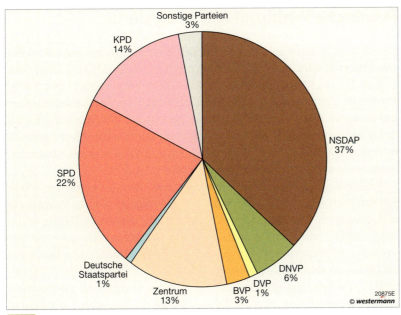

M4 Stimmenverteilung bei den Reichstagswahlen vom 31. Juli 1932

M5 „The temporary triangle" (engl. „Das vorübergehende Dreieck", Hindenburg und Papen tragen Hitler auf ihren Schultern), Karikatur, 1933

Die Reichstagswahlen 1932

Die NSDAP nutzte die angespannte Lage und setzte ihre Kampfgruppen ein, die andere Parteianhänger terrorisierten, Straßenschlachten mit ihnen anzettelten und somit eine Atmosphäre von Angst und Chaos schufen. Adolf Hitlers Ziel war es, an die Macht zu gelangen und die Demokratie zu beseitigen.

Aufgrund der angespannten Lage konnten die Wahlversammlungen nur noch unter Polizeischutz stattfinden. Die Wahlen zeigten am 31. Juli 1932 eine deutliche Meinung des Volkes. Die Mehrheit der Wähler wählte die NSDAP oder die KPD. Stärkste Partei war jedoch die NSDAP mit etwa 37 Prozent der Stimmen. Die KPD bekam knapp 14 Prozent. Doch um regieren zu können, brauchte eine Partei oder ein Bündnis mehr als 50 Prozent der Wählerstimmen. Beide Parteien waren allerdings zu sehr verfeindet, sodass eine gemeinsame Regierung nicht in Frage kam. Der Reichstag war nun nicht mehr handlungsfähig. Reichskanzler Franz von Papen musste eine Entscheidung treffen.

Um eine Lösung zu finden, schlug von Papen dem Parteivorsitzenden der NSDAP, Adolf Hitler, ein Regierungsbündnis vor. Hitler lehnte sein Angebot ab. Stattdessen forderte er vom Reichspräsidenten am 13. August die Übertragung der Regierung auf die NSDAP. Hindenburg verweigerte jedoch diese Forderung.

M6 „Der Reichstag wird eingesargt" (Collage von John Heartfield, 1932).

ARBEITSAUFTRÄGE

1. Beschreibe die politische Situation in der Weimarer Republik von 1930 bis zu den Reichstagswahlen von 1932.
2. Beurteile mithilfe von M3 die Funktion der Notverordnungen, die 1932 erlassen wurden, um die politische Situation zu entschärfen.
3. Interpretiere die Karikatur M5.
4. Deute die Collage von John Heartfield (M6) im Hinblick auf die Ergebnisse der Reichstagswahlen von 1932.

→ zu 2.
Die Verlagerung der Macht auf den Reichspräsidenten bedeutete … für die Demokratie. Die Notverordnungen stellten eine Schwelle zur … dar.

→ zu 3.
Denke an die wichtigen Schritte der Interpretation einer Karikatur: 1. Beschreiben 2. In den historischen Kontext einordnen 3. Aussage der Karikatur deuten.

Methode

Politische Wahlplakate analysieren

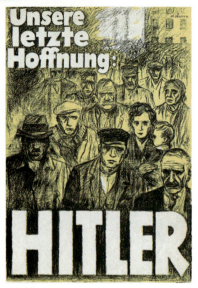

M1 Wahlplakat der NSDAP, 1932

Heute umgibt uns die Werbung überall. Die Medien werben mit Plakaten unterschiedlichster Größe für verschiedene Produkte. Eindrucksvoll gestaltete Plakate machen die Menschen nicht nur auf bestimmte Produkte aufmerksam, sondern können auch von besonderen Ideen überzeugen. Auch die Politik hat die Bedeutung der Medien erkannt, denn das, was in den Medien nicht präsentiert wird, bleibt zumeist unbeachtet. Die Art und Weise der medialen Präsentation ist also zur entscheidenden Frage eines Wahlkampfes geworden.

Wahlplakate haben daher wichtige Funktionen. In erster Linie wollen die Parteien mithilfe der Wahlplakate möglichst viele Wähler für sich gewinnen. Im Vorfeld von Wahlen zeigen die Wahlplakate, wofür eine Partei steht. Wahlplakate sollen die Parteimitarbeiter für den Wahlkampf motivieren und die Gegner „einschüchtern". Mit ihren effektvollen Bildern und knappen Slogans sind Plakate ein effektives Mittel der Informationsvermittlung und der Meinungsbeeinflussung. Wahlplakate stellen für die Wissenschaftler besondere historische Quellen dar, denn als Zeitdokumente berichten sie sehr viel über die vergangenen Ereignisse. Auf diesen Seiten kannst du die politischen Wahlplakate der Weimarer Republik erforschen.

1. Entstehung des Plakates
– Plakat der NSDAP
– Endphase der Weimarer Republik, Anfang 1930er-Jahre ➜ Wahlkämpfe in der Krisenzeit

2. Die Form beschreiben
– oben links: „Unsere letzte Hoffnung"
– unten, Großbuchstaben: Hitler; ca. ¼ der Gesamtfläche
– oben rechts: Stockwerkhaus ➜ vermutlich: Fabrikgebäude
– Hintergrundfarbe: gelb-braun
– Im Hintergrund viele Menschen mit eingefallenen Wangen

3. Symbole erläutern
– groß geschriebene, weiße Slogans stechen unmittelbar hervor
– unterschiedlich gekleidete Menschen sollen verschiedene soziale Personengruppen darstellen.
– Sie schauen den Betrachter verzweifelt, erschöpft, fragend an. Sie sollen mitleiderregend wirken.
– Fabrik im Hintergrund ➜ Arbeitsplätze

4. Ziele deuten
– Der Wähler soll sich selbst erkennen.
– Slogan: Hitler als einziger Ausweg aus der Misere.
– Aufruf zur Verantwortung, denn falls man NSDAP nicht wählt, kann diesen Menschen nicht mehr geholfen werden.

M2 Beispielauswertung von M1

So gehst du vor:

1. ➜ Entstehung des Wahlplakates feststellen
Aus welcher Zeit stammt das Plakat?
Wie lässt sich das Plakat mit den geschichtlichen Ereignissen verknüpfen?

2. ➜ Die Form des Wahlplakates beschreiben
Wer oder was ist auf dem Plakat zu sehen?
Welche Farben, Schriftarten, Textslogans und Bilder sind zu sehen?
Wie ist das Plakat aufgebaut?
Was steht im Mittelpunkt?
Was befindet sich im Hintergrund?
Wie groß sind die Symbole, Bilder, Schlagwörter?

3. ➜ Symbole des Wahlplakates erläutern
Welche Symbole werden auf dem Plakat verwendet?
Welche Bedeutung haben die eingesetzten Symbole und ihre Größe, Farben, Schlagwörter?

4. ➜ Die Ziele des Wahlplakates deuten
Wie lautet das Thema, die Gesamtaussage des Plakates?
Welche Ziele hat die Partei?
Was sagt die Partei über sich selbst aus?
Was sagt die Partei über die politischen Gegner aus?
Welche Wirkung soll erzielt werden?
Wie wirkt das Plakat auf dich?

M3 Wahlplakat der DVP, 1928

M5 Wahlplakat der KPD, 1932

M4 Wahlplakat der DDP, 1928

M6 Wahlplakat der SPD, 1932

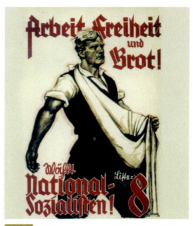

M7 Wahlplakat der NSDAP, 1932

ARBEITSAUFTRÄGE

1. Analysiere eines der Plakate M3 bis M7 nach den Schritten zur Analyse politischer Plakate. Die Beispiellösung M2 kann dir dabei helfen.
2. Präsentiert eure Ergebnisse in Form eines Galeriegangs. Tipps dafür findet ihr auf Seite 278.
3. Setze die Plakate mit wichtigen politischen Themen der Weimarer Republik in Zusammenhang: Versailler Vertrag, Inflation, Weltwirtschaftskrise und andere.

Das Ende der Weimarer Republik

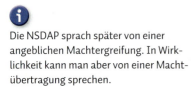

M1 „Die Verbündeten" (niederländische Karikatur, 1933)

Das Ende der Demokratie

Hitlers Befürworter

Reichspräsident Hindenburg weigerte sich zunächst, Hitler zum Reichskanzler zu ernennen. Im Gegensatz zu ihm gab es viele entschlossene und einflussreiche Politiker und Schwerindustrielle, die sich für Hitler einsetzten. Hitler bemühte sich seinerseits um diese Unterstützung und versprach den Unternehmern eine glorreiche wirtschaftliche Entwicklung. Dank der guten Beziehungen zur deutschen Wirtschaft bekam die NSDAP erhebliche Spenden. Industrielle, Bankiers und Politiker wie Franz von Papen bedrängten schließlich Paul von Hindenburg, den Anführer der stärksten Partei in das Amt des Reichskanzlers zu berufen.

Die Ohnmacht anderer Parteien

Die Gegner der NSDAP waren über die politischen Ereignisse bestürzt. Allerdings leiteten sie keine aktiven Maßnahmen ein, die die NSDAP daran hinderten, den Reichsführungsposten für sich allein zu beanspruchen. Es kamen auch keine gemeinsamen Aktionen zustande. Unter den Linken gab es eine Spaltung, sodass diese Partei in der schwierigen politischen Situation handlungsunfähig war. Die KPD und die SPD sahen keine Möglichkeit für eine Zusammenarbeit, da beide Parteien unterschiedliche politische Ziele verfolgten. Die SPD beschränkte sich darauf, ihre Anhänger und die neue Regierung vor den Verletzungen der Verfassung zu bewahren. Die Zentrumspartei sah schon seit 1930 eine ernsthafte Möglichkeit für eine Zusammenarbeit mit der NSDAP, sodass sie ebenfalls keinen Widerstand leistete.

ⓘ Die NSDAP sprach später von einer angeblichen Machtergreifung. In Wirklichkeit kann man aber von einer Machtübertragung sprechen.

M2 „To the dark Ages" (engl. „Ins dunkle Zeitalter"), amerikanische Karikatur, 1933

Das Ende der Weimarer Republik

Anwachsen der Not und letzte demokratische Hoffnungen

Anfang 1932 herrschte im Deutschen Reich immer mehr eine Atmosphäre des Hungers und der Verzweiflung. Hitler versuchte verstärkt, diesen Zustand auszunutzen, indem er mit den Ängsten der Bevölkerung spielte. Nach seiner Meinung war es die „verhasste" Demokratie, die direkt für die wirtschaftliche Not der Menschen verantwortlich war. Sich selbst dagegen präsentierte er als Retter. Im April 1932 versuchte er mit dieser Strategie Reichspräsident zu werden, unterlag bei der Wahl jedoch Hindenburg.

M4 Hindenburg verspricht dem Volk ein Ende der Unruhen und Auseinandersetzungen (Wahlplakat zur Präsidentschaftswahl, 1932).

M3 SA-Schläger mit den Grubenlampen der Bergarbeiter im Ruhrgebiet, 1932

Die Demokratie erstickt im Straßenkampf

Bis zur Mitte des Jahres wuchs Hitlers Einfluss in der Weimarer Republik dennoch immer weiter und näherte sich dem Höhepunkt. Die Schläger der SA verbreiteten Terror und begingen politische Morde. In vielen Städten tobten Straßenschlachten, denen die demokratische Regierung kaum noch Herr wurde. Schließlich gab Hindenburg nach und ernannte Hitler am 30. Januar 1933 zum Reichskanzler. Für die Nationalsozialisten begann damit die zwölf Jahre andauernde Phase ihrer größten Macht.

World Café

1. Nach Themen aufgeteilte Gruppentische mit jeweils einem Gastgeber, der stets an seinem Tisch sitzenbleibt. Flipchartbögen und Filzstifte liegen auf den Tischen.
2. Gäste notieren ihre Ideen, Meinungen zum Thema auf den Bögen. Der Meinungsaustausch wird vom Gastgeber moderiert und zum Schluss zusammengefasst.
3. Gäste wechseln zum nächsten Tisch. Der Gastgeber stellt das Diskussionsergebnis der ersten Runde vor. Die Gäste diskutieren über diese Aspekte, ergänzen sie schriftlich, Tischwechsel usw.
4. In der Ausgangssituation erfolgt das abschließende Auswertungsgespräch der ergänzten Bögen.

ARBEITSAUFTRÄGE

1. Beschreibe, wie das Ausland Hitlers Machtzuwachs 1933 darstellte (M1, M2).
2. Diskutiert, ob die marschierenden SA-Männer mit den Grubenlampen in M3 positiv oder negativ auf die Zuschauer wirken. Organisiert dazu ein World Café in eurer Klasse.
3. Erläutere den Zusammenhang von Arbeitslosigkeit und dem Stimmenzuwachs der NSDAP.
4. Erkundige dich, ob, ab wann und wo es einen „Adolf-Hitler-Platz" in deiner Stadt gab, um herauszufinden, ab wann der Einfluss der NSDAP wuchs.

zu 1.
Auf der linken Bildseite von M1 flüstert ... Der Tod lächelt schon, denn ... Er wendet Hitler einen Kopf zu, denn durch Hitler wird es in Europa wieder ... Das Bild heißt „Die Verbündeten", weil ...

zu 2.
Stelle im World Café dazu z. B. die Fragen: Wirken die Männer positiv? Warum tragen sie Grubenlampen? Wollen Sie aggressiv wirken? etc.

Projekt

Wir erstellen eine Lernkartei

Informationen, Zusammenhänge oder Daten im Fach Geschichte zu lernen und zu behalten, ist gar nicht so schwer. Es kommt dabei nur auf das richtige System an. Besonders gut lernst du mit einer Lernkartei. Die kannst du selbst ganz leicht erstellen – und wenn du das System einmal angewandt hast, kannst du damit problemlos auch Vokabeln lernen oder für fast alle anderen Fächer üben.

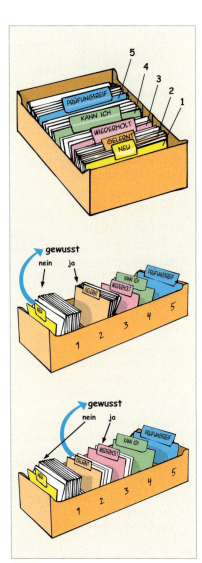

M1 Arbeiten mit der Lernkartei

So gehst du vor:

1. **Material sammeln:**
   Folgendes Material benötigt ihr für eure Lernkartei:
   – mindestens 30 Karteikarten, auf denen kurze Texte oder Bilder Platz finden, z. B. im Format Din-A6
   – eine längliche Schachtel, z. B. einen Karton oder eine kleine Holzkiste, in die deine Karten passen (spezielle Karteikästen kann man auch kaufen)
   – Stifte, Schere, Kleber
   – Informationen, kleine Bilder oder Landkarten aus der Unterrichtsreihe zu der du lernen möchtest, z. B. zur Weimarer Republik.

2. **Karteikarten beschriften**
   – Recherchiere in Schulbüchern, der Bibliothek und im Internet, bis du Notizen zu allen wichtigen Ereignissen der Weimarer Republik vor dir liegen hast.
   – Stelle zu jedem Ereignis eine Frage, z. B. „Wann erreichte der Matrosenaufstand Berlin?" oder „Was löste der ‚Schwarze Freitag' 1929 aus?"
   – Notiere je eine Frage auf der Vorderseite und schreibe die Antwort auf die Rückseite einer Karteikarte.

3. **Den Karteikasten vorbereiten**
   – Unterteile den Karteikasten in fünf Fächer.
   – Fülle das erste Fach komplett mit Karten.

4. **Die Lernkartei anwenden**
   – Nimm die erste Karte aus Fach 1 und beantworte sie. Überprüfe danach, ob deine Antwort richtig war:
   – Richtig? Dann kommt die Karte in Fach 2.
   – Falsch? Dann kommt die Karte ans Ende des Stapels in Fach 1.
   – Nimm die nächste Karte, prüfe dich, bis du alle einmal durch hast.
   – Mache eine Pause und beginne danach wieder mit Fach 1.
   – Wiederhole Fach 1 täglich und fülle immer wieder neue Fragen ein.
   – Hat sich nach einer Weile Fach 2 gut gefüllt, wiederhole Fach 2. Richtige Antworten wandern dann in Fach 3, falsche zurück in Fach 1.
   – Wiederhole täglich Fach 1 und regelmäßig die anderen Fächer. Das Wissen in Fach 5 sollte schließlich richtig gut sitzen!

In Kürze

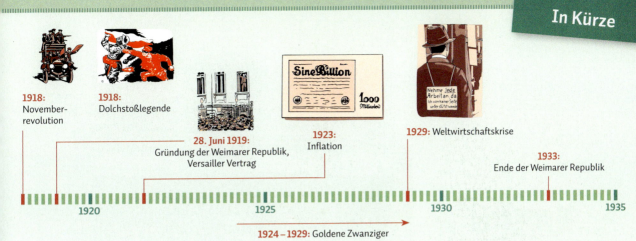

- **1918:** Novemberrevolution
- **1918:** Dolchstoßlegende
- **28. Juni 1919:** Gründung der Weimarer Republik, Versailler Vertrag
- **1923:** Inflation
- **1929:** Weltwirtschaftskrise
- **1933:** Ende der Weimarer Republik
- **1924–1929:** Goldene Zwanziger

In Kürze

Nach dem Kriegseintritt der USA wurde die Niederlage des Deutschen Reichs und seiner Verbündeten unabwendbar. Soldaten und Matrosen verweigerten die Befehle und leiteten das Ende des Kaiserreichs ein. 1919 entstand unter der Leitung von Reichspräsident Friedrich Ebert die Weimarer Republik: die erste parlamentarische Demokratie auf deutschem Boden. Von Anfang an hatte sie mit Schwierigkeiten zu kämpfen: So mussten der Rücktransport der Soldaten organisiert und das zivile Leben wieder aufgenommen werden. Vor allem die Unterzeichnung des Versailler Vertrags mit seinen Reparationszahlungen brachte der Regierung scharfe Kritik ein.

Erst 1923, auf dem Höhepunkt der Inflation infolge der Reparationszahlungen, beruhigte sich die Lage etwas. Nach der Einführung einer neuen Währung wurden die Jahre 1924 bis 1929 zu den Goldenen Zwanzigern, einer Zeit des Friedens und des wachsenden Wohlstandes.

Als 1929, am Schwarzen Freitag, die Weltwirtschaftskrise ausbrach, verschlechterten sich die Lebensbedingungen wieder. Viele Menschen unterstützten aus Protest radikale politische Kräfte. Die Demokratie wurde handlungsunfähig, Straßenkämpfe mit vielen Toten flammten auf. Schließlich wurde 1932 Paul von Hindenburg zum Reichspräsidenten gewählt, ein Jahr später wurde Adolf Hitler Reichskanzler.

WICHTIGE BEGRIFFE

Artikel 48
Emanzipation
Goldene Zwanziger
Hitler-Putsch
Inflation
Matrosenaufstand
Nationalversammlung
Notverordnung
Paragraph 231
Reichstagswahlen
Reparationen
Versailler Vertrag
Völkerbund
Weimarer Verfassung
Weltwirtschaftskrise

Selbstüberprüfung

M1 „Der Kaiser hat abgedankt!" (Sonderausgabe der SPD-Zeitung „Vorwärts" vom 9. November 1918)

M2 Die Novemberrevolution erreicht den Reichstag in Berlin, 9. November 1918.

1. Novemberrevolution und Kriegsende

1. Ich kann den Ablauf des Matrosenaufstands 1918 beschreiben. ●●● SK
2. Ich kann mithilfe von Bild M1 erklären, welche Folgen der Matrosenaufstand für das Kaiserreich hatte. ●●● SK, UK
3. Ich kann unter Analyse von M2 den Begriff Novemberrevolution beurteilen. ●●● SK, UK

2. Wahlkampf zur Nationalversammlung

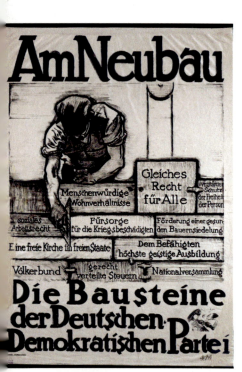

M3 Wahlplakat der Deutschen Demokratischen Partei für den Wahlkampf zur ersten Nationalversammlung, 1919

1. Ich kann erklären, warum Friedrich Ebert die Stadt Weimar wählte, um die Nationalversammlung zusammentreten zu lassen. ●●● SK
2. Ich kann das Wahlplakat M3 analysieren. MK ●●● MK
3. Ich kann erläutern, welche politischen Neuerungen auf die Menschen im ehemaligen Kaiserreich zukamen. ●●● UK
4. Ich kann beurteilen, warum der „Notstandsparagraph 48" in der heutigen demokratischen Verfassung Deutschlands, dem Grundgesetz, fehlt. ●●● UK

3. Versailler Vertrag und Inflation

1. Ich kann begründen, warum vor allem Frankreich hohe Reparationen vom Deutschen Reich forderte. 🟢🟢🟢 SK, UK
2. Ich kann beschreiben, welche Wirkung Ruhrbesetzung, wirtschaftliche Not und Hyperinflation im Krisenjahr 1923 auf die Menschen im Deutschen Reich hatten. 🟢🟢🟢 SK
3. Ich kann erläutern, warum die Jahre 1924 bis 1929 als die „Goldenen Zwanziger" in die Geschichte eingingen. 🟢🟢🟢 UK

M4 Aufruf zum passiven Widerstand gegen die Ruhrbesetzung, 1923

4. Die Weltwirtschaftskrise und ihre Folgen

1. Ich kann mithilfe von M5 beschreiben, was am 24. Oktober 1929 – dem „Schwarzen Freitag" – an der New Yorker Börse passierte. 🟢🟢🟢 SK
2. Ich kann die Gefahren für die Demokratie benennen, die aus der wirtschaftlichen Not der Menschen entstanden. 🟢🟢🟢 MK
3. Ich kann einen Dialog zwischen zwei Bürgern der Weimarer Republik verfassen, in dem die Nöte der Wirtschaftskrise deutlich werden. 🟢🟢🟢 HK

M5 Schwarzer Freitag

5. Das Scheitern der Republik

1. Ich kann die Gründe für das Scheitern der Weimarer Republik erläutern. 🟢🟢🟢 SK
2. Ich kann die Wahlplakate M6 bis M8 beschreiben. 🟢🟢🟢 MK
3. Ich kann beurteilen, wie der Übergang von der Republik zur Diktatur der Nationalsozialisten hätte verhindert werden können. 🟢🟢🟢 UK

M6 Wahlplakat der SPD, 1932   **M7** Wahlplakat der SPD, 1932   **M8** Wahlplakat der NSDAP

Nationalsozialismus und Zweiter Weltkrieg

Von 1933 bis 1945 herrschte in Deutschland eine nationalsozialistische Diktatur. Bereits in den ersten Monaten wurden Menschen- und Bürgerrechte außer Kraft gesetzt. Verfolgung und Unterdrückung bestimmten das Leben von Andersdenkenden, Behinderten, Sinti und Roma und vor allem Menschen jüdischen Glaubens. Ab September 1939 überzog das Deutsche Reich große Teile Europas mit Krieg, Vernichtung und Völkermord. Nach langen, verlustreichen Kämpfen erklärte das Deutsche Reich am 8. Mai 1945 die bedingungslose Kapitulation.

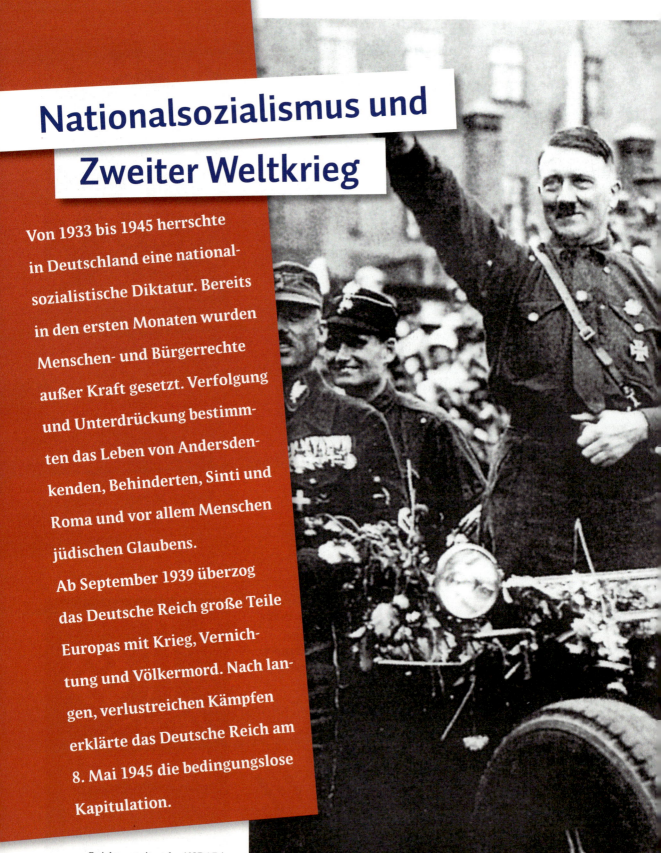

Reichsparteitag der NSDAP in Nürnberg (1927) und deutsche Soldaten des Volkssturms (1945)

Die NSDAP an der Macht

Adolf Hitler wird Reichskanzler

Inszenierung der Macht

Seit 1928 gewann die NSDAP zunehmend mehr Wählerinnen und Wähler und war die stärkste Partei im Reichstag geworden. Nachdem zwei Regierungen 1932 gescheitert waren, war der Weg für die NSDAP frei.

Am 30. Januar 1933 ernannte der Reichspräsident Hindenburg Adolf Hitler zum Reichskanzler. Damit beugte er sich den Forderungen verschiedener Kräfte aus Wirtschaft und Politik.

Am gleichen Tag gegen 20:00 Uhr marschierte ein gewaltiger Zug begeisterter Anhänger Hitlers im Fackelschein in Berlin durch das Brandenburger Tor. Jubelnde Massen standen am Straßenrand.

M1 Der 30. Januar 1933 (Propagandagemälde, 1933)

M2 Parteiabzeichen der NSDAP: Das Hakenkreuz tritt schon bei den Germanen auf und erscheint auch als Ornament in der christlichen Kunst des Mittelalters. 1919 übernahmen die Nationalsozialisten das Hakenkreuz als Symbol. Von 1935 bis 1945 war die Hakenkreuzfahne die Flagge des Deutschen Reiches.

Q1 Aus einer Rundfunkreportage vom 30. Januar 1933:

Sie hören jetzt immer Jubel zu den Fenstern herauf, immer weiter die Fackeln, der ganze Kaiserplatz wie in Taghelle getaucht! ...
Ein wunderbares Bild, ein Bild, das man so bald nicht wieder erleben wird! Diese gestreckten Arme, diese Heil-Rufe. ...
Ungeheuerlich! Man muss direkt Angst haben, wie die Menschen dort draußen sich drängen ... trotzdem geht alles in vollständiger Ordnung vor sich. ...
Aber man muss doch bedenken, dass der Fackelzug erst in zwei oder drei Stunden organisiert worden ist als ein ganz spontaner Ausdruck der Freude ...

Die NSDAP an der Macht

Angriff auf die Verfassung

Als erste Amtshandlung ließ Hitler am 31. Januar 1933 den Reichstag auflösen. Er wollte die ganze Macht und setzte für den 5. März Neuwahlen an. Dort wollte er die absolute Mehrheit für die NSDAP erreichen. Gleichzeitig drängte er den Reichspräsidenten, die „Verordnung zum Schutz des Deutschen Volkes" zu erlassen, die die Presse-, Rede- und Versammlungsfreiheit stark einschränkte.

Der Reichstag in Flammen

Mitten im Wahlkampf brannte in der Nacht des 27. Februar das Reichstagsgebäude. Die NSDAP verkündete, noch bevor der Brand gelöscht war, dass dafür die Kommunisten verantwortlich wären. In derselben Nacht zogen Hitlers Gefolgsleute durch Berlin und andere Städte und verhafteten etwa 4000 Kommunisten unter dem Vorwand des Umsturzversuches. Am folgenden Tag wurde die „Reichstagsbrandverordnung" erlassen, mit der die Grundrechte außer Kraft gesetzt wurden.

M3 Der brennende Reichstag, Berlin, 27.2.1933 (nachträglich kolorierte Aufnahme)

Die Folgen der Reichstagswahlen

Trotz des wochenlangen Terrors gegen die anderen politischen Parteien und gegen die freie Presse kam die NSDAP bei den Wahlen am 5. März 1933 nur auf 43,9 Prozent der Stimmen. Am 21. März 1933 wurde die neue Sitzungsperiode des Reichstags eröffnet. Einige SPD-Abgeordnete und die gesamte KPD-Fraktion fehlten, da sie bereits verhaftet oder auf der Flucht waren.

Nur zwei Tage später legte Hitler dem Reichstag das „Gesetz zur Behebung der Not von Volk und Reich" vor. Dieses „Ermächtigungsgesetz" wurde mit 441 zu 94 gegen die Stimmen der SPD angenommen.

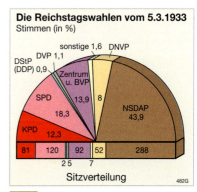

M4 Ergebnis der Reichstagswahlen vom 5. März 1933

> **Q2** Aus dem „Ermächtigungsgesetz" vom 23. März 1933:
>
> *Art. 1. Reichsgesetze können außer in dem in der Reichsverfassung vorgesehenen Verfahren auch durch die Reichsregierung beschlossen werden …*
> *Art. 2. Die von der Reichsregierung beschlossenen Reichsgesetze können von der Reichsverfassung abweichen …*

Unmittelbar nach den Wahlen wurde die KPD verboten, die Auflösung der SPD folgte im Juni. Das Vermögen der beiden Parteien zog die NSDAP ein. Andere Parteien lösten sich daraufhin selbst auf. So wurde die NSDAP zur einzig legalen Partei in Deutschland.

M5 Verhaftung von Kommunisten durch „Hilfspolizisten" (Berlin, 23.3.1933)

ARBEITSAUFTRÄGE

1. Fasse die wichtigsten Ereignisse zwischen Ende 1932 und Mitte 1933 mit eigenen Worten zusammen.
2. Begründe, warum der Künstler (M1) und der Reporter (Q1) den Aufmarsch der Anhänger Hitlers gerade auf diese Weise darstellten.
3. Erläutere, welche Auswirkungen das „Ermächtigungsgesetz" auf das demokratische Leben in Deutschland hatte.
4. a) Recherchiere, welche Grundrechte von den Nazis abgeschafft wurden.
   b) Arbeite heraus, welche Grundrechte heute gelten. Schlage dazu im Grundgesetz der Bundesrepublik Deutschland nach (Artikel 1–20).

zu 2.
Der Künstler wollte mit diesem Bild zum Ausdruck bringen, …
Der Rundfunkreporter zeigt sich als …

Methode

Textquellen vergleichen

Quelle ist nicht gleich Quelle

Schriftliche Quellen erlauben uns einen Blick auf geschichtliche Ereignisse, Sachverhalte oder historische Personen. Häufig ist dieser Blick jedoch von persönlichen Meinungen des Verfassers, Wertvorstellungen einer früheren Zeit oder Besonderheiten der Textsorte beeinflusst. Die genaue Analyse und Interpretation schriftlicher Quellen ist daher eine wichtige Voraussetzung, um Erkenntnisse zu gewinnen.

Durch den Vergleich von Quellen zum gleichen Sachverhalt können wir verschiedene Perspektiven und Standpunkte herausarbeiten. Quellen von verschiedenen Verfassern zeigen, dass historische Ereignisse, Sachverhalte oder Personen unterschiedlich bewertet werden können.

Aber auch Quellen mit abweichenden Entstehungszeiten machen deutlich, dass sich der Blick auf die Geschichte wandeln kann.

---

1. Inhalt der Textquelle erschließen

Ein riesiger Fackelzug bewegt sich in Richtung Reichskanzlei. Es ist eine spontane Reaktion des Volkes und ein nicht zu erwartender Vorgang. In einer Rundfunkrede sieht der Verfasser diese Demonstration als Erfüllung seiner Wünsche und Krönung seiner Arbeit. Er ist maßlos glücklich und will in dieser Stimmung sofort mit dem Wahlkampf beginnen und die Wahlen haushoch gewinnen.

2. Text analysieren

– NS-Politiker Joseph Goebbels
– Reichspropagandaminister
– Organisator des Fackelzuges
– 31.1.1933, Berlin, Tagebucheintrag zur Wahl Adolf Hitlers zum Reichskanzler
– Tagebucheintrag
– Der Verfasser beschreibt den Fackelzug vom 30. Januar 1933 am Brandenburger Tor und nennt das den schönsten Augenblick in seinem Leben.
– Der Verfasser ist Augenzeuge des Geschehens.
– Anhänger der nationalsozialistischen Bewegung
– Die Menschen sollen von seiner Schwärmerei angesteckt werden und sich ebenfalls mit ihm riesig freuen.
– Kurze, oft unvollendete Sätze, Adjektive

3. Texte vergleichen

– Die Textquelle Q1 zeigt die übergroße Freude eines überzeugten Nationalsozialisten. Dabei wird deutlich, dass solche Machtdemonstrationen die Menschen immer wieder begeistern und damit vom Alltäglichen ablenken.

M1 Mögliche Auswertung der Textquelle Q1

> **So geht ihr vor:**
>
> Bevor du mit der Analyse der Textquellen beginnst, lege eine Tabelle an.
>
> | Textquelle 1 | Textquelle 2 |
> |---|---|
> | | |
>
> In diese Tabelle kannst du deine Ergebnisse eintragen und hast es damit leichter, Gemeinsamkeiten und Unterschiede der Textquellen zu erkennen.
>
> 1. → **Inhalt der Textquellen erschließen**
>   Lies die Texte durch.
>   Fasse die Inhalte in eigenen Worten zusammen.
>
> 2. → **Texte analysieren**
>   Wer war der Verfasser?
>   In welcher Beziehung stand er zu dem beschriebenen Vorgang?
>   Was konnte er darüber wissen?
>   Wann, wo und in welchem Zusammenhang wurde der Text verfasst?
>   Um welche Art von Quelle handelt es sich (Dokument, Brief, Sachtext, u. a.)?
>   Worüber spricht der Verfasser und was teilt er darüber mit?
>   Aus welcher Perspektive schreibt der Verfasser?
>   Wen spricht der Verfasser an?
>   Was will er bei seinen Lesern oder Zuhörern erreichen?
>   Welche sprachlichen Mittel verwendet der Verfasser (Aufbau und Gliederung des Textes, Satzgestalt: Satzart, -länge,- stellung, Wortwahl, rhetorische Mittel: Wiederholungen, Wortspiele, Lautmalereien u. a.)?
>
> 3. → **Texte vergleichen**
>   Welche Gemeinsamkeiten und Unterschiede weisen die Quellen auf?
>   Wie sind die Quellen aus heutiger Sicht einzuschätzen?

Q1 Tagebucheintrag des NS-Politikers Joseph Goebbels (31.1.1933):

Die Fackeln kommen. Um 7 h beginnt's. Endlos. Bis 10:00 Uhr. Am Kaiserhof. Dann Reichskanzlei. Bis nach 12:00 Uhr. Unendlich. Vorbeimarschierende SA ... ungeheure Menschenmassen ... Eine Million Menschen unterwegs ... Spontane Explosion des Volkes. Unbeschreiblich. Immer neue Massen. ... spreche im Rundfunk. Über alle deutschen Sender. „Was wir erleben, ist wirklich die Erfüllung unseres geheimsten Wunsches, das ist die Krönung unserer Arbeit ... man kann mit Fug und Recht sagen: Deutschland ist im Erwachen ... wir sind maßlos glücklich." ... Nach Mitternacht. Heil auf Hindenburg und Hitler. Sinnloser Taumel der Begeisterung ... Jetzt an die Arbeit. Wahlkampf vorbereiten. Der letzte. Den werden wir haushoch gewinnen.

M2 Reichpropagandaminister Joseph Goebbels

Q2 Aus dem Bericht des britischen Botschafters in Berlin, Sir Horace Rumbold, an den Außenminister seines Landes, John Simon, vom 1. Februar 1933:

Überall im Lande nahm die Bevölkerung die Nachricht gleichgültig auf. In der Hauptstadt selbst konnte man ein gewisses Maß an öffentlichem Interesse feststellen, da die Nazi-Führer ihr Talent für Propaganda und theatralische Auftritte bei einem <u>improvisierten</u> Fackelzug entfalteten. Einheiten der SA ... zogen am Sitz des Reichspräsidenten und des Kanzlers vorbei. ... Die Nazi-Presse behauptet, dass an die 500 000 Menschen an dem Fackelzug teilnahmen, offensichtlich ohne zu wissen, dass 10 000, die in Sechser-Reihen marschieren, eine Stunde für eine solche Parade gebraucht hätten und dass für vier Stunden 50 000 die Höchstzahl darstellen. Mein <u>Militärattaché</u> ... schätzt die Zahl der Leute auf 15 000 ... Die Hörer von Radio Berlin wurden so mit der ... <u>sentimentalen</u> Schilderung des Fackelzuges und des endgültigen Triumphs der nationalsozialistischen Bewegung eingedeckt.

improvisieren: etwas ohne Vorbereitung tun

Militärattaché: Offizier im diplomatischen Dienst, der seiner Botschaft als militärischer Sachverständiger angehört

sentimental: übertrieben gefühlsbetont

M3 Fackelzug am 30. Januar 1933. (Auf diesem Foto erkennt man, wie der Zug einer kleinen Baustelle am Brandenburger Tor ausweicht.)

ARBEITSAUFTRÄGE

1. Analysiere die Textquelle Q2 nach den vorgegebenen Schritten.
2. Prüfe, ob M3 eher Q1 oder Q2 zuzuordnen ist.

Gleichschaltung von Staat und Volk

Die Herrschaft wird gesichert

Der „gleichgeschaltete" Bürger

Das Ermächtigungsgesetz gab Hitler beim Aufbau seiner Diktatur freie Hand. So begannen die Nationalsozialisten im Februar 1933 mit der sogenannten Gleichschaltung der Gesellschaft. Das gesamte politische und gesellschaftliche Leben wurde den Zielen Hitlers und der NSDAP untergeordnet. Für Andersdenkende oder gar eine Opposition sollte im künftigen Staat kein Platz mehr sein. Alle oppositionellen Zeitungen und Bücher wurden verboten.

Im April 1933 erlaubte ein neues Gesetz die Entlassung unliebsamer Beamter. Auf seiner Grundlage konnten Beamte aus politischen oder rassischen Gründen entlassen werden. Ein weiteres Gesetz schaffte die bisherige Eigenständigkeit der Länder ab.

Diktatur: Alleinherrschaft, Gewaltherrschaft

Schutzhaft: Gegner des Nationalsozialismus wurden in schnell errichteten ersten Konzentrationslagern eingesperrt. Beschönigend sprach man von „Schutzhaft".

SA (= Sturmabteilung): Kampfabteilung der NSDAP in der Weimarer Republik, nach 1933 als Hilfspolizei eingesetzt.

SS (= Schutzstaffel): Elite- und Terrororganisation der Nationalsozialisten. Unter der Leitung von Heinrich Himmler stieg sie nach 1933 zum stärksten Machtfaktor im nationalsozialistischen Deutschland auf. Ab 1936 verfügte die SS über die totale Macht im Staat.

Konzentrationslager: Massenlager, in denen Menschen aus politischen, religiösen, rassischen oder anderen Gründen eingesperrt, oft misshandelt und ermordet wurden.

Q1 Aus einer Rede des Reichspropagandaministers Goebbels vom 12. Juni 1933:

Gleichschaltung will erreichen, ... dass es in Deutschland nur eine Meinung, eine Partei, eine Überzeugung gibt, dass diese Meinung, dieses Volk, diese Überzeugung sich nicht gegen den Staat richten darf, dass der Staat die oberste Organisation des öffentlichen wie des privaten Lebens ist, dass der Staat das Volk darstellt und dass alle Kräfte des öffentlichen Lebens sich in den Staat ein – und sich ihm unterordnen müssen ...!

„Schutzhaft" für Volksverräter

Bereits mit der „Reichstagsbrandverordnung" vom Februar 1933 verfügte die NSDAP über ein Gesetz, mit dem jeder angebliche Gegner ohne Angabe von Gründen und ohne Gerichtsurteil in „Schutzhaft" genommen werden konnte. Seit März 1933 errichteten SS und SA staatliche Konzentrationslager (KZ). Ende Juli 1933 befanden sich in ganz Deutschland mehr als 26 000 Menschen in „Schutzhaft".

Von Gewerkschaften zur Arbeitsfront

Im April 1933 erklärte Hitler den 1. Mai, den traditionellen Kampftag der Arbeiter, zum „Feiertag der nationalen Arbeit". Am 2. Mai 1933 wurden die Gewerkschaften aufgelöst, das Gewerkschaftsvermögen übernahm die NSDAP. Darauf folgte die Gründung der Deutschen Arbeitsfront (DAF). In dieser Organisation waren Arbeiter und Unternehmer vereint. An der Spitze der DAF stand der „Führer" Adolf Hitler.

Gleichschaltung der Kultur – die Bücherverbrennung

Am 10. Mai 1933 loderten in vielen Städten Deutschlands Scheiterhaufen. Bücher von Autorinnen und Autoren, die mit ihren Werken oder ihrer Herkunft nicht dem nationalsozialistischen Geist entsprachen, wurden öffentlich verbrannt. Bei dieser Aktion verbrannten die Nationalsozialisten unter anderem Werke von Heinrich Heine, Thomas und Heinrich Mann, Kurt Tucholsky und Albert Einstein.

M1 Schandpfahl (Münster, 1933). Hier wurden Schriften der als „undeutsch" angegriffenen Autoren angeheftet (noch vor der am 10. Mai stattfindenden Bücherverbrennung).

Gleichschaltung von Staat und Volk

Führer und Reichskanzler

Als Reichspräsident Hindenburg im Sommer 1934 starb, griff Hitler nach dem höchsten Staatsamt und vereinte die gesamte politische Macht in seiner Person. Damit gab es keine verfassungsrechtliche Institution mehr, die seine Stellung einschränken konnte. In einer Volksabstimmung ließ sich Hitler am 19. August 1934 seine absolute Macht zusätzlich durch den Volkswillen „bestätigen". Zudem leisteten von nun an alle Beamten und Soldaten ihren Eid auf Adolf Hitler.

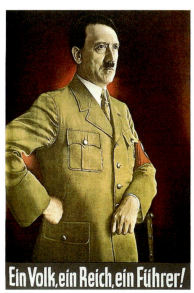

M3 Das offizielle Führerbild, das in allen Amtsräumen und Schulen hing.

M2 So erfasste die NSDAP die deutsche Bevölkerung.

Die gleichgeschaltete Freizeit

Die NSDAP wollte das gesamte Volk für ihre Ziele gewinnen. Es gelang der Partei, die Bevölkerung nahezu lückenlos in verschiedenen Organisationen zu erfassen, zu überwachen und zu beeinflussen.

Im November 1933 gründete die DAF die Freizeitorganisation „Kraft durch Freude" (KdF). Sie bot ein breites Erholungs- und Unterhaltungsprogramm wie z. B. kostengünstige Ferienheime an, was vor allem für die Arbeiterschaft bis dahin unerschwinglich gewesen war. Deshalb entwickelte sich die KdF schnell zu einer der beliebtesten nationalsozialistischen Organisationen.

Schule im Nationalsozialismus

Besonders die Jugend wollte die NSDAP für ihre Ziele gewinnen. Die Schule sollte im „Dienst des Volksganzen" stehen. Nationalsozialistische Rituale und Symbole wurden im Schulalltag verankert. Im Unterricht gab es Themen wie „Die nordische Rasse" und „Vererbungslehre". In neuen Richtlinien für die Fächer Deutsch, Geschichte, Biologie und Erdkunde wurden nationalsozialistische Schwerpunkte festgeschrieben. Rassenkunde und Grenzlandkunde wurden als Fächer eingeführt.

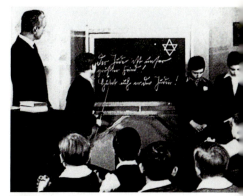

M4 Jüdische Mitschüler werden öffentlich vor der Klasse herabgesetzt. An der Tafel steht: „Der Jude ist unser größter Feind! Hütet euch vor den Juden!" (Foto, um 1934)

ARBEITSAUFTRÄGE

1. Stelle die Maßnahmen des NS-Staates zur Gleichschaltung der Gesellschaft dar.
2. Erläutere mithilfe von Q1 die Ziele der NS-Gleichschaltungspolitik.
3. Beschreibe den Lebenslauf eines „Volksgenossen" mithilfe von M2.
4. Erläutere die Aktivitäten der Organisation KdF und bewerte ihre Ziele.
5. Erkläre, was Hitler mit seiner Bildungspolitik erreichen wollte.
6. Bewerte Bildungsinhalte und Erziehungsziele im Nationalsozialismus.

zu 1.
Nutze zur Darstellung eine Zeitleiste.

zu 4.
Denke bei der Bewertung darüber nach, welche Ziele die Nationalsozialisten mit den KdF-Aktivitäten verfolgten.

Ziele und Ideen der NSDAP

Die nationalsozialistische Weltanschauung

Das Parteiprogramm der NSDAP

In den Anfangsjahren der nationalsozialistischen Bewegung fällt auf, dass die NS-Ideologie keineswegs einheitlich war, sondern ganz unterschiedliche Vorstellungen zusammenfügte. Es gab auch keine systematische Zusammenfassung zentraler Punkte. Wichtig waren nur das Parteiprogramm von 1920 und Adolf Hitlers Buch „Mein Kampf".

Das Parteiprogramm der NSDAP entstand in einer Zeit, als der verlorene Erste Weltkrieg enorme politische und wirtschaftliche Belastungen auf die junge Weimarer Republik häufte. Diese Notlage nutzte Hitler, um den verunsicherten und gedemütigten Deutschen sein Programm als alleinige Rettung anzupreisen.

Ideologie: Der Begriff Ideologie bezeichnet eine Weltanschauung bzw. eine umfassende Theorie, mit der Gesellschaft und Staat erklärt werden. Sie erhebt den Anspruch auf eine beweisbare Wahrheit.

> **Q1** Aus dem Parteiprogramm der NSDAP um 1920:
>
> 1. Wir fordern den Zusammenschluss aller Deutschen aufgrund des Selbstbestimmungsrechtes der Völker zu einem Groß-Deutschland.
> 2. Wir fordern die Gleichberechtigung des deutschen Volkes gegenüber anderen Nationen, Aufhebung der Friedensverträge von Versailles ...
> 3. Wir fordern Land und Boden (Kolonien) zur Ernährung unseres Volkes und Ansiedlung unseres Bevölkerungsüberschusses.
> 4. Staatsbürger kann nur sein, wer Volksgenosse ist. Volksgenosse kann nur sein, wer deutschen Blutes ist ... Kein Jude kann daher Volksgenosse sein. ...
> 5. Wer nicht Staatsbürger ist, soll nur als Gast in Deutschland leben können ...
> 7. Wir fordern, dass sich der Staat verpflichtet, in erster Linie für die Erwerbs- und Lebensmöglichkeit der Staatsbürger zu sorgen.
> 8. Jede weitere Einwanderung Nicht-Deutscher ist zu verhindern. Wir fordern, dass alle Nicht-Deutschen ... sofort zum Verlassen des Reiches gezwungen werden. ...
> 9. Alle Staatsbürger müssen gleiche Rechte und Pflichten besitzen.

M1 Undatiertes Porträt von Adolf Hitler (1889–1945)

Der in Österreich geborene Hitler lebte vor 1914 als erfolgloser Kunstmaler in Wien. Am Ersten Weltkrieg nahm er als Kriegsfreiwilliger in der deutschen Armee teil. Seit 1919 engagierte sich Hitler politisch bei den extremen Rechten, zuerst in München und Bayern. Ab 1921 führte er die NSDAP.

M2 „Am Anfang war das Wort": Adolf Hitler in der Parteizentrale („Braunes Haus") in München (Foto, um 1933)

Ziele und Ideen der NSDAP

Höherwertige „Herrenmenschen"

Die Nationalsozialisten verbanden ihre Rassentheorie mit der Evolutionstheorie des Biologen Charles Darwin, indem sie dessen Erkenntnisse auf menschliche Gesellschaften übertrugen. So versuchten sie eine naturwissenschaftliche Begründung dafür zu liefern, warum angeblich stärkere Rassen über schwächere herrschen sollten.

Die nationalsozialistische Rassentheorie stützte die Ansicht, dass es höherwertige und minderwertige Rassen gäbe. Von diesen habe allein die „germanische oder arische" Rasse in der Geschichte die großen Leistungen vollbracht und gelte daher als „Herrenrasse". Der Kern dieser Rasse waren die Germanen, aus denen wiederum die Deutschen als Kernvolk hervorgegangen waren. Aus der Gleichsetzung „arisch = germanisch = deutsch" leiteten sie ihre Führungsrolle ab.

Evolutionstheorie: Der britische Naturforscher Charles Darwin (1809–1882) hatte durch Beobachtungen der Tierwelt erkannt, dass nur die den Kampf um das Dasein überleben können, die am besten an ihre Umwelt angepasst waren. Daraus leiteten die Nationalsozialisten den Kerngedanken ihrer Lehre ab, dass das stärkere Volk das Recht und die Pflicht hat, sich gegen das schwächere durchzusetzen.

Q2 Adolf Hitler legte seine Grundgedanken in „Mein Kampf" offen

Die völkische Weltanschauung glaubt keineswegs an eine Gleichheit der Rassen, sondern erkennt mit ihrer Verschiedenheit auch ihren höheren oder minderen Wert und fühlt sich durch diese Erkenntnis verpflichtet, ... den Sieg des Besseren, Stärkeren zu fördern, die Unterordnung des Schlechteren und Schwächeren zu verlangen. ...

M3 Schautafel für den rassentheoretischen Unterricht an deutschen Schulen während der NS-Zeit (1936)

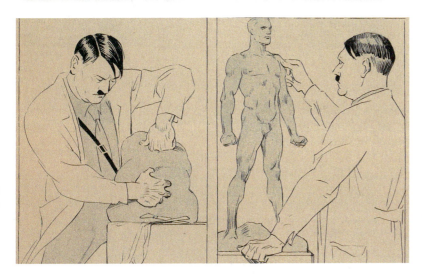

M4 „Der Bildhauer Deutschlands", Karikatur von Oskar Garvens aus dem „Kladderadatsch" vom 30. Januar 1933 (Ausschnitt)

ARBEITSAUFTRÄGE

1. ➔ Beschreibe M1 und erläutere, welche Eigenschaften Hitlers in diesem Porträt ausgedrückt werden sollten.
2. ➔ „Am Anfang war das Wort". Erkläre, warum der Fotograf seinem Bild (M2) diesen Titel gegeben hat.
3. Analysiere Q1. Ordne die Forderungen nach politischen und wirtschaftlichen Aspekten. Lege dazu eine Tabelle an.
4. Erläutert die Grundideen der NS-Rassentheorie. Arbeitet mit der Methode „Stühletausch" (Seite 44).
5. Interpretiere die Karikatur M4.
6. ➔ Erläutere die politischen Ziele, die sich aus der Rassentheorie ableiten lassen.

➔ zu 1.
Betrachte das Bild sehr aufmerksam. Untersuche zum Beispiel Körperhaltung, Mimik, Kleidung u. a.

➔ zu 2.
Durch seine mitreißenden ...
Tipp: Ihr könnt die Aufgabe auch mithilfe der Methode Think-Pair-Share bearbeiten (S. 211).

Die Idee von der „Volksgemeinschaft"

Abneigung und Feindseligkeit gegenüber Juden

Als besondere Bedrohung für die „deutsche Herrenrasse" sah die NSDAP die Juden an. Sie wurden als „Schmarotzer und Ungeziefer" beschimpft, die das deutsche Volk ins Verderben stürzen würden.

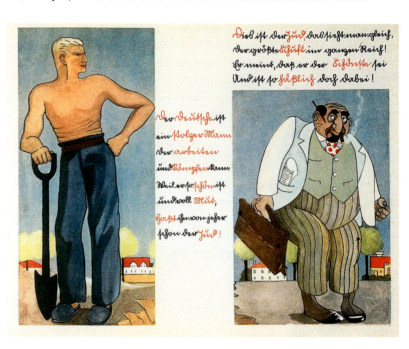

M1 Aus einem nationalsozialistischen Kinderbuch, 1936:
(Text links: „Der Deutsche ist ein stolzer Mann, der arbeiten und kämpfen kann. Weil er so schön ist und voll Mut, hasst ihn von jeher schon der Jud."
Text rechts: „Dies ist der Jud, das sieht man gleich, der größte Schuft im ganzen Reich! Er meint, dass er der Schönste sei und ist so hässlich doch dabei.")

Lebensraum

Die NSDAP sprach auch das nationalgesinnte Bürgertum an, das nicht bereit war, die Niederlage und die Gebietsverluste aus dem Ersten Weltkrieg zu akzeptieren. Die Überschätzung der eigenen Nation bedeutete gleichzeitig die Abwertung anderer Nationen. Dies sollte den Anspruch auf die Eroberung neuen Lebensraums für das deutsche Volk rechtfertigen.

Q1 Adolf Hitler über die Pläne der Nationalsozialisten im Osten Europas, 1932:

… müssen wir … an unserem außenpolitischen Ziele festhalten, nämlich dem deutschen Volk den ihm gebührenden Grund und Boden auf dieser Erde zu sichern.
Damit ziehen wir Nationalsozialisten bewusst einen Strich unter die außenpolitische Richtung unserer Vorkriegszeit. Wir stoppen den ewigen Germanenzug nach Süden und Westen Europas und weisen den Blick nach dem Land im Osten.
Wenn wir aber heute in Europa von neuem Grund und Boden reden, können wir in erster Linie nur an Russland und die ihm untertanen Randstaaten denken …
… Staatsgrenzen werden durch Menschen geschaffen und durch Menschen geändert. …

Ziele und Ideen der NSDAP

Führerkult und Volksgemeinschaft

Wie in der NSDAP sollte sich auch im Staat alles den Ideen und Entscheidungen Hitlers als Führer unterordnen. Bald vereinte er alle wichtigen Funktionen des Landes in seiner Person. Hitler vermittelte den Deutschen ein Bild von einer strahlenden Zukunft. Menschen aus allen Schichten der Bevölkerung folgten kritiklos seinen Ideen.

Die NSDAP versprach, eine Gesellschaft zu schaffen, in der es keine sozialen Unterschiede und keine Klassenschranken geben sollte. Sie wollte eine „Volksgemeinschaft", die durch Blutsbande verbunden ist.

Q2 In dem Sachbuch „Die tödliche Utopie" ist zu lesen:

> In Hitlers Denken war „Volksgemeinschaft" eine … „Schicksalsgemeinschaft". … Nur wer zu ihr gehörte, sollte Anteil am wirtschaftlichen, politischen und sozialen Fortschritt haben. Wer ihren rassischen, politischen und moralischen Normen sowie ihren Leistungsansprüchen nicht genügte, wurde ausgestoßen und abgesondert, ermordet: politische und konfessionelle Gegner, Emigranten, „Berufsverbrecher", Zeugen Jehovas, Homosexuelle, „Asoziale" („Landstreicher", „Arbeitsscheue" und andere als „Sozialballast" betrachtete Existenzen), „Erbkranke", „Rassenschänder", Sinti und Roma, Juden.

M2 Propagandaplakat: Hinweis auf die Volksgemeinschaft (Berlin 1935–1945)

M3 Auf dem Marktplatz von Schmölln werden Frauen kahl geschoren (Foto, November 1940). Die drei deutschen Frauen hatten mit polnischen Zwangsarbeitern Freundschaften begonnen. Die Polen wurden getötet.

ARBEITSAUFTRÄGE

1. a) Vergleiche die abgebildeten Männer und beschreibe, woran man den Unterschied zwischen Deutschen und Juden erkennen soll (M1).
   b) Erkläre, welches Ziel die Texte des Kinderbuchs verfolgen (M1).
   c) Beschreibe, inwiefern die Darstellung der „Rassentheorie" entspricht.
2. Nenne mithilfe von Q1 außenpolitische Ziele Hitlers.
3. Nach Hitlers Vorstellung lebten die Deutschen in einer „Volksgemeinschaft".
   a) Zähle auf, wer dazugehörte und wer nicht.
   b) Die in Q2 in Anführungszeichen gesetzten Begriffe sind Erfindungen der Nationalsozialisten. Erläutere, wie diese Begriffe auf dich wirken.
4. Beurteile das Verhältnis zwischen Hitler und der „Volksgemeinschaft", wie es in M2 gezeigt wird.

→ zu 1 a)
Der Deutsche wird … dargestellt, der Jude hingegen …

→ zu 1 b)
Die deutsche Bevölkerung sollte über die Juden denken, dass … Damit verfolgten die Nationalsozialisten das Ziel, …

Jugend im Nationalsozialismus

M1 Heimabend der Hitlerjugend (1937)

M2 Aufmarsch des BDM (1933)

Erziehung im NS-Staat

Die Hitler-Jugend

Besonderen Wert legte Hitler darauf, die Jungen und Mädchen im nationalsozialistischen Sinne zu prägen und zu formen. Ab 1936 mussten alle Jugendlichen im Alter zwischen 10 und 18 Jahren in der Hitlerjugend (HJ) oder dem Bund deutscher Mädchen (BDM) sein.

Viele Jugendliche fanden es interessant und abwechslungsreich, ihre Freizeit gemeinsam mit Gleichaltrigen in der Gruppe zu verbringen. Feierliche Aufzüge, Propagandamärsche und Paraden, Fahrten, Geländespiele und geselliges Lagerleben machten die HJ für viele Kinder und Jugendliche attraktiv.

Wesentlicher Bestandteil des HJ-Dienstes war der sogenannte Heimabend, an dem sich einmal wöchentlich kleinere HJ-Ortsgruppen trafen, um Aktivitäten vorzubereiten. Zu den Heimabenden zählte das gemeinsame Hören von propagandistischen Radiosendungen, die speziell für die Jugend produziert wurden.

Diese Erziehung diente dazu, aus Mädchen und Jungen treue NS-Anhänger zu machen. Vor allem die Jungen sollten auf ihre spätere Aufgabe als Soldaten vorbereitet werden. Bei den Mädchen stand die Vorbereitung auf ihre zukünftige Rolle als Hausfrau und Mutter im Vordergrund der BDM-Erziehung.

M3 Fahnenaufmarsch der Hitlerjugend zum Reichsparteitag 1938

> **Q1** Aus dem Gesetz über die Hitlerjugend vom 1. Dezember 1936:
>
> *Von der Jugend hängt die Zukunft des Deutschen Volkes ab. Die gesamte deutsche Jugend muss deshalb auf ihre künftigen Pflichten vorbereitet werden. ...*
> *§1. Die gesamte deutsche Jugend innerhalb des Reichsgebietes ist in der Hitlerjugend zusammengefasst.*
> *§2. Die gesamte deutsche Jugend ist außer in Elternhaus und Schule in der Hitlerjugend körperlich, geistig und sittlich im Geiste des Nationalsozialismus zum Dienst am Volk und zur Volksgemeinschaft zu erziehen.*
> *§3. Die Aufgabe der Erziehung der gesamten deutschen Jugend in der Hitlerjugend wird dem Reichsjugendführer der NSDAP übertragen. ...*

Jugend im Nationalsozialismus

Opposition von Jugendlichen

Nicht alle Jugendlichen ließen sich freiwillig vom NS-Staat erfassen. Die „Navajos", die „Kittelbach-Piraten" und in den späteren Kriegsjahren die „Edelweißpiraten" waren vor allem im Rheinland und auch im Ruhrgebiet aktiv. Sie entzogen sich der Hitlerjugend und ihrem Drill, lebten eigene Formen jugendlichen Verhaltens mit Wanderungen, Gesang oder politischen Diskussionen. Sie zeigten ein unangepasstes Verhalten, was bereits in ihrer Kleidung und in ihren Liedern zum Ausdruck kam.

In verschiedenen Großstädten schlossen sich Jugendliche zu Swing-Gruppen zusammen, um nach den Klängen amerikanischer Musik „Swing" zu tanzen. Auf ihre Aktionen reagierten die Nazis allerdings mit absoluter Härte (Jugend-KZ, Gefängnis, Hinrichtungen).

M4 Edelweißpiraten aus Longerich, Juni 1942

> **Q2** In einem Jugendbuch wird beschrieben, wie der NS-Staat gegen oppositionelle Jugendliche vorging:
>
> SS-Chef Heinrich Himmler war beunruhigt über die wachsende Zahl von Jugendlichen, die sich dem HJ-System entzogen. [Deshalb] wurde 1940 ein spezielles Jungen-KZ in Moringen … eröffnet. In jenem Jahr saßen dort 150 heranwachsende Widerständler ein, zwei Jahre später waren es 640. Und 1942 gründete man ein Mädchen-KZ in der Uckermark … In den Lagern bewachten Polizeibeamte und … HJ-Führer die jungen Insassen. Die Wächter erlegten ihnen eine strenge Disziplin in Form von sportlichen Übungen, Verweigerung von Abendmahlzeiten, Einzelhaft und Prügelstrafen auf. Wiederholungstäter wurden sterilisiert …

M5 Lied der Swing-Jugend

M6 Edelweißpiraten aus Köln-Ehrenfeld (Foto, Anfang der 1940er Jahre)

ARBEITSAUFTRÄGE

1. Beschreibe die Bilder M1–M3, leite daraus Ziele für die Hitlerjugend ab.
2. Begründe mithilfe von Q1, warum sich die NSDAP besonders um die Jugend bemühte.
3. Erläutere, warum sich die Mehrzahl der Jugendlichen für die NS-Organisationen begeistern ließ.
4. Trage Gründe zusammen, warum Jugendliche nicht zur HJ wollten.
5. Fertige ein Portfolio zur Jugend im Nationalsozialismus an.

→ zu 2.
Oberstes Ziel war, aus Mädchen und Jungen … Die Jungen sollten … die Mädchen dagegen …

Die NS-Frauenrolle

Gebären für Führer, Volk und Vaterland

Frauen waren seit der Gründung der NSDAP in führenden Parteipositionen nicht erwünscht. Auch die Mitgliedschaft von Frauen in der Partei war auf maximal fünf Prozent festgelegt. Mit dem Machtantritt Hitlers konnten Frauen nicht in politische Ämter gewählt werden. Außerdem wurde der Zugang zu den Hochschulen für Frauen stark eingeschränkt.

Die ideale Frau im Nationalsozialismus sollte arischer Abstammung sein. Wichtig waren außerdem Charaktereigenschaften wie Treue, Pflichterfüllung, Opferbereitschaft, Leidensfähigkeit und Selbstlosigkeit. Sie sollte zum Wohle der „Volksgemeinschaft" vor allem als Mutter ihre Pflicht erfüllen.

M1 „Deutschland wächst aus starken Müttern und gesunden Kindern" (Propagandaplakat, 1935)

> **Q1** 1934 beschrieb Hitler in einer Rede an die Frauen seine Ideen:
>
> *Wenn man sagt, die Welt des Mannes ist der Staat, die Welt des Mannes ist sein Ringen, die Einsatzbereitschaft für die Gemeinschaft, so könnte man … sagen, dass die Welt der Frau eine kleinere sei. Denn ihre Welt ist ihr Mann, ihre Familie, ihre Kinder … Was der Mann an Opfer bringt im Ringen seines Volkes, bringt die Frau an Opfer im Ringen um die Erhaltung dieses Volkes …*
>
> *Was der Mann einsetzt an Heldenmut auf dem Schlachtfeld, setzt die Frau ein in ewig geduldiger Hingabe, in ewig geduldigem Leiden und Ertragen. Jedes Kind, das sie zur Welt bringt, ist eine Schlacht, die sie besteht für das Sein und Nichtsein ihres Volkes.*

Die Welt der Frau

Bereits im BDM wurden junge Mädchen zwischen 10 und 18 Jahren auf diese Rolle vorbereitet. Sie beschäftigten sich mit Gymnastik, Gesundheitslehre und Haushaltskunde. Frauen trafen sich in der NS-Frauenschaft zu Koch-, Näh-, oder Kinderpflegekursen. Rauchen, Schminken oder wissenschaftliche Bildung wurden abgelehnt.

M2 Kursteilnehmerinnen einer Reichsbräuteschule 1939

> **Q2** 10 Leitsätze zur [Ehe] Gattenwahl für junge Frauen (Schulungsbrief 6, 1939):
>
> 1. Gedenke, dass du ein Deutscher bist.
> 2. Du sollst Geist und Seele rein halten.
> 3. Halte deinen Körper rein.
> 4. Du sollst, wenn du erbgesund bist, nicht ehelos bleiben.
> 5. Heirate nur aus Liebe.
> 6. Wähle als Deutscher nur einen Gatten gleichen oder nordischen Blutes.
> 7. Bei der Wahl deines Gatten frage nach seinen Vorfahren.
> 8. Gesundheit ist Voraussetzung für äußere Schönheit.
> 9. Suche dir für die Ehe nicht einen Gespielen, sondern einen echten Gefährten.
> 10. Du sollst dir möglichst viele Kinder wünschen.

Ein neues Frauenbild

Mit verschiedenen Gesetzen und gezielter Propaganda versuchte die NSDAP, Frauen aus dem Berufsleben zu drängen. Die Rolle als Mutter und Hausfrau sollte erstrebenswert sein.

Das neue Frauenbild sollte durch finanzielle Anreize attraktiv gemacht werden. Eine staatliche Maßnahme stellten die sogenannten Ehestandsdarlehen dar. Ab 1933 wurde an Ehemänner ein Darlehen von 1.000 Reichsmark (RM) gezahlt, wenn die Ehefrau, die vorher berufstätig war, ihre Arbeit aufgab und nur noch Hausfrau war. Für jedes Kind, welches das Paar bekam, wurde ein Viertel des Darlehens erlassen. Nach vier Kindern hatte eine Familie den Kredit „abgekindert".

Als weiteren Anreiz erhielten Familien ab 1936 eine staatliche Kinderbeihilfe. Kinderlose mussten im Gegenzug mehr Steuern zahlen.

M3 Frauen im Reichsarbeitsdienst, 1938

Q3 Zutritt für geschminkte Frauen verboten (Schlesische Tageszeitung vom 7.7.1933).

Die Kreisleitung Breslau teilt mit, dass Frauen mit geschminktem Gesicht der Zutritt zu allen Veranstaltungen der NSDAP verboten ist.
Der Amtsleiter wird angewiesen, eine entsprechende Kontrolle durchzuführen.

Nicht alle Kinder waren erwünscht

Um die Idee der Herrenrasse durchsetzen zu können, verabschiedete die Reichsregierung 1933 das „Gesetz zur Verhütung erbkranken Nachwuchses". Darin wurde festgelegt, dass sich Menschen mit Erbkrankheiten einer Zwangssterilisation unterwerfen mussten. Diese Zwangssterilisation konnte auf eigenen Antrag bzw. auf Antrag des gesetzlichen Vertreters oder auf Antrag des Arztes erfolgen.

Mit der Aufwertung der Mutterschaft durch die Nationalsozialisten wurden Abtreibungen bei „Erbgesunden" jedoch als Verbrechen an der „Volksgemeinschaft" gewertet.

Sterilisation: medizinisches Verfahren, um die Fortpflanzung auf Dauer zu verhindern

ARBEITSAUFTRÄGE

1. Zeige auf, welche Aufgaben Hitler den deutschen Frauen zuweist (Q1).
2. Trage zusammen, welche Rollenzuschreibungen die Nationalsozialisten für die deutschen Mädchen und Frauen propagierten.
3. Wähle aus den 10 Leitsätzen zur Gattenwahl einen Leitsatz aus und erkläre ihn ausführlicher (Q2).
4. Die Nationalsozialisten verstanden die Frauen als „Quelle der Nation". Erläutere, was sie damit ausdrücken wollten.
5. Gestaltet ein Gespräch unter Frauen, die während des Nationalsozialismus leben und über den Wandel des Frauenbildes diskutieren.
6. Vergleiche die Rolle der Frau im Nationalsozialismus mit der in unserer Zeit.

Die Wirtschaftspolitik der NSDAP

Ein Programm muss umgesetzt werden

Maßnahmen gegen die Arbeitslosigkeit

Als Hitler Reichskanzler wurde, gab es mehr als sechs Millionen Arbeitslose in Deutschland. Bereits im Parteiprogramm der NSDAP von 1920 war die Sicherung der „Erwerbs- und Lebensmöglichkeiten der Staatsbürger" eine wesentliche Forderung. Damit wurde der Abbau der Arbeitslosigkeit zu einem wichtigen Mittel, die Menschen für die nationalsozialistische Politik zu gewinnen.

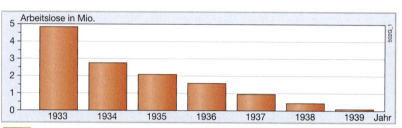

M1 Entwicklung der durchschnittlichen Arbeitslosigkeit

Entscheidend für die Verbesserung der Situation auf dem Arbeitsmarkt war jedoch das Vorantreiben der Rüstungspolitik. Damit wollten die Nationalsozialisten die wirtschaftliche und militärische Basis für ihre „Lebensraumpolitik" schaffen.

Arbeitsbeschaffungsmaßnahmen

Die NSDAP führte umfangreiche Maßnahmen ein, die sowohl politische als auch wirtschaftliche Bedeutung hatten. Die Vergabe großer Aufträge zum Bau von Autobahnen, Kasernen, Flugplätzen oder Versorgungseinrichtungen brachte vielen Menschen Arbeit.

Mit der Einführung des Reichsarbeitsdienstes (RAD) gab es eine Dienstpflicht für alle Männer zwischen 18 und 25 Jahren. Ab 1939 wurde die Dienstpflicht auch für Frauen eingeführt. Der Reichsarbeitsdienst sollte ein „Ehrendienst am deutschen Volke" sein und die Jugend im Geiste des Nationalsozialismus, zur „Volksgemeinschaft" und zu gebührender Achtung der Arbeit erziehen.

M2 Ein Angehöriger des Reichsarbeitsdienstes präsentiert sein Arbeitsgerät, den Spaten (Foto, 1938).

M3 Arbeiter des Reichsarbeitsdienstes, die zum Bau von Autobahnen eingeteilt sind (Foto, 1934)

M4 Dienstpflicht auch für Frauen: Als „Arbeitsmaiden" im Ernteeinsatz (1939)

Die Wirtschaftspolitik der NSDAP

Die Wirtschaft wird kriegsfähig

Im Jahr 1936 kündigte Hitler auf dem Reichsparteitag an, dass die Wirtschaft durch einen Vierjahresplan im Sinne der NSDAP gelenkt werden sollte. Alle Wirtschaftsbereiche mussten sich der Rüstungswirtschaft unterordnen.

Q1 Im August 1936 äußerte sich Hitler zum Vierjahresplan:

Ähnlich der militärischen und politischen Aufrüstung … unseres Volkes hat auch eine wirtschaftliche zu erfolgen, und zwar im selben Tempo, mit der gleichen Entschlossenheit und wenn nötig auch mit der gleichen Rücksichtslosigkeit …
Die endgültige Lösung liegt in einer Erweiterung des Lebensraumes … unseres Volkes. Es ist die Aufgabe der … Führung, diese Frage dereinst zu lösen … Ich stelle damit folgende Aufgaben:
I. Die deutsche Armee muss in vier Jahren einsatzfähig sein.
II. Die deutsche Wirtschaft muss in vier Jahren kriegsfähig sein.

M5 Wahlplakat für den Vierjahresplan, 1936

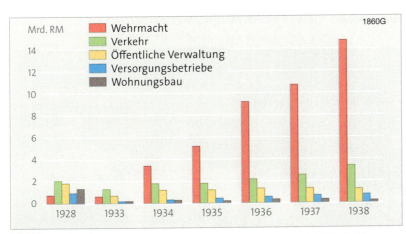

M6 Diagramm zu öffentlichen Investitionen in Deutschland 1928–1939

Kanonen statt Butter

Um die ehrgeizigen Ziele des Vierjahresplans zu erreichen, wurden viele Rohstoffe staatlich zugewiesen. Als dann vor allem Betriebe der Rüstungs- und Schwerindustrie verstärkt Arbeitskräfte brauchten, sollten Frauen wieder in Männerberufen arbeiten.

Auch die Landwirtschaft musste sich unterordnen. Der Staat kontrollierte, legte Preise fest und bestimmte, was angebaut werden durfte. Trotzdem kam es zu Engpässen in der Versorgung mit Lebensmitteln.

M7 Fotomontage von John Heartfield von 1935, deren Veröffentlichung verboten war

ARBEITSAUFTRÄGE

1. a) Beschreibe die Entwicklung der Arbeitslosenzahlen (M1).
   b) Erläutere die Maßnahmen der Nationalsozialisten zur Bekämpfung der Arbeitslosigkeit. Beziehe dabei auch die Bilder M2 bis M4 mit ein.
2. → Erkläre, warum es der NSDAP wichtig war, die Arbeitslosigkeit zu senken.
3. a) Analysiere M6.
   b) Bewerte davon ausgehend die Wirtschaftspolitik der NSDAP.
4. → Erläutere M7 hinsichtlich der politischen Versprechungen der NSDAP.

→ zu 2.
Der Abbau der Arbeitslosigkeit war wichtig, damit die Menschen …

Gehasst – verfolgt – vernichtet

Ausgegrenzt und entrechtet

Hetze und Terror

Seit dem Mittelalter gab es in Europa eine Abneigung gegen Menschen mit jüdischem Glauben. Doch erst die Kombination von Antisemitismus und der scheinbar wissenschaftlichen Rassentheorie führte dazu, dass die Juden in Deutschland und ab 1939 europaweit ausgegrenzt und vernichtet wurden.

Nach der Machtergreifung der NSDAP leiteten die Nationalsozialisten sofort antijüdische Maßnahmen ein, die sie ständig verschärften und ausweiteten.

Durch den Boykottaufruf gegen Juden am 1. April 1933 nahmen Angriffe und Hetzaktionen auf jüdische Kaufhäuser, Geschäfte und Privatpersonen zu. Beamte, Wissenschaftler, Ärzte, Richter und Anwälte durften nicht mehr arbeiten. Jüdische Bürger drängten die Nationalsozialisten aus der Öffentlichkeit von Presse, Rundfunk und Theater. Die Werke jüdischer Künstler durften nicht mehr gezeigt oder aufgeführt werden. Jüdische Kinder mussten zuerst die höheren Schulen und später alle Schulen verlassen. Wohnungen wurden Juden gekündigt, weil die Mieter nicht zur Volksgemeinschaft gehörten.

Antisemitismus: Feindschaft gegen jüdische Menschen sowie Bekämpfung von Juden aus politischen, religiösen und wirtschaftlichen Gründen

Boykott: Ausschluss von allen politischen, wirtschaftlichen oder sozialen Beziehungen

M1 Aufruf zum Boykott gegen Juden, 1933

M2 „Deutsche, wehrt euch, kauft nicht bei Juden!" (Foto, 1933)

Auswanderung als letzter Ausweg

Die NSDAP entzog den Juden systematisch jede Lebensgrundlage, um ihnen das Leben in Deutschland so unerträglich wie nur möglich zu machen. Auf diese Weise wollte die NSDAP die Juden zum Auswandern drängen. Den Weg in die Sicherheit mussten die Juden teuer bezahlen. Sie waren gezwungen, eine „Reichsfluchtsteuer" zu zahlen und durften keine wertvollen Gegenstände ausführen. Zurückgelassene Grundstücke und Firmen verkauften die Nationalsozialisten oft zu geringen Preisen an Parteigenossen oder behielten sie im Besitz der Volksgemeinschaft.

Die Nürnberger Gesetze

Zum Nachweis der Herkunft mussten die Deutschen einen Ariernachweis vorlegen. Dieser Abstammungsnachweis war Voraussetzung, um in nationalsozialistische Organisationen eintreten zu können und öffentliche Leistungen in Anspruch nehmen zu dürfen.

Im Jahr 1935 erließ die Reichsregierung die Nürnberger Rassengesetze. Sie verschärften die Ausgrenzung jüdischer Bürger.

Ariernachweis: Mit Wirkung der Nürnberger Gesetze mussten alle Deutschen einen Nachweis der „deutschen oder artverwandten Abstammung bzw. des Grades eines fremden Bluteinschlags" erbringen. Hierfür mussten sie beglaubigte Urkunden vorlegen. Häufig wurde auch eine Ahnentafel oder ein Ahnenpass angefertigt. Die NSDAP verlangte den Nachweis der arischen Abstammung bis in die Generation der Großeltern.

> **Q1** Das „Gesetz zum Schutze des deutschen Blutes und der deutschen Ehre" war eines der Nürnberger Rassengesetze von 1935:
>
> §1 Eheschließungen zwischen Juden und Staatsangehörigen deutschen oder artverwandten Blutes sind verboten. Trotzdem geschlossene Ehen sind nichtig. …
> §2 Außerehelicher Verkehr zwischen Juden und Staatsangehörigen deutschen oder artverwandten Blutes ist verboten.
> §3 Juden dürfen weibliche Staatsangehörige deutschen oder artverwandten Blutes unter 45 Jahren in ihrem Haushalt nicht beschäftigen. Wer dem Verbot … zuwiderhandelt, wird mit Zuchthaus bestraft. ….

Unter **www.dhm.de/lemo/forum/kollektives_gedaechtnis.de** berichten Zeitzeugen über die Judenverfolgung.

Die Schikanierung und Entwürdigung steigerten die Nationalsozialisten weiter. Ab 1938 mussten sich alle jüdischen Männer zusätzlich „Israel" und die Frauen „Sarah" nennen. Die Reisepässe wurden mit einem „J" gekennzeichnet. Darüber hinaus durften Jüdinnen und Juden Parks, Wälder, Theater oder Kinos nicht mehr besuchen und mussten um 20:00 Uhr zu Hause sein. Zeitungen und Zeitschriften durften nicht abonniert werden.

M3 Allgegenwärtige Ausgrenzung von Juden (Foto, 1939)

M4 Zusammenlebende Juden und Nichtjuden werden von SA-Männern schikaniert (Foto, 1936).

ARBEITSAUFTRÄGE

1. Beschreibe die systematische Ausgrenzung jüdischer Bürger durch die Nationalsozialisten. Nutze auch M1 bis M4.
2. Zähle nationalsozialistische Kriterien für eine Einordnung als Jude auf.
3. Erläutere die Folgen der Nürnberger Rassengesetze für das Zusammenleben jüdischer und nichtjüdischer Bürger in Deutschland.
4. Beschreibe das Bild M4 und nimm Stellung zu dem Vorgehen der SA.
5. Diskutiert mögliche Gründe dafür, warum nicht alle jüdischen Mitbürger sofort nach der Machtübernahme das Land verlassen haben.

zu 1.
Unterscheide zwischen Boykottaufrufen, Verboten und öffentlichen Demütigungen.

zu 2.
Mithilfe von Seite 77 kannst du noch einmal die Rassenlehre der Nationalsozialisten wiederholen.

Von der Ausgrenzung zur Vernichtung

Zuerst brannten die Synagogen

In der Nacht des 9. November 1938 brannten in Deutschland die Synagogen. Truppen der SA und der SS veranstalteten einen Pogrom gegen die jüdische Bevölkerung in ganz Deutschland. Die Nationalsozialisten zerstörten Synagogen, Friedhöfe und jüdische Geschäfte.

Die wenigen persönlichen Rechte der Juden schränkte die NSDAP weiter ein. Die Nutzung öffentlicher Verkehrsmittel war ihnen verboten. Selbst das Halten von Haustieren war jüdischen Menschen nicht mehr gestattet. Als äußeres Kennzeichen mussten sie ab 1941 einen gelben Stern mit dem Schriftzug „Jude" auf der Kleidung tragen.

Die Ermordung der europäischen Juden

Ab 1939 begann die systematische Vernichtung der Juden in Europa. Sonderkommandos trieben die jüdische Bevölkerung zusammen und brachten sie in Gettos. Dort mussten sie unter unmenschlichen Bedingungen leben. Als die Gettos überfüllt waren, beschloss die SS, durch Massenerschießungen die „Lösung der Judenfrage" zu beschleunigen. Bei Kiew (Ukraine) ermordeten SS-Kommandos an zwei Tagen mehr als 30 000 jüdische Menschen. Darüber hinaus verschleppten die Nationalsozialisten unzählige europäische Juden in Vernichtungslager, ermordeten sie, verscharrten ihre Leichen in Massengräbern oder verbrannten sie unter freiem Himmel.

Ein geplanter Völkermord

Die genannten Maßnahmen schätzte die NSDAP als zu wenig „effizient" und „zu umständlich" ein. Am 20. Januar 1942 versammelten sich daher hohe SS-Führer und Beamte unter Leitung des Chefs der Sicherheitspolizei, Reinhard Heydrich, zu einer Konferenz am Berliner Wannsee. Dort beschlossen die Nationalsozialisten die „Endlösung der Judenfrage", die systematische Ermordung aller Juden in Europa.

Synagoge: jüdisches Gotteshaus

Pogrom: Hetze, Ausschreitung gegen nationale, religiöse oder rassische Gruppen

Getto: Stadtviertel, in dem eine bestimmte Bevölkerungsgruppe lebt; im Nationalsozialismus von der SS für jüdische Wohnviertel verwendet

M1 Die brennende Synagoge in Essen in der Pogromnacht, 1938

Reinhard Heydrich: baute den Sicherheitsdienst der SS auf und formte ihn zu einem umfassenden Nachrichtendienst. Im Januar 1942 leitete er die Wannseekonferenz, auf der die Vernichtung der europäischen Juden beschlossen wurde.

M2 Konzentrationslager und Vernichtungslager im Nationalsozialismus

Konzentrationslager werden Vernichtungslager

Verteilt über die polnischen Gebiete richteten die Nationalsozialisten Vernichtungslager ein. Alle jüdischen Menschen, die nicht arbeitsfähig waren, wurden dort in den Gaskammern ermordet und anschließend verbrannt. Arbeitsfähige Menschen mussten bis zur völligen Erschöpfung arbeiten. Viele starben an Unterernährung, Krankheiten oder durch Folter. Zudem wurden sie für medizinische Experimente missbraucht und starben meist qualvoll an den Folgen der Versuche.

M3 Ankunft ungarischer Juden in Auschwitz, Juni 1944 (Die meisten Neuankömmlinge betreten das Lager gar nicht, sondern werden sofort als „arbeitsunfähig" aussortiert, direkt zu den Gaskammern geführt und anschließend verbrannt.)

Q1 Irene Dahl aus Dormagen überlebte das Vernichtungslager:

Wir wurden im Juni 1941 in einem Viehwaggon von Düsseldorf nach Riga deportiert. Ich war damals 14 Jahre alt. Nach der Ankunft wurde ich von meiner Mutter getrennt. Man sagte mir, sie müsse ins Krankenhaus. Drei Tage später erkundigte ich mich, wo meine Mutter sei, ich wollte sie besuchen. Der Aufseher grinste mich hämisch an und zeigte auf einen Schornstein: „Dort ist deine Mutter."

Aber auch alle diejenigen, die durch ihren Glauben, z. B. Zeugen Jehovas, ihre politischen Überzeugungen, z. B. Kommunisten und Sozialdemokraten, oder ihre Lebensführung, z. B. Homosexuelle, als Außenseiter galten, wurden in diese Vernichtungslager gesperrt. Ein besonderes Programm sah die angeordnete Tötung von Menschen mit geistigen und körperlichen Behinderungen vor. Grundlage dieser Tötungen war die Rassenlehre der Nationalsozialisten, die Menschen in „rassisch wertvoll" bis hin zu „lebensunwertem Leben" einordnete. Die Tötungen begannen nach dem „Euthanasieerlass" Adolf Hitlers vom 1.9.1939. In speziellen Anstalten ermordeten die Nationalsozialisten über 100 000 dieser Menschen.

Deportation: hier Transport der europäischen Juden in die Vernichtungslager

Euthanasie: (griech.: leichter, schöner Tod; Sterbehilfe) bei den Nationalsozialisten in neuer Verwendung: bewusste Herbeiführung des Todes; Vernichtung sogenannten „lebensunwerten" Lebens

---

ARBEITSAUFTRÄGE

1. Beschreibe die Ereignisse der Pogromnacht.
2. → Erkläre, wie die Nationalsozialisten die „Endlösung der Judenfrage" planten.
3. Nimm Stellung zu der Aussage, dass es sich bei der „Endlösung der Judenfrage" um einen geplanten Völkermord handelt.
4. Werte die Karte M2 aus und stelle fest, wo sich die Vernichtungslager befanden. Was kann man daraus schließen?
5. → Stelle die Leiden auch anderer Opfer der Nationalsozialisten dar. Recherchiere über das Schicksal einer Opfergruppe (Suchbegriff „NS-Völkermord").

→ zu 2.
Auf der Wannsee-Konferenz ... verteilt über ... Konzentrationslager. Dort sollten die ... in Gaskammern ... Gleichzeitig sollten sie auch ... und dann sterben.

Holocaust – Ende der Menschlichkeit

Auschwitz – Symbol des organisierten Massenmords

Das Vernichtungslager in Auschwitz, sechzig Kilometer von Krakau gelegen, gilt als Beispiel für den organisierten Massenmord an Millionen Menschen. Das Lager wurde mit Gaskammern und einem Krematorium erweitert, bis schließlich bis zu 10 000 Menschen täglich getötet werden konnten.

Am 27. Januar 1945 wurde Auschwitz von sowjetischen Soldaten befreit. Bis dahin starben mehr als 1,1 Millionen Männer, Frauen und Kinder in dem Vernichtungslager, das zum Symbol für den systematischen Völkermord der Nationalsozialisten wurde. Dieser wird heute als Holocaust oder Shoa bezeichnet.

Holocaust: vom griechischen Begriff für „Brandopfer", „vollständig Verbranntes" abgeleitete Bezeichnung für den Völkermord an Juden

Shoa: hebräisches Wort, welches von jüdischen Menschen für den Völkermord im Nationalsozialismus verwendet wird. Es bedeutet „Zerstörung" oder „große Katastrophe".

Q1 Rudolf Höß, Lagerkommandant in Auschwitz (Auszug aus seinem Vernehmungsprotokoll):

Ich befehligte Auschwitz [vom 1. Mai 1940] bis zum 1. Dezember 1943 und schätze, dass mindestens 2 500 000 Opfer dort durch Vergasung und Verbrennung hingerichtet wurden ...; mindestens eine weitere halbe Million starben durch Hunger und Krankheit. ...
Die zur Vernichtung bestimmten Juden wurden möglichst ruhig – Männer und Frauen getrennt – zu den Krematorien geführt. Im Auskleideraum wurde ihnen ... gesagt, dass sie hier nun zum Baden und zur Entlausung kämen ... Die Tür wurde schnell zugeschraubt und das Gas sofort durch die ... Decke der Gaskammer in einen Luftschacht bis zum Boden geworfen. Durch das Beobachtungsloch in der Tür konnte man sehen, dass die dem Einwurfschacht am nächsten Stehenden sofort tot umfielen. ... Die anderen fingen an zu taumeln, zu schreien und nach Luft zu ringen. ... Nach mindestens 20 Minuten regte sich keiner mehr. ... Den Leichen wurden nun die Goldzähne entfernt und den Frauen die Haare abgeschnitten. Hiernach [wurden sie] durch den Aufzug nach oben gebracht vor die inzwischen angeheizten Öfen. Die Asche fiel durch die Roste und wurde laufend entfernt und zerstampft. ...

Q2 Ella Liebermann-Shiber über Auslese [Selektion] in Auschwitz (15.1.1944):

Die Schornsteine des Krematoriums in [Auschwitz]-Birkenau ragen bis in den Himmel, der vom rötlichen Licht der riesigen Flammen, die aus dem Rachen der Schornsteine herausschlagen, erleuchtet ist. Der Rauch, der Gestank von verbranntem Menschenfleisch, dem man nicht entrinnen kann, lastet auf dem gesamten Konzentrationslager von Birkenau. Gesichter, zu Eis erstarrt, empfangen uns, Gummiknüppel landen auf unseren Köpfen und Rücken. Wir werden selektiert. Mein Vater und mein kleiner Bruder werden von uns weggerissen. Wir werden uns nie wieder sehen. Furchtbare Schreie dringen in mein Ohr.

M1 Überlebende in Auschwitz nach ihrer Befreiung (Foto, 1945)

Gehasst – verfolgt – vernichtet

Der Völkermord an den Sinti und Roma

Die Verfolgung und Vernichtung der Sinti und Roma nahm einen ähnlichen Verlauf wie die der Juden. Schon 1935 wurden „Zigeuner" auch den „Nürnberger Rassegesetzen" unterworfen. 1938 richteten die Nationalsozialisten die „Reichszentrale zur Bekämpfung des Zigeunerwesens" ein. Alle Sinti und Roma sollten dort erfasst werden. Jeder erhielt einen „Rasseausweis", der mit einem „Z" (Zigeuner) gekennzeichnet war. Wenig später begann die systematische Deportation.

Anfang 1943 wurden auf Befehl Himmlers Tausende Sinti und Roma verhaftet und nach Auschwitz gebracht.

Erklärtes Ziel war die „Vernichtung durch Arbeit". Im sogenannten „Zigeunerlager" wurden etwa 23 000 Sinti und Roma eingesperrt. Mehr als zwei Drittel starben an Hunger, Krankheit und Misshandlung. Manche wurden für medizinische Experimente missbraucht, darunter viele Kinder.

Im Frühling 1944 wurden diejenigen, die noch arbeitsfähig waren, in andere Konzentrationslager gebracht. Die knapp 3 000 Sinti und Roma, die in Auschwitz zurückblieben, wurden in den Gaskammern ermordet, in die Krematorien transportiert und anschließend verbrannt. Die Nationalsozialisten ermordeten insgesamt etwa 500 000 Sinti und Roma, von denen 25 000 aus Deutschland und Österreich kamen.

M2 David Olère, ein jüdischer Maler, wurde am 2. März 1943 nach Auschwitz deportiert und zeichnete, was er dort erlebte: Das Krematorium (Zeichnung, 1945).

> **Q3** Aussage von Karl Höllenreiner, Überlebender der medizinischen Versuche in Auschwitz:
>
> *Nach [der] Untersuchung wurden wir alle in ein Zimmer gebracht, und ein Doktor … hielt eine Ansprache. Aus dieser Rede habe ich folgenden Wortlaut in Erinnerung: „Ihr seid jetzt ausgesucht für Seewasser-Versuche, erst werdet ihr gutes Essen bekommen, … dann werdet ihr hungern und Seewasser trinken. … In der folgenden Woche begannen die … Experimente. Wir erhielten überhaupt keine Nahrung mehr und nur Seewasser oder chemisch präpariertes Seewasser zu trinken. … Nach meiner Erinnerung [waren wir] eine Gruppe von 40 Zigeunern. … Von den ursprünglich 40 Mann haben … wenige überlebt. …*

ARBEITSAUFTRÄGE

1. ⇥ Zeige den Weg der Opfer (Q1, Q2) von der Deportation bis zur Vernichtung in den Lagern auf.
2. Beschreibe deine Gedanken und Gefühle beim Lesen von Q1 und Q2.
3. a) Erläutere, was viele Sinti und Roma in der NS-Zeit erlitten.
   b) Bewerte den Ablauf der medizinischen Versuche an Sinti und Roma.
4. ➡ Wurden auch in deiner Umgebung „Zigeunerlager" eingerichtet?
   a) Informiere dich über Entstehungszeit, Größe und Alltag in den Lagern.
   b) Bereite eine Präsentation vor.

⇥ zu 1.
Millionen Menschen wurden nach … Dort wurden sie … Gas aus einem Luftschacht … Nach kurzer Zeit … Den Leichen … den Frauen … Danach … Die Asche …

Methode

M1 Ungarische Juden auf der Rampe in Auschwitz-Birkenau, Sommer 1944

Analyse historischer Fotografien als Quelle

Fotos müssen als Quelle kritisch hinterfragt werden, da sie vielen Einflüssen ausgesetzt sind, die die Bildgestaltung und -wiedergabe bestimmen. Deshalb müssen sie wie andere Quellen auch einer sorgfältigen Prüfung und Interpretation unterzogen werden, wenn man zu wirklich stichhaltigen Erkenntnissen gelangen will. Nachträgliches Bearbeiten sowie fehlende, ungenaue oder falsche Bildunterschriften können die Analyse historischer Fotos erschweren.

So geht ihr vor:

1. → **Bildentstehung**
   Wann und wo wurde das Foto gemacht?
   Was ist über den Fotografen bekannt?
   Wie ist das Foto entstanden? (ein gestelltes Foto, ein zufälliger Schnappschuss, ein professionelles Foto für einen Auftraggeber, …)
   Wer sollte mit diesem Foto angesprochen werden?

2. → **Bildgestaltung**
   Welche Einzelheiten zeigt das Foto? (Figuren, Gegenstände …)
   Welche Stimmung drückt es aus?
   Wurden besondere technische Mittel gewählt? (Ausschnitt, Perspektive, Einstellung …)

3. → **Bildbearbeitung und -präsentation**
   Wie aussagefähig ist die Bildunterschrift?
   Gibt es zu diesem Foto einen Kommentar?
   Gibt es Anhaltspunkte für eine nachträgliche Verfälschung des Bildes?

4. → **Zusammenfassung**
   Welche Informationen über die Vergangenheit lassen sich dem Bild entnehmen?
   Welche Botschaft vermittelt das Bild?
   Handelt es sich um eine gewollte Wirkung? (Mit welchen Mitteln wird sie erzielt?)

Mögliche Auswertung von M1

1. Bildentstehung
Das Foto gehört zu einer Fotoserie eines SS-Mannes. Es wurde im Juni 1944 aufgenommen und zeigt eine Gruppe jüdischer Frauen und Kinder aus Ungarn nach der Ankunft im Lager von Auschwitz/Birkenau. Auf der extra angelegten Bahnstation wurden die ankommenden Transporte mit Juden aus allen Teilen Europas registriert. SS-Männer und Ärzte teilten die Menschen nach Geschlecht getrennt in arbeitsfähig und nichtarbeitsfähig ein. Die nichtarbeitsfähigen Menschen wurden sofort nach Ankunft im Lager in als Duschräume getarnte Gaskammern geführt und ermordet.

2. Bildgestaltung
Das Foto zeigt dicht gedrängt stehende Frauen und Kinder. Bei den Menschen im Vordergrund ist der Judenstern auf der Kleidung deutlich sichtbar. Obwohl es Sommer ist, tragen die Menschen warme Kleidung. Gepäck haben sie nicht mehr bei sich. Da nur Frauen und Kinder beisammenstehen, kann angenommen werden, dass die Selektion bereits erfolgte. Die Frauen sehen besorgt und erschöpft aus, die Kinder im Vordergrund scheinen verängstigt, aber auch neugierig.

3. Bildbearbeitung
Die Bildunterschrift wurde von einem Bildarchiv übernommen und enthält nur wenige Informationen. Erst die Verbindung des Bildinhalts mit Informationen über den Massenmord an jüdischen Bürgern ermöglicht es, Vergangenes zu deuten.

4. Zusammenfassung
Das Foto dokumentiert die Grausamkeiten der Nationalsozialisten, begangen an den Juden Europas.
Das Foto will kein Mitleid erzeugen, da es wahrscheinlich nur ein Schnappschuss ist, von einem SS-Mann aufgenommen. Und doch erzeugt es Mitleid beim Anblick der Menschen. Besonders deutlich wird dieses durch die gedrängte Ansammlung von Kindern und Erwachsenen, die wahrscheinlich ahnen, was mit ihnen passieren wird.

Fotos als Zeugen der Verbrechen

Trotz hoher Geheimhaltung drangen Gerüchte und später konkretes Wissen über die Vernichtungslager an die Öffentlichkeit, denn die Lager konnten nicht von der zivilen Umgebung abgeschottet werden.

Bahnangestellte sorgten für die Abwicklung der Bahntransporte. KZ-Häftlinge arbeiteten als Zwangsarbeiter in großen Betrieben außerhalb des Lagers. Zivile Firmen belieferten die Vernichtungslager und bauten die Verbrennungsöfen. Die Menschen, die in unmittelbarer Nähe der Vernichtungslager lebten, sahen und rochen den nicht endenden Rauch aus den Schornsteinen der Krematorien.

Unter Lebensgefahr gelang es vereinzelt, Dokumente und heimlich gemachte Fotos aus Lagern zu schmuggeln. Diese sollten nach der Befreiung der Lager als Beweis für die Verbrechen der SS genutzt werden. Militärberichterstatter der alliierten Truppen hielten das für Menschen unfassbare Grauen der Vernichtungslager nach der Befreiung dieser Lager ebenfalls zum Beweis mit Fotografien fest.

M2 Aufnahme aus dem Konzentrationslager Auschwitz nach der Befreiung durch sowjetische Soldaten im April 1945. Überlebende Kinder werden von Betreuerinnen aus dem Lager geführt. Die Aufnahme wurde im April 1945 für die Militärberichterstatter nachgestellt. Der Fotograf war B. Fischmann.

M3 Leichen vergaster Häftlinge werden verbrannt (undatiertes, aus dem Lager geschmuggeltes Foto).

ARBEITSAUFTRÄGE

1. Analysiere die Fotos M2 und M3.
2. Formuliere eine aussagekräftige Überschrift für jedes Foto.
3. Vergleiche die Entstehungsbedingungen der einzelnen Fotos und bewerte diese.
4. Beschreibe (Text, M1–M3), wie die Pläne zum Massenmord in den Vernichtungslagern umgesetzt worden sind.
5. ⇨ Beurteile die Fotografie als historische Quelle.

Einen Stolperstein verlegen

Seit 1992 verlegt der Künstler Gunther Demnig Stolpersteine. Auf ihnen kann man die Namen und Lebensdaten von Menschen lesen, die von den Nationalsozialisten vertrieben, verschleppt oder ermordet wurden. Die Steine sollen die Erinnerung im Alltag der Menschen wach halten und die Passanten gedanklich „stolpern" lassen.

Zu den Menschen, an die auf diese Weise erinnert wird, gehören Juden, Sinti und Roma, politisch Verfolgte, Homosexuelle, Zeugen Jehovas und Euthanasieopfer.

M1 Stolpersteine für Familie Levy aus Aachen, Heinrichsallee

M2 Gunter Demnig verlegt einen Stolperstein.

Die Stolpersteine lässt Gunther Demnig jeweils bündig in den Bürgersteig direkt vor dem letzten frei gewählten Wohnort der Opfer ein. Da die Häuser der Opfer teilweise nicht mehr erhalten sind und zum Beispiel beim Wiederaufbau nach dem Zweiten Weltkrieg neu geordnet wurden, kommen einige Stolpersteine auch auf oder vor Freiflächen zu liegen.

Bis November 2012 hat Gunter Demnig über 35 000 Steine in etwa 750 Städten und Gemeinden in Deutschland (hier allein über 650), den Niederlanden, Österreich, Polen, der Ukraine und Ungarn gesetzt.

Die Absicht des Künstlers

Gunter Demnig will mit den Stolpersteinen den Opfern des Nationalsozialismus, die in den Konzentrationslagern nur noch Nummern waren, ihre Namen zurückgeben.

Das Bücken, um die Texte auf den Stolpersteinen zu lesen, ist eine symbolische Verbeugung vor den Opfern. Außerdem sollen die Stolpersteine, die häufig in dicht besiedelten Bereichen eingelassen werden, die von einigen Zeitzeugen vorgebrachte Schutzbehauptung in Frage stellen, wonach man von den Deportationen in die Konzentrationslager nichts mitbekommen habe.

Trotz des Namens Stolpersteine geht es Gunter Demnig nicht um ein tatsächliches Stolpern. Er zitiert auf die Frage nach dem Namen des Projektes gerne einen Schüler, der nach der Stolpergefahr gefragt antwortete: „Nein, nein, man stolpert nicht und fällt hin, man stolpert mit dem Kopf und mit dem Herzen."

Wir schaffen Erinnerungen

Entwickelt selbst Aktivitäten, indem ihr eine Aktion mit dem Künstler Gunter Demnig organisiert.

So könnt ihr vorgehen:

1. **Kontakte**
   - Die Stadt oder Gemeinde muss vorher unbedingt informiert werden und ihr Einverständnis geben.
   - Schreibt entweder einen ausführlichen Brief oder bittet um einen Termin. An diesem Termin stellen einige von euch das Projekt vor.
   - Einen Stolperstein zu verlegen, kostet etwas Geld. Klärt vorher, wie ihr das Geld beschaffen wollt.
   - Das Projekt muss die Zustimmung des Künstlers Gunter Demnig finden. Setzt euch mit ihm in Verbindung und nehmt Kontakt auf: *gunter.demnig@stolpersteine.eu* oder *inschriften@stolpersteine.eu*
   - Klärt die Termine und auch hier die Kosten ab.

2. **Planung**
   - Tragt Vorschläge zusammen, welche Personengruppen erforscht werden sollen. Denkt daran, dass es viele verschiedene Opfergruppen des Nationalsozialismus gegeben hat: jüdische Mitbürger, politisch Verfolgte, Zeugen Jehovas, Homosexuelle u. a.
   - Ihr könnt auch Kontakte zum örtlichen Heimat- und Geschichtsverein, zur jüdischen, katholischen oder evangelischen Kirchengemeinde, zum Stadt- oder Gemeindearchiv, zu einer Geschichtswerkstatt einer Universität aufnehmen. Sie können euch bei den Planungen helfen oder Tipps für eure Arbeit geben.
   - Diskutiert die Vorschläge, ordnet sie und wählt aus.
   - Erstellt einen Plan zur Projektdurchführung.
   - Legt Teilthemen fest, bildet Arbeitsgruppen und stellt die benötigten Materialien bereit.

3. **Durchführung**
   - Beratet über die einzelnen Aufgabenstellungen innerhalb der Gruppe.
   - Legt schriftlich fest: wer, was, wann, wo, mit wem, mit welchem Material erarbeitet.
   - Tragt Informationen zusammen (z. B. aus Zeitungsberichten, Büchern, dem Internet).
   - Denkt bei eurer Materialsammlung auch an die Quellenhinweise.
   - Ordnet eure Ergebnisse und wertet sie gemeinsam in der Gruppe aus (Referat, Plakat, PowerPoint-Präsentation).

4. **Auswertung**
   - Stellt die in den Arbeitsgruppen erzielten Ergebnisse vor und sprecht darüber.
   - Überlegt, ob ihr eure Ergebnisse auch anderen Personen präsentieren möchtet.

M3 Stolpersteine in Gelsenkirchen

Der Zweite Weltkrieg

Hitler entfesselt den Krieg

Der Weg in den Krieg

Seit Adolf Hitler am 30. Januar 1933 die Macht in Deutschland übernommen hatte, steuerte die Welt auf einen neuen Krieg zu. Die Ziele der nationalsozialistischen Außenpolitik waren nicht mit friedlichen Mitteln zu erreichen. Systematisch betrieb Hitler die Vorbereitungen, um die Vorherrschaft in Europa und der ganzen Welt zu gewinnen.

In den Jahren bis 1938 setzte sich Hitler Schritt für Schritt über die Bestimmungen des Versailler Vertrages hinweg, ohne dass Frankreich und England dagegen einschritten. 1936 besetzten deutsche Truppen das entmilitarisierte Rheinland. Die europäischen Staaten ließen diesen Vertragsbruch zu.

Am 13. März 1938 ließ Hitler deutsche Truppen in Österreich einmarschieren und erreichte damit sein erstes außenpolitisches Ziel: den „Anschluss" Österreichs und die Vereinigung mit Österreich zu einem „Großdeutschen Reich".

M1 Das Rheinland wird am 7. März 1936 besetzt.

M2 Nach dem „Anschluss" Österreichs an das Deutsche Reich, der in Wirklichkeit eine militärische Besetzung war, fährt Hitler durch Wien (Foto, 15. März 1938).

Das Münchner Abkommen

Im gleichen Jahr forderte Hitler von der Tschechoslowakei die Abtretung sudetendeutscher Gebiete, in denen eine deutsche Minderheit lebte. Hitler drohte offen mit Krieg, falls seine Forderung nicht erfüllt werde.

Der britische Premierminister Neville Chamberlain wollte den Frieden wahren und setzte sich dafür ein, Hitler nachzugeben. Mit dem Münchner Abkommen erzwangen Großbritannien, Frankreich, Italien und Deutschland im September 1938 die Abtretung der sudetendeutschen Gebiete.

Hitler erklärte nun, keine weiteren Forderungen zu stellen. Der Frieden in Europa schien gerettet. Doch schon im März 1939 besetzte die Wehrmacht die gesamte Tschechoslowakei.

M3 Das Sudetenland, seit 1919 zur Tschechoslowakei gehörig, wird im September 1938 einverleibt.

Der Angriffskrieg beginnt

Am 31. August 1939 erteilte Hitler nach einem vorgetäuschten Überfall auf den Rundfunksender „Gleiwitz" in Oberschlesien den Befehl zum Angriff auf Polen. Daraufhin marschierte die Wehrmacht am Morgen des 1. September um 4:45 Uhr in Polen ein.
Daraufhin erklärten Großbritannien und Frankreich dem Deutschen Reich den Krieg. In einem fünfwöchigen Blitzkrieg wurde Polen besiegt.

Rundfunksender Gleiwitz: Der Sender „Gleiwitz" war ein deutscher Radiosender in der Stadt Gleiwitz. Am 30. August 1939 drangen SS-Leute in Zivil, verkleidet als polnische Kämpfer, in den Sender ein. Das Personal wurde mit Pistolen bedroht, gefesselt und in einen Kellerraum gesperrt.

Blitzkrieg: Bezeichnung für eine militärische Strategie, die einen schnellen militärischen Sieg über den Feind anstrebt

M4 Deutsche Soldaten auf dem Vormarsch in Polen

Der deutsche Überfall auf Polen wurde zum Auslöser des Zweiten Weltkrieges.

Die Blitzkriegsstrategie gründete vor allem auf der Erkenntnis, dass die deutsche Wirtschaft einem länger andauernden Krieg nicht gewachsen schien. Trotz moderner Waffentechnik fehlten die Rohstoffreserven und die Produktionskapazitäten. Um dies auszugleichen, marschierte die deutsche Wehrmacht in weitere europäische Staaten ein: Dänemark und Norwegen wurden im April 1940 besetzt, um die für die Kriegsproduktion äußerst wichtigen Erzimporte aus Schweden zu sichern. Am 10. Mai 1940 begann der deutsche Blitzkrieg gegen die Benelux-Staaten und Frankreich. Die Kapitulation Frankreichs erfolgte am 22. Juni 1940.

Zwischen Sommer und Herbst 1940 versuchte das Deutsche Reich mit Bombeneinsätzen gegen das britische Militär und mit Angriffen gegen britische Städte die Kapitulation Großbritanniens zu erzwingen, was trotz vieler Opfer nicht gelang.

M5 Nach einem Angriff der deutschen Luftwaffe liegt die Kathedrale der englischen Stadt Coventry in Trümmern (Foto, 1940).

ARBEITSAUFTRÄGE

1. Stelle die Ziele der nationalsozialistischen Außenpolitik dar.
2. Bewerte die Reaktionen der britischen Regierung auf die Maßnahmen Hitlers. Vergleicht eure Lösungen mithilfe der Methode Stühletausch (S. 44).
3. Vermute, warum Hitler die Wehrmacht erst nach dem vorgetäuschten Überfall auf den Rundfunksender „Gleiwitz" in Polen einmarschieren ließ.
4. Zeigt in einem Partnervortrag (Tipps auf S. 233) die unterschiedlichen Motive der Nationalsozialisten für den Angriff auf die europäischen Länder auf.
5. Lege eine Zeitleiste an, in der du die einzelnen Schritte der nationalsozialistischen Außenpolitik bis 1940 einträgst.

zu 3.
Zwischen Polen und Deutschland ... Es sollte der Eindruck entstehen ... Die anderen europäischen Staaten ...

Der Vernichtungskrieg im Osten

Deutsch-sowjetischer Nichtangriffsvertrag

Am 23. August 1939 schlossen das nationalsozialistische Deutschland und die Sowjetunion einen Vertrag für die Dauer von zehn Jahren. Beide Länder sicherten sich gegenseitige Neutralität zu, auch für den Fall, dass sich ein Land zu einem Angriff auf ein drittes Land entschließen sollte. Dieser Vertrag ging als Hitler-Stalin-Pakt in die Geschichte ein.

Ein geheimes Zusatzprotokoll plante die Aufteilung Polens zwischen beiden Mächten. Der Vertrag verschaffte Hitler Rückendeckung für seinen Angriff auf Polen. Stalin wollte seinen Machtbereich nach Westen ausdehnen. Dieser Vertragsabschluss hinderte Frankreich und Großbritannien daran, ihrerseits mit der Sowjetunion einen Beistandspakt zu schließen.

Hitler-Stalin-Pakt: Bezeichnung für das zwischen dem Deutschen Reich und der Sowjetunion geschlossene Abkommen

Unternehmen Barbarossa: Deckname für den Überfall des nationalsozialistischen Deutschlands auf die Sowjetunion

Bolschewismus: Bezeichnung für eine Richtung des Kommunismus

Freischärler: Angehöriger einer nicht zu den regulären Streitkräften gehörenden, bewaffneten Gruppe

Saboteur: eine Person, die vorsätzlich wirtschaftliche und militärische Einrichtungen beschädigt und zerstört

„Unternehmen Barbarossa"

Trotz des Nichtangriffsvertrages fühlte sich Hitler nach den schnellen militärischen Erfolgen in den Jahren 1940/41 in seinem Entschluss bestärkt, die Sowjetunion als möglichen Kriegsgegner auszuschalten. In einem weiteren Blitzkrieg sollte auch dieser Staat angegriffen und vernichtet werden.

> **Q1** Befehl zum Verhalten der Truppe in Russland vom 19. Mai 1941:
>
> 1. Der Bolschewismus ist der Todfeind des nationalsozialistischen deutschen Volkes. Dieser zersetzenden Weltanschauung und ihren Trägern gilt Deutschlands Kampf.
> 2. Dieser Kampf verlangt rücksichtsloses und energisches Durchgreifen gegen bolschewikische Hetzer, Freischärler, Saboteure, Juden und restlose Beseitigung jedes aktiven oder passiven Widerstands.
> 3. Gegenüber allen Angehörigen der Roten Armee [sowjetische Armee] – auch den Gefangenen – ist äußerste Zurückhaltung und schärfste Achtsamkeit geboten, da mit heimtückischer Kampfweise zu rechnen ist…

Am 22. Juni 1941 fiel die deutsche Wehrmacht in die Sowjetunion ein. Ohne Kriegserklärung rückte sie auf einer Länge von 1 600 Kilometern zwischen der Ostsee und den Karpaten in Richtung Osten vor. Mit der erprobten Blitzkrieg-Strategie stießen die deutschen Divisionen rasch tief in das Land vor. Anfang Juli hatte die deutsche Wehrmacht bereits große Gebiete der Sowjetunion besetzt.

M1 Angriff auf die Sowjetunion mit 153 Divisionen, etwa drei Millionen Soldaten

> **Q2** Aus dem Feldpostbrief eines Gefreiten von der Ostfront vom 3. Juni 1941:
>
> … Adolf und ich marschieren gegen unseren großen Feind Russland. … Diesmal wird bestimmt Schluss gemacht mit einer gottfeindlichen Macht. … Rechts und links der Vormarschstraße liegen tote Russen, zerschossene und ausgebrannte Tanks [Panzer], drinnen liegen noch die Fahrer ganz verkohlt.

Der Zweite Weltkrieg

Die Brutalität des Krieges

Die NS-Besatzer gingen kompromisslos gegen die sowjetische Bevölkerung vor und realisierten damit konsequent ihr Programm zur Ausrottung des Judentums, des Bolschewismus und anderer Gegner. Bei Vernichtungseinsätzen wurden in der Sowjetunion allein 1941 mehrere Hunderttausend Menschen getötet.

> **Q3** Pjotr Dimitrowitsch berichtet über die Vernichtung seines Dorfes:
>
> ... ein Geschrei im Dorf, es wurde geschossen. Handgranaten explodierten, da brannten auch schon die ersten Häuser. Überall stieg Rauch hoch. Und dann brannte unsere Kirche ... Später habe ich erfahren, dass die Faschisten die Bevölkerung in die Kirche getrieben haben. Sie verriegelten die Türen, legten Heuballen um die Holzkirche herum, schütteten Benzin darüber und zündeten das Heu an. Das brannte sofort. Dann warfen sie Handgranaten durch die Fenster in die Kirche. Meine Mutter und meine Schwester waren da drin!

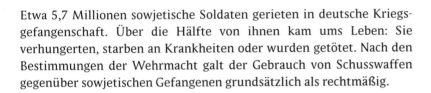

M2 Die Wehrmacht setzt ein Dorf in Brand (Foto, 1941).

Etwa 5,7 Millionen sowjetische Soldaten gerieten in deutsche Kriegsgefangenschaft. Über die Hälfte von ihnen kam ums Leben: Sie verhungerten, starben an Krankheiten oder wurden getötet. Nach den Bestimmungen der Wehrmacht galt der Gebrauch von Schusswaffen gegenüber sowjetischen Gefangenen grundsätzlich als rechtmäßig.

M3 Russische Kriegsgefangene in einem Auffanglager (Foto, 1941)

ARBEITSAUFTRÄGE

1. Begründe, warum der Krieg im Osten ein Raub- und Vernichtungskrieg war. Nutze auch Q1 und Q3.
2. ↱ Arbeite heraus, wie die nationalsozialistische Weltanschauung in der deutschen Besatzungspolitik in den sowjetischen Gebieten deutlich wird.
3. Erkläre den Unterschied zwischen Krieg und Vernichtungskrieg.
4. ➡ Der Vernichtungsfeldzug gegen die Sowjetunion wird von Historikern oft als „anderer Holocaust" bezeichnet. Erläutere, ob diese Bezeichnung für den Vernichtungskrieg gegen die Sowjetunion begründet ist.

↱ zu 2.
Denke dabei an die Begriffe Rassenlehre, Antisemitismus, Volksgemeinschaft und Lebensraum.

Vertiefung

Schlacht um Stalingrad

Der Vormarsch der Deutschen wird endgültig gestoppt

Stalingrad, heute in Wolgograd umbenannt, zog sich 40,2 km in nord-südlicher Richtung am Westufer der Wolga entlang. Die Wolga, die an dieser Stelle 1,6 km breit ist, schützte die Stadt vor einer Einschließung.

Stalingrad hatte zunächst in den Zielplanungen der Deutschen keine Rolle gespielt. Erst als Hitler die sowjetische Armee für so geschwächt hielt, dass man Stalingrad erreichen könnte, gab er im August 1942 den Befehl zur Eroberung. Die Schlacht um Stalingrad wurde erbittert geführt. Der sowjetischen Armee gelang es Ende November 1942, die deutschen Verbände in der Stadt einzuschließen. Für die eingekesselte deutsche Armee entwickelte sich die Schlacht um Stalingrad zur Abnutzungsschlacht, da Hitler jeden Ausbruch verbot und die Versorgung der Armee weder zu Lande noch aus der Luft geleistet werden konnte. Am 31. Januar 1943 mussten die Deutschen kapitulieren.

M1 Karte zur Lage von Stalingrad

M2 Deutsche Kampfflugzeuge über Stalingrad im September 1942

M3 Sowjetische Soldaten beim Kampf um Stalingrad

58 000 Soldaten der Wehrmacht starben an Hunger, Krankheit, Kälte und im Kampf. Nur 6 000 der in Stalingrad in Gefangenschaft geratenen 201 000 Soldaten kehrten nach Kriegsende heim. Die sowjetischen Verluste in der Schlacht um Stalingrad sind unbekannt.

Diese schwere Niederlage der Wehrmacht im Krieg gegen die Sowjetunion veränderte alles. Die sowjetische Armee war nun deutlich im Vorteil. Ein Großteil der Deutschen war von dieser Niederlage erschüttert und erkannte den Wendepunkt des Krieges an der Ostfront.

Totaler Krieg

Propagandaminister Joseph Goebbels spürte die sinkende Kriegsmoral in Deutschland und konfrontierte am 18. Februar 1943 im Berliner Sportpalast 14 000 Zuhörer mit einer denkbaren Niederlage der Wehrmacht und ihren Folgen. Nur wenn die „Heimatfront" alle Kräfte mobilisierte und jeder bereit sei, sein ganzes Leben auf den Krieg auszurichten, bestünde noch Hoffnung auf den „Endsieg". Als er fragte, ob sie den „totalen Krieg" wollten, brüllten die Massen: „Ja!"

Totaler Krieg: Kriegsführung, bei der über die militärischen Mittel hinaus alle gesellschaftlichen und politischen Anstrengungen auf den Krieg ausgerichtet sind. Die gesamte Zivilbevölkerung wird durch den Arbeitseinsatz für die Rüstung zu einem Teil des Krieges.

Briefe aus Stalingrad – Winter 1942/43

Q1 Dr. Franz Schmitt, Tierarzt:

Wir warten geduldig auf die Dinge, die da kommen, und wehren uns unserer Haut, so gut wir können. Hitler hat uns ja Hilfe versprochen, und die wird eines Tages auch kommen. Vielleicht soll das Ganze zu einer großen Vernichtungsschlacht werden, ich weiß nur nicht, wie man das bei den schwierigen Witterungsverhältnissen machen will, denn offensichtlich wird es doch noch viel kälter werden, als es schon ist.

Q2 Wernfried Senkel, Gefreiter:

Ich habe nur einen großen Wunsch und das wäre: Wenn diese Scheiße bald ein Ende hätte. Dass wir Russland bald den Rücken kehren könnten. Ob wir das mal noch miterleben werden? Wir sind alle so niedergeschlagen.

Q3 Kurt Haas, Soldat:

So ein Elend, wie es sich hier bietet, das kann sich niemand vorstellen, der es nicht gesehen hat. Es ist so hart, wenn Kameraden, die verwundet sind, um ein Stück Brot betteln und das Letzte dafür hergeben wollen und es kann ihnen niemand eins geben.

Q4 Heinz Risse, Gefreiter:

Die Dosen mit Fleisch, welche ich Dir schickte, kannst Du mit ruhigem Gewissen verzehren, denn was nützten mir diese Dosen, da ich doch kein Brot habe und mein Magen in einer so schlechten Verfassung ist, dass ich das Fleischfett nicht vertragen kann. Mir ist es dauernd schwindelig im Kopf vor Kohldampf. Den Luxus, morgens zu frühstücken, kann man sich schon gar nicht mehr erlauben. Mittags bekommen wir … Suppe und abends verpinselt [verspeist] man sein 1/8 Brot. Da wir für 4 Tage 1/2 Brot empfangen, ist es meistens so, dass man der Versuchung nicht widerstehen kann und das Brot in den ersten beiden Tagen schon wegisst.

Q5 Brief eines unbekannten Soldaten aus Stalingrad, 1943:

Russland, den 4.1.1943
Liebe Anneliese!
Viele Grüße sendet Dir im neuen Jahr Dein Bruder Karl. Wie geht es Dir noch? Hast Du das neue Jahr gut angefangen? Von mir kann ich das grade nicht behaupten. Ich habe jetzt schon sieben Wochen keine Post mehr von Dir bekommen. Es ist zum Verzweifeln. Ihr ahnt vielleicht daheim, was mit uns los ist. Es soll nicht sein, dass wir davon etwas in die Heimat schreiben, aber da kümmert sich keiner mehr drum. Ihr würdet staunen, wenn ihr uns sehen würdet. … Jeden Tag ein paar Esslöffel Wasserbrühe und bis vor paar Tagen zwei Scheiben Brot. Als Neujahrsüberraschung gibt es jetzt nur noch eine. …Wenn es ein paar Wochen so weitergeht, sind wir vollkommen …

ARBEITSAUFTRÄGE

1. Fasse die Ereignisse in Stalingrad zwischen den Monaten August 1942 und Februar 1943 zusammen.
2. Analysiere die Feldpostbriefe Q1 bis Q5. Arbeite heraus,
    a) wodurch der Alltag der Soldaten bestimmt wurde,
    b) welche Ängste und Hoffnungen sie hatten,
    c) wie sie mit dem drohenden Tod umgingen.
3. Das Jahr 1943 wird als Wendejahr des Krieges bezeichnet. Stelle dar, durch welche Ereignisse des Kriegsgeschehens sich dies begründen lässt.
4. Recherchiere, wie Goebbels die sinkende Kriegsmoral in Deutschland in Begeisterung für den totalen Krieg umwandelte.

Widerstand gegen die NS-Diktatur

Jeder, der in irgendeiner Form Widerstand gegen die nationalsozialistische Herrschaft wagte, stand unter dem Verdacht des Hoch- bzw. Landesverrats. Er musste damit rechnen, verraten zu werden oder zufällig aufzufliegen. Trotzdem entschlossen sich Menschen, die diese Diktatur ablehnten, zum Widerstand. Einige leisteten Widerstand aus Unzufriedenheit, andere aus politischer oder religiöser Überzeugung. Widerstand konnte sich auch im unangepassten Verhalten im Alltag zeigen, z. B. durch die Vermeidung des Hitlergrußes. Aktiver Widerstand bedeutete, der nationalsozialistischen Herrschaft mit Aktionen entgegenzutreten und zu schaden, um so auf ihren Sturz hinzuarbeiten.

M1 Flugblatt der KPD, 1933

Widerstand in der Arbeiterschaft

Die Nationalsozialisten verfolgten von Anfang an die Kommunisten und Sozialdemokraten, denn es war ihr erklärtes Ziel, die Arbeiterbewegung zu vernichten. Die KPD und SPD waren deshalb auch die ersten politischen Kräfte, die den Widerstand gegen die nationalsozialistische Herrschaft organisierten. Kommunistische aber auch sozialdemokratisch orientierte Widerstandsgruppen verbreiteten Flugschriften und Klebezettel gegen den Nationalsozialismus, schrieben Wandparolen und unterstützten rassisch und politisch Verfolgte. Wer bei solchen Tätigkeiten entdeckt oder verraten wurde, dem drohten Verhaftung, Misshandlung, Haft in einem Konzentrationslager oder die Hinrichtung.

M2 Georg Elser: „Ich wollte ja durch meine Tat noch größeres Blutvergießen verhindern."

M3 SA-Männer vor SPD-Häftlingen im KZ Oranienburg (Foto 1933)

Gegen das Regime

Der Schreiner Georg Elser aus Württemberg war ein Einzelgänger. Er plante seit Herbst 1938, Hitler umzubringen, und glaubte, so den Krieg verhindern zu können. Am 8. November 1939 verübte Elser einen Bombenanschlag auf Hitler, der jedoch scheiterte. Die von ihm installierte Zeitbombe explodierte zwar zum ausgerechneten Zeitpunkt, aber Hitler hatte den Saal bereits verlassen. Elser wurde von der Gestapo gefasst, als Sonderhäftling ins KZ gebracht und 1945 erschossen.

Gestapo: Die Geheime Staatspolizei war die politische Polizei zur rücksichtslosen Unterdrückung aller Gegner des Nationalsozialismus. Dabei bediente sie sich u. a. der Folter, der Einweisungen in KZ und politischer Morde.

Widerstand in Deutschland und Europa

Widerstand der Kirchen

Die katholische Kirche missbilligte die NS-Ideologie, denn es gab zahlreiche Aussagen, die nicht mit der christlichen Glaubenslehre im Einklang standen. Als das nationalsozialistische Regime damit begann, Behinderte und Kranke als „lebensunwert" zu ermorden, weckte dies den Widerstand vieler Geistlicher. Beispielhaft war hier der Bischof von Münster, Clemens August Graf von Galen, der sich energisch in seinen Predigten gegen das „Euthanasie"-Programm der Nationalsozialisten wandte. Das war auch für ihn nicht ungefährlich, zumal die Gestapo vor Verhaftung und Mord nicht zurückschreckte.

In der evangelischen Kirche vereinigten sich oppositionelle Geistliche im Pfarrernotbund. Aus ihm ging die „Bekennende Kirche" hervor, die den christlichen Glauben höher stellte als den Gehorsam gegenüber Hitler. Zu ihr zählte auch der Theologe Dietrich Bonhoeffer, der Pläne zum Sturz Hitlers unterstützte und 1945 hingerichtet wurde.

M4 Bischof Graf von Galen

Der „Kreisauer Kreis"

Seit 1940 fanden sich Hitler-Gegner aus unterschiedlichen politischen und weltanschaulichen Lagern im Kreisauer Kreis zusammen. Dazu gehörten adlige Gutsbesitzer, Geistliche, aber auch Sozialdemokraten und Gewerkschafter. Treibende Kraft war Helmuth James Graf von Moltke. Sein schlesisches Gut Kreisau in der Nähe von Breslau war der geheime Treffpunkt des Kreises. Im Vordergrund ihrer Gespräche stand die Neuordnung des Deutschen Reiches nach Hitlers Sturz.

Die „Rote Kapelle"

Unter diesem Namen wurden von der Gestapo mehrere unterschiedliche Widerstandsgruppen zusammengefasst. Dazu gehörten Freundeskreise um Harro Schulze-Boysen und Arvid Harnack in Berlin, nachrichtendienstliche Gruppen in Paris und Brüssel und weitere, untereinander nicht oder nur lose verbundene Gruppen und Einzelpersonen mit Kontakten zur Sowjetunion. Ihre Mitglieder wandten sich vor allem 1940/41 mit Flugschriften und Klebezetteln über nationalsozialistische Gewaltverbrechen und über die drohende militärische Niederlage des Deutschen Reiches an die Öffentlichkeit.

Im Sommer 1942 wurde die Gruppe von der Gestapo zerschlagen. Ende 1942 fällte das Reichskriegsgericht die ersten Todesurteile. Insgesamt wurden mehr als sechzig Mitglieder der „Roten Kapelle" zum Tode verurteilt und hingerichtet oder begingen in der Haft Selbstmord.

M5 Dietrich Bonhoeffer

M6 „Rote Kapelle": Arvid Harnack, Harro Schulze-Boysen und John Sieg auf einer DDR-Briefmarke

---

ARBEITSAUFTRÄGE

1. a) Benenne mithilfe der Informationen dieser Seite, aus welchen Bevölkerungsgruppen der Widerstand kam.
   b) → Liste die Gründe der Menschen, Widerstand zu leisten, auf.
2. Informiere dich über den Attentatsversuch von Georg Elser.
3. a) Erläutere, wogegen sich der Bischof von Münster, Clemens August Graf von Galen, wendete.
   b) Zeige auf, inwiefern es sich bei den Predigten des Bischofs von Münster um eine Form des Widerstands handelte.
4. ⇨ Wählt in Gruppen jeweils eine Person aus, die Widerstand leistete. Sammelt Informationen und präsentiert sie in einem Galeriegang (S. 278).

→ zu 1 b)
Manche taten dies, indem sie … Andere versuchten … Auch die Unterstützung von …

Der Regisseur Marc Rothemund drehte den Film **„Sophie Scholl. Die letzten Tage"**. Ihr könnt euch den Film ausleihen und gemeinsam in der Klasse ansehen.

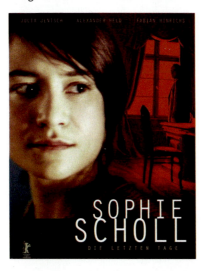

Fishbowl

Um die Ergebnisse auszutauschen, bildet die Arbeitsgruppe einen Stuhl-Innenkreis mit ein bis zwei zusätzlichen freien Stühlen.

Die übrigen Schülerinnen und Schüler sitzen in einem Außenkreis um die Gesprächsgruppe im Innenkreis herum. Sie bilden die Zuhörergruppe.

Die Gesprächsgruppe im Innenkreis stellt ihre Arbeitsergebnisse vor.

Die Zuhörer im Außenkreis können sich am Gespräch beteiligen. Jeder, der mitdiskutieren möchte, kann einen der freien Stühle besetzen und bringt seinen Beitrag ein (Argumente, Fragen, Einwände usw.).

Danach verlässt er/sie den Innenkreis und geht zurück in den Außenkreis.

Andere, die nicht mehr mitdiskutieren möchten, können aussteigen und sich ebenfalls in den Außenkreis begeben. Zum Abschluss erfolgt eine Reflexion des Gesagten.

Tyrannis: Herrschaftsform, in der ein Alleinherrscher durch Gewalt regiert
ziviler Ungehorsam: gewaltloser, bewusster Verstoß gegen einzelne Gesetze als eine Form des (passiven) Widerstands gegen den Staat.

Nicht alle machten mit

Die „Weiße Rose"

Die Studenten Hans und Sophie Scholl bildeten mit Gleichgesinnten einen Kreis, den sie „Weiße Rose" nannten. Sie schrieben Flugblätter, die vervielfältigt und per Post verschickt oder heimlich ausgelegt wurden. Aus Erschütterung über den Untergang der 6. Armee in Stalingrad im Februar 1943 malten sie in mehreren Nächten mit weißer Ölfarbe Parolen an die Münchner Universität und an Häuser der benachbarten Straßen: „Freiheit" und „Nieder mit Hitler". Wenige Tage später entwarfen die Geschwister Scholl ein neues Flugblatt. Am 18. Februar 1943 ließen sie viele dieser Exemplare von einem oberen Stockwerk in die Eingangshalle der Universität hinabsegeln. Sie wurden beobachtet, verhaftet und kurz darauf durch das Fallbeil hingerichtet.

M1 1943 hingerichtet: Hans Scholl (links), Sophie Scholl und Christoph Probst

Q1 Aus dem letzten Flugblatt der „Weißen Rose" im Februar 1943:

Es gärt im deutschen Volk: … Wollen wir den niedrigsten Machtinstinkten einer Parteiclique den Rest unserer deutschen Jugend opfern? Nimmermehr! Der Tag der Abrechnung ist gekommen, der Abrechnung der deutschen Jugend mit der … Tyrannis, die unser Volk erduldet hat. Im Namen des ganzen deutschen Volkes fordern wir vom Staat Adolf Hitlers die persönliche Freiheit, das kostbarste Gut der Deutschen, zurück, um das er uns in der erbärmlichsten Weise betrogen ….

Widerstand von Jugendlichen

Besonders die „Swing-Jugend" wurde, nachdem sie sich zunächst auf zivilen Ungehorsam beschränkte, immer mehr politisch aktiv. Auf die ab dem 18.8.1941 durchgeführte „Sofort-Aktion gegen die Swing-Jugend", die die Verhaftung von etwa 300 Mitgliedern und deren Bestrafung, die bis zur Deportation in Konzentrationslager reichte, zur Folge hatte, folgte der politische Widerstand in Form von regimekritischen Flugblättern, die in der Bevölkerung verbreitet wurden.

Widerstand in Deutschland und Europa

Der 20. Juli 1944

Im Verlauf des Krieges fand sich eine Gruppe von Offizieren zusammen, die in der Ermordung Hitlers den einzigen Weg sahen, weitere sinnlose Opfer zu verhindern. Am 20. Juli 1944 hielt sich Hitler in der „Wolfsschanze" auf, einem streng bewachten Quartier in Ostpreußen. Oberst Claus Graf von Stauffenberg hatte Zugang zum „Führerhauptquartier", konnte eine Sprengladung zu einer Besprechung einschmuggeln und mit einem Zeitzünder zur Explosion bringen. Hitler blieb jedoch fast unverletzt. Der Staatsstreich war gescheitert. Stauffenberg wurde noch am gleichen Tag erschossen. Die meisten übrigen Verschwörer wurden verhaftet und hingerichtet.

Widerstand in den besetzten Gebieten

Auch in den Gebieten, die Deutschland während des Zweiten Weltkrieges besetzte, fanden sich Widerstandsgruppen zusammen.

Schon im April 1943 hatten sich im Warschauer Getto Juden, die in Vernichtungslager transportiert werden sollten, in einem Verzweiflungskampf erhoben. Der Aufstand wurde niedergeschlagen, die Überlebenden in Vernichtungslager transportiert.

M2 Claus Graf von Stauffenberg (1907–1944)

Staatsstreich: gewaltsame Veränderung der Verfassung durch die Inhaber der Regierungsgewalt oder deren Vertreibung durch andere hohe Staatsfunktionäre, z. B. Militärs

Warschauer Getto: durch deutsche Besatzungstruppen abgeriegeltes Gebiet im Stadtzentrum Warschaus, in dem über 400 000 polnische Juden auf engstem Raum leben mussten

Partisanen: aufständische Einheiten und Verbände außerhalb der regulären Armee

M3 Juden werden aus dem Warschauer Getto abtransportiert (1943).

In der Sowjetunion kämpfte seit dem Frühjahr 1942 eine Partisanenbewegung gegen das Vorgehen der Deutschen in den besetzten Gebieten. Französische Widerstandskämpfer schlossen sich gegen die deutschen Besatzer in der „Résistance" zusammen. Diese verübten Anschläge auf Verkehrslinien oder versteckten abgeschossene alliierte Piloten.

ARBEITSAUFTRÄGE

1. Erläutere die Vorwürfe, die das Flugblatt der „Weißen Rose" gegen die Regierung Hitlers vorbringt.
2. Bewertet mit der Methode „Fishbowl" das Vorgehen und die Ziele der Gruppe um Graf von Stauffenberg.
3. a) Recherchiere über
   1. die Partisanenbewegung in der Sowjetunion,
   2. den Aufstand im Warschauer Getto,
   3. die französischen Widerstandskämpfer.
   b) Erstelle danach ein Wandplakat und präsentiere deine Ergebnisse.

zu 1.
Dem Hitler-Regime wird vorgeworfen, dass ... Hintergrund ist ... Der zweite Vorwurf richtet sich dagegen, dass ... Damit wird Bezug genommen auf ...

Kriegsende in Sicht

Krieg in Asien und im Pazifik

Der Eintritt der USA in den Krieg

Im 19. Jahrhundert hatte sich im Fernen Osten eine neue starke Macht entwickelt: Japan. Seit 1936 stand sie in einem Bündnisverhältnis mit dem nationalsozialistischen Deutschland und dem antidemokratischen Italien.

In dem Bemühen, seine Vormachtstellung in Ostasien auszubauen, stieß Japan vor allem auf den Widerstand der USA. Im Dezember 1941 überfiel die japanische Luftwaffe die Kriegsflotte der USA in Pearl Harbor (Hawaii). Nach der Kriegserklärung der USA gegen Japan erklärten Deutschland und Italien ihrerseits den USA den Krieg.

Der zweite Kriegsschauplatz

Der Pazifik und Südostasien bildeten neben Europa den zweiten großen Kriegsschauplatz. Damit hatte sich dieser Krieg zu einem Weltkrieg entwickelt. Zunächst waren die Japaner siegreich. Sie eroberten Anfang 1942 Manila, die Hauptstadt der Philippinen, und Singapur und besetzten nacheinander weite Teile der pazifischen Inselwelt. Eine große, verlustreiche See-Luft-Schlacht bei den Midway-Inseln im Indischen Ozean brachte im Juni 1942 die militärische Wende des Krieges. Immer stärker wurden die japanischen Truppen in Ostasien zurückgedrängt.

Der Einsatz von Atombomben

Das Ende des Krieges in Asien bestimmte eine neue Waffe: die Atombombe. Am 6. und 9. August 1945 warfen die Amerikaner Atombomben auf die japanischen Städte Hiroshima und Nagasaki. Der Abwurf dieser schrecklichen Waffen zwang Japan zur Kapitulation.

Der Krieg in Asien und im Pazifik endete am 2. September 1945.

M1 Nach dem Abwurf der ersten Atombombe auf Hiroshima am 6. August 1945 entwickelte sich ein riesiger Atompilz. Allein dieser Angriff tötete mehr als 260 000 Menschen.

Q1 Der überlebende Arzt Dr. Hachiya berichtete über die Folgen des Atombombenabwurfs auf Hiroshima:

Plötzlich erschreckte mich ein jäh aufblitzender Luftschein. ... Instinktiv versuchte ich zu fliehen ... Was war ... geschehen? Die ganze Seite meines Körpers war zerschnitten und blutete. ... Ich traf viele ..., die von den Hüften aufwärts verbrannt waren. Die Haut hatte sich abgeschält, ihr Fleisch war nass und schwammig. ... Und – sie hatten keine Gesichter! Ihre Augen, Nasen und Münder waren weggebrannt und die Ohren schienen förmlich abgeschmolzen zu sein. Kaum konnte ich die Vorderseite vom Rücken unterscheiden.

M2 Hiroshima nach dem Atombombenabwurf, August 1945

Kriegsende in Sicht

Alliierte Kriegskonferenzen

Die in der Anti-Hitler-Koalition zusammengeschlossenen Verbündeten (in erster Linie Großbritannien, die Sowjetunion und die USA) wollten das NS-Gewaltregime vernichten und die unterdrückten Völker befreien. Bei mehreren Treffen und auf gemeinsamen Konferenzen in Casablanca, Teheran und Jalta stimmten die Alliierten ihr Vorgehen ab.

Die Invasion der Alliierten

Am 6. Juni 1944 landeten Truppen der USA und Großbritanniens in Nordfrankreich. Unter dem Feuerschutz von 1 200 Kriegsschiffen und 7 500 Flugzeugen gingen die Soldaten im Morgengrauen an fünf Stränden an Land. Die lang erwartete Invasion hatte begonnen und damit der Vorstoß der Alliierten bis an die Elbe.

M3 Der britische Premierminister Winston Churchill, der US-Präsident Franklin D. Roosevelt und der sowjetische Diktator Josef Stalin bei ihrem Treffen in Jalta im Februar 1945

M4 Die Landung der Alliierten in der Normandie am 6. Juni 1944

Das Ende des Krieges

Im Osten eröffnete die Rote Armee am 11. Januar 1945 den Großangriff gegen das Reichsgebiet. Die sowjetische Armee rückte immer weiter in das Landesinnere vor. Am 16. April 1945 begann die erbittert geführte Schlacht um Berlin.

Mit dem Selbstmord Hitlers am 30. April 1945 und der bedingungslosen Kapitulation Deutschlands am 8. Mai 1945 war der Zweite Weltkrieg in Europa beendet.

Er hatte rund 70 Millionen Menschenleben gefordert.

M5 Ein russischer Soldat hisst die sowjetische Flagge auf dem Berliner Reichstagsgebäude (nachgestelltes und nachkoloriertes Foto, Mai 1945).

ARBEITSAUFTRÄGE

1. Berichte über den Verlauf des Krieges in Asien und dem Pazifik.
2. Analysiere das Foto M5.
3. Überlege, warum die Schlacht um Berlin sowohl von den Nationalsozialisten als auch von den Alliierten so erbittert geführt wurde.
4. Erklärt in einem Partnervortrag (Tipps auf Seite 233) welche unterschiedlichen Sichtweisen in der Bezeichnung des 8. Mai 1945 als „Tag der Befreiung" oder als „Tag der Kapitulation" zum Ausdruck kommen.
5. Recherchiere im Internet nach Informationen über die Spätfolgen der Atomexplosionen in Hiroshima und Nagasaki im August 1945.

zu 2.
Beachte folgende Fragen: Wann und wo wurde das Foto gemacht? Welche Einzelheiten zeigt es? Welche Stimmung drückt es aus? Welche Deutung des Ereignisses drückt es aus?

zu 4.
Für die Gegner und Verfolgten, für die zunehmend unter den Bombardements leidende Zivilbevölkerung, für viele Soldaten … Für überzeugte Nationalsozialisten dagegen …

Flucht und Vertreibung in Europa

M1 Flüchtlingswagen (Foto, o. J.)

Heimatvertriebene

Flucht vor der sowjetischen Armee

Mit dem Vormarsch der sowjetischen Truppen waren in Ostpreußen, Ostpommern und Schlesien mindestens fünf Millionen Deutsche auf der Flucht. Sie hatten nicht nur Angst vor dem Krieg, auch zahllose Berichte über Grausamkeiten durch die sowjetischen Soldaten hatten Panik ausgelöst.

In den Wochen und Monaten vorher wäre Zeit genug zur Evakuierung gewesen, aber jedes „Weglaufen" war streng verboten, denn es hätte den Zweifel am „Endsieg" bedeutet.

> **Q1** Der Historiker Walter Saller schildert 2003 in einer Zeitschrift die Flucht aus den Ostgebieten:
>
> Die Menschen versuchten zu fliehen – in den Westen. ... Oft brechen die Menschen erst in letzter Sekunde auf, überstürzt und nur mit Handgepäck, zu Fuß, mit Fahrrädern, auf Planwagen. ...
> Ihr Ziel sind zumeist die Ostseehäfen, ihre Hoffnung: ein Platz auf einem Schiff nach Westen. Quälend langsam schleichen die Trecks des Elends und der Angst auf verstopften, tief verschneiten Landstraßen nach Westen. Immer wieder werden ganze Kolonnen durch flüchtende deutsche Truppen von den Straßen gedrängt. Oder von sowjetischen Einheiten überrollt, buchstäblich niedergewalzt – denn Panzer sind schneller als Fuhrwerke.
> Kinder und Alte erfrieren in Nächten, in denen die Temperaturen auf minus 20 Grad fallen. Liegengelassene Koffer, Taschen, Rucksäcke markieren die Ränder der Fluchtwege. Und steif gefrorene Säuglinge, hart und weiß wie Puppen aus Porzellan.
> Die Flüchtlinge trifft die Rache der Sowjetarmee. Die Rache für Hitlers Krieg. ... Für die Leiden ... Für das Wüten der SS. Für über fünf Millionen ermordete Juden. Für etwa 25 Millionen tote Russen, davon mehr als die Hälfte Zivilisten. ...
> Mindestens eine halbe Million Menschen überleben die Flucht aus ihrer Heimat nicht. Sie erfrieren, ertrinken, sterben im Hagel der Geschosse. Und Tausende begehen Selbstmord.

Unter www.dhm.de/lemo/html/wk2/kriegsverlauf/massenflucht/index.html erinnert sich Frau Margarete Schleede an ihre Flucht und Vertreibung.

M2 Flüchtlingstreck über das Eis des zugefrorenen Frischen Haffs (Foto, Januar/Februar 1945)

Flucht und Vertreibung in Europa

Abrechnung mit den Deutschen

Millionen Deutsche können nicht mehr im Osten und Südosten Europas bleiben. Der „Standortwechsel" der deutschen Bevölkerung soll „ordnungsgemäß" erfolgen: So formulierten es die Siegermächte auf ihrer Konferenz in Potsdam.

Q2 In der Zeitschrift GEO-Epoche (9/2003) schreibt ein Historiker:

> Doch als sie am 17. Juli 1945 ihre Beratungen aufnehmen, sind die Vertreibungen längst im Gang. Und geordnet verlaufen sie nirgendwo. Pauschal und brutal wird mit den Deutschen für die Grausamkeiten des Nationalsozialismus abgerechnet. Bis auf das, was sie tragen können, verlieren sie alles.
> Von den einst zehn Millionen Deutschen in Ostpreußen, Pommern, Danzig und Schlesien, von denen schon mehr als die Hälfte geflohen ist, werden noch vor Beginn der Potsdamer Konferenz weitere 200 000 bis 300 000 über Oder und Neiße getrieben.
> Am 21. November 1945 verabschieden die Alliierten einen Plan, nach dem die über sechs Millionen Deutschen, die sich noch in Ost- und Südosteuropa befinden sollen, in das Deutsche Reich zu deportieren sind. Jetzt beginnt der offizielle „Transfer" [die Überführung], zumeist per Eisenbahn. Auf dem Papier ist alles geregelt. Sammelstellen, Abfahrtszeiten, Umfang des erlaubten Handgepäcks, Versorgung mit Proviant, Maßnahmen zur Desinfizierung.
> Die Wirklichkeit sah anders aus. Noch im Dezember 1946 erfroren Menschen aus Osten und Südosten in heillos überfüllten und ungeheizten Zügen.

Potsdamer Konferenz: Konferenz der USA, der Sowjetunion und Großbritanniens in Potsdam im Juli/August 1945. Hier wollten die Siegermächte über die Zukunft Deutschlands bestimmen und entscheiden, was mit dem besiegten Deutschland geschehen sollte. Das Ergebnis dieser Konferenz war das Potsdamer Abkommen.

Oder-Neiße-Grenze: Auf der Potsdamer Konferenz wurde festgelegt, dass die deutschen Gebiete östlich der Flüsse Oder und Neiße von Polen und der Sowjetunion verwaltet werden sollten. Der endgültige Grenzverlauf sollte später festgelegt, die deutsche Bevölkerung aber sofort ausgewiesen werden.

M3 Flucht aus Ostpreußen (Foto, o. J.)

ARBEITSAUFTRÄGE

1. Erkläre, aus welchen Gründen viele Menschen ihre Heimat verlassen mussten.
2. Beschreibe stichpunktartig die Situation der Flüchtenden im Winter 1945.
3. Die Siegermächte „stimmen [im Potsdamer Abkommen] darin überein, dass jede Überführung in ordnungsgemäßer Weise erfolgen soll." Beurteile, ob das Potsdamer Abkommen eingehalten wurde.
4. Stelle ein Einzelschicksal von Flucht und Vertreibung in einer Präsentation dar. Nutze dafür z. B. die angegebene Internetseite.

zu 1.
Die sowjetischen Truppen ... In Ostpreußen ... Angst ... Grausamkeiten ... mit den Deutschen ... abgerechnet.

Wie du mir, so ich dir

Wilde Vertreibungen

Vor allem im Winter 1944/45 und im Frühjahr 1945 begann die Bevölkerung Mittel- und Osteuropas auf eigene Faust mit Vertreibungen der Deutschen aus ihren Siedlungsgebieten. So gab beispielsweise die Führung der polnischen Armee an ihre Einheiten den Befehl, „mit den Deutschen so zu verfahren, wie sie mit uns verfuhren". Ähnlich gingen die tschechoslowakischen Revolutionsgarden gegen die Sudetendeutschen vor. Von den 3,5 Millionen Sudetendeutschen, von denen fast niemand vor dem 8. Mai seine Heimat verlassen hatte, waren bis zum 2. August 1945 schon mehr als 700 000 vertrieben.

M1 Auch viele Polen wurden nach Kriegsende Opfer von Zwangsumsiedlungen infolge der Westverschiebung der polnischen Grenze zugunsten der Sowjetunion (zwangsumgesiedelte Polen bei einer Rast in der Nähe von Warschau, Juni 1945).

Q1 Margarete Weber, vertrieben aus Brünn, schreibt am 26. April 1947:

Ich wurde am 30. Mai 1945 von den Tschechen ausgewiesen, und zwar mussten wir binnen einer Viertelstunde fort. Wir hatten keine Zeit, auch nur das Notwendigste mitzunehmen. Von der Wohnung aus mussten wir mit den Kindern eine ganze Nacht und einen ganzen Tag zu Fuß ins Lager gehen. Als wir die Stadt verließen, nahm man uns noch Wecker, Schere, Messer und anderes. Schon im ersten Lager war ich Augenzeuge, wie Mütter ihre kleinen Kinder selbst einscharren mussten. Den ganzen Weg über wurden wir mit Gummiknüppeln geschlagen. Heute besitze ich von meinen drei Kindern nur noch eines. Mein jüngstes Kind liegt in Niederösterreich in einem Massengrab. ... Von meinem Mann habe ich seit zwei Jahren nicht das geringste Lebenszeichen. ... Meine Tochter habe ich vor Weihnachten zufällig in Wien entdeckt. Ist das nicht ein grausames Schicksal? Jetzt kann man mir nur noch das nackte Leben nehmen. Der Tod wäre die Erlösung. ...

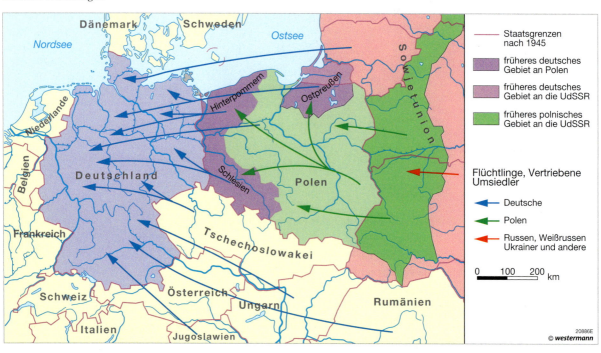

M2 Flucht, Vertreibung und Umsiedlung in Europa als Folge des Zweiten Weltkrieges

Flucht und Vertreibung in Europa

Aus der Heimat vertrieben – europaweit

Nicht nur in Polen, wo 1,5 Millionen Ukrainer umgesiedelt wurden, auch in den anderen Teilen Europas wurde entsprechend verfahren.

In den von Deutschen geräumten Gebieten der Tschechoslowakei siedelten sich rund 1,9 Millionen Tschechen, Slowaken und Ukrainer als Neubürger an. Auch sie waren zum Teil selbst Vertriebene. Aus der Südslowakei wurden rund 160 000 ungarische Staatsbürger gegen 60 000 Slowaken aus Ungarn „getauscht", 130 000 Italiener mussten Jugoslawien verlassen, rund 120 000 Bulgaren verließen Griechenland.

M3 Sudetendeutsche warten in Prag auf ihren Transport in den Westen (Juli 1945).

Q2 In der Frankfurter Allgemeinen Sonntagszeitung erschien am 1. Februar 2013 ein Bericht über die Vertreibung der ukrainischen Minderheit:

> Morgens um vier umstellten Soldaten das Dorf. Kommandos ergingen. Umsiedlung. Keiner durfte bleiben – nicht Frau, nicht Kind, nicht Greis. Gepäck: 25 Kilo pro Person, ein paar Töpfe, Wegzehrung, wenige Tiere aus dem Stall. Abmarsch in zwei Stunden, zuerst zu Fuß … dann im Güterzug fort für immer, Karabiner immer im Blick.
> Die „Aktion Weichsel" … begann am 28. April 1947 im südöstlichen Polen. Polnisches Militär kesselte die Dörfer der ukrainischen Minderheit ein, schaffte Priester und Intelligenz in Arbeitslager, lud den Rest in Züge und verschickte die Menschen nach Westen – in die verlorenen Ostgebiete …, in die Häuser und Höfe der Deutschen, die kurz zuvor ihrerseits vertrieben worden waren.

M4 Erschöpft rasten Flüchtlinge an einer Straße in Dresden. Im Westen treffen die Heimatlosen in Dörfern und Städten, die oft selbst schwer zerstört worden sind, auf Ablehnung. Die Behörden müssen viele Einheimische zwingen, die Ankömmlinge aufzunehmen. Mehr als zwölf Millionen Menschen fliehen aus den Ostgebieten des Deutschen Reiches oder werden vertrieben.

ARBEITSAUFTRÄGE

1. Schildere mithilfe von Q1 und Q2 das Ausmaß von Flucht und Vertreibung aus den sudetendeutschen und polnischen Gebieten.
2. Erkläre den Begriff „Westverschiebung" Polens mithilfe der Karte M2.
3. Erläutere, wie aus Flüchtlingen Vertriebene wurden.
4. „Heimatvertriebene europaweit" – Erläutert diese Überschrift.
5. Finde heraus, warum die meisten der Erinnerungsberichte von Frauen verfasst wurden und in ihnen vor allem Frauen und Kinder vorkommen.
6. Recherchiere, wann aus der nach Kriegsende festgelegten Oder-Neiße-Grenze die endgültige Grenze zwischen Deutschland und Polen wurde.

zu 2.
Die Sowjetunion hatte den östlichen Teil … Zum Ausgleich sollte Polen … Die polnische Bevölkerung im ehemaligen Ostpolen … Sie fanden eine neue Heimat in den ehemaligen …

zu 4.
Ihr könnt mit der Methode „Placemat" arbeiten. Tipps dafür findet ihr auf Seite 17.

Antisemitismus & Rechtsextremismus heute

Nichts gelernt aus der Vergangenheit?

Trotz der Schrecken des Nationalsozialismus gibt es heute Menschen, die nationalsozialistisches Gedankengut vertreten. Sie haben sich in rechtsextremen Organisationen, politischen Parteien oder Gruppen zusammengeschlossen und leiten ihre Ziele von denen der NSDAP ab. Dabei beziehen sich ihre rechtsextremen Ansichten auf die Idee von der natürlichen Ungleichheit der Menschen, also auf die nationalsozialistische Rassentheorie. Damit begründen sie Antisemitismus, Rassismus, Fremdenfeindlichkeit und übersteigerten Nationalismus.

Rechtsextremisten verleugnen und verharmlosen die Taten der Nationalsozialisten. Ihr Hass richtet sich gegen die angeblichen „Feinde Deutschlands", z. B. Asylbewerber, ausländische Mitbürgerinnen und Mitbürger, Juden, Homosexuelle, Behinderte und politisch Andersdenkende.

> **Q1** Opfer rechter Gewalt (Onlineportal, 13.06.2013)
>
> *Seit dem Wendejahr 1990 bis Ende 2012 sind ... 184 Menschen durch die Folgen menschenfeindlicher Gewalt ums Leben gekommen. Oft waren die Täterinnen und Täter in rechtsextremen Gruppen organisiert und sind mit ihrer Tat einer rassistischen, homophoben [Feindseligkeit gegen Homosexuelle] und/oder obdachlosenfeindlichen Gesinnung gefolgt.*

M1 Rechtsextreme Demonstranten vor einem Haus, das von Migranten bewohnt wird

M2 Grabsteine auf einem jüdischen Friedhof werden mit Hakenkreuzen beschmiert.

Antisemitismus

In den letzten Jahren ist ein deutlicher Anstieg des Antisemitismus weltweit, auch in Deutschland, zu beobachten. Darunter fallen Schändungen von jüdischen Friedhöfen, judenfeindliche Schmierereien, die Leugnung des Holocausts, Brandanschläge auf Synagogen sowie Beleidigungen und körperliche Gewalt gegenüber Jüdinnen und Juden. Antisemitismus zeigt sich also in verschiedensten Formen, er ist wandelbar und manchmal nicht auf den ersten Blick zu erkennen.

Dieser Antisemitismus gefährdet die Demokratie. Daher sind alle angesprochen zu handeln. In dem Maße, wie eine Gesellschaft Antisemitismus bekämpft, zeigt sie, wie klar sie demokratisches Bewusstsein und demokratische Werte insgesamt zu verteidigen in der Lage ist.

> **Q2** Nach einem Bericht in einem Onlineportal vom 24. Juni 2012:
>
> *Nazischmierereien an Synagoge*
> *Unbekannte Täter haben Hakenkreuze auf die Synagoge in Wuppertal geschmiert. Die Tat wurde nach Polizeiangaben am Samstag, den 23.06. zwischen 03:50 Uhr und 04:25 Uhr verübt. Ein Mitarbeiter des Sicherheitsdienstes hatte die antisemitischen Sprüche und Symboliken entdeckt und die Polizei alarmiert.*

Antisemitismus & Rechtsextremismus heute

Demokratie stärken – Rechtsextremismus bekämpfen

Rechtsextreme drängen verstärkt in die Öffentlichkeit. Sie wollen in Gemeinde- und Stadträte sowie in Kreis- und Landtage einziehen, um auf diese Weise gesellschaftsfähig zu werden. In allen öffentlichen Bereichen, aber auch in der Musik, in Texten und der Kleidung kann rechtsextremes Gedankengut auftreten.

Auch Vorurteile haben oft einen rechten Hintergrund. Wichtig ist es, diese zu erkennen und sich damit auseinanderzusetzen.

Viele Menschen haben erkannt, dass Rechtsextremismus eine Gefahr für unsere Demokratie ist. Zahlreiche Initiativen haben sich für Toleranz und gegenseitiges Verständnis, gegen Gewalt und Ausländerhass gegründet.

M4 Öffentlicher Protest gegen Rechts

M3 Demonstranten protestieren in Dortmund-Hörde gegen einen geplanten Aufmarsch von Rechtsextremisten (01.09.2012). Die Aktionen stehen unter dem Titel „Dortmund stellt sich quer".

M5 Eine Kölner Initiative gegen Rechtsextremismus

Aktiv gegen rechts

Es gibt viele Möglichkeiten, sich gegen Ausländerfeindlichkeit und rechte Tendenzen aktiv einzusetzen.

Der Staat wehrt sich mit Gesetzen gegen seine Feinde. Er verbietet Vereinigungen und Medien von Extremisten, wenn sie gegen die Demokratie oder Ausländerinnen und Ausländer hetzen und zur Gewalt auffordern. Doch auch jeder Einzelne ist aufgerufen, die freiheitliche Demokratie zu verteidigen. Zahlreiche Bündnisse haben sich gebildet, um gegen extremistische Ideen vorzugehen. Sie informieren in Gemeinden, Schulen und den Medien.

Initiativen gegen Antisemitismus und Rechtsextremismus findest du unter:
www.amadeu-antonio-stiftung.de
www.fes.de/forumjugend/gegen-rechts
www.netz-gegen-nazis.de
www.mut-gegen-rechte-gewalt.de

ARBEITSAUFTRÄGE

1. a) Erkläre, was man unter dem Begriff „Antisemitismus" versteht.
   b) Zeige auf, wie sich der Antisemitismus zeigt.
2. Sammelt Argumente und Materialien gegen ausgewählte rechte Propaganda und stellt diese dar.
3. Erstellt eine Collage oder eine Wandzeitung zu den Initiativen gegen Rechts sowie über ihre Beweggründe und ihre Ziele.
4. Recherchiert zu den aktuellen Erscheinungsformen von Rechtsextremismus.

zu 1a)
Antisemitismus bedeutet Abneigung und Feindseligkeit gegenüber ...

zu 1b)
Antisemitismus zeigt sich als Hintergrund neonazistischer Ausschreitungen, z. B. ...

Wir besuchen eine Gedenkstätte

Nordrhein-Westfalen besitzt zahlreiche Gedenkstätten. Sie alle dienen der Erinnerung an die nationalsozialistischen Gräueltaten und sollen die Vergangenheit lebendig machen.

Gedenkstätten befinden sich an historischen Orten wie Synagogen, Konzentrationslagern, Vernichtungslagern oder Haft- und Hinrichtungsstätten. Auch Mahnmale, Gedenktafeln und Friedhöfe erinnern an das Leid von Millionen Menschen.

Den Besuch einer Gedenkstätte solltet ihr sorgfältig planen.

M1 Begegnungsstätte Alte Synagoge, Wuppertal

So geht ihr vor:

1. Vorbereitung des Gedenkstättenbesuches
Informiert euch über die Gedenkstätten für die Opfer des Nationalsozialismus in Nordrhein-Westfalen. Recherchiert dazu im Internet unter *www.ns-gedenkstaetten.de/nrw*

– Wählt eine der Gedenkstätten aus, plant und organisiert einen Besuch.
– Formuliert Fragen, um in der Gedenkstätte gezielt nach Informationen und Eindrücken zu suchen.
– Als Grundlage für erste Informationen und eine mögliche Einteilung in Gruppen eignen sich Filme, Bücher und andere Materialien, die im Vorfeld besorgt und ausgewertet werden können.

2. Eigenständige Erkundung vor Ort
Nach einer Einführung und Orientierung auf dem Gelände durch einen gemeinsamen Rundgang sollte jeder die Möglichkeit haben, einen eigenen Zugang zum historischen Ort zu finden.

Dabei könnten folgende Aufgaben bearbeitet werden:
– *Suche dir einen Ort auf dem Gelände, der dir persönlich am wichtigsten erscheint.*
– *Beschreibe diesen Ort möglichst genau.*

Als nächstes erfolgt die Beschäftigung mit den Informationstafeln unter folgender Fragestellung:
– *Suche dir einen Text oder eine Information, die dich besonders beeindruckt. Erläutere, was dir an diesem Text / dieser Information wichtig ist.*

M2 Mahn- und Gedenkstätte Steinwachs, Dortmund

3. Auswertung des Gedenkstättenbesuches
– Austausch von Gefühlen und Empfindungen beim Besuch der Gedenkstätte.
– Ergebnisse vorstellen.
– Nehmt Stellung: Was habt ihr erfahren und für euch gelernt? Warum ist die Gedenkstättenarbeit für die Gegenwart wichtig?
– Weitere mögliche Arbeitsschritte besprechen.
– Präsentation der Arbeitsergebnisse
– Verfasst für die Schülerzeitung oder Homepage eurer Schule einen Artikel zu den Erkenntnissen, Erfahrungen und Empfindungen beim Besuch der Gedenkstätte.

M3 Jüdisches Museum, Dorsten

In Kürze

In Kürze

Am 30. Januar 1933 ernannte Reichspräsident Hindenburg Adolf Hitler zum Reichskanzler. Mit der Verabschiedung des Ermächtigungsgesetzes im März 1933 begann die Gleichschaltung der Gesellschaft.

Um den Widerstand gegen die NS-Diktatur zu unterdrücken, wurde von SS und Gestapo ein weitverzweigtes Überwachungs- und Terrorsystem geschaffen.

Außenpolitische Ziele der NSDAP waren die Korrektur des Versailler Vertrages sowie die Eroberung neuen Lebensraums im Osten.

Die Verbindung von Antisemitismus und Rassentheorien führte seit 1933 zu einer systematischen Judenverfolgung in Deutschland. Von der Pogromnacht im November 1938 führte ein direkter Weg zur Vernichtung der europäischen Juden. Auf der Wannsee-Konferenz vom Januar 1942 beschlossen die Führer von NSDAP und SS die Vernichtung der europäischen Juden. Diesem Holocaust fielen etwa sechs Millionen Menschen zum Opfer.

Im Zweiten Weltkrieg, der durch das nationalsozialistische Deutschland verschuldet wurde, eroberte die deutsche Wehrmacht zunächst in einem Blitzkrieg weite Gebiete Europas. In Deutschland wie in den besetzten Ländern gab es Widerstand gegen den Nationalsozialismus.

Nach dem Vorrücken der Alliierten und erbitterten Kämpfen um Berlin endete der Krieg in Europa am 8. Mai 1945 mit der bedingungslosen Kapitulation der deutschen Wehrmacht.

WICHTIGE BEGRIFFE

Antisemitismus
Atombombenabwurf
bedingungslose Kapitulation
Blitzkrieg
Ermächtigungsgesetz
Gleichschaltung
Holocaust
Judenverfolgung
Konzentrationslager
nationalsozialistische Diktatur
Pogromnacht
Rassentheorie
Volksgemeinschaft
Widerstand
Zweiter Weltkrieg

Selbstüberprüfung

1. Das Ende der Demokratie

M1 Schlagzeile des „Völkischen Beobachters" vom 24. März 1933. Diese Zeitung diente der NSDAP seit 1921 als Propagandainstrument. Nach der „Machtergreifung" nahmen die Artikel amtlichen Charakter an.

1. Ich kann aufzeigen, inwiefern der Reichstagsbrand den Nationalsozialisten politische Handlungsspielräume eröffnete. ●●● SK
2. Ich kann erläutern, welche Folgen das „Ermächtigungsgesetz" für das deutsche Volk hatte. ●●● SK
3. Ich kann die Machtbefugnisse Adolf Hitlers im neuen „Führerstaat" erklären. ●●● SK, UK
4. Ich kann die Herrschaftsformen Diktatur und Demokratie gegenüberstellen und erörtern. ●●● SK, UK

2. Erziehung der Jugend

M2 Jugend im Nationalsozialismus, Fotos von 1933–1945

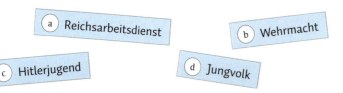

a Reichsarbeitsdienst
b Wehrmacht
c Hitlerjugend
d Jungvolk

1. Ich kann die Begriffe (a–d) den Bildern (1–4) zuordnen. ●●● SK, MK
2. Ich kann erklären, welche Vorstellungen und Ziele Adolf Hitler zur Erziehung der deutschen Jugend hatte. ●●● SK, UK
3. Ich kann einen Tagebucheintrag aus der Sicht eines Mädchens/eines Jungen verfassen, in dem ich mich mit den Zielen der NS-Jugend kritisch auseinandersetze. ●●● SK, UK, HK
4. Ich kann erörtern, warum die Nationalsozialisten so brutal gegen Jugendliche vorgingen, die nicht ihren Vorstellungen entsprachen und sich gegen die HJ stellten. ●●● SK, UK

Q1 Adolf Hitler 1938 in einer Rede:

Und, wenn hier diese Knaben ... mit ihren zehn Jahren in unsere Organisation hineinkommen ..., dann kommen sie vier Jahre später vom Jungvolk in die Hitler-Jugend. Und dort behalten wir sie wieder vier Jahre ... dann nehmen wir sie sofort in die Partei, oder in die Arbeitsfront [Reichsarbeitsdienst], in die SA, in die SS ... und so weiter. ... Und sie werden nicht mehr frei sein ihr ganzes Leben!

3. Verfolgung Andersdenkender

M3 Ankunft von Frauen und Kindern in Ausschwitz, die anschließend in Gaskammern geschickt wurden (Foto, 1943).

1. Ich kann wiedergeben, wie die jüdische Bevölkerung in Deutschland in der Zeit von 1933 – 1939 ausgegrenzt und entrechtet wurde. ●●● SK
2. Ich kann herausarbeiten, dass die Beschlüsse der Wannsee-Konferenz zu einer „Endlösung der Judenfrage" führten. ●●● SK, UK
3. Ich kann am Beispiel der Sinti und Roma erörtern, was diese „Andersseienden" in der NS-Zeit erleiden mussten. ●●● SK, UK
4. Ich kann einen Brief zum Thema „Verfolgung Andersdenkender" schreiben, in dem ich einen Rechtsextremen von heute über die Taten der nationalsozialistischen Regierung aufkläre. ●●● SK, MK. HK

4. Der Zweite Weltkrieg

1. Ich kann in einer Zeitleiste darstellen, wie die nationalsozialistische Außenpolitik in den Jahren 1933 – 1939 den Weg in den Krieg vorbereitete. ●●● SK, MK, HK
2. Ich kann nachweisen, warum Adolf Hitler von der Wehrmacht die schnelle Eroberung Polens forderte. ●●● SK, UK
3. Ich kann erläutern, wie die Nationalsozialisten den Vernichtungskrieg gegen die Sowjetunion führten. ●●● SK
4. Ich kann erörtern, wie die Menschen in den von den Nationalsozialisten beherrschten Ländern Widerstand leisteten. ●●● SK, UK

M4 Ein Stoßtrupp der Waffen-SS besetzt im Schutz eines Panzerwagens das zerstörte Dorf Socharz in Polen, September 1939.

5. Flucht und Vertreibung

M5 Mutter mit Kindern auf der Flucht, März 1945

1. Ich kann das Schicksal der Deutschen in Ostpreußen, Ostpommern und Schlesien aufzeigen. ●●● SK
2. Ich kann mithilfe von Beispielen die Bedeutung der Begriffe „Flucht" und „Vertreibung" erklären. ●●● SK, MK
3. Ich kann erläutern, in welchem Umfang „wilde Vertreibungen" stattfanden. ●●● SK, UK
4. Ich kann auf einem Plakat übersichtlich darstellen, worunter die aus ihrer Heimat Vertriebenen besonders leiden mussten. ●●● SK, UK, HK

Deutsche Nachkriegsgeschichte

Am 8. Mai 1945 erklärte das Deutsche Reich die bedingungslose Kapitulation. Die Siegermächte USA, Großbritannien, Frankreich und die Sowjetunion bestimmten nun, wie es politisch, gesellschaftlich und wirtschaftlich mit Deutschland weitergehen sollte.

In diesem Kapitel erfährst du, wie sich Deutschland nach dem Krieg entwickelte und welche Spuren dieser Entwicklung auch heute noch zu finden sind. Wie kam es zur Teilung Deutschlands in Ost und West? Was bestimmte das Leben der Menschen in beiden Staaten?

Was führte 1990 zur Wiedervereinigung? Was prägt heute das Leben im wiedervereinigten Deutschland?

Erste Absperrmaßnahmen am Brandenburger Tor in Berlin durch Stacheldraht am 14./15. August 1961 (Foto, digital koloriert)

Deutschland nach dem Krieg

M1 Kölner Innenstadt im Jahre 1945 (Foto)

Das Land in Trümmern

Am 8. Mai 1945 war der Krieg in Europa beendet und es galt für die Menschen in Deutschland, neue Herausforderungen im Alltag zu bewältigen. Bomben hatten viele Fabriken, Straßen und Eisenbahnstrecken sowie Leitungen der Wasser- und Energieversorgung zerstört. Vor allem Großstädte hatten schwer unter den Luftangriffen gelitten. Auch viele Wohnungen und Häuser waren zerbombt, sodass der Wohnraum knapp war und Unterkünfte fehlten. Neben den Einwohnern mussten auch Millionen von Flüchtlingen und Vertriebenen, die vor allem aus den osteuropäischen Staaten kamen, untergebracht werden.

> **Q1** Ein Einheimischer berichtet über die Einquartierung von Flüchtlingen in den ersten Nachkriegsjahren:
>
> *Eines Tages hielt bei der Kirche ein Lastwagen mit Flüchtlingen. Eine dieser Familien, Eltern, Großeltern und drei Kinder, wurden in unser Haus eingewiesen. ... Unsere Stube mussten wir durch eine Trennwand teilen, damit die Flüchtlinge einen Schlafraum erhielten. Die Küche benutzten wir gemeinsam. Abends, wenn wir von der Feldarbeit müde und hungrig heimkehrten, wollte Mutter ein warmes Essen machen, gerade da kamen auch die Männer der anderen Familien nach Hause, die den Tag über in der Fabrik gearbeitet und mittags nur Brot gegessen hatten.*

M2 Kochen auf einer provisorischen Kochstelle im Freien, Juni 1945

Schwarzmarkt: verbotener Markt, auf dem knappe Waren zumeist zu erheblich überteuerten Preisen erstanden werden können

Nahrungsmittel sind Mangelware

Nahrungsmittel wurden zugeteilt und waren nur mit Lebensmittelkarten erhältlich.

Vor allem in den Städten konnten die Menschen nicht ausreichend mit Lebensmitteln versorgt werden, so dass das Lebensnotwendige durch Tausch oder auf dem Schwarzmarkt erworben wurde. Das wichtigste Tauschmittel waren Zigaretten.

Deutschland nach dem Krieg

Die Stunde der Frauen

Vor allem Frauen bewältigten den chaotischen Alltag und stellten das Überleben ihrer Familien sicher. Viele Männer waren als Soldaten im Krieg gefallen oder galten als vermisst. Über elf Millionen Männer befanden sich noch in Kriegsgefangenschaft. Bevor man an den Wiederaufbau Deutschlands denken konnte, mussten die Trümmer beseitigt werden. Vor allem Frauen, aber auch alte Menschen und Jugendliche räumten die Schuttberge weg. Allein in Berlin mussten nach Schätzungen vier Millionen Güterwagen Schutt beseitigt werden.

M3 Trümmerfrauen beseitigen Bauschutt in Berlin (Foto, 1946).

Q2 Eine Frau berichtet über ihre Arbeit als sogenannte „Trümmerfrau" nach dem Krieg:

Ich war bei der Straßenreinigung angestellt. Da gab es große Pferdewagen, auf die haben wir Steine geladen. Pferde gab es nicht mehr, deshalb mussten wir Frauen die Wagen ziehen und schieben ... Der Schutt wurde überall dahin gefahren, wo freie Plätze, Bombentrichter oder Mulden waren. ... Wir haben eine höhere Karte gekriegt, das war das Attraktive daran. Denn die Hausfrauenkarte, die ich zuerst bekam, das war wirklich zum Leben zu wenig ... 300 g Brot, glaub' ich, gab es, soundsoviel Gramm Salz und sieben Gramm Fett pro Tag.

Bombentrichter: Vertiefung im Boden, die durch die Explosion einer Bombe erzeugt wurde
Mulden: Vertiefung im Boden
höhere Karte: Lebensmittelkarte, die zum erhöhten Bezug bestimmter Lebensmittel berechtigte

Schulbesuch in der Nachkriegszeit

Der Alltag von Kindern und Jugendlichen war durch Mangel und Zerstörungen geprägt. In vielen Schulgebäuden wurden Flüchtlinge untergebracht, so dass nicht selten 50 bis 60 Kinder in den Klassen saßen. Neue Bücher und Schreibmaterial gab es nicht. Dennoch besuchten die meisten Schülerinnen und Schüler den Unterricht regelmäßig.

Q3 In einem Interview erinnert sich K.-H. Müller an den Winter 1947:

Wegen des Kohlemangels ... waren nur zwei Schulen geheizt, in denen für alle Schüler die Aufgaben ausgegeben und eingesammelt wurden. Einmal in der Woche musste ich zur Schule, gab meine Aufgaben ab und schrieb mit klammen Fingern die Aufgaben für die nächste Woche von der Tafel ab ... Die Schularbeiten machte ich dann im Bett oder in der Wärmestube ... Auf dem Rückweg ... ging ich immer über den Güterbahnhof, um zu sehen, ob ich Kohle erwischen konnte. Dort trieben sich dann immer ganze Scharen von Kindern herum, die Kohlen klauen wollten.

M4 Ausgabe der Schulspeisung an einer Schule (Foto, 1945)

ARBEITSAUFTRÄGE

1. Erstelle in der Gruppe eine Mind-Map zur Lage in Deutschland nach Kriegsende.
2. Vermute, zu welchen Konflikten es zwischen Einheimischen und Flüchtlingen kommen konnte (Q1, M2).
3. Beschreibe aus Sicht von Anneliese Schmitz die Arbeit einer Trümmerfrau (Q2, M3).
4. Erläutere, warum Jugendliche gerne zur Schule gingen (Q3, M4).
5. Erörtere, wie sich die Lage wohl für die heimkehrenden Männer darstellte.

zu 1.
Folgende Aspekte kannst du berücksichtigen: Wohnsituation, Lebensmittelversorgung, Leben in Trümmern

zu 3.
Ich heiße Anneliese Schmitz. Ich muss alleine für meine Kinder sorgen, weil mein Mann immer noch vermisst ist. Ich arbeite den ganzen ... . Wir schütten ... . Die Arbeit ist anstrengend, aber ... .

Deutschland nach dem Krieg

M1 Händedruck der „Großen Drei" am 25. Juli 1945 in Potsdam (von links: der britische Premierminister Winston Churchill, der amerikanische Präsident Harry S. Truman, der sowjetische Staatschef Josef Stalin)

Was soll aus Deutschland werden?

Anti-Hitler-Koalition

Während des Krieges hatten sich die USA und die UdSSR mit Großbritannien zusammengeschlossen, um Deutschland und seine Verbündeten zu besiegen. Auf mehreren Konferenzen stimmten die Staaten seit 1943 ihr Vorgehen ab. Dabei wurde bereits beschlossen, Deutschland nach dem Krieg in verschiedene Zonen aufzuteilen. Nach dem Krieg kamen die Staatschefs der drei großen Siegermächte USA, UdSSR und Großbritannien vom 17. Juli bis zum 2. August 1945 in Potsdam zusammen, um über die Zukunft Deutschlands zu beraten.

Beschlüsse der Potsdamer Konferenz

Die britischen, amerikanischen und sowjetischen Abgeordneten waren sich auf der Konferenz in Potsdam einig, dass Deutschland nie wieder seine Nachbarn oder den Frieden in der Welt bedrohen sollte.

Beschlossen wurde, dass Deutschland in vier Besatzungszonen aufgeteilt werden soll, die jeweils der USA, der UdSSR, Großbritannien und Frankreich unterstehen. Die Hauptstadt Berlin wird in vier Sektoren aufgeteilt. Die ehemaligen deutschen Ostgebiete Pommern, Schlesien und Ostpreußen sollen unter polnische und russische Verwaltung gestellt werden. Die deutsche Bevölkerung aus diesen Gebieten wird umgesiedelt. Folgende weitere Beschlüsse wurden in Potsdam gefasst:

M2 Wichtige Beschlüsse des Potsdamer Abkommens

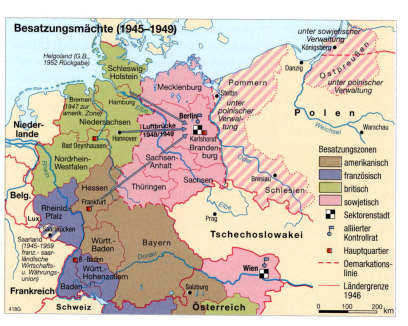

M3 Deutschland nach 1945 (Karte)

Deutschland nach dem Krieg

Bestrafung von Kriegsverbrechern

Vom 20. November 1945 bis zum 1. Oktober 1946 fand in Nürnberg der erste Gerichtsprozess gegen oberste Vertreter des NS-Staates als Hauptkriegsverbrecher statt. Die Siegermächte waren sich einig, dass hohe Nationalsozialisten hart bestraft werden müssten. Von den 24 Angeklagten wurden zwölf zum Tode und sieben zu langen Haftstrafen verurteilt. Diesem Prozess folgten zwölf weitere vor amerikanischen Militärgerichten.

Anklagepunkte im Nürnberger Prozess
– Verschwörung
– Verbrechen gegen den Frieden
– Kriegsverbrechen und Verletzung des Kriegsrechts
– Verbrechen gegen die Menschlichkeit

M4 Nazi-Täter vor Gericht: 1 Dönitz (Kriegsmarine), 2 Göring (Innenminister, Luftwaffen-Chef), 3 Heß (Stellvertreter Hitlers), 4 von Ribbentrop (Außenminister), 5 Keitel und 6 Jodl (Wehrmacht), 7 Rosenberg (NS-Ideologe), 8 Speer (Rüstung), 9 Streicher (Journalist); vorne: die Verteidiger

Q1 Hans Hilger berichtete über die Entnazifizierung von Lehrkräften im Jahr 1946 in Düren (bei Aachen), das in der britischen Besatzungszone lag:

Alle (Lehrer) bekamen bei der Rückmeldung den CIC-Fragebogen (CIC=Counter Intelligence Corps) zur Vorlage beim Entnazifizierungsausschuss und bei der Militärregierung. An Einstellung dachte angesichts der Trümmer noch niemand; jeder hatte genug damit zu tun, sich notdürftig einzurichten. ... Die britischen Behörden wollten in ihrem Bestreben, die deutsche Jugend vom Nazigeist zu befreien, jeden „Nazi" von ihr fernhalten. Deshalb sollten nur Lehrerinnen und Lehrer beschäftigt werden, die nicht Mitglieder der NSDAP gewesen waren. ... Nun waren im Kreis Düren nur sechs oder sieben Lehrer, die nicht Mitglied der Partei gewesen waren, und etwa 20 Lehrerinnen.

Die Ziele der Alliierten
Die Alliierten wollten den Nationalsozialismus in der deutschen Wirtschaft, Politik, Justiz und Gesellschaft beseitigen. Das Ziel sollte eine demokratische Gesellschaft sein. Dazu setzten sie auf zwei wesentliche Elemente: die Entnazifizierung und die Reeducation (Umerziehungsprogramm mit dem Ziel demokratische und friedliebende Strukturen zu verankern).

ARBEITSAUFTRÄGE

1. Beschreibe, wie das Bild M1 auf dich wirkt.
2. Fasse die Beschlüsse der Konferenz von Potsdam zusammen (M2).
3. Beschreibe, wie Deutschland neu geordnet wurde (M3).
4. Erläutere, wie die britischen Militärbehörden ehemalige Nationalsozialisten ermittelten (Q1).
5. Bewerte, warum die Briten besonders Lehrer überprüften (Q1).
6. Recherchiere mit einem Partner im Internet zu den Prozessen unter: www.memorium-nuernberg.de

zu 2.
Die Beschlüsse der Potsdamer Konferenz sahen vor, dass Deutschland ... Die Besatzungszonen ... Berlin ... Die ehemaligen Ostgebiete ...

zu 4.
Die britische Militärverwaltung nutzte ... Ziel war es, ... Die deutsche Bevölkerung ...

Ein Deutschland – zwei Staaten

Entwicklung in den westlichen Besatzungszonen

Die westlichen Verbündeten Großbritannien, Frankreich und die USA verfolgten in ihren Besatzungszonen ähnliche politische Ziele. Wichtigstes Ziel war es, ein leistungsfähiges Wirtschaftsgebiet auf der Grundlage der freien Marktwirtschaft zu schaffen.

Der Marshall-Plan

Wirtschaftliche Unterstützung bekamen die westlichen Zonen aus den USA. 1947 entwickelte der amerikanische Außenminister Marshall ein Programm, mit dem das durch den Krieg zerstörte Europa wiederaufgebaut werden sollte. Das Programm umfasste die Lieferung von Maschinen, Rohstoffen und Nahrungsmitteln. Zudem wurden finanzielle Hilfen in Form von Krediten gewährt, die zum Teil zurückgezahlt werden mussten. Der Marshall-Plan bildete die wichtigste Hilfe für den wirtschaftlichen Wiederaufstieg in Westdeutschland.

M1 Werbung für den Marshall-Plan

> **Q1** Außenminister George C. Marshall formulierte in einer Rede am 5. Juni 1947:
>
> *Unsere Politik ist nicht gegen ein Land ..., sondern gegen Hunger, Armut, Verzweiflung und Chaos gerichtet. Ihr Zweck soll es sein, die Weltwirtschaft wiederherzustellen, um das Entstehen politischer und sozialer Verhältnisse zu ermöglichen, unter denen freie Institutionen existieren können.*

freie Marktwirtschaft: Die Wirtschaftsordnung wird bestimmt durch den freien Wettbewerb (Angebot und Nachfrage), Privateigentum und Selbstverantwortung des Einzelnen.

Die Währungsreform

Die Neuordnung der Finanzen in den drei westlichen Zonen stellte eine weitere wichtige Maßnahme dar, damit die Wirtschaft stabilisiert werden konnte. Am 20. Juni 1948 führten die drei Westmächte eine Währungsreform durch. Die Reichsmark wurde durch die Deutsche Mark ersetzt.

Hilfe aus dem Marshallplan 1948-1952 (in Mio. $)

- Großbritannien 3443
- Frankreich 2806
- Italien 1548
- Deutschland 1413
- Niederlande 1079
- Griechenland 694
- Türkei 243

M2 Verteilung der Hilfen aus dem Marshall-Plan

M3 Schaufenster eines Geschäftes (Foto, 1948)

M4 Berliner Jugendliche begrüßen einen „Rosinenbomber" auf dem Flughafen Tempelhof (Foto, 1948).

Die Berliner Luftbrücke

Berlin, die ehemalige deutsche Hauptstadt, lag in der sowjetisch besetzten Zone, wurde jedoch von den vier Siegermächten gemeinsam verwaltet und war in vier Sektoren aufgeteilt. Nachdem die Deutsche Mark als neue Währung in den westlichen Besatzungszonen eingeführt worden war, sollte sie ebenfalls in den westlichen Sektoren Berlins eingeführt werden. Die sowjetische Regierung lehnte dies ab, setzte Truppen ein und sperrte am 24. Juni 1948 alle Straßen, Eisenbahnlinien und Wasserwege nach West-Berlin. Die Versorgung mit Nahrungsmitteln und mit Strom war damit abgeschnitten. Ziel der Sowjetunion war es, die Berliner Bevölkerung, die an Hunger und fehlender Versorgung litt, gegen die westlichen Verbündeten aufzubringen und diese so zum Abzug aus Berlin zu zwingen.

Die USA und Großbritannien entschlossen sich jedoch, Berlin aus der Luft zu versorgen: Flugzeuge, die im Krieg Bomben über Berlin abgeworfen hatten, transportieren nun Lebensmittel, Kohlen und alle notwendigen Versorgungsgüter in die Stadt. Während der Luftbrücke erreichten täglich mehr als 1 000 Flugzeuge West-Berlin. Sie wurden von der Bevölkerung Rosinenbomber genannt und brachten täglich etwa 6 000 Tonnen Güter nach Berlin. Im Mai 1949 hob die Sowjetunion die Blockade auf, nachdem sie ihr Ziel nicht erreicht hatte.

M5 West-Berlin wird mit Gütern über die Luftbrücke versorgt (Foto, 1948).

ARBEITSAUFTRÄGE

1. ⟶ Beschreibe, wie die Wirtschaft in den westlichen Zonen gestärkt werden sollte (M1–M3).
2. Erläutere die Ziele des Marshall-Planes (Q1).
3. Arbeite heraus, welche Bedeutung die Luftbrücke für die Berliner Bevölkerung und die Verbündeten hatte (M4, M5).
4. ⟶ Schreibe die Gedanken und Gefühle vieler Berliner aus Sicht des 16-jährigen Hans auf, der täglich auf die Rosinenbomber wartet (M4).
5. ⇨ Beurteile das Vorgehen der westlichen Verbündeten beim wirtschaftlichen Aufbau Deutschlands.

⟶ zu 1.
Beziehe dich auf den Marshall-Plan und die Währungsreform. Verwende die Begriffe Rohstoffe, Maschinen, Nahrungsmittel, Kredite, Stabilität.

⟶ zu 4.
*Täglich gehe ich … . Nachdem der Krieg endlich zu Ende war, hofften wir … . Jetzt blockieren die sowjetischen Truppen … . Ich habe Angst, dass … . Ich wünsche mir, dass … .
Tipp: Holt euch Rückmeldungen zu euren Texten mithilfe der Stühletausch-Methode (Hinweise dazu auf Seite 44).*

M1 Gründung der SED durch Vereinigung von SPD und KPD am 21./22.4.1946. Wilhelm Pieck (links) und Otto Grotewohl (Mitte), die beiden neugewählten Vorsitzenden der SED, besiegeln die Vereinigung mit einem Händedruck. Rechts vorne im Bild: Walter Ulbricht (Foto, 1946)

Entwicklung in der sowjetischen Besatzungszone

Die sowjetische Besatzungsmacht lehnte es für ihre Zone ab, Hilfsgelder aus dem Marshallplan anzunehmen. Politisch trieb sie die Errichtung einer Volksdemokratie nach sowjetischem Vorbild voran.

Politische Entwicklung

Die sogenannte „Gruppe Ulbricht" übernahm eine entscheidende Rolle für die politische Entwicklung in der Sowjetischen Besatzungszone (SBZ). Diese Gruppe bestand aus führenden Mitgliedern der Kommunistischen Partei Deutschlands (KPD), die 1933, nachdem die Partei von den Nationalsozialisten verboten worden war, in die Sowjetunion geflohen waren. Kurz vor Kriegsende waren sie nach Ost-Berlin zurückgebracht worden, um beim Aufbau der Verwaltung einer sowjetisch besetzten Zone mitzuwirken. Die KPD arbeitete eng mit der sowjetischen Militärverwaltung zusammen. Dieser Kontakt und ähnliche politische Überzeugungen führten dazu, dass im April 1946 die KPD und die Sozialdemokratische Partei Deutschlands (SPD) zur Sozialistischen Einheitspartei Deutschlands (SED) zwangsvereinigt wurden. Mitglieder der SPD, die dieser Vereinigung nicht zustimmten, wurden verhaftet oder mussten fliehen.

Die Bodenreform

Bereits 1945 führte die sowjetische Besatzungsmacht in ihrer Besatzungszone eine Bodenreform durch. Enteignet wurden dabei die Besitzer von Höfen über 100 Hektar (= 1 km²) und ehemalige Nationalsozialisten. Zwei Drittel ihres Grundbesitzes wurde an Landarbeiter, Vertriebene und Kleinbauern verteilt. Ein Drittel ging in Staatsbesitz über.

Viele der Neubauern besaßen keinerlei Erfahrung in der Landwirtschaft. Zudem waren die Landflächen mit acht Hektar recht klein und die Betriebe maschinell schlecht ausgestattet, so dass viele Höfe aufgegeben wurden und die Bodenreform zu einem wirtschaftlichen Misserfolg wurde.

M2 Händedruck als Symbol der SED

M3 Ostdeutsches Plakat gegen den Marshall-Plan, 1947

M4 Arbeiter helfen den Bauern bei der Durchführung der Bodenreform (Foto 1945).

Ein Deutschland – zwei Staaten

Verstaatlichung und Planwirtschaft

Auch die wichtigsten Industrie- und Gewerbebetriebe wurden bereits 1945 verstaatlicht und als Volkseigene Betriebe (VEB) weitergeführt. Dazu gehörten Kohlegruben, Hüttenwerke und chemische Anlagen.

Die gesamte DDR-Wirtschaft wie auch die Landwirtschaft sollte sich nach den Prinzipien der sowjetischen Planwirtschaft entwickeln. Dies bedeutete, dass alle wirtschaftlichen Vorgänge durch eine Planungsbehörde zentral gelenkt und kontrolliert wurden. Ein mehrjähriger Plan für die Produktion wurde aufgestellt, an den sich die Betriebe halten mussten. Die Versorgungslage der Bevölkerung blieb jedoch schlecht.

> **Q1** In einem Bericht an die Provinzialverwaltung Brandenburg wird die Versorgungslage im Kohlenrevier Senftenberg 1945 beschrieben:
>
> ... Trotzdem festgestellt wird, dass durch die zentrale Milchabgabe des Kreises Calau Butter hergestellt wird, (vorher verfügte jeder Ort über anfallende Milch selbst) verbietet der Kreiskommandant die Herausgabe von Butter. Kinder von 0 – 3 Jahren erhielten bisher monatlich ein Ei, dasselbe ist jetzt ebenfalls gestrichen. Bei der Kartoffelzuteilung vermehren sich die Tage, die übersprungen werden. Die letzte Zuteilung von Verpflegung war am 17.9.1945, sodass die Bevölkerung ab 18.9.1945 ohne Brot und Kartoffeln war. Erst am 28.9.1945 wurde eine Ration für drei Tage bewilligt. Allgemein ist zu sagen, dass im ganzen Kreis Calau starke Beschwerden gegen den Kreiskommandanten vorliegen.

M5 Das System der Planwirtschaft

M6 Eine Industrieanlage wird durch die sowjetische Besatzungsmacht demontiert (Foto, um 1950).

ARBEITSAUFTRÄGE

1. ⇥ Berichte, wie die SED gegründet wurde.
2. ⇥ Beschreibe, wie die Wirtschaft nach sowjetischem Vorbild umgestaltet werden sollte.
3. a) Stelle zusammen, welche Lebensmittel zugeteilt wurden (Q1).
   b) Entwickle mit einem Partner einen Dialog zwischen zwei Personen, die von den Zuteilungen der Lebensmittel abhängig waren.
   c) Bewerte die Versorgungslage (Q1).
4. Erläutere das System der Planwirtschaft (M5).
5. ▷ Diskutiert in der Gruppe, welchen Einfluss die sowjetische Besatzungsmacht auf den Prozess der politischen und wirtschaftlichen Umgestaltung hatte (M6).

⇥ zu 1.
Die SED setzte sich zusammen aus der ... und der ... . Während der NS-Zeit ... . Nach dem Krieg ... . Ziel der SED war es, ...

⇥ zu 2.
Bereits seit 1945 ... . Es kam zu ... von ... . Die Wirtschaft sollte sich ... .

Die doppelten Staatsgründungen

Gründung der Bundesrepublik Deutschland

Die Siegermächte hatten nach dem Krieg zunächst vor, ein dezentrales Staatswesen aufzubauen. Deshalb wurden Bundesländer gegründet. Am 23. August 1946 entstand aus den Teilen Rheinland und Westfalen das Land Nordrhein-Westfalen.

Als die Gegensätze zwischen den westlichen und der sowjetischen Besatzungszone immer stärker wurden, beauftragten die westlichen Verbündeten im Sommer 1948 deutsche Politiker, den Aufbau eines demokratischen Staates vorzubereiten. Dazu entsandten die Länderparlamente 65 Abgeordnete in den Parlamentarischen Rat. Dieser begann im September 1948 damit, eine Verfassung für einen deutschen Teilstaat auszuarbeiten. Um den Weg für die spätere Gründung eines Gesamtstaates offen zu halten, sprach man jedoch nicht von einer Verfassung, sondern vom Grundgesetz.

Nach Genehmigung durch die westlichen Verbündeten und die mehrheitliche Zustimmung der westdeutschen Landtage trat das Grundgesetz am 24. Mai 1949 in Kraft. Am 14. August 1949 wählten die westdeutschen Bürger den ersten Deutschen Bundestag, der sich am 7. September 1949 erstmalig zusammensetzte. Erster Bundeskanzler wurde Konrad Adenauer von der Christlich-Demokratischen Union (CDU). Hauptstadt der Bundesrepublik wurde Bonn.

M1 Erste Sitzung des parlamentarischen Rates (Foto, 01.09.1948)

M2 Stimmzettel zur Bundestagswahl (1949): Die Wahl erfolgt durch jeden Bürger in geheimer Wahl.

M3 Deutschland 1949

Ein Deutschland – zwei Staaten

Gründung der Deutschen Demokratischen Republik

Die Gründung der Deutschen Demokratischen Republik (DDR) war die Antwort der Sowjetunion auf die Entstehung der Bundesrepublik Deutschland. In der sowjetischen Besatzungszone hatten Vertreter der Gewerkschaften und Parteien im März 1948 einen Volksrat gewählt, der eine Verfassung ausarbeitete. Am 7. Oktober 1949 trat der neu gewählte Deutsche Volksrat als Provisorische Volkskammer der Deutschen Demokratischen Republik erstmalig zusammen und setzte eine Verfassung in Kraft.

Präsident der DDR wurde Wilhelm Pieck und Ministerpräsident wurde Otto Grotewohl. Beide Politiker waren Mitglieder der SED. Die entscheidende politische Gewalt besaß jedoch der Erste Sekretär des Zentralkomitees der SED, Walter Ulbricht. Hauptstadt der DDR wurde Berlin (Ost).

M4 Gründung der Deutschen Demokratischen Republik am 7. Oktober 1949 (der Nationalrat erklärt sich selbst zur provisorischen Volkskammer).

M5 Stimmzettel in der DDR (1949): Wer der Einheitsliste zustimmte, faltete den Zettel öffentlich und steckte ihn in die Wahlurne.

ARBEITSAUFTRÄGE

1. Erkläre, warum das Grundgesetz der Bundesrepublik Deutschland von den westlichen Verbündeten genehmigt werden musste.
2. Nenne Gründe dafür, wie es zur Gründung zweier deutscher Staaten kam.
3. Begründe, warum die Verfassung der Bundesrepublik als Grundgesetz bezeichnet wird.
4. a) Vergleiche mit einem Partner die Stimmzettel der BRD und der DDR miteinander (M2, M5).
   b) Stelle die Unterschiede in einer Tabelle gegenüber.
   c) Erläutere, was DDR-Bürger mit der Aussage „Wir gehen falten" meinten.
5. Diskutiert in der Gruppe, warum die DDR als Scheindemokratie bezeichnet wird.

zu 1.
Beachte die Beschlüsse des Potsdamer Abkommens.

zu 4 b)

	BRD	DDR
Wer wird gewählt?		
Was wird gewählt?		
Wie wird gewählt?		

Der Ost-West-Gegensatz

Machtblöcke entstehen

Vom Partner zum Feind

In Deutschland prallten die Gegensätze zwischen Ost und West direkt aufeinander. Hier standen sich entlang der 1378 Kilometer langen Grenze zwischen der östlichen und den westlichen Besatzungszonen nun zwei Machtblöcke unversöhnlich gegenüber.

Die USA und ihre westlichen Verbündeten sahen in der Ausdehnung des sozialistischen Machtbereichs in der sowjetisch besetzten Zone (SBZ) eine Bedrohung, während die sowjetische Führung den Einfluss der westlichen Mächte in dem westlichen Teil Deutschlands als Gefahr ansah. Die USA und die UdSSR vertraten unterschiedliche gesellschaftliche Systeme. Die UdSSR setzte auf Planwirtschaft und Einparteienherrschaft, während die USA und ihre westlichen Verbündeten für Marktwirtschaft und Demokratie standen. Aus diesem Gegensatz entwickelte sich ein weltumspannender Konflikt.

M1 Karikatur von 1947

Der Eiserne Vorhang

Der britische Premierminister Churchill forderte in einer Rede am 5. März 1946 die USA auf, sich für Europa einzusetzen. Dabei verwendete Churchill das Bild vom Eisernen Vorhang, der Europa in Ost und West teilte. Er sprach sich für eine Politik der Stärke aus und schlug einen Bruderbund der englisch sprechenden Völker vor. Die USA griffen die Argumente aus Churchills Rede auf und begründeten eine Politik, mit der der Einfluss der UdSSR eingedämmt und die Ausbreitung des Kommunismus zurückgedrängt werden sollte.

M2 Krieg der Parolen an der Grenze zwischen sowjetischem und amerikanischem Sektor in Berlin: Die Parole „Ami go home" wird von West-Berlinern korrigiert in „Iwan go home" (Foto, 1951).

Q1 Der sowjetische Staatschef Josef Stalin äußerte 1945 über die zukünftige Politik der Siegermächte:

Dieser Krieg ist nicht wie der in der Vergangenheit; wer immer ein Gebiet besetzt, legt ihm auch sein eigenes gesellschaftliches System auf. Jeder führt sein eigenes System ein, soweit seine Armeen vordringen. Es kann gar nicht anders sein.

Q2 Erklärung des US-Präsidenten Harry S. Truman am 12. März 1947:

Zum gegenwärtigen Abschnitt der Weltgeschichte muss fast jede Nation ihre Wahl in Bezug auf ihre Lebensweise treffen. Nur allzu oft ist es keine freie Wahl. Die eine Lebensweise gründet sich auf den Willen der Mehrheit und zeichnet sich durch freie Einrichtungen, freie Wahlen, Garantie der individuellen Freiheit, Rede- und Religionsfreiheit und Freiheit vor politischer Unterdrückung aus. Die zweite Lebensweise gründet sich auf den Willen einer Minderheit, der der Mehrheit aufgezwungen wird. … Ich bin der Ansicht, dass es die Politik der Vereinigten Staaten sein muss, die freien Völker zu unterstützen, die sich der Unterwerfung durch bewaffnete Minderheiten oder durch Druck von außen widersetzen. … Ich bin der Ansicht, dass unsere Hilfe in erster Linie in Form wirtschaftlicher und finanzieller Unterstützung gegeben werden sollte, …

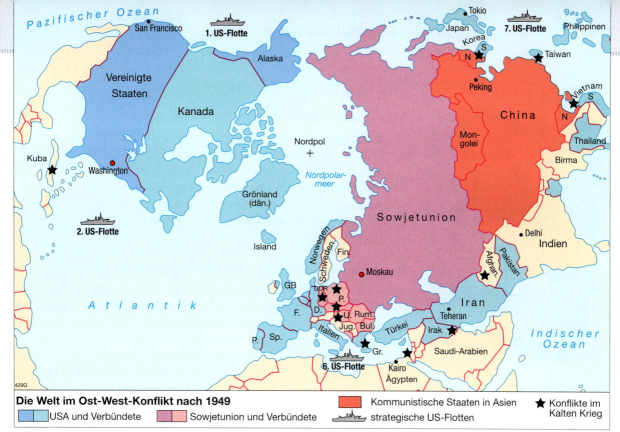

M3 Geteilte Welt: Die Welt im Ost-West-Konflikt nach 1949

Der Kalte Krieg

Der Gegensatz zwischen Ost und West trat also deutlich zutage. Vor einer offenen militärischen Auseinandersetzung schreckten die beiden Supermächte jedoch zurück. Sie führten einen Kalten Krieg, in dem Wirtschaft und militärische Aufrüstung zu Druckmitteln wurden, mit denen sie ihre Vormachtstellung festigten. Um die Gegenseite einzuschüchtern und von einem militärischen Angriff abzuhalten, rüsteten beide Seiten vor allem mit Atomwaffen auf. Ziel der beiden Machtblöcke war es, der anderen Seite zu drohen und sie dadurch abzuschrecken. Im Jahr 1949 gründeten die westlichen Staaten ein Militärbündnis, die NATO, um sich bei einem möglichen sowjetischen Angriff beizustehen. Als Antwort darauf schlossen sich 1955 die osteuropäischen Staaten ebenfalls zu einem Militärbündnis unter Führung der Sowjetunion, dem Warschauer Pakt, zusammen. Nun standen sich zwei Militärbündnisse gegenüber.

Jahr	USA	UdSSR
1945	6	—
1949	10	1
1958	10 000	1000
1960	20 000	1600
1966	31 982	8500
1977	25 000	25 000
1986	24 000	45 000

M4 Zahl der Atomsprengköpfe der USA und UdSSR im Vergleich

ARBEITSAUFTRÄGE

1. Beschreibe die Entstehung des Ost-West-Gegensatzes.
2. Erstellt in Partnerarbeit mithilfe von M3 und dem Atlas eine Tabelle, in der ihr Verbündete der USA und der UdSSR auflistet.
3. ⇥ Berichte, wie Stalin den sowjetischen Einfluss sichern möchte (Q1).
4. ⇥ Erläutere, was Truman unter der Formulierung „zwei Lebensweisen" versteht (Q2).
5. Erkläre den Begriff „Kalter Krieg" (M3).
6. ⇨ Bewerte die Haltungen der USA und der UdSSR aus der Sicht eines Deutschen aus dem Westen und von einem aus dem Osten, die die Reden von Stalin und Truman gehört haben.

⇥ zu 3.
Die Begriffe können dir helfen: militärische Macht, politischer Einfluss, gesellschaftliche Ideen durchsetzen

⇥ zu 4.
Verwende die Begriffe freie Wahlen, Wille der Mehrheit, freie Völker, Unterwerfung, Druck.

Die Gegensätze verstärken sich

Militärische Einbindung der Bundesrepublik

In der Außenpolitik zeigte sich deutlich, dass die Bundesrepublik und die DDR sich eng an die Besatzungsmächte banden.

Bundeskanzler Konrad Adenauer (CDU) verfolgte das Ziel, dass die Bundesrepublik ein anerkannter Staat werden solle. Für Adenauer stellten die gute und vertrauensvolle Zusammenarbeit mit westlichen Staaten und die Aufnahme in die NATO im Jahr 1955 wichtige Schritte auf dem Weg dahin dar.

Wiederbewaffnung führt zur Entstehung der Bundeswehr

Der sich verschärfende Ost-West-Konflikt hatte in der NATO schon früh zu Überlegungen geführt, auch die Bundesrepublik an einer möglichen Verteidigung Westeuropas zu beteiligen.

Diese Pläne lösten in der westdeutschen Bevölkerung und unter den Politikern heftige Diskussionen aus. Die einen sahen in einer Bundeswehr die Möglichkeit, den Frieden zu sichern, während dies von den anderen angezweifelt wurde.

Der überwiegende Teil der westdeutschen Bevölkerung war kurz nach dem Ende des Zweiten Weltkrieges gegen eine erneute Aufrüstung. In Demonstrationen richteten sie sich gegen den Aufbau einer Armee und die Einführung der allgemeinen Wehrpflicht. Dennoch wurde im Mai 1955 die Bundeswehr gegründet und die Wiederbewaffnung Westdeutschlands vom Bundestag beschlossen. 1959 traten dann die ersten Soldaten ihren Dienst an.

M1 Werbeplakat für die Einbindung der Bundeswehr in die NATO (1956)

M2 Werbeplakat in Bonn zum 10-jährigen Bestehen der NATO (Foto, 1959)

M3 Demonstrationszug von Wehrdienstverweigerern gegen die Wiederbewaffnung durch Köln (Foto, 16.06.1956)

Der Ost-West-Gegensatz

Wirtschaftliche Zusammenarbeit im Osten

Bereits am 25. Januar 1949 wurde der Rat für Gegenseitige Wirtschaftshilfe (RGW) von der UdSSR, Polen, Rumänien, Ungarn, Bulgarien und der Tschechoslowakei gegründet. Die DDR wurde 1959 Mitglied des RGW. Ursprüngliches Ziel des RGW war es, wirtschaftliche Verbindungen der Staaten mit westlichen Ländern zu unterbinden. Nationale Wirtschaftspläne sollten aufeinander abgestimmt und Waren arbeitsteilig produziert werden. Die wirtschaftliche Leistungskraft der einzelnen Mitgliedstaaten war jedoch sehr unterschiedlich und stellte ein großes Hindernis für eine gelungene Zusammenarbeit dar.

Sicherung des sowjetischen Einflusses im Osten

Der im Mai 1955 geschlossene Warschauer Pakt fasste die Streitkräfte des Ostblocks zusammen und band sie eng an die Sowjetunion.

So sicherte sich diese ihren Führungsanspruch. In allen Mitgliedstaaten waren sowjetische Truppen stationiert. Auf diesem Weg wurde sichergestellt, dass die Macht der herrschenden Partei im Land gesichert und die Pflichterfüllung gegenüber der Sowjetunion nicht infrage gestellt werden konnte. So wurde ein Volksaufstand in Ungarn, der sich gegen die ungarische Regierung und die sowjetische Besatzungsmacht richtete, 1956 mithilfe von sowjetischen Truppen niedergeschlagen.

M4 Werbeplakat für den Warschauer Pakt (1965)

M5 Straßenkämpfe zwischen ungarischen Aufständischen und der sowjetischen Armee in Budapest (Foto, 1956)

Lerntempoduett

1. Jeder Schüler bearbeitet die Aufgabe zunächst in Einzelarbeit.
2. Wenn der einzelne Schüler fertig ist, steht er auf und wartet auf den nächsten Schüler, der fertig ist.
3. Beide Schüler vergleichen ihre Ergebnisse. Sie sind nun ein Expertenpaar.

Eine Wiederholung dieses Ablaufs mit weiteren Aufgabenstellungen ist möglich.

ARBEITSAUFTRÄGE

1. a) Beschreibe, wie Teile der westdeutschen Bevölkerung auf die Gründung der Bundeswehr reagierten (M2, M3).
   b) Bewerte diese Haltung.
2. Nenne die Maßnahmen, die die DDR-Regierung ergriff, um die DDR an den Osten zu binden (M4).
3. Bewerte das Vorgehen gegen die Bevölkerung Ungarns (M5).
4. Erläutere, wodurch die wirtschaftliche Zusammenarbeit im RGW erschwert wurde.
5. Diskutiert, welche Bedeutung die außenpolitische Einbindung von Bundesrepublik und DDR in unterschiedliche Machtblöcke für die Wiedervereinigung hatte.

zu 1.
Bearbeitet die Aufgabe im Lerntempoduett oder erstellt ein Placemat. Nutzt dafür auch die Informationen auf Seite 17.

zu 2.
Beachte politische, militärische und wirtschaftliche Möglichkeiten der Zusammenarbeit.

Leben im geteilten Deutschland

Die Wirtschaft verändert die Gesellschaft

Wirtschaftswunder im Westen

Durch den Marshallplan und die Währungsreform von 1948 waren wichtige Voraussetzungen für den wirtschaftlichen Aufbau in den westlichen Besatzungszonen geschaffen worden.

1949 berief Bundeskanzler Konrad Adenauer als ersten Wirtschaftsminister Ludwig Erhard in die Bundesregierung. Erhard vertrat die Soziale Marktwirtschaft und unterstützte so Maßnahmen für den Wiederaufbau der zerbombten Städte und die Gründung neuer Fabriken und Industrien im Westen. Viele Westdeutsche befürworteten den Wiederaufbau. Durch die hohe Produktivität erfolgte ein enormer wirtschaftlicher Aufschwung, der als Wirtschaftswunder bezeichnet wurde. Der Export deutscher Produkte ins Ausland stieg. Gleichzeitig entwickelte sich das Angebot an Gütern des täglichen Bedarfs im Inland, die seit der Währungsreform stark nachgefragt wurden.

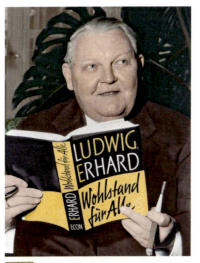

M1 Ludwig Erhard (Foto, 1957)

Merkmale der Sozialen Marktwirtschaft
- Gesetzliche Sicherung von Privateigentum und freiem Wettbewerb durch Angebot und Nachfrage
- Staat kann durch finanzielle Hilfen oder Steuererleichterungen bei Bedarf in den Wettbewerb eingreifen
- Staat kann durch Politik einen sozialen Ausgleich herstellen

Q1 Der Journalist Hellmuth Karasek blickt 1978 auf die Jahre des Wirtschaftswunders zurück:

Fresswelle hieß die erste Etappe: Der Kuchen mit Schlagsahne wurde wieder entdeckt, wiedererobert. Dann warf man sich in Schale: Die Bekleidungswelle rollte. Dann begann man wieder zu reisen ... die Deutschen erreichten Kärnten, das Salzkammergut, den Lago Maggiore.

Flüchtlinge und Vertriebene als Mitgestalter

In den Jahren des Wiederaufbaus wurden viele gut ausgebildete Fachkräfte dringend gebraucht. So leisteten Flüchtlinge und ehemals Vertriebene als qualifizierte Fachleute einen wichtigen Beitrag zum Wirtschaftswunder. Der wirtschaftliche Aufschwung im Westen führte dazu, dass auch viele Bürger aus der DDR in den Westen flüchteten.

M2 Werbeplakat für ein Auto (1950er-Jahre)

M3 Werbung für Miele-Waschmaschine (um 1955)

M4 Grün ist die Heide (Filmplakat, 1951)

Leben im geteilten Deutschland

Wirtschaftliche Entwicklung im Osten

In der DDR wurde die wirtschaftliche Entwicklung durch den Staat geplant und gelenkt. In Fünfjahresplänen wurden die Mengen an Waren, die produziert und verbraucht werden sollten, genau festgelegt.

In der Landwirtschaft waren viele kleinbäuerliche Betriebe zu landwirtschaftlichen Produktionsgenossenschaften (LPG) zusammengefasst worden. Immer mehr Betriebe wurden enteignet. Die Versorgung der Bevölkerung mit Lebensmitteln konnte nicht sichergestellt werden. Um die wirtschaftliche Produktivität zu verbessern, beschloss die SED-Führung im Mai 1953, die Arbeitsvorgaben bei gleichem Lohn um zehn Prozent zu erhöhen. Für die Arbeiter bedeutete das, dass sie mehr arbeiten mussten, ohne mehr zu verdienen. Viele Arbeiter lehnten dies ab und riefen zum Generalstreik auf. Am 16. und 17. Juni 1953 kam es zu Protesten. Der geplante Generalstreik entwickelte sich zum Volksaufstand.

M5 Ostberliner stehen an einer Verkaufsstelle für Kartoffeln auf dem Oranienplatz im Westberliner Stadtteil Kreuzberg Schlange (Foto, 14.7.1953).

Q2 Der ehemalige SED-Politiker Heinz Brandt berichtete über die Situation in Berlin am 17. Juni 1953:

Es war wie zu Beginn eines Bürgerkrieges. Unter den streikenden Demonstranten hatten sich inzwischen auch zahllose Westberliner, meist Jugendliche, gemischt. Funktionärsautos wurden angehalten und umgekippt, Transparente und DDR-Embleme abgerissen und in Brand gesteckt. ... SED-Mitgliedern wurden die Parteiabzeichen abgerissen.

Genossenschaft: Zusammenschluss zu dem Zweck, gemeinschaftlich besser zu arbeiten und wirtschaften

Funktionär: eine Person, die innerhalb einer Organisation eine Führungsrolle innehat

Politische Forderungen

Die Demonstranten forderten auch politische Konsequenzen. Die DDR-Regierung sah ihre Macht in Gefahr und bat die sowjetische Besatzungsmacht um Hilfe. Diese rollte mit Panzern und Soldaten an. Gemeinsam mit Volkspolizisten schlugen sowjetische Truppen den Aufstand nieder.

Q3 Ein Arbeiter forderte in einer Rede am 17. Juni 1953:

Kollegen, es geht hier nicht mehr um die Normen und um die Preise. Es geht hier um mehr ... Wir wollen frei sein. Die Regierung muss aus ihren Fehlern Konsequenzen ziehen. Wir fordern freie und geheime Wahlen.

M6 Sowjetischer Panzer in der Nähe des Potsdamer Platzes in Berlin am 17. Juni 1953

ARBEITSAUFTRÄGE

1. Fasse die Unterschiede in der wirtschaftlichen Entwicklung der Bundesrepublik und der DDR zusammen.
2. a) Erkläre den Begriff „Wirtschaftswunder".
   b) Beschreibe, welche Bedeutung das Wirtschaftswunder für die westdeutsche Gesellschaft hatte (Q1, M2–M4).
3. Verfasse aus Sicht eines Ostberliners einen Zeitungsbericht über den Aufstand am 17. Juni 1953.
4. Bewerte, wie die DDR-Regierung gegen die Bevölkerung vorging.
5. Erörtere, warum der 17. Juni bis 1990 als „Tag der deutschen Einheit" in der Bundesrepublik als gesetzlicher Feiertag begangen wurde.

zu 2b)
Beachte dabei positive wie negative Entwicklungen.

zu 3
Finde eine passende Überschrift.
Beantworte die W-Fragen (wer, wann, wo, wie, warum).
Tipp: Haltet in der Gruppe eine Redaktionssitzung ab, in der ihr eure Ergebnisse vergleicht.

Die deutsch-deutsche Grenze

Flucht in den Westen

In den 1950er-Jahren flüchteten Hunderttausende DDR-Bürger aus wirtschaftlichen und politischen Gründen in die Bundesrepublik. Die Hälfte von ihnen war jünger als 25 Jahre. Viele Flüchtlinge waren gut ausgebildete Facharbeiter oder hatten ein Studium abgeschlossen. Es verließen also Menschen die DDR, die für den Aufbau des Staates dringend gebraucht wurden. Die DDR-Regierung plante eine Grenze zur Bundesrepublik, um den Flüchtlingsstrom zu stoppen.

Jahr	Anzahl der Flüchtlinge
1949	129 245
1950	197 788
1952	182 393
1954	184 198
1957	261 622
1958	204 092
1960	199 188
1961 (bis 13.8.)	155 402
1962	21 000

M1 Flüchtlinge aus der DDR

Q1 Der sowjetische Partei- und Regierungschef Nikita Chruschtschow unterstützte den Mauerbau und äußerte einige Jahre später:

Was sollte ich denn tun? Mehr als 30 000 Menschen, und zwar die besten und tüchtigsten Menschen der DDR, verließen im Monat Juni das Land ... Man kann sich unschwer ausrechnen, wann die ostdeutsche Wirtschaft zusammengebrochen wäre, wenn wir nicht alsbald etwas gegen die Massenflucht getan hätten ... also blieb nur die Mauer übrig.

Ausbau der Grenze

Seit 1952 waren die Sicherungen an der deutsch-deutschen Grenze immer stärker ausgebaut worden. Markiert wurde diese Grenze durch einen dichten Stacheldrahtzaun, dem ein fünf Kilometer tiefes Sperrgebiet in die DDR hinein vorgelagert war. Die Grenzanlage sollte die Kontrolle des Gebietes ermöglichen und jeden Fluchtversuch unmöglich machen. Bis zu 50 000 Grenzsoldaten hatten den Befehl, Flüchtlinge aufzuspüren, festzunehmen oder zu erschießen.

Bau der Mauer in Berlin

Bis 1961 konnten sich die Menschen in Berlin noch frei zwischen den Sektoren bewegen. In der Nacht zum 13. August 1961 wurde die innerstädtische Sektorengrenze versperrt, Straßen wurden aufgerissen und U- und S-Bahn-Verbindungen in den Westen unterbrochen. In den folgenden Tagen wurde eine Mauer quer durch und um West-Berlin herum errichtet.

M2 Eine 77-jährige Frau flüchtet aus dem Fenster ihrer Wohnung in der Bernauer Straße in den Westen. SED-Ordner versuchen, sie durch das Fenster wieder hineinzuziehen (Foto, 1961).

Q2 Die Politikerin Regine Hildebrandt erlebte den Mauerbau an der Bernauer Straße in Berlin mit:

Im August und September 1961 sind die meisten bei uns in der Bernauer Straße abgehauen. Ständig war was los. Feuerwehr rückte an und hielt die Sprungtücher, Passanten nahmen die Flüchtenden und ihre Habseligkeiten in Empfang. Einmal saß ich nachts und lernte. Da hauten mir die Vopos [Volkspolizisten] fast die Tür ein. ... Mein Bruder hat sich mit seiner Frau aus unserer Wohnung im September 1961 abgeseilt. Ein paar Tage vorher hat er es mir gesagt. Für mich war das ganz schön haarig, wir hatten ein sehr gutes Verhältnis. Ich habe ihn erst nach elf Jahren wiedergesehen ... .

Leben im geteilten Deutschland

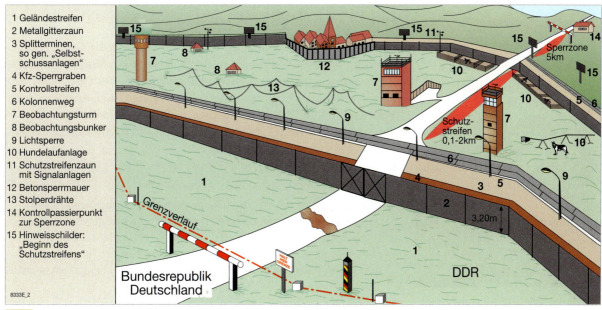

M3 Sicherung der Grenze zur Bundesrepublik

Fluchtversuche

Auch nach dem Bau der Grenzanlagen wollten weiterhin viele Bürgerinnen und Bürger die DDR verlassen, aber eine Flucht war kaum möglich. Wenn Fluchtversuche unternommen wurden, dann zumeist unter gefährlichsten Bedingungen: mit Schlauchbooten, selbstgebastelten Heißluftballons oder Verstecken in Autos und Schiffen.

Viele Menschen stellten einen Ausreiseantrag, um dauerhaft in den Westen überzusiedeln. Diese wurden in der Regel abgelehnt und die Antragsteller überwacht. An der Berliner Mauer kamen im Zeitraum von 1961 bis 1989 mindestens 183 Menschen um. Die Anzahl der Todesopfer an der innerdeutschen Grenze beläuft sich auf 872 Menschen.

Die Mauer in Berlin und die innerdeutsche Grenze sind Symbole für die deutsche Teilung geworden. Heute befindet sich an der Bernauer Straße in Berlin eine Gedenkstätte. Dort wird vor allem an die Opfer und die Toten an der Grenze erinnert. Ein Teil der Grenzanlage ist deshalb dort erhalten worden. Ein Dokumentationszentrum informiert über die Bedeutung der deutschen Teilung.

M4 Gedenkwand für die Todesopfer an der Mauer und der innerdeutschen Grenze (Foto, Berlin 2013)

ARBEITSAUFTRÄGE

1. Nenne die Gründe der DDR-Regierung für den Ausbau der Grenzen (M1, Q1).
2. ⇥ Beschreibe den Aufbau der Grenzanlagen (M3).
3. ⇥ Erläutere die Folgen des Mauerbaus für Ost- und West-Berliner (Q2, M2).
4. Verfasse mit einem Partner einen Dialog zwischen Regine und ihrem Bruder, in dem beide die geplante Flucht abwägen (Q2).
5. Bearbeite in einem Portfolio einen Beitrag zu Biografien von Todesopfern an der Berliner Mauer (M4). Informationen erhältst du unter: http://www.berliner-mauer-gedenkstaette.de/de/biographien-468.html
6. Beschreibe die Gedanken eines ausreisewilligen DDR-Bürgers.
7. ➡ Informiere dich über einen konkreten Fluchtversuch und berichte darüber in der Klasse.

⇥ zu 2.
Nutze die Legende. Überlege auch, welchem Zweck die einzelnen Bereiche dienten.

⇥ zu 3.
Berücksichtige auch Familien, Arbeitsstellen, Schulen.

Eine Geschichtserzählung

Erzählte Geschichte im Comic: *drüben!*

Im Comic *drüben!* erzählt der Autor Simon Schwartz die Geschichte seiner Familie. Seine Eltern, die in Erfurt leben, entschließen sich einen Ausreiseantrag in die Bundesrepublik zu stellen, der nach anderthalb Jahren genehmigt wird. Die Entscheidung der Familie, Reaktionen von Verwandten und Freunden und die Auswirkungen auf das Leben werden von unterschiedlichen Standpunkten aus betrachtet und erzählt.

> **Q1** Bewertung des Comics *drüben* in einem Onlineportal (19.01.2010):
>
> *drüben!* ist keine verbitterte Anklage gegen den einstigen deutschen Unrechtsstaat. Die Comicerzählung bewahrt sich eine gewisse Ambivalenz [Doppelwertigkeit] dadurch, dass sich der Künstler die Zeit nimmt, die langsame Wandlung seines Vaters vom überzeugten Jungsozialisten zum Systemflüchtling nachzuzeichnen. Auch versucht er, die ihm so fremden, systemtreuen Großeltern zu verstehen.

M1 Cover des Comics *drüben!* von Simon Schwartz

Getrennte Familien

Der Ausschnitt zeigt ein Gespräch zwischen Simon und seiner Mutter. Nach der Übersiedlung nach West-Berlin ist Simon traurig, weil er niemals von seinen Großeltern vom Kindergarten abgeholt wird.

M2 Getrennte Familien (Ausschnitte aus dem Comic *drüben!*)

Eine Geschichtserzählung

Zu Besuch in der DDR

Der Ausschnitt zeigt Simon, der seine Großeltern besuchen möchte. Nach der Übersiedlung nach West-Berlin ist es seinen Eltern untersagt, in die DDR einzureisen. Simon wird beim Übergang über die Grenze deshalb von einer Arbeitskollegin seiner Mutter begleitet.

M3 Zu Besuch in der DDR (Auschnitte aus dem Comic *drüben!*)

ARBEITSAUFTRÄGE

1. a) Beschreibe, wo Simons Verwandtschaft lebt (M2).
   b) Versetze dich in beide Personen hinein und gestalte jeweils Gedankenblasen, in denen du die Gefühle, Ängste oder Hoffnungen notierst.
2. a) Beschreibe die Situation an der Grenze (M3).
   b) Erkläre, aus welchen Perspektiven Simon dargestellt wird.
   c) Erläutere, welche Wirkung diese Perspektiven auslösen.
   d) Formuliere die Gefühle und Gedanken, die Simon vielleicht hatte.

Wandel durch Annäherung

Nach dem Mauerbau war das Verhältnis zwischen beiden deutschen Staaten zunächst sehr angespannt. Seit Mitte der 1960er-Jahre stritten die Parteien in der Bundesrepublik heftig darüber, wie man sich gegenüber der DDR und dem Ostblock verhalten solle. Während die CDU auf einem Alleinvertretungsanspruch der Bundesrepublik und auf einer unnachgiebigen Politik gegenüber der DDR beharrte, wollte die Sozialdemokratische Partei Deutschlands (SPD) das Verhältnis zwischen beiden deutschen Staaten ausbauen.

Alleinvertretungsanspruch: Anspruch der Bundesrepublik Deutschland, das gesamte Deutschland auf internationaler Ebene zu vertreten

Neue Ostpolitik

Seit 1969 regierte die SPD gemeinsam mit der Freien Demokratischen Partei (FDP). Bundeskanzler Willy Brandt (SPD) kündigte in seiner Regierungserklärung an, in der Deutschlandpolitik neue Wege gehen zu wollen. Ziel der neuen Politik war ein besseres Miteinander mit der DDR. Gespräche mit der DDR-Regierung brachten jedoch keine Ergebnisse. Die Bundesregierung musste sich zunächst mit der UdSSR einigen, um dann mit der DDR Verträge schließen zu können. 1970 erkannte die Bundesregierung im Moskauer und Warschauer Vertrag, den sogenannten Ostverträgen, die Grenzen in Europa an und garantierte, auf militärische Gewalt zu verzichten.

In den Folgejahren wurden mehrere Verträge geschlossen. In Deutschland blieb die Politik Brandts umstritten. Die CDU/CSU befürchtete, dass eine deutsche Wiedervereinigung nicht mehr möglich sei. Die Mehrheit der Bundesbürger unterstützte jedoch die Ostpolitik Brandts und bestätigte ihn 1972 im Amt.

– Die Besatzungsmächte schlossen im September 1971 das **Vier-Mächte-Abkommen über Berlin**. Es sicherte die Möglichkeit für West-Berliner zu Besuchen im Ostteil der Stadt und in der DDR und bestätigte die Zugehörigkeit Westberlins zur Bundesrepublik.
– Im Dezember 1971 garantierte die DDR in zwei **Transitabkommen** den ungehinderten Verkehr von der Bundesrepublik nach West-Berlin sowie den Besucherverkehr von West- nach Ost-Berlin und in die DDR.
– Der am 21. Dezember 1972 unterzeichnete **Grundlagenvertrag** regelte die Beziehungen zwischen Bundesrepublik und DDR neu: Er schrieb ihre Gleichberechtigung fest, ohne jedoch die DDR völkerrechtlich anzuerkennen. Die Unverletzlichkeit der bestehenden Grenzen, die Unabhängigkeit und Selbstständigkeit beider Staaten wurden gegenseitig anerkannt.
– Seit 1973 sind die Bundesrepublik und die DDR Mitglieder der UNO.

M1 Verträge der Entspannunspolitik

M2 Staatsbesuch in Warschau: Willy Brandt musste als junger Mann fliehen und lebte zwischen 1933 und 1945 in Norwegen und Schweden. Als erster Bundeskanzler besuchte er das Mahnmal des Warschauer Gettos. Dort kniete er schweigend nieder und gedachte der Opfer des Nationalsozialismus (Foto, 1970). 1971 erhielt Brandt in Oslo den Friedensnobelpreis für seine Ostpolitik.

Leben im geteilten Deutschland

Leben mit der Teilung

Während es auf politischer Ebene Versuche der Annäherung gab, schienen die Menschen in beiden Teilen Deutschlands immer weiter auseinanderzurücken. Reisen von West nach Ost waren mit zahlreichen Schwierigkeiten verbunden. Um als Bundesbürger die DDR besuchen zu können, musste man ein Einreisevisum beantragen, eine bestimmte Geldsumme eintauschen und langwierige Grenzkontrollen über sich ergehen lassen.

Bürgerinnen und Bürger der DDR durften in der Regel erst im Rentenalter zu Verwandten in den Westen reisen.

Pakete aus dem Westen

Der Kontakt zwischen den Familien, Bekannten und Freunden in der DDR und der Bundesrepublik wurde seit den 1950er-Jahren durch sogenannte Westpakete aufrecht erhalten. In den Paketen fanden sich Produkte wie Kaffee, Seife, Strumpfhosen, Süßigkeiten oder Kleidung für die Angehörigen in der DDR. Während die Bundesregierung das Verschicken von Paketen durch Plakate und Merkblätter unterstützte, sah die DDR-Regierung darin einen direkten Angriff auf die Politik der DDR.

M3 Eine Braut, die in den Westen geflüchtet ist, bekommt zur Hochzeit von ihren Angehörigen im Ostteil Berlins Blumen, die an einer Schnur aus dem Fenster gelassen werden (Foto, 1961).

BOCHUM: „Zum Schuster lohnt nicht mehr. Kaufe eine Briefmarke und schicke die Schuhe Tante Klara in die Zone."

POTSDAM: „... und dann schreibt sie noch was vom Duft der großen weiten Welt."

M4 Karikaturen aus dem ostdeutschen Satire-Magazin Eulenspiegel (1961)

ARBEITSAUFTRÄGE

1. a) Erstelle eine Zeitleiste zu den wichtigsten Verträgen (M1).
   b) Fasse deren Inhalt stichwortartig zusammen.
2. Beschreibe das Foto von Willy Brandt in Warschau (M2).
3. Erläutere, welche Bedeutung der Ostpolitik Brandts von anderen Staaten beigemessen wurde (M2).
4. a) Erstelle mit einem Partner eine Übersicht, wie der Kontakt zwischen Ost- und Westdeutschen aufrechterhalten wurde (M3, M4).
   b) Erläutere die unterschiedlichen Haltungen von DDR-Regierung und Bundesregierung.
5. Erörtere den Ausdruck „Wandel durch Annäherung".

zu 2.
Beachte dabei das Verhältnis zu Polen nach dem Zweiten Weltkrieg.

zu 4.
Befragt auch eure Eltern, Großeltern, Nachbarn oder Bekannte dazu, wie sie sich an Westpakete erinnern.

Gesellschaft in Ost und West

Erich Honecker wird SED-Vorsitzender

Nach dem Mauerbau am 13. August 1961 begann für die DDR wirtschaftlich und sozial eine Phase der Festigung, denn die massenhafte Flucht von qualifizierten Arbeitskräften in den Westen war gestoppt. Seit 1971 stand Erich Honecker an der Spitze der SED. Der Wechsel in der politischen Führung wurde von vielen mit großen Hoffnungen verbunden.

Die Sozialpolitik der DDR sollte dazu beitragen, dass die Menschen die Politik des Staates stärker akzeptierten. Tatsächlich wurden mehr Waren für das alltägliche Leben produziert, die Berufstätigkeit von Müttern erleichtert oder ein Studium finanziell unterstützt.

Frauen in Ost und West

In der Frauenpolitik der DDR war es wichtig, dass Frauen das Familienleben mit der eigenen Berufstätigkeit vereinbaren konnten, denn 91 % der Frauen waren erwerbstätig. Mit Maßnahmen wie der Einführung eines Baby-Jahres, von Ehe-Krediten oder der Krankengeldzahlung bei Erkrankung eines Kindes wurde die Berufstätigkeit von Frauen gefördert und die Geburtenrate erhöht.

In der Bundesrepublik wurde in den 1970er-Jahren von Frauen das traditionelle Rollenbild in Familie und Gesellschaft hinterfragt. Es entstand eine Frauenbewegung, die dafür kämpfte, dass die Gleichberechtigung von Mann und Frau, die im Grundgesetz verankert war, auf allen gesellschaftlichen Gebieten umgesetzt wurde. Emanzipierte Frauen hinterfragten die festgefügten Rollenmuster der Geschlechter.

M1 Erich Honecker, 1912–1994 (Foto, 1975)

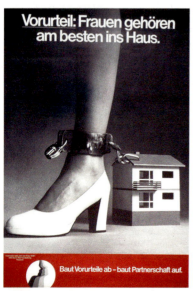

M2 Plakat zum internationalen Frauentag 1975 in der Bundesrepublik

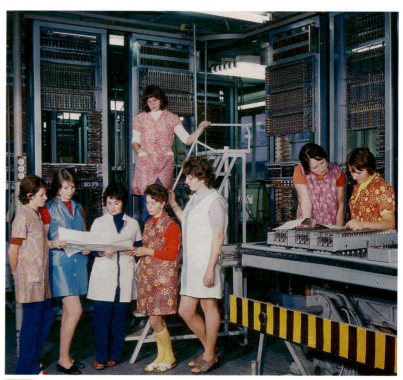

M3 Frauen arbeiten in einer Telefonzentrale in der DDR (Foto, 1975).

Jugend in Ost und West

Die Führung der DDR sah in der Jugend den Träger des gesellschaftlichen Wandels. Kinder und Jugendliche sollten zu sozialistischen Persönlichkeiten erzogen werden, die den Staat dauerhaft unterstützen. Zu diesem Zweck unternahm die politische Führung unterschiedliche Maßnahmen: Das Recht auf Arbeit wurde gesichert, Jugendeinrichtungen wurden gegründet und Bildungswege finanziert. Gleichzeitig wurde in der Schule und Freien Deutschen Jugend (FDJ), der einzig staatlich anerkannten Jugendorganisation, der Einfluss der SED auf die Erziehung von Kindern und Jugendlichen sichergestellt.

Über die Schule versuchte die SED, ihren Einfluss auf die Erziehung von Kindern und Jugendlichen auszuüben. In der Regel traten die Schulklassen gemeinsam in die Jugendorganisationen ein.

In der Bundesrepublik organisierten viele Jugendliche ihre Freizeit selbstständig. Sie waren Mitglieder in Sportvereinen oder engagierten sich politisch. Freizeitgestaltung, Musik und Mode waren wichtige Bereiche für Jugendliche, um die eigene Persönlichkeit darzustellen.

Organisation	Klasse/Alter	Kleidung	Gruß
Jungpioniere	1.–3. Kl. / 6–10 J.	Weißes Hemd mit Abzeichen und blauem Halstuch	„Für Frieden und Sozialismus seid bereit!" Antwort: „Immer bereit."
Thälmannpioniere	4.–7. Kl. / 10–14 J.	Weißes Hemd mit Abzeichen und rotem Halstuch	
FDJ	ab Kl. 8 / 14–25 J.	blaues Hemd mit Abzeichen	„Freundschaft"

M4 Organisierte Jugend in der DDR

Q1 Carina Slavik erinnert sich in einem Interview mit der Schülerzeitung SPIESSER an ihre Schulzeit in der DDR in den 1980er-Jahren:

SPIESSER: Begann deine erste Stunde einfach mit dem Klingeln, wie bei mir?
Carina: So schnell ging das nicht. Jeden Morgen mussten wir den Pioniergruß aufsagen. Der Lehrer rief: „Seid bereit", wir antworteten: „Immer bereit". Dann meldete der Klassensprecher alle abwesenden Mitschüler.
SPIESSER: Ging es bei euch auch so locker zu wie bei uns heute?
Carina: Etwas disziplinierter war es schon. Wir mussten immer gerade sitzen. Auch auf den Gängen rumhängen war nicht. Trotzdem hatten wir in der Pause jede Menge Spaß …
SPIESSER: Was hast du nach der Schule so gemacht? Ich kann mit meiner Freizeit machen, was ich will.
Carina: Ich war bei vielen AGs. Das waren Arbeitsgemeinschaften, die von der Schule kostenlos angeboten wurden. Ich war in der AG Schreibende Schüler, der AG Werken und Geräteturnen. Es war gern gesehen, wenigstens bei einer AG dabei zu sein. Bei mir waren auch Pioniernachmittage Pflichtprogramm, die durchaus interessant waren, wenn es z. B. um andere Länder ging. …
SPIESSER: Hattest du auch sechs Wochen Sommerferien?
Carina: Ich hatte sogar acht Wochen. Dafür musste ich aber auch samstags für vier Stunden in die Schule gehen.

M5 Jugendliche auf einer Kellerparty (Oberhausen-Sterkrade, März 1981)

ARBEITSAUFTRÄGE

1. → Nenne Gründe für Honeckers Beliebtheit in den ersten Jahren seiner Regierungszeit.
2. Vergleiche in Partnerarbeit die Situation von Frauen in der Bundesrepublik und der DDR (M2, M3).
3. → a) Beschreibe die Freizeitplanung von vielen Jugendlichen in der DDR.
   → b) Bewerte deine Möglichkeiten der Freizeitgestaltung heute.
4. ⇨ Diskutiert, warum viele DDR-Bürger große Hoffnungen in die Politik Honeckers setzten.

→ zu 1.
Zunächst war Erich Honecker beliebt, weil … Es gab mehr … Frauen konnten …

→ zu 3.
Legt zu Aufgabe 3 a und b ein Placemat an oder bearbeitet die Aufgaben im Lerntempoduett. Nutzt dazu die Informationen auf den Seiten 17 und 133.

Methode

Geschichte im Film

Im Geschichtsunterricht können Filme als Quelle dienen.

Um die Bedeutung von Filmen als Quelle beurteilen zu können, reicht es nicht aus, einen Spielfilm und einen Dokumentarfilm gleichen Themas zu analysieren und zu vergleichen. Es ist notwendig weitere Materialien und Schritte zu berücksichtigen.

Filme müssen also sorgfältig und kritisch ausgewertet werden. Filme vermitteln die Atmosphäre eines Geschehens und durch das Darstellen nebensächlicher Aspekte wirkt das Gezeigte realistisch. Die Mittel der Filmsprache müssen erkannt werden, um die Wirkungsweise eines Films analysieren und verstehen zu können.

Dokumentarfilme

In einem Dokumentarfilm wird der Ablauf historischer Ereignisse wiedergegeben. Dabei werden originale Filmaufnahmen verwendet, die mit aktuellen Zeitzeugenaussagen, Grafiken, Karten oder Bildern ergänzt werden. Ein historisches Ereignis wird auf diese Weise erzählt. Der Dokumentarfilm möchte den Zuschauer sachlich, und anhand ausgewählter Quellen über ein geschichtliches Thema informieren.

Dokumentarfilme scheinen nah an der historischen Wirklichkeit zu sein, dennoch sind auch diese Filme bewusst gestaltet.

Spielfilme

In Spielfilmen steht das historische Ereignis häufig im Hintergrund. Es dient dazu, eine zumeist erdachte Situation von Hauptfiguren für den Zuschauer spannend zu erzählen. Durch Kameraeinstellungen, Bewegung und Blickwinkel der Kamera, Kostüme, Lichteffekte und Ton wird die Wirkung von Echtheit erzeugt.

M1 Plakat für den Film „Westwind" (Plakat, 2011)

In dem Dokumentarfilm „Geh voran, Pionier!" werden zu den einzelnen Geboten der Jungpioniere Zeitzeugen befragt, Dokumentaraufnahmen gezeigt und verschiedene Orte, z.B. Schulen oder Jugendeinrichtungen besucht. So wird dem Zuschauer deutlich, welche Bedeutung die Jugendorganisationen in der DDR für Schülerinnen und Schüler hatten. Es wird beschrieben, wie die Organisationen aufgebaut waren, wie sie funktionierten und was es bedeutete, wenn man nicht in ihnen organisiert war. Besonders die Lebenswege der Zeitzeugen machen deutlich, wie stark sie durch die Struktur der Jugendorganisationen geprägt wurden. Fragen die aufgeworfen werden:
– Hätte ich mich in einer Jugendorganisation wohl gefühlt?
– Welche Konsequenzen hätte es für mich gehabt, wenn meine Eltern gegen eine Mitgliedschaft gewesen wären?
– Was machen die ehemaligen Leiter und Betreuer heute?
– Wie bewerten sie ihre Arbeit in der FDJ heute?

M2 So könnte die Analyse des Dokumentarfilms aussehen.

So geht ihr vor:

1. → **Filmanalyse vorbereiten**
   – Wählt einen Spielfilm und einen Dokumentarfilm zum gleichen Thema aus.
   – Sucht ergänzendes Material (Gesetze, Lexika, Sachtexte).

2. → **Filme analysieren**
   – Schaut euch die entscheidenden Szenen der Filme an.
   – Betrachtet zunächst beide Filme getrennt voneinander.
   – Fasst den Inhalt zusammen.
   – Notiert Fragen, die geklärt werden müssen.
   – Nennt wichtige Personen, Orte und Ereignisse.
   – Beschreibt, wie historische Informationen vermittelt werden (Ausstattung, Zeitzeugenaussagen, etc.).

3. → **Ergebnisse vergleichen und auswerten**
   – Benennt Gemeinsamkeiten und Unterschiede zwischen Spiel- und Dokumentarfilm.
   – Notiert Fragen, die geklärt werden müssen.
   – Vergleicht eure Ergebnisse mit anderen Quellen und Materialien.

Spielfilm und Dokumentarfilm im Vergleich

Die Handlung des Spielfilms „Westwind" und des Dokumentarfilms „Geh voran, Pionier!" ist inhaltlich angebunden an die Ausbildung von Pionieren in der DDR. In „Westwind" bildet ein Pionierlager in Ungarn im Jahr 1988 den Rahmen für die Haupthandlung.

M3 Szenenfoto aus dem Spielfilm „Westwind"

M4 Szenenfoto aus dem Dokumentarfilm „Geh voran, Pionier!"

Q1 Die Gebote der Jungpioniere

Wir Jungpioniere ...
lieben unsere Deutsche Demokratische Republik.

lieben unsere Eltern.

lieben den Frieden.

halten Freundschaft mit den Kindern der Sowjetunion und aller Länder.

lernen fleißig, sind ordentlich und diszipliniert.

achten alle arbeitenden Menschen und helfen überall tüchtig mit.

sind gute Freunde und helfen einander.

singen und tanzen, spielen und basteln gern.

treiben Sport und halten unseren Körper sauber und gesund.

tragen mit Stolz unser blaues Halstuch.

Wir bereiten uns darauf vor, gute Thälmann-Pioniere zu werden.

ARBEITSAUFTRÄGE

1. Vergleiche, wie in beiden Filmen die „Gebote der Pioniere" (Q1) eingebaut sind.
   a) Beschreibe, wie die Gebote in der Dokumentation eingesetzt werden.
   b) Erkläre, wie sich die Gebote in „Westwind" wiederfinden, ohne dass sie ausdrücklich genannt werden.
   c) Nennt Gemeinsamkeiten und Unterschiede.
2. Beschreibe, welche Wirkung durch die Darstellung jeweils erzeugt wird:
   a) im Dokumentarfilm,
   b) im Spielfilm.
   c) Erläutere, durch welche filmischen Mittel diese Wirkung jeweils verstärkt wird.

M5 Geh voran, Pionier! (DVD, 2006)

Das Ministerium für Staatssicherheit

Schild und Schwert der Partei

1950 wurde nach dem Vorbild der sowjetischen Geheimpolizei das Ministerium für Staatssicherheit (MfS) gegründet. Das MfS wurde als „Schild und Schwert der Partei" bezeichnet. Es war ein innenpolitisches Instrument der SED, das die Aufgabe hatte politische Andersdenkende aufzuspüren, zu beobachten und zu unterdrücken. Die Staatssicherheit (Stasi) diente also dem Machterhalt der SED.

Kritiker der DDR wurden überwacht und eingeschüchtert, aber auch ins Gefängnis geworfen, gefoltert und sogar getötet.

Die Staatssicherheit überzog die gesamte DDR mit einem Überwachungssystem. Seit seiner Gründung wuchs das Ministerium ständig. Im Jahr 1989 gab es neben den rund 91000 festen Mitarbeitern, die für das MfS arbeiteten, auch ungefähr 189000 sogenannte Inoffizielle Mitarbeiter (IM), die Personen in ihrem privaten und beruflichen Umfeld bespitzelten und Informationen an die Stasi weitergaben.

Flächendeckende Überwachung

Die Mitarbeiter der Stasi beobachteten Verdächtige, hörten Telefongespräche ab, öffneten die Post, notierten Äußerungen und legten Akten darüber an.

Die schriftlichen Unterlagen des MfS ließen sich in Karteien und Akten aufteilen. Es wurden bisher 39 Millionen Karteikarten und 180 Kilometer Akten aufgefunden.

Menschen, die zu Unrecht in DDR-Gefängnissen gesessen haben oder aus anderen Gründen zu Opfern des Systems geworden waren, können nun mithilfe der Akten entlastet werden. So kann ihr guter Ruf wiederhergestellt werden. Bis 2010 haben ungefähr 220000 Personen den Antrag gestellt, ihre Akten einzusehen.

M1 Geruchsproben wurden von der Stasi in Gläsern aufbewahrt.

- alle Lebensbereiche in der DDR lückenlos überwachen
- Stimmung in der Bevölkerung einschätzen
- kritische Einzelpersonen und Gruppen identifizieren und unterdrücken
- Kirchen überwachen
- Sicherheitsüberprüfungen durchführen
- Sicherheit und Ordnung bei Staatsfeierlichkeiten gewährleisten
- führende Vertreter der DDR schützen
- im Ausland spionieren

M2 Aufgabenbereiche der Staatssicherheit

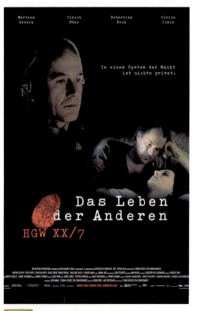

M3 Das Leben der Anderen (Filmplakat, 2006)

M4 Aktenberge in der Behörde des Bundesbeauftragten für die Stasi-Unterlagen (BStU) in Berlin (Foto, 1995)

An einem Tag im April 1986 ließ mich mein Direktor in sein Dienstzimmer holen. ... (Er) stellte mir ... Herrn A. vor und ging. Eigentlich sah Herr A. wie ein Bauarbeiter in Sonntagsklamotten aus ... Er war noch relativ jung, jedenfalls aus heutiger Sicht. Dieser Herr sagte, dass er sich mit mir über die Situation der Jugendlichen in unserem Ort unterhalten wollte. ... Er meinte, ich hätte doch überall ein bisschen meinen Fuß in der Tür und würde mich doch bestens auskennen. Ihm als Erwachsenen würde doch niemand etwas erzählen, und so könnte er auch nichts für uns ändern. Aus diesem Grund würde er Einzelgespräche mit Jugendlichen suchen. Es war eine komische Situation. Was sollte ich ihm erzählen, was er nicht schon längst wusste? Wie sollte ich ihm helfen? Anstatt ihm zu sagen, was ich alles schlecht finde in unserer Heimatstadt, habe ich vorsichtshalber erzählt, was ich dachte, was er hören wollte. Immer so harmlose Sachen, mit denen ich nicht anecken konnte. Wir hatten das ja schon perfekt gelernt als Kinder. Am Ende des Gesprächs sagte er mir dann, dass er vom Ministerium für Staatssicherheit sei und ich mit niemandem, auch nicht mit meinen Eltern, über unser Zusammentreffen und das Gespräch reden dürfte. Wenn ich Fragen hätte, könnte ich mich an ihn wenden. Er würde mich auch gerne wiedertreffen, um die Lage neu einzuschätzen und damit wir uns über einige Punkte intensiver unterhalten könnten. Meine Gefühle gingen rauf und runter. Was wusste ich mit 16 Jahren schon von der Staatssicherheit. Es wurde nur hinter vorgehaltener Hand gemunkelt. Die Stasi gehörte dazu wie Eltern, Schule, Kirche. Sie waren dazu da, Leute davon abzuhalten, nach dem Westen abzuhauen, sie waren dafür zuständig, die Visa zu stempeln, mehr wusste ich nicht. Das Haus, in dem sie ihre Büros hatten, war gesichert wie eine Festung, die waren eben wichtig. Einerseits war mir nach dem Gespräch mulmig zumute, andererseits war ich neugierig. Einerseits habe ich mich gewundert, was das alles soll, weil er mich solche Lappalien fragte, die er jeden hätte fragen können. Andererseits fühlte ich mich auch plötzlich wichtig, weil er gerade mich fragte. ...
Heute frage ich mich immer wieder, warum ich nicht einen anderen Gesprächspartner gesucht habe, zum Beispiel den Pastor, dann wäre alles anders gekommen. Sonst habe ich ihm und seiner Frau doch auch alles anvertraut. Aber ich bin stattdessen mit dem Zug zu dem zweiten Gespräch in die Stadt gefahren. Wir waren hinterm Bahnhof verabredet, in einem Auto. Dann sind wir aus der Stadt rausgefahren. Es war schon ein komisches Gefühl, eine beklemmende Situation. Angst hatte ich nicht direkt, eher Befürchtungen, dass mich einer sieht und es zum Beispiel meiner Mutter erzählt. Nachdem wir uns eine Weile über dies und das unterhalten hatten, kamen die ersten konkreten Fragen nach unserem Jugendkeller im Gemeindehaus und nach dem Pastorenehepaar. Ich bin ja bei ihnen ein und aus gegangen und war fast täglich dort. Er fragte nach den Leuten im Keller, was wir dort und in der Jungen Gemeinde machten, fragte, was der Pastor sagt, was er uns anbietet, ob er Literatur verbreitet, etwas Staatsfeindliches passiert. Mir ist überhaupt noch nicht bewusst geworden, welches Ziel der Herr A. damit verfolgte. Nur so viel wusste ich: Über die Leute und über das Pastorenehepaar wollte ich nichts erzählen – zumindest nichts, was irgendjemandem schaden konnte.

Q1 Eine Schülerin erinnert sich: „Wie ich IM Bärbel wurde."

ARBEITSAUFTRÄGE

1. Nenne die Aufgaben der Staatssicherheit.
2. Erkläre den Begriff „Schild und Schwert der Partei".
3. Liste die Möglichkeiten auf, die die Stasi hatte, an Informationen zu gelangen.
4. Erarbeite für dein Portfolio einen Beitrag, in dem du die Lage von IM Bärbel aus deiner Sicht überdenkst.
5. a) Leiht euch den Film „Das Leben der Anderen" (M3) aus und seht ihn euch gemeinsam in der Klasse an.
   b) Überprüft, wie die Methoden der Stasi im Film dargestellt werden.

Weitere Informationen zum Ministerium für Staatssicherheit erhaltet ihr unter:

http://www.bstu.bund.de/DE/Home/home_node.html

Proteste schaffen Veränderungen

Protestbewegungen in Ost und West

Protestbewegungen in der Bundesrepublik

In der Bundesrepublik entwickelten sich in den 1980er-Jahren Protestbewegungen, die sich gegen die weitere Aufrüstung mit Atomraketen stellten. Die Friedensbewegung, die die Proteste organisierte, forderte eine Abrüstung in Ost und West.

Auch der Umweltschutz wurde immer mehr zu einem Thema, für das sich die Bürger interessierten und engagierten. 1983 war eine neue Partei, „Die Grünen", nach den Bundestagswahlen im Bundestag vertreten. Sie griffen die Themen Umweltpolitik und Friedenspolitik auf und schafften es, sich dauerhaft in der Bundespolitik zu etablieren.

M1 Wahlplakat der Grünen im Jahr 1983

Q1 Der Journalist Bruno Kreisky schrieb in DIE ZEIT vom 30.09.1989 über jugendliche Oppositionsbewegungen in Europa:

Wo ist der Standort der Friedensbewegung in Europa? Er ist nur zu einem Teil innerhalb der europäischen Sozialdemokratie zu finden. Die Friedensbewegung erfasst große Teile der politisch denkenden Jugend in fast allen Ländern Europas, am deutlichsten und stärksten in den unmittelbar von neuen Raketenbasen betroffenen Ländern. Sie ist zur tragenden Idee in den europäischen Religionsgemeinschaften geworden, ob sie katholisch oder protestantisch sein mögen. Sie hat auch politisch radikalere Gruppen erfasst, die dieser Friedensbewegung zugegebenermaßen ein zwiespältiges Profil gegeben haben. Aber man kann nicht bestreiten, dass im Lager der Friedensbewegung vor allem junge Menschen stehen.

M2 Friedensdemonstration in Bonn (Foto, 1981)

Protest schafft Veränderungen

Bürgerbewegungen in der DDR

Das SED-Regime beobachtete mit Misstrauen die Friedens- und Umweltbewegungen, die sich zu Beginn der 1980er-Jahre entwickelten. Vor allem die Kirchen waren zu dieser Zeit ein Zufluchtsort für Andersdenkende. Der Bund der Evangelischen Kirchen veranstaltete seit November 1980 jährlich Friedenswochen. In Leipzig organisierten oppositionelle Gruppen Friedensgebete, eine Verbindung aus politischer Veranstaltung und Gottesdienst. Mit Unterbrechung gab es sie seit 1981 und an ihnen nahmen auch politisch interessierte Bürger teil.

Menschen versammelten sich, um für den Frieden zu beten, Vorträge zu hören, Informationen auszutauschen und Protestaktionen vorzubereiten. Da in der DDR politisches Engagement öffentlich kaum möglich war, fanden viele solcher Aktivitäten in Räumen der Kirchen statt.

M3 Eine Demonstration von Mitgliedern der DDR-Friedensbewegung vor der US-Botschaft wird von der Volkspolizei aufgelöst (Foto, 01.09.1983).

DDR-Bürger hoffen auf Wandel

In der DDR herrschte eine große Unzufriedenheit. Die Bevölkerung musste unter der Mangelwirtschaft leiden, Industrieanlagen und Wohnhäuser zerfielen, das Verkehrsnetz war veraltet und Umweltschutz wurde nicht betrieben.

Hoffnungsvoll verfolgten die Menschen in der DDR die Wandlungsprozesse in anderen Ländern. In osteuropäischen Staaten wie Polen und Ungarn vollzogen sich in den 1980er-Jahren politische Veränderungen. Auch in der Sowjetunion leitete der neue Generalsekretär Michail Gorbatschow seit 1985 Reformen ein. Die Wirtschaft sollte durch Eigeninitiative produktiver werden. Politisch sollte den Bürgern, beispielsweise durch die Pressefreiheit, mehr Transparenz gewährt werden. In Polen wurden die ersten Schritte zur Demokratisierung durch massive Streiks erreicht.

M4 Zeichen der Friedensbewegung

> **Q2** In einem Bericht des Ministeriums für Staatssicherheit von 1989 steht:
>
> Von unterschiedlichen Bevölkerungsgruppen werden häufig Widersprüche zwischen Wort und Tat der Parteiführung konstruiert. Starke Zweifel bestehen an den Meldungen über erfüllte bzw. überbotene Pläne, weil sich das nicht im Warenangebot widerspiegele. Gleichfalls bemängelt wird das Verschweigen „heißer Eisen", wie z. B. steigende Zahlen von ständigen Ausreisen und ungesetzlichen Grenzübertritten.

ARBEITSAUFTRÄGE

1. Beschreibe, welche Ziele die Protestbewegungen in Ost und West verfolgten (M1 – M3).
2. Überlege mit einem Partner, warum sich besonders Jugendliche engagierten (Q1).
3. Erkläre den Begriff „Friedensgebet".
4. Erläutere, warum die Bürgerinnen und Bürger der DDR auf politische Veränderungen hofften.
5. a) Informiere dich, woher das Zeichen der Friedensbewegung ursprünglich stammt (M4).
   b) Entwirf ein eigenes Zeichen für die Friedensbewegung und präsentiere es der Klasse.

→ zu 2.
Beachte die Themen, die durch Protestbewegungen aufgegriffen werden.

→ zu 4.
Viele Bürger der DDR waren unzufrieden, weil … . In anderen Ländern … . Michail Gorbatschow … .

Auf dem Weg zur Wiedervereinigung

M1 Demonstranten tragen bei den Montagsdemonstrationen in Leipzig das Bild von Michail Gorbatschow (Foto, Oktober 1989).

Michail Gorbatschow

Michail Gorbatschow war von 1985 bis 1991 Regierungschef der Sowjetunion und formulierte während seiner Regierungszeit für seine Politik zwei wichtige Begriffe:

– Glasnost (russ. für Offenheit): gesellschaftliche und politische Fragen sollen nicht allein von der Partei, sondern auch von der Bevölkerung öffentlich diskutiert werden

– Perestroika (russ. für Umgestaltung): Erneuerung und Veränderung des starren gesellschaftlichen und wirtschaftlichen Systems der Sowjetunion

Der demokratische Umbruch 1989

Die „Friedliche Revolution" von 1989

Bei den Friedensgebeten konnten aktuelle Fragen zur Sprache kommen. Aus diesen Friedensgebeten und den anschließenden Montagsdemonstrationen entwickelte sich im September und Oktober 1989 eine Bewegung in Leipzig, die zum Auslöser der sogenannten Friedlichen Revolution wurde. Alle Beteiligten an den Gebeten und den Demonstrationen verband die Forderung, dass politische Auseinandersetzungen und Veränderungen ohne Gewalt geführt werden sollten.

„Wir sind das Volk!"

Ermutigt durch die von kirchlicher Seite unterstützten Bürgerbewegungen, wurden zunehmend die Missstände im Land offen angeprangert. Hunderttausende Bürger gingen auf die Straße und demonstrierten für Demokratie und Reformen. „Wir sind das Volk!" wurde zu ihrem Leitspruch. Im Sommer 1989 versuchten Tausende DDR-Bürger die Botschaften der Bundesrepublik in Budapest, Prag und Warschau zu stürmen, um so ihre Ausreise in den Westen zu erzwingen.

Schließlich trat Staats- und Parteichef Erich Honecker am 18. Oktober 1989 zurück. Doch die Demonstrationen wurden fortgesetzt.

Der Fall der Berliner Mauer

Am 9. November 1989 gab Günter Schabowski, ein führendes Mitglied der SED, eine Pressekonferenz. Er verkündete, dass es jedem Bürger ab sofort möglich sei, aus der DDR auszureisen. Diese Ankündigung nahmen Tausende DDR-Bürger zum Anlass, die Grenzübergänge nach West-Berlin zu stürmen. Massenhaft strömten sie nun nach West-Berlin und in die Bundesrepublik. Als Folge dieser Ereignisse gab die SED ihren Führungsanspruch auf.

M2 Montagsdemonstration in Leipzig (November, 1989)

M3 Nach der Grenzöffnung auf der Mauer vor dem Brandenburger Tor in Berlin (Foto, November 1989)

Der Prozess der Wiedervereinigung

Am 18. März 1990 fanden in der DDR erstmals demokratische Wahlen statt. Durch Verhandlungen zwischen den ehemaligen Besatzungsmächten und den beiden deutschen Staaten wurde die Wiedervereinigung ermöglicht.

M4 Der deutsch-deutsche Staatsvertrag vom 1. Juli 1990 (Schaubild)

ARBEITSAUFTRÄGE

1. Erstelle mit einem Partner eine Zeitleiste zu den politischen Veränderungen seit den 1980er-Jahren.
2. Fertige einen Beitrag für dein Portfolio an, in dem du überdenkst, vor welchen Herausforderungen DDR-Bürger im Westen vielleicht standen.
3. ⇥ Erläutere die Bestimmungen aus Schaubild M4.
4. ⇨ Befrage deine Eltern, Großeltern oder Bekannte, wie sie die Wiedervereinigung erlebt haben. Berichte in der Klasse darüber.

⇥ zu 3.
Überlege, welche Veränderungen die Bürger unmittelbar spüren.

Vereintes Deutschland

M1 Deutschland seit 1990

Deutschland wächst zusammen

Als im Juli 1990 die beiden deutschen Staaten wirtschaftlich zusammengeführt wurden, waren die Hoffnungen groß, dass sich auch die Lebensverhältnisse in Ost und West bald angleichen würden. Denn noch gab es Gewinner und Verlierer der Wiedervereinigung.

Wirtschaftliche Herausforderungen im Osten

Nach dem Ende der Planwirtschaft stellte sich für viele Betriebe im Osten die Frage, wer sie in Zukunft leiten würde. Im März 1990 wurde deshalb die Treuhandanstalt gegründet, deren Aufgabe es war, diese Betriebe an private Unternehmer zu verkaufen. Dies erwies sich als schwierig, denn viele Betriebe waren nicht mehr konkurrenzfähig und mussten schließen. Die Arbeitslosigkeit in den neuen Ländern stieg stark an. Vor allem gut ausgebildete, junge Menschen verließen den Osten, weil sie im Westen bessere Arbeitsmöglichkeiten fanden.

Im Jahr 2012 lag die Wirtschaftskraft in Ostdeutschland bei 70 Prozent des alten Bundesgebiets.

Bürger zweiter Klasse?

Bis 2012 flossen ungefähr 1000 Milliarden Euro an direkter Aufbauhilfe nach Ostdeutschland. Das Geld wurde verwendet, um die Infrastruktur zu verbessern, den Umweltschutz zu fördern und die soziale Sicherung zu gewährleisten.

Gleichwohl fühlten sich viele Ostdeutsche als Bürger zweiter Klasse. Sie waren enttäuscht über die wirtschaftliche und soziale Situation.

M2 Wiedervereinigung (Karikatur von Burkhard Mohr)

M3 Trabant im Müllcontainer: Ehemals begehrte Produkte haben ihren Wert verloren (Foto, Mitte der 1990er-Jahre).

Vereintes Deutschland

Aufarbeitung der Vergangenheit

Die Aufarbeitung der DDR-Vergangenheit zeigt, dass die SED-Diktatur ihre Spuren hinterlassen hat. Bereits kurz nach dem Zusammenbruch der DDR forderte die Bürgerrechtsbewegung eine vollständige Öffnung der Archive des Ministeriums für Staatssicherheit. 1991 wurde entsprechend das Stasi-Unterlagen-Gesetz erlassen und die Behörde des Bundesbeauftragten für die Stasi-Unterlagen geschaffen. Jeder Bürger kann sich dort informieren, ob er von der Stasi überwacht worden war. Auch die Frage, wie Menschen, die zu Unrecht als politische Gefangene, teilweise über viele Jahre hinweg, in DDR-Gefängnissen inhaftiert waren, entschädigt werden können, bedarf einer öffentlichen Auseinandersetzung. Diesen Personen ist wichtig, dass ihr guter Ruf wiederhergestellt wird.

Jugendliche bewerten die Wiedervereinigung

Jugendliche wachsen in einem wiedervereinigten Deutschland auf. Für sie stellt sich die Frage nach Ost und West häufig gar nicht. Jugendliche haben vielfach ähnliche Probleme und Anliegen: Wie erhalte ich einen guten Schulabschluss? Finde ich eine Ausbildungsstelle? Kann ich mein Leben nach meinen Vorstellungen gestalten?

M4 Gebäude in Görlitz 1974 und 2004

> **Q1** Yue antwortet auf die Frage „Gibt es noch Ossis und Wessis?" 13.08.2011 in einem Internetforum:
>
> *Für die Menschen, die in der DDR oder der BRD gelebt haben, werden die Erinnerungen wohl immer bleiben und somit auch ein gewisser Unterschied zwischen Ost und West.*
> *Da ich diese Zeit nicht mehr miterlebt habe, denke ich auch nicht in Ost und West.*
> *Unglücklicherweise gibt es aber noch Unterschiede zwischen ehemaliger BRD und DDR, die es zu beseitigen gilt. Als Beispiel:*
> *Ich habe einen Freund, der im „Westen" als Krankenpfleger arbeitet; meine Tante ist in der gleichen Position im „Osten" angestellt. Der Gehaltsunterschied ist schon sehr auffällig, und das nicht nur in diesem Beruf. Insgesamt bin ich der Meinung, dass Deutschland wieder vereint ist und man auch so denken sollte. Trotz allem darf die Geschichte natürlich nicht in Vergessenheit geraten.*

ARBEITSAUFTRÄGE

1. ⇥ Nenne Probleme und Chancen der Wiedervereinigung (M1, M3).
2. Werte die Karikatur M2 aus.
3. ⇥ Verfasse in der Gruppe einen Dialog zwischen der 18-jährigen Anna und ihren Eltern über ihre Pläne, von Weimar nach Köln zu ziehen.
4. Erläutere, warum die Auseinandersetzung mit der DDR-Vergangenheit wichtig ist.
5. a) Bewerte die Meinung von Yue zu der Fragestellung (Q1).
   b) Verfasse einen eigenen Beitrag für das Internetforum.
6. ➡ Diskutiert, welche Bedeutung dem 3. Oktober als Tag der Deutschen Einheit heute zukommt.

⇥ zu 1.
Unterschiede zwischen sozialen, politischen und gesellschaftlichen Aspekten.

⇥ zu 3.
So könnte der Dialog beginnen:
Anna: Ich muss mit euch sprechen.
Vater: Worüber denn?
Anna Ich habe meine Ausbildung als Bürokauffrau abgeschlossen. Jetzt möchte ich … .
Mutter: Aber das geht doch nicht. Hast du bedacht, dass …
Anna: Hier habe ich keine …

Zeitzeugen befragen

Viele eurer Eltern und Großeltern haben den Kalten Krieg, die Teilung Deutschlands oder die Wiedervereinigung miterlebt oder waren selber betroffen von den Ereignissen. Sie können ihre persönlichen Eindrücke und Erfahrungen darüber vermitteln, wie es war, in diesen Zeiten zu leben. Sie sind Zeitzeugen. Durch viele Einzelheiten, die in Zeitzeugenberichten dargestellt werden, wird vieles besser vorstellbar und Zusammenhänge deutlich.

Zeitzeugenaussagen sind Quellen, die wie andere historische Quellen kritisch hinterfragt, ausgewertet und mit anderen Quellen verglichen werden müssen. Dies ist wichtig, da zwischen dem Ereignis und der Zeitzeugenbefragung häufig eine lange Zeit liegt. Die Erinnerung an das Ereignis oder dessen Bewertung aus heutiger Sicht kann sich bei dem Zeitzeugen verändert haben.

Zeitzeugengespräche müssen gut vorbereitet und sorgfältig ausgewertet werden.

M1 Die Zeitzeugin Kerstin Kuzia bei einem Gespräch mit einer 9. Klasse (Foto, 2013).
Frau Kuzia wurde 1967 in Ost-Berlin geboren und war seit ihrem 14. Lebensjahr in unterschiedlichen Kinderheimen und dem Geschlossenen Werkhof Torgau untergebracht. Heute arbeitet sie in der Beratungsstelle für Heimkinder der DDR und als Zeitzeugin.

Tipps für Fragen:
Wie heißen Sie?
Wie alt sind Sie jetzt?
Wie alt waren Sie, als …?
Wie lebten Sie damals?
Wer waren wichtige Personen für Sie?
An welche Situation erinnern Sie sich heute?
Warum war das für Sie damals bedeutsam?
Wie bewerten Sie das aus heutiger Sicht?
Welche Gefühle hatten Sie damals?
Welche Gefühle haben Sie heute, wenn Sie sich zurückerinnern?

So geht ihr vor:

1. → Vorbereitung:
– Grenzt einen thematischen Schwerpunkt ein, zu dem ihr einen Zeitzeugen befragen möchtet (z. B. Maueröffnung, Verwandtschaftsbesuche, die Schulzeit).
– Informiert euch vorab ausführlich zu dem Thema (Bibliothek, Internet).
– Sammelt Fragen, die ihr für einen sinnvollen Gesprächsablauf sortiert (Tipps dafür in der Randspalte).
– Ladet einen Zeitzeugen ein, der euch Auskunft geben kann (Familie, Bekannte, Organisationen vor Ort, o. ä.).
– Bittet den Zeitzeugen, Fotos, Gegenstände o. ä. mitzubringen.
– Legt einen Raum und einen Zeitraum für das Gespräch fest.

2. → Durchführung:
– Begrüßt den Zeitzeugen freundlich.
– Stellt euch und euer Projekt vor.
– Zeichnet das Gespräch auf, wenn der Zeitzeuge damit einverstanden ist.
– Nutzt die vorbereiteten Fragen, um das Gespräch zu eröffnen.
– Haltet euch an die Gesprächsregeln: Ausreden lassen, Fragen klären, Rückfragen stellen.
– Sichert dem Zeitzeugen zu, eure Ergebnisse erst nach Absprache mit ihm zu präsentieren.
– Bedankt euch für das Gespräch.

3. → Auswertung:
– Notiert Daten, besondere Aussagen und Gefühlsregungen aus dem Gespräch.
– Überprüft euer bisheriges Wissen zu dem Thema und klärt Widersprüche, Unklarheiten o. ä.
– Überdenkt gemeinsam die Gesprächsführung.

Q1 Interview mit Kerstin Kuzia, die über ihre Zeit im Geschlossenen Werkhof Torgau berichtet:

Warum kamen Kinder in der DDR in ein Kinderheim oder einen Jugendwerkhof?
Kinder und Jugendliche wurden in der DDR von der Jugendhilfe beobachtet und gelenkt. Die Elternhäuser waren nicht wirklich ein Schutz der Kinder. Sämtliche Organisationen sowie der Freizeitbereich waren Beobachtungspunkte. So mussten die Lehrer und die Schule sofort ans Jugendamt melden, wenn ein Fehlverhalten wie Schuleschwänzen, das Tragen von westlicher Propaganda, also Anziehsachen oder Tüten sowie Verhaltensauffälligkeiten vorlagen.

Warum sind Sie im Laufe der Zeit in unterschiedliche Heime eingewiesen worden?
In der DDR war es üblich, dass es in den Kinderheimen nur einen Schulabschluss der 8. Klasse gab. Es gibt einige wenige Heime, wo Kinder die Chance hatten, die 10. Klasse zu machen. Danach mussten die Kinder, so auch ich, in einen Jugendwerkhof, wenn sie nicht wieder ins Elternhaus entlassen werden konnten.

Was war das Schlimmste, an das Sie sich erinnern können?
Für mich eindeutig das Schlimmste war die Zwischeneinweisung nach Torgau in den Geschlossenen Jugendwerkhof, der als Disziplinareinrichtung galt. Die Angst davor war riesengroß und ich dachte mit 16 Jahren, da komme ich nicht mehr lebend raus. Die allerschlimmste Erfahrung war, eine Nacht in der Dunkelzelle im Keller eingesperrt gewesen zu sein. Diese Angst und Panik, dass ich dort unten vergessen werde, hat sich in mir so eingebrannt, dass diese Angstsituation oft Alpträume noch heute hervorruft.

Hätten Sie sich nicht wehren können?
Vielleicht hätte ich das, aber da ich so gut wie kein Selbstbewusstsein aufbauen konnte, … war ich froh, wenn ich übersehen wurde für einige Zeit und somit meine Ruhe hatte. Und jedes noch so kleine Anzeichen einer Abwehr wurde mit so harten Strafen geahndet, dass ich es erst gar nicht versucht habe. Denn auch wenn man sich wehrte, so hielt es nur für diesen einen Moment, denn die Strafen, die auf jegliche Gegenwehr folgten, waren so persönlichkeitseingreifend, dass ich davor immer Angst hatte, wie fast jeder Jugendliche.

Heute engagieren Sie sich unter anderem als Zeitzeugin. Fällt Ihnen diese Arbeit nicht schwer, wenn Sie immer wieder an die Zeit in den Heimen erinnert werden?
Nein, ganz im Gegenteil. Heute ist diese Arbeit als Zeitzeugin für mich das Wichtigste genauso wie meine Beratungsstelle für ebenfalls Betroffene. Ich kann den Schülern erzählen, wie es mir in ihrem Alter mit 16 oder 17 Jahren erging und viele erkennen erst in so einem Zeitzeugengespräch, was für mich noch Freiheit bedeutet, was sie heute als ganz normal ansehen.

> Mich haben ihre Geschichten sehr berührt und auch zum Nachdenken gebracht.
> Mir war nicht bewusst, was damals wirklich in solchen Einrichtungen statt gefunden hat und bin sehr schockiert.
> Man kann es sich heute kaum noch vorstellen unter solchen Bedingungen zu leben und vor Allem aufzuwachsen, grade diese prägenden Jahre eines Menschen.
> Ich finde dieses Programm und diese Ziele, die sie verfolgen sehr gut und auch sinnvoll.

M2 Brief einer Schülerin nach dem Zeitzeugengespräch (2013)

> In dem Gespräch wurde deutlich, dass die Zeit in den Kinderheimen bis heute nachwirkt. Besonders der Aufenthalt in Torgau. Die Angst, in eine Dunkelzelle eingesperrt zu werden, kann man gut nachempfinden.
>
> Fragen, die sich jetzt stellen:
>
> Wie war der Alltag in Torgau?
>
> Wie viele Jugendliche waren dort untergebracht?
>
> Was ist mit dem Jugendwerkhof und den Angestellten nach der Wende passiert?

M3 Mögliche Auswertung des Gesprächs mit der Zeitzeugin Frau Kuzia

M4 Arrestzelle im geschlossenen Jugendwerkhof Torgau

ARBEITSAUFTRÄGE

1. Fasse die wichtigsten Aussagen zusammen (Q1).
2. Recherchiere zu eigenen Fragestellungen.

Projekt

Wir planen gemeinsam eine Exkursion

Um historische Ereignisse besser verstehen, politische Zusammenhänge besser begreifen oder die Lebenssituationen von Menschen nachempfinden zu können, bietet es sich an, Geschichte vor Ort im Museum zu lernen. Ein Besuch im Haus der Geschichte in Bonn ermöglicht Einblick in die deutsche Geschichte seit dem Zweiten Weltkrieg. In der Ausstellung wird Geschichte anschaulich und lebendig präsentiert. Viele Ausstellungsstücke, Dokumente, Fotos und Filme machen neugierig und regen zum Austausch sowie zur Diskussion an.

M1 Schüler erarbeiten zusammen unterschiedliche Themen.

M2 Schüler präsentieren und diskutieren ihre Ergebnisse.

So geht ihr vor:

1. Exkursion planen

→ *Organisatorisch*
- Informiert euch über Anmeldefristen, Fahrtwege, Öffnungszeiten, Eintrittskosten oder Möglichkeiten, Fotos zu machen.
- Besprecht euer Vorhaben frühzeitig mit den Lehrkräften und der Schulleitung und bittet um Unterstützung.
- Legt Verhaltensregeln (z. B. kein Handy, kein Kaugummi) und einen Zeitplan fest.
- Erkundigt euch, wie und wo ihr eure Arbeitsergebnisse den anderen Gruppen im Museum präsentieren könnt.

→ *Inhaltlich*
- Legt einen Themenbereich fest, den ihr vor Ort bearbeiten möchtet, z. B. Alltagsleben im Nachkriegsdeutschland.
- Einigt euch in der Klasse darauf, wie ihr im Museum arbeiten möchtet (z. B. in Gruppen).
- Prüft, ob es bereits Arbeitsmaterialien gibt oder ob ihr selbst Aufgaben erstellen müsst.
- Nutzt das Internet oder die Bibliothek, um aktuelle Informationen dazu zu beschaffen.
- Erstellt ggf. eigene Arbeitsmaterialien und verteilt Aufgaben.

2. Exkursion durchführen
- Arbeitet wie geplant im Museum.
- Klärt offene Fragen gemeinsam.
- Plant die Präsentation der Ergebnisse.

3. Ergebnisse präsentieren, auswerten und diskutieren
- Präsentiert als Arbeitsgruppen eure Ergebnisse, z. B. auf Plakaten oder als Vortrag.
- Beantwortet offene Fragen der Zuhörer.
- Gebt als Zuhörer angemessenes Feedback (positive Aspekte, Tipps und Anregungen, Verständnisfragen klären).
- Erörtert, welche Ergebnisse für euch neu, unerwartet oder auffällig waren.
- Diskutiert die Ergebnisse.
- Überlegt, an welchen Themen ihr weiterarbeiten möchtet.

Informationen zu Museen in eurer Umgebung und zum Haus der Geschichte findet ihr im Internet unter:

http://www.hdg.de/bonn/

In Kürze

Das Ende des Zweiten Weltkrieges zog zahlreiche Veränderungen für die deutsche Bevölkerung nach sich. Zunächst ging es darum, den Alltag im zerstörten Land zu meistern. Doch auch tiefgreifende politische und wirtschaftliche Veränderungen wurden deutlich. Es kam zu Spannungen zwischen den Siegermächten USA, Frankreich und Großbritannien auf der einen und der Sowjetunion auf der anderen Seite. Zwei Machtblöcke bildeten sich heraus: die NATO und der Warschauer Pakt. Die Phase der enormen militärischen Aufrüstung bezeichnet man als Kalten Krieg. Die Machtblöcke vertraten unterschiedliche gesellschaftliche Systeme: Der Westen stand für Marktwirtschaft und Demokratie, der Osten für Planwirtschaft und Einparteienherrschaft. Der Ost-West-Konflikt führte zur Teilung Deutschlands. Aus den drei westlichen Besatzungszonen entstand 1949 die Bundesrepublik Deutschland. Die Deutsche Demokratische Republik (DDR) wurde 1949 in der sowjetisch besetzten Zone gegründet. Der Bau der Berliner Mauer im Jahr 1961 besiegelte die Teilung für Jahrzehnte. Ende der 1980er-Jahre begann die Auflösungsphase der DDR, in der die Bevölkerung immer nachdrücklicher demokratische Reformen forderte. Durch die friedliche Revolution im Jahr 1989 erzwang die Bevölkerung die Öffnung der Grenze. Durch den Beitritt der DDR zum Staatsgebiet der Bundesrepublik wurde die Wiedervereinigung vollzogen.

WICHTIGE BEGRIFFE

Berliner Mauer
Besatzungszone
Bundesrepublik Deutschland
Demokratie
Deutsche Demokratische Republik
Einparteienherrschaft
friedliche Revolution
Kalter Krieg
Machtblöcke
Marktwirtschaft
NATO
Ost-West-Konflikt
Planwirtschaft
Siegermächte
Teilung
Wiedervereinigung
Warschauer Pakt

Selbstüberprüfung

1. Deutschland in der Nachkriegszeit

M1 Von dem Onkel dürft ihr nichts annehmen. (Karikatur, 1947)

M2 Nachkriegszeit in der Stadt Essen: Wäscheaufhängen zwischen Ruinen (Foto, 1946 dig. koloriert)

M3 Lieferung von Eisenbahnwaggons an die Deutsche Reichsbahn (Foto, November 1948)

1. Ich kann die Lebenssituation der Menschen im zerstörten Deutschland aus der Sicht eines Kriegsheimkehrers beschreiben. ●●● SK, HK
2. Ich kann die politischen, wirtschaftlichen und gesellschaftlichen Folgen des Krieges für Deutschland in einer Mind-Map darstellen (M1, M2, M3). ●●● SK, MK
3. Ich kann beurteilen, warum das Ende des Krieges als Befreiung bezeichnet wird. ●●● SK, UK
4. Ich kann anhand der Karikatur M1 die Begriffe „Kalter Krieg" und „Blockbildung" erörtern. ●●● SK, UK, MK

2. Teilung und Mauerbau

M4 Mütter mit Kindern nach dem Bau der Absperrungen in Berlin (Foto, August 1961)

M5 Gedenkstätte Berliner Mauer (Foto, 2013)

Q1 Die Westdeutsche Zeitung „Berliner Morgenpost" berichtete am 13. August 1961:

Mit Rückendeckung des gesamten Ostblocks hat die Sowjetzonen-Regierung heute Nacht den Fluchtweg nach West-Berlin abgeriegelt. Schwerbewaffnete Einheiten der sowjetzonalen „Volksarmee", der Vopo und der Grenzpolizei begannen kurz nach 1 Uhr 30, mit Stacheldrahtverhauen und Postenketten die Sektorengrenze zwischen Ost- und West-Berlin und die Zonengrenze um Berlin abzusperren. Kein Bewohner der Sowjetzone und Ost-Berlins kann jetzt ohne Kontrolle nach West-Berlin gelangen. Den rund 50 000 Grenzgängern wurde die Arbeit in West-Berlin verboten.

1. Ich kann den Ablauf der Teilung Deutschlands in einer Zeitleiste darstellen. ●●● SK, MK
2. Ich kann mithilfe von M4 und M5 beschreiben, welche Folgen die Teilung Deutschlands für die Bevölkerung in Ost und West hatte. ●●● SK
3. Ich kann erläutern, warum dem Bau der Berliner Mauer eine besondere Bedeutung zukommt. ●●● SK, UK
4. Ich kann begründen, warum Gedenkstätten als Orte der Erinnerung für uns wichtig sind. ●●● SK, UK
5. Ich kann eine Gedenktafel für die Todesopfer an der Berliner Mauer und der innerdeutschen Grenze gestalten. ●●● SK, HK

3. Leben in Ost und West

1. Ich kann ein Plakat gestalten, auf dem die Entwicklung der Beziehung zwischen der DDR und der Bundesrepublik dargestellt wird. ●●● SK, MK
2. Ich kann erläutern, wie die Erziehung von Kindern und Jugendlichen in der DDR durch den Staat beeinflusst wurde. ●●● SK, UK
3. Ich kann aus Sicht eines DDR-Flüchtlings ein Interview geben. ●●● SK, HK

M6 Pioniere am Jahrestag des Mauerbaus (Foto, 1986)

4. Geschichte im Film

1. Ich kann einen Dokumentarfilm von einem Spielfilm unterscheiden. ●●● SK, MK
2. Ich kann den geschichtlichen Hintergrund in einem Spielfilm erkennen. ●●● SK
3. Ich kann beurteilen, durch welche filmischen Mittel die Wirkung eines Films erzeugt wird. ●●● SK, UK

5. Wiedervereinigung

> **Q2** Bundespräsident Joachim Gauck äußerte sich in einem Interview im September 2009 zur Bedeutung des Tags der Deutschen Einheit:
>
> **Herr Gauck, Sie erhalten das Glas der Vernunft am Tag nach dem 3. Oktober, dem Tag der deutschen Einheit. Warum hat dieser Tag keine größere Symbolkraft im Bewusstsein der Bürger entfaltet?**
> Der Tag ist nicht verbunden mit einem die Masse des Volkes bewegenden Ereignis – anders als der 9. November 1989 mit seinen großartigen Bildern jubelnder Menschen, die durch die Mauer strömen oder am Tag danach auf der Mauerkrone tanzen. Am 3. Oktober gab es dagegen nur einen feierlichen Staatsakt, der aber keine Bilder mit Sogwirkung entwickelte.
>
> **Ist die Wiedervereinigung deshalb kein Grund zu feiern?**
> Natürlich ist sie das. Aber die Wiedervereinigung ist ja erst gewachsen, nachdem wir Grund hatten, in der DDR etwas anderes zu feiern, die Wiedergeburt des mündigen Bürgers. In Leipzig sagten die Bürger am 9. Oktober plötzlich der Regierung: Wir sind das Volk. Und daraus wurde dann die friedliche Revolution. Dieser 9. Oktober wäre als Feiertag auch eine Brücke gewesen zum 17. Juni, der in Westdeutschland als Tag der Einheit begangen wurde. Einmal blieb der Volksaufstand erfolglos, einmal war er erfolgreich.

M7 Sonnenallee (Filmplakat, 1999)

1. Ich kann die Bedeutung von Bürgerbewegungen bei der politischen Mitbestimmung erläutern. ●●● SK, UK
2. Ich kann die Bedeutung des Begriffs „friedliche Revolution" erklären. ●●● SK
3. Ich kann bewerten, inwieweit der Tag der Deutschen Einheit gesellschaftliche Bedeutung besitzt. ●●● SK, UK
4. Ich kann diskutieren, inwieweit die deutsche Wiedervereinigung gelungen ist. ●●● SK, UK

M8 Fall der Berliner Mauer (Foto, 1989)

Das politische System der Bundesrepublik Deutschland

Die Bundesrepublik Deutschland ist eine Demokratie, in der alle Macht vom Volk ausgeht. Das klingt für uns ganz selbstverständlich, aber damit alles funktioniert, müssen viele Regeln eingehalten werden. Diese werden in diesem Kapitel thematisiert. Du wirst dabei z.B. die Bedeutung von Wahlen und die Funktionsweise des politischen Systems kennen lernen. Du wirst lernen, welche Aufgaben Parteien haben, wie Gesetze entstehen und wie in der Politik versucht wird, Probleme zu lösen.

Blick in den Plenarsaal des Reichstags bei einer Sitzung des Deutschen Bundestags

Aussagen zur Demokratie

Demokratie

Demokratie in der Geschichte

Demokratie: (griech. Herrschaft des Volkes) eine bestimmte Organisationsform des Staates und des Zusammenlebens der Bürgerinnen und Bürger

Das Wort Demokratie hat jeder schon einmal gehört. Jeder weiß, wir leben in einer Demokratie. Die Demokratie ist ganz alt, denn schon in der Antike regierten sich die Griechen demokratisch. Demokratie bedeutete für sie, dass nicht wenige Bürger, sondern die Mehrheit der Bürger entscheidet. Jeder griechische Bürger mit Abstimmungsrechten durfte an Volksversammlungen teilnehmen. Auf diesen Volksversammlungen wurden Mehrheitsbeschlüsse gefasst, die für alle verbindlich waren.

Seit dem Ende der Antike sind über 1400 Jahre vergangen. Die Demokratie hat sich in dieser Zeit entwickelt und viele demokratische Staaten, wie auch die Bundesrepublik Deutschland, haben sich in dieser Zeit gebildet.

Demokratie – Aussagen und Bilder heute

> Liebe Demokratie,
> ich finde Dich gut, weil dank dir ... das Volk durch freie Abstimmung entscheidet, wer unser Land regieren soll. Und trotzdem wird die Minderheit nicht unterdrückt.
> (Thorsten A.)

> Liebe Demokratie!
> Ich bin stolz auf dich! Dank dir kann ich überall meine Meinung frei äußern, solange ich niemanden beleidige!
> (Noa B.)

M1 Aussagen von Jugendlichen zur Demokratie

„Die da oben machen doch, was sie wollen"
... wenn du sie lässt ...

„Alle 4 Jahre 'n Kreuz malen – ist das etwa Demokratie?"
Nein, aber ein Weg dorthin.

M2 Einwände?!

M3 Demokratie! (Zeichnung von Birgit Schmidt)

Aussagen zur Demokratie

M4 Karikatur von Gerhard Mester

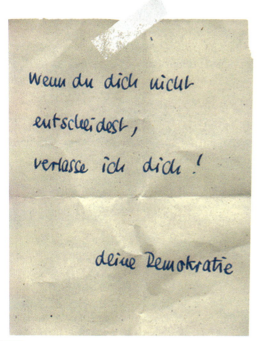

M5 Eine Aktion der Zeitungen in Deutschland (Plakat, 1994) **M6** Alle machen mit (Zeichnung von Holger Appenzeller)

ARBEITSAUFTRÄGE

1. a) Schau dir M1 bis M6 an und schreibe auf, was dir spontan dazu einfällt.
   b) Vergleiche deine Aussagen mit denen deines Nachbarn und sprecht darüber.
   c) Erstellt in kleinen Gruppen Wandplakate zum Thema Demokratie.
   d) Präsentiert eure Ergebnisse durch einen Galeriegang (S. 278).
2. Arbeite in wenigen Sätzen die Hauptaussage der Karikatur M4 heraus.
3. Erkläre die Zeichnung von Birgit Schmidt (M3).
4. Finde eigene Aussagen zum Thema Demokratie in Anlehnung an M5.

zu 2.
Achte auf den „Futterbehälter", das Aussehen der Kuh und den Melker.

zu 3.
Achte auf die Anzahl der Köpfe mit Krone.

Grundlagen unserer Demokratie

Kennzeichen unseres Staates

Freiheitliche demokratische Grundordnung

Zentrale Werte des Zusammenlebens in Deutschland sind im Grundgesetz der Bundesrepublik Deutschland festgelegt. Sie sind durch keine staatliche Gewalt veränderbar. Dazu gehören:
- Die Unantastbarkeit der Menschenwürde und die hieraus resultierenden Grundrechte.
- Die Grundsätze, dass die Bundesrepublik Deutschland ein demokratischer Bundes-, Rechts- und Sozialstaat ist.

Die Grundrechte, niedergeschrieben in den Artikeln 1 bis 19 des Grundgesetzes, sind Rechte, die von keiner Staatsgewalt abgeschafft werden dürfen. Sie gehen von den Grundwerten Freiheit, Gleichheit und Menschenwürde aus. Darüber hinaus sind sie für die Gesetzgebung, für die Verwaltung und für die Rechtsprechung verpflichtende Werte.

M1 Eingang zum Polizeipräsidium in Düsseldorf (Foto, 2013)

Q1 Unveräußerbare Grundrechte (Auszüge aus dem Grundgesetz):

Artikel 1 (1) Die Würde des Menschen ist unantastbar. Sie zu achten und zu schützen ist Verpflichtung aller staatlichen Gewalt.

Artikel 2 (1) Jeder hat das Recht auf die freie Entfaltung seiner Persönlichkeit, soweit er nicht die Rechte anderer verletzt und nicht gegen die verfassungsmäßige Ordnung oder das Sittengesetz verstößt.
(2) Jeder hat das Recht auf Leben und körperliche Unversehrtheit. ...

Artikel 3 (1) Alle Menschen sind vor dem Gesetz gleich.
(2) Männer und Frauen sind gleichberechtigt. Der Staat fördert die tatsächliche Durchsetzung der Gleichberechtigung von Frauen und Männern und wirkt auf die Beseitigung bestehender Nachteile hin.
(3) Niemand darf wegen seines Geschlechtes, seiner Abstammung, seiner Rasse, seiner Sprache, seiner Heimat und Herkunft, seines Glaubens, seiner religiösen oder politischen Anschauungen benachteiligt oder bevorzugt werden. Niemand darf wegen seiner Behinderung benachteiligt werden.

Artikel 4 (1) Die Freiheit des Glaubens, des Gewissens und die Freiheit des religiösen und weltanschaulichen Bekenntnisses sind unverletzlich.
(2) Die ungestörte Religionsausübung wird gewährleistet.

Artikel 5 (1) Jeder hat das Recht, seine Meinung in Wort, Schrift und Bild frei zu äußern und zu verbreiten und sich aus allgemein zugänglichen Quellen ungehindert zu unterrichten. Die Pressefreiheit und die Freiheit der Berichterstattung durch Rundfunk und Film werden gewährleistet. Eine Zensur findet nicht statt.

Artikel 8 (1) Alle Deutschen haben das Recht, sich ohne Anmeldung oder Erlaubnis friedlich und ohne Waffen zu versammeln.

Artikel 10 (1) Das Briefgeheimnis sowie das Post- und Fernmeldegeheimnis sind unverletzlich.

Artikel 12 (1) Alle Deutschen haben das Recht, Beruf, Arbeitsplatz und Ausbildungsstätte frei zu wählen.

Artikel 13 (1) Die Wohnung ist unverletzlich.

Grundlagen unserer Demokratie

M2 Der Rechts- und Sozialstaat

M3 Gewaltenteilung

Rechtsstaat

Die Bundesrepublik Deutschland ist ein Rechtsstaat. Mit diesem Grundsatz wird jeder Bürgerin und jedem Bürger Rechtssicherheit und Gerechtigkeit gewährt. Für alle gelten die gleichen Gesetze und jeder hat das Recht, ein unabhängiges Gericht zur Klärung eines Sachverhaltes anzurufen. Zur Rechtsstaatlichkeit gehört aber auch die Gewaltenteilung. Die gesetzgebende, die ausführende und die rechtsprechende Gewalt sind getrennt und kontrollieren sich gegenseitig.

Sozialstaat

Das Grundgesetz legt fest, dass Deutschland ein Sozialstaat ist. Wichtige Grundsätze dafür sind, allen Bürgerinnen und Bürgern soziale Sicherheit und eine gesicherte Existenz zu ermöglichen. Maßnahmen des Sozialstaates dienen dazu, große soziale Risiken, wie Krankheit, Arbeitslosigkeit oder Altersarmut durch gesetzliche Pflichtversicherungen aufzufangen. Menschen, die ihren Lebensunterhalt nicht selbst finanzieren können, wird ein Existenzminimum zur Befriedigung der materiellen Bedürfnisse wie Nahrung, Kleidung und Wohnung zugesichert.

Bestellt euch ein Grundgesetz:
Bundeszentrale für politische Bildung
Adenauerallee 66
53113 Bonn
www.bpb.de

ARBEITSAUFTRÄGE

1. a) Suche dir drei besonders wichtig erscheinende Grundrechte aus und stelle sie deinem Nachbarn vor (Q1).
   b) Diskutiert über eure Auswahl und schreibt die drei wichtigsten mit einer Überschrift auf eine Wandzeitung. Begründet eure Wahl gegenüber der Klasse.
2. Erklärt euch die Aussage „Die Würde des Menschen ist unantastbar" mithilfe der Methode Kugellager (Tipps dafür findet ihr auf Seite 25).
3. a) Zeige auf, dass Deutschland ein Rechtsstaat ist (M1, M2, M3).
   b) Fasse die Aussagen und Informationen zusammen, die belegen, dass Deutschland ein Sozialstaat ist.
4. Ergänze deine Wandzeitung mit drei weiteren Grundrechten, die hier nicht aufgelistet sind.

zu 2.
Benutzt dazu die Begriffe Freiheit und Gleichheit. Denkt auch an die Unterrichtseinheit Nationalsozialismus, …

zu 3. a)
Achte bei der Abbildung M1 besonders auf die drei Buchstaben E, L und J, die in den Ecken des Dreiecks stehen. Worauf sollen sie hinweisen?

Parteien in Deutschland

Parteien – warum gibt es sie?

Aufgaben von Parteien

In unserer Gesellschaft gibt es unterschiedliche und vielfältige politische Vorstellungen, wie Probleme gelöst werden sollen oder wie die Gesellschaft gestaltet werden kann. Parteien sammeln die Vorstellungen der Bevölkerung, die sie politisch vertreten möchten, fassen diese zusammen und formulieren Ziele, die sie verfolgen. Parteien sind somit ein wichtiges demokratisches Bindeglied zwischen Staat und Gesellschaft. Die Vielfältigkeit der unterschiedlichen politischen Vorstellungen führt dazu, dass es in Deutschland mehrere Parteien gibt.

Parteien: Vereinigungen von Bürgern, die dauernd oder für längere Zeit auf die politische Willensbildung Einfluss nehmen wollen

Politische Willensbildung: Vorgang, bei dem Meinungen und Wünsche von Wählerinnen und Wählern von Parteien aufgenommen werden. Sie fassen diese mit anderen Zielen und Interessen zusammen und kommen dann zu politischen Entscheidungen. Parteien haben den Auftrag, den Willen der Wählerinnen und Wähler ernst zu nehmen und zu vertreten.

Q1 Im Parteigesetz § 1 Absatz 2 steht über die Aufgaben von Parteien:

– Die Parteien wirken an der Bildung des politischen Willens mit, indem sie insbesondere …
– auf die Gestaltung der öffentlichen Meinung Einfluss nehmen,
– die politische Bildung anregen und vertiefen,
– die aktive Teilnahme der Bürger am politischen Leben fördern,
– zur Übernahme öffentlicher Verantwortung befähigte Bürger heranbilden,
– sich durch Aufstellung von Bewerbern an den Wahlen in Bund, Ländern und Gemeinden beteiligen,
– auf die politische Entwicklung in Parlament und Regierung Einfluss nehmen,
– die von ihnen erarbeiteten politischen Ziele in den Prozess der staatlichen Willensbildung einführen und
– für eine ständige lebendige Verbindung zwischen dem Volk und den Staatsorganen sorgen.

Ob Parteien alle diese Aufgaben auch wirklich richtig umsetzen, ist umstritten. In den letzten Jahren haben sich viele Menschen von Parteien abgewendet, es kommt zu Parteiverdrossenheit.

M1 Karikatur von Gerhard Mester

Parteien in Deutschland

Parteien und Grundgesetz

Unser Grundgesetz legt im Artikel 21 fest, dass Parteien demokratisch organisiert sind und an der politischen Willensbildung mitwirken müssen. Da diese Aufgaben von Parteien ausdrücklich im Grundgesetz stehen, sind Parteien nicht nur anerkannt, sondern nehmen eine besondere Stellung ein. Deswegen wird auch oft von einer Parteiendemokratie gesprochen.

Parteien haben unterschiedliche politische Ziele, Vorstellungen und Konzepte, die sie durchsetzen wollen. Dadurch, dass verschiedene Parteien unterschiedliche Lösungen anbieten und sie damit um Wählerstimmen kämpfen, kommt es zu öffentlichen Auseinandersetzungen. Medien berichten und kommentieren diese Vorgänge, wodurch ein öffentlicher Willensbildungsprozess entsteht. Darüber hinaus stellen Parteien Kandidaten für Wahlen zum Gemeinderat, Landtag oder Bundestag auf, die um die Gunst der Wählerinnen und Wähler kämpfen.

Parteien und Finanzen

Nach dem Grundgesetz müssen Parteien bestimmte Aufgaben erfüllen. Deswegen werden sie in ihrer Arbeit durch den Staat mit Geldern unterstützt. Dafür müssen sie ihre Finanzen veröffentlichen. Das gilt auch für erhaltene Spenden.

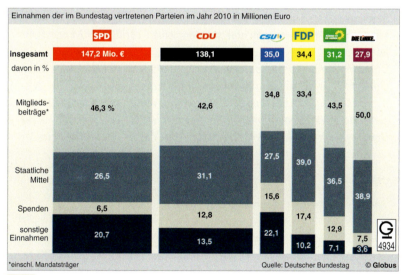

M2 Einnahmen von Parteien im Jahr 2010

ARBEITSAUFTRÄGE

1. a) Liste die wesentlichen Aufgaben von Parteien auf.
   b) Erkläre die Aufgabe von Parteien „... zur Übernahme öffentlicher Verantwortung befähigte Bürger heranbilden" (Q1).
   c) Finde zu M1 eine eigene Unterschrift und begründe deine Wahl.
   d) Erkläre, wie Parteien bei der öffentlichen Meinungsbildung mitwirken.
2. a) Erläutere, wie sich Parteien finanzieren.
   b) Stellt gemeinsam Gründe zusammen, warum Parteien ihre Finanzen öffentlich bekannt geben müssen.
3. Erörtere Argumente, die gegen eine staatliche Finanzierung von Parteien sprechen.

zu 1. b)
Denke auch an Menschen, die Bürgermeister oder Abgeordnete sind ...

zu 1. d)
Parteien greifen Interessen von den Menschen auf und formulieren ...

Parteien und ihre Programme

Parteiprogramme zum Thema Arbeit und Soziales – 2013

Ein Ziel aller Parteien ist es, die sogenannte Vollbeschäftigung zu erreichen. Das wird erreicht, wenn weniger als zwei Prozent der Bürgerinnen und Bürger, die arbeiten wollen und können, auch eine bezahlte und zumutbare Arbeit finden.

Die Vorstellungen der Parteien, dies zu erreichen, sind sehr unterschiedlich. Ein wesentlicher Punkt ist hierbei der sogenannte Mindestlohn. Das heißt, dass die Entlohnung der Arbeiterinnen und Arbeiter durch den Arbeitgeber mindestens so hoch sein muss, dass sie bei einer 40 Stundenwoche, so viel verdienen, damit sie ohne weitere Zuzahlung des Staates ihren Lebensunterhalt bestreiten können.

M1 Angela Merkel (Parteivorsitzende der CDU, 2013)

Q1 Aussagen der *CDU* zum Thema Arbeit und Soziales im Parteiprogramm für das Wahljahr 2013:

Die Union setzt sich Vollbeschäftigung zum Ziel, welches durch „Fleiß, neue Ideen und technischen Fortschritt" erreicht werden soll.

Die Union lehnt zwar einen gesetzlichen Mindestlohn weiterhin ab, doch sei es Sache der Politik, die Voraussetzungen zu schaffen, dass alle Menschen die Chance auf einen ordentlichen Lohn haben. Deshalb sollen in Bereichen, in denen es keine Tarifverträge gibt, Arbeitgeber und Gewerkschaften gesetzlich verpflichtet werden, einen tariflichen Mindestlohn festzulegen.

Damit Wohnraum bezahlbar bleibt, will die Union den Ländern das Recht einräumen, in Gebieten mit angespannten Wohnungsmärkten bei Wiedervermietung von Bestandswohnungen Mieterhöhungen auf zehn Prozent oberhalb der ortsüblichen Vergleichsmiete zu beschränken ... Die Union will darüber hinaus die Leistungen des Wohngeldes verbessern...

M2 Simone Peters und Cem Özdemir (Parteivorsitzende von Bündnis 90/Die Grünen, 2013)

Q2 Aussagen der Partei *Bündnis 90/Die Grünen* zum Thema Arbeit und Soziales im Parteiprogramm für das Wahljahr 2013:

Die Grünen stehen für einen differenzierten Arbeitsbegriff: „Arbeit ist Erwerbsarbeit, aber Arbeit ist auch Hausarbeit, Versorgungs- und Pflegearbeit und Gemeinwesenarbeit."

Die Grünen wollen einen flächendeckenden gesetzlichen Mindestlohn von mindestens 8,50 Euro pro Stunde einführen. Den gesamten Niedriglohnsektor wollen die Grünen umfassend reformieren, prekäre Beschäftigung zurückdrängen und Minijobs durch sozialversicherungspflichtige Beschäftigungsverhältnisse ersetzen. Außerdem fordern sie für Leiharbeiter bei gleicher Arbeit ab dem ersten Tag den gleichen Lohn wie den der Stammbelegschaft.

Um die Benachteiligung von Frauen am Arbeitsmarkt zu beenden, fordern die Grünen ein Entgeltgleichheitsgesetz mit verbindlichen Regelungen, wirksamen Sanktionen und einem Verbandsklagerecht. Mit einem Gleichstellungsgesetz für die Privatwirtschaft sollen Betriebe und Tarifpartner zu aktiven Gleichstellungsmaßnahmen verpflichtet werden.

Q3 Aussagen der *FDP* zum Thema Arbeit und Soziales im Parteiprogramm für das Wahljahr 2013:

Die FDP lehnt einen allgemeinen, flächendeckenden und gesetzlichen Mindestlohn ab. Im Sozialsystem plant sie die schrittweise Einführung eines sogenannten liberalen Bürgergeldes. Dieses soll individuelle Anstrengungen belohnen und Bürokratie abbauen. Beim liberalen Bürgergeld sollen das Arbeitslosengeld II einschließlich der Leistungen für Wohnen und Heizung, das Sozialgeld, die Grundsicherung im Alter, die Sozialhilfe, ... der Kinderzuschlag und das Wohngeld zusammengefasst werden. Findet ein Bezieher Arbeit, soll er im Bürgergeldmodell mehr von seinem Einkommen behalten dürfen.

M3 Christian Lindner (Parteivorsitzender der FDP, 2013)

Q4 Aussagen der *SPD* zum Thema Arbeit und Soziales im Parteiprogramm für das Wahljahr 2013:

Die SPD setzt sich das Ziel „Vollbeschäftigung in guter Arbeit". Deshalb will sie eine Stärkung des Tarifvertragssystems und der Tarifbindung. Eine gerechte Beteiligung der Arbeitnehmerinnen und Arbeitnehmer am wirtschaftlichen Erfolg ist ökonomisch zur Stärkung der Binnennachfrage notwendig und ein unverzichtbarer Beitrag für mehr Verteilungsgerechtigkeit. Außerdem wollen die Sozialdemokraten einen gesetzlichen Mindestlohn von 8,50 Euro einführen ... Um gegen die steigenden Mieten vorzugehen, soll zukünftig bei Neuvermietung die Miete maximal zehn Prozent über ortsüblichen Vergleichspreisen liegen dürfen ... Die SPD will mit einem Milliardenprogramm den sozialen Wohnungsbau stärken ...

M4 Sigmar Gabriel (Parteivorsitzender der SPD, 2013)

Q5 Aussagen der Partei *Die Linke* zum Thema Arbeit und Soziales im Parteiprogramm für das Wahljahr 2013:

Die Linke will die Arbeit, ihre Verteilung, ihre Bezahlung und ihre Organisation neu regeln: Die Löhne müssten deutlich stärker steigen als die Preise, Tarifverträge sollen allgemeinverbindlich sein, befristete Arbeitsverhältnisse dürften nicht Normalität, sondern müssten Ausnahme sein. Alle Menschen müssen von ihrer Erwerbsarbeit leben können.
Die Linke fordert einen flächendeckenden gesetzlichen Mindestlohn von zehn Euro. Dieser Mindestlohn soll jährlich ansteigen. Bis zum Ende der Wahlperiode sollte der gesetzliche Mindestlohn auf zwölf Euro steigen.

M5 Katja Kipping und Bernd Riexinger (Parteivorsitzende von Die Linke, 2013)

ARBEITSAUFTRÄGE

1. a) Arbeitet in Kleingruppen die Vorstellungen der Parteien zum Thema Arbeit und Soziales heraus. Notiert eure Ergebnisse in einer Tabelle.
b) Präsentiert eure Gruppenergebnisse mithilfe eines Galerieganges (Tipps dafür auf Seite 278).

2. Recherchiere im Internet, was die Parteien heute zum Thema Arbeit und Soziales vertreten. Überprüfe auch, ob die Regierungsparteien schon Bereiche umgesetzt haben oder im Koalitionsvertrag Bestimmungen dafür zu finden sind.

Engagement in der Politik

Jugendstadtrat

Auch du kannst dich schon in der Politik engagieren. Immer öfter bilden sich in Städten oder Kommunen Jugendstadträte. Ziel dieser Jugendstadträte ist es, Ideen, Vorstellungen und Bedürfnisse der Jugendlichen in die Kommunalpolitik hineinzutragen. Dabei sind die Jugendlichen im Allgemeinen nicht an Parteien gebunden, denn sie sollen überparteilich zur Verbesserung der Situation von Jugendlichen in einer Kommune beitragen. Meistens sind Jugendliche zwischen 14 und 18 Jahren zur Wahl und Kandidatur berechtigt, egal welchen Pass sie besitzen. Allerdings müssen sie in der Kommune gemeldet sein und mindestens drei Monate dort leben. Politische Vorkenntnisse brauchen sie keine, müssen aber über gute deutsche Sprachkenntnisse verfügen.

M1 Aufruf zur Wahl des Kinder- und Jugendparlaments Recklinghausen, 2010

Q1 Der Vorsitzende des Jugendstadtrates, Metehan Capaci, schreibt im Blog „zuhause.solingen.de":

Menschen, die etwas verbessern wollen und das Beste für unsere Stadt machen, stärken unsere Gemeinschaft. Dies habe ich in meinem Amt als Vorsitzender des 8. Jugendstadtrates mitgenommen. Ich stand da als Schüler bei den Jugendstadtratswahlen und wollte Solingen jugendfreundlicher gestalten. Mit den Wahlen habe ich viele Schüler unserer Stadt davon überzeugt, dass wir gemeinsam mit schönen Ideen und Engagement etwas erreichen können. Der Jugendstadtrat hat vieles erreicht.

Q2 Blogbeitrag des Mitglieds des Stadtrates Sven Przywarra (2012):

Der Jugendstadtrat versteht sich nicht nur als Teil der Jugendarbeit, … Auch in Stadtratsausschüssen sind die Mitglieder des Jugendstadtrates aktiv, um auch langfristig bei der Entwicklung Solingens mitwirken zu können.
Für das kommende Jahr wünscht sich der Jugendstadtrat noch mehr Möglichkeiten, das Bild der Jugendarbeit in Solingen aufzubessern. Durch eine geplante Zusammenarbeit mit dem Jugendstadtrat der Solinger Partnerstadt Chalon-sur-Saône aus Frankreich erhoffen sich die Mitglieder internationale Austauschmöglichkeiten.

Graffiti

1. Bildet so viele Gruppen, wie es Aufgaben gibt. Jede Gruppe erhält einen Bogen Papier mit einer Aufgabe.
2. Jede Gruppe beginnt mit ihrer Aufgabe. Dabei schreibt jedes Gruppenmitglied seine Gedanken, Ideen zu der Aufgabe und achtet nicht auf das, was die anderen schreiben.
3. Wechselt nach einer gewissen Zeit zu einem anderen Gruppentisch und schreibt dort eure Ideen zu der Aufgabe auf den Bogen. Ihr wechselt so lange die Tische, bis ihr wieder am eigenen ankommt.
4. Lest alle auf dem Bogen stehenden Ideen, ordnet sie und fasst die Ergebnisse zusammen und bereitet eine Präsentation vor.
5. Präsentiert euer Ergebnis.

M2 Jugendkulturfestival in Solingen 2013, organisiert durch den Jugendstadtrat

Jugend-Landtag

Eine andere Möglichkeit, sich in der Politik zu engagieren, ist der Jugend-Landtag. Dabei schlüpfen Jugendliche aus ganz Nordrhein-Westfalen in die Rolle eines Landtagsabgeordneten. Das Motto lautet hierbei „Mitmischen statt meckern". An drei Tagen diskutieren die jungen Leute Anträge und ahmen Plenarsitzungen nach. Ziel ist es, Jugendlichen Kenntnisse über demokratische Entscheidungsprozesse zu vermitteln und sie zu politischem Engagement zu ermutigen.

www.jusos.de

M3 Sitzung des Jugend-Landtags in Düsseldorf

www.junge-union.de

www.julis.de

Q3 Forderung auf dem Jugend-Landtag 2011 zum Thema Schule:

Mit großer Mehrheit forderte der Jugend-Landtag eine „gesetzliche Einführung von verpflichtenden Tagen zur Berufsfindung an den Schulen" und ein zweiwöchiges, verpflichtendes Praktikum. Außerdem solle es mehr Schulsozialarbeiter und Schulpsychologen geben.

www.gruene-jugend.de

Jugendorganisationen von Parteien

Obwohl das Interesse von Jugendlichen an Parteien nachlässt, werben die Parteien um neue, junge Mitglieder, denn Parteien ohne Nachwuchs haben keine Zukunft. Möglichkeiten, sich zu engagieren und mitzugestalten bieten die Jugendorganisationen der Parteien.

www.linksjugend-solid.de

M4 Logos der Jugendorganisationen von SPD, CDU, FDP, Bündnis90/Die Grünen und Die Linke

---

ARBEITSAUFTRÄGE

1. a) Berichte über Voraussetzungen zur Teilnahme am Jugendstadtrat.
   b) Recherchiere, ob es in deiner Gemeinde einen Jugendstadtrat gibt.
2. ⊣ Erkläre die Aufgaben, die sich der Solinger Jugendstadtrat gestellt hat.
3. Bearbeitet die Aussagen mithilfe der Graffiti-Methode (Seite 170): „Mitmischen statt meckern", „Politik betrifft nicht mein Leben", „Jugendstadträte machen auf unsere Situation aufmerksam", „Wer etwas ändern will muss selbst aktiv werden", „Politiker machen doch was sie wollen".
4. ▷ Recherchiere bei einer Jugendorganisation ein Thema, das dich interessiert (z. B. Bildungspolitik, gesetzlicher Mindestlohn, …). Berichte in deiner Klasse darüber.

⊣ zu 2.
Denke an Jugendarbeit, aber auch an zukünftige Gestaltungsmöglichkeiten.

Wahlen in Deutschland

Wahlen und Wahlsystem

Wahlgrundsätze

In einer Demokratie geht die ganze Staatsgewalt vom Volk aus. Grundlage dabei ist die Wahl, in der die Herrschaft für einen bestimmten Zeitraum an Volksvertreter, sogenannte Abgeordnete, übertragen wird. In regelmäßigen Zeitabständen müssen die Wahlberechtigten das Recht haben, neu zu entscheiden. So können sie eine Regierung im Amt bestätigen oder abwählen. Da Wahlen den politischen Willen des Volkes zum Ausdruck bringen, gelten für sie wichtige Grundsätze, die im Grundgesetz in Artikel 38 stehen.

Q1 Zur Wahl des Deutschen Bundestages (Grundgesetz, Artikel 38):

(1) Die Abgeordneten des Deutschen Bundestages werden in allgemeiner, unmittelbarer, freier, gleicher und geheimer Wahl gewählt. Sie sind Vertreter des ganzen Volkes.
(2) Wahlberechtigt ist, wer das achtzehnte Lebensjahr vollendet hat; wählbar ist, wer das Alter erreicht hat, mit dem die Volljährigkeit eintritt.

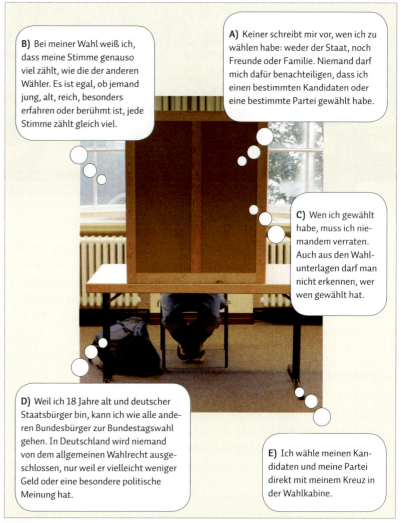

A) Keiner schreibt mir vor, wen ich zu wählen habe: weder der Staat, noch Freunde oder Familie. Niemand darf mich dafür benachteiligen, dass ich einen bestimmten Kandidaten oder eine bestimmte Partei gewählt habe.

B) Bei meiner Wahl weiß ich, dass meine Stimme genauso viel zählt, wie die der anderen Wähler. Es ist egal, ob jemand jung, alt, reich, besonders erfahren oder berühmt ist, jede Stimme zählt gleich viel.

C) Wen ich gewählt habe, muss ich niemandem verraten. Auch aus den Wahlunterlagen darf man nicht erkennen, wer wen gewählt hat.

D) Weil ich 18 Jahre alt und deutscher Staatsbürger bin, kann ich wie alle anderen Bundesbürger zur Bundestagswahl gehen. In Deutschland wird niemand von dem allgemeinen Wahlrecht ausgeschlossen, nur weil er vielleicht weniger Geld oder eine besondere politische Meinung hat.

E) Ich wähle meinen Kandidaten und meine Partei direkt mit meinem Kreuz in der Wahlkabine.

M1 Gedanken eines Erstwählers bei seiner Bundestagswahl

Wahlrecht

Das Wahlrecht zur Bundestagswahl hat jeder deutsche Staatsbürger, der mindestens 18 Jahre alt ist und drei Monate ununterbrochen in Deutschland gelebt hat. Dieses aktive Wahlrecht, das Recht wählen zu dürfen, wird ergänzt durch das passive Wahlrecht. Jeder Volljährige, der wählen darf, hat auch das Recht, als Kandidat gewählt zu werden.

Wahlen in Deutschland

M2 Wählen – wie geht das?

M3 Du bist die Wahl – Wahlaufruf der Bundesregierung. Hier wirbt Kirsten Bruhn, die Goldmedaillengewinnerin der Paralympischen Spiele 2012 über 100 m Brust.

Mitbestimmung durch Wahlen

Die wahlberechtigten Bürgerinnen und Bürger können durch Wahlen an der Politik teilnehmen. Sie haben das Recht, Abgeordnete zu wählen, die ihre Interessen dann im Parlament vertreten. Seit 1983 ist die Wahlbeteiligung bei Bundestagswahlen jedoch von 89,1 % auf 71,5 % im Jahr 2013 gesunken. Die Gründe hierfür sind sehr unterschiedlich: Es gibt Menschen, die kein Interesse an Politik haben, andere wählen aus Protest nicht, weil sie mit den Parteien oder mit der wirtschaftlichen Situation unzufrieden sind. Den Parteien wird häufig vorgeworfen, dass sie sich nicht ausreichend um die Sorgen der Menschen kümmern.

Q2 In ihrem Blog schreibt Nina zur Bundestagswahl:

Es ist meine erste Bundestagswahl und ich war ein bisschen stolz, als ich meine Stimme … abgegeben habe. Nun freue ich mich auf das Ergebnis und wünsche mir, dass viele Bürger gewählt haben und noch wählen gehen. Die Politikverdrossenheit ist recht hoch und trotzdem hoffe ich, dass eine Regierung zustande kommt und die extremen Parteien (Linke, NPD und Konsorten) nicht zu viele Stimmen bekommen …
Wer nicht weiß, was er wählen soll … sollte sich bewusst sein, dass kleine radikale Parteien … mehr Chancen haben, wenn ein CDU/SPD-Wähler zum Nichtwähler wird. Bringt diese Leute dazu, doch irgendetwas Gescheites zu wählen. Also: An die Urnen!

Partei	Stimmenanteile in Prozent
CDU	34,1 %
SPD	25,7 %
Die Linke	8,6 %
Bündnis 90/Die Grünen	8,4 %
CSU	7,4 %

M4 Ergebnis der Bundestagswahl 2013

ARBEITSAUFTRÄGE

1. a) Ordne die Wahlgrundsätze aus Q1 den Sprechblasen A-E und dem Text zum Wahlrecht zu.
   b) Begründe, warum die Wahlgrundsätze sehr wichtige Elemente unserer Demokratie sind.
2. Zeige an M1 und M2 auf, dass die hier dargestellte Wahl geheim ist.
3. Führt ein Placemat (S. 17) zum Thema Wahlpflicht durch (auch Q2).
4. Belege mithilfe von M4 den Satz: Die zweitgrößte Partei bei den Bundestagswahlen 2013 ist die der Nichtwähler.

zu 1. b)
Es ist mir sehr wichtig, dass meine Entscheidung bei der Wahl niemand …

zu 2.
Durch die Wahlkabine …

Sie haben zwei Stimmen

Wahlen zum Deutschen Bundestag

Die Wahlen zum Deutschen Bundestag finden alle vier Jahre statt. Dann können knapp über 60 Millionen Deutsche wählen gehen. Für die Wahl haben sie zwei Stimmen, eine Erst- und eine Zweitstimme.

Sperrklausel

Um zu verhindern, dass es zu einer Zersplitterung der Parteienlandschaft wie in der Weimarer Republik im Parlament kommt, gibt es die 5 % Klausel. Diese besagt, dass eine Partei mindestens 5 % der Wählerstimmen oder drei Direktmandate erreichen muss, um in den Deutschen Bundestag einziehen zu können. So wird verhindert, dass viele kleine Parteien im Parlament vertreten sind, was eine stabile Regierungsbildung verhindern kann.

Landesliste: Liste, auf der die Parteien ihre Kandidaten festlegen, die für sie nach der Wahl ins Parlament einziehen sollen. Bei der Bundestagswahl wird für jedes Bundesland eine eigene Liste erstellt.

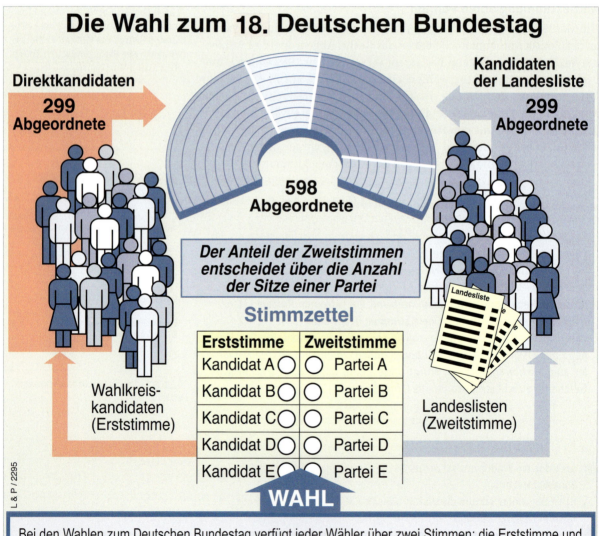

M1 Von der Wahl zur Zusammensetzung des Bundestages

Wahlen in Deutschland

Meine erste Wahl

Wahlen sind ein Kernelement der repräsentativen Demokratie und ein wesentliches Instrument für alle Bürgerinnen und Bürger, Einfluss auf das politische Geschehen zu nehmen.

Leon darf dieses Jahr zum ersten Mal wählen. Zwischen ihm und seiner Mutter kommt es zu folgendem Gespräch:

> **L:** Ich habe in der Zeitung einen Stimmzettel gesehen. Danach habe ich zwei Stimmen. Warum das?
>
> **M:** Es gibt 598 Mandate im Bundestag. Davon werden 299 über Wahlkreise gewählt. Mit der Erststimme entscheiden die Wähler direkt darüber, welcher Kandidat aus ihrem Wahlkreis in den Bundestag kommt. Gewählt ist, wer die meisten Erststimmen erhält. Mit der Zweitstimme wählt man eine Partei bzw. deren Landesliste.
>
> **L:** Dann könnte ich meine Erststimme dem CDU-Kandidaten und meine Zweitstimme der Partei DIE GRÜNEN geben?
>
> **M:** Ja, das nennt man Stimmen-Splitting.
>
> **L:** Und wie wird nun ausgezählt?
>
> **M:** Die 598 Mandate werden nach dem Verhältnis der Zweitstimmen auf die Parteien verteilt. Man spricht daher von einer Verhältniswahl. Wenn eine Partei 50% der Zweitstimmen erhält, stehen ihr 299 Mandate zu.
>
> **L:** Welche Kandidaten erhalten diese 299 Mandate?
>
> **M:** Zunächst kommen die Wahlkreiskandidaten zum Zuge, die ihren Wahlkreis gewonnen haben. Dies sind die sogenannten Direktmandate. Die dann noch verbleibenden Mandate werden an Kandidaten vergeben, die in einer bestimmten Reihenfolge auf der Landesliste stehen.
>
> **L:** Wenn also einer Partei 250 Mandate zustehen und sie in 100 Wahlkreisen ein Direktmandat bekam, verteilt sie noch 150 Sitze über die Landesliste?
>
> **M:** Ja, so ist es.
>
> **L:** Und was besagt die Fünf-Prozent-Klausel?
>
> **M:** Dass bei der Zuteilung der Mandate nach der Zweitstimmenauszählung nur solche Parteien berücksichtigt werden, die mindestens 5 % der Stimmen oder drei Direktmandate erreicht haben.
>
> **L:** Wenn also eine Partei nur 4 % der Stimmen erhält, kommt sie nicht in den Bundestag.
>
> **M:** Ja. Wenn sie jedoch Direktmandate erringt, kommen diese Kandidaten in den Bundestag.

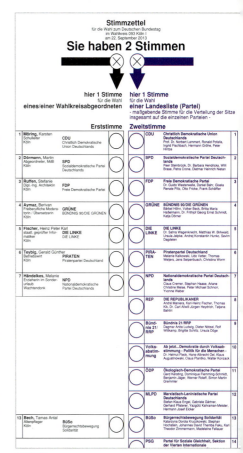

M2 Stimmzettel zur Bundestagswahl 2013

Mandat: allgemein die Wahrnehmung bestimmter, vertraglich festgelegter Interessen. Hier ist das Amt eines Abgeordneten gemeint, der seine Wählerinnen und Wähler im Bundestag vertritt.

ARBEITSAUFTRÄGE

1. Erkläre mit M1 und dem Gespräch zwischen Mutter und Sohn:
   a) wie ein Direktkandidat gewählt wird.
   b) wie eine Partei zu der Anzahl ihrer Sitze kommt.
2. Erläutere die Aussage: „Die Zweitstimme ist die wichtigere Stimme."
3. Gib die Bestimmung zur Sperrklausel wieder.
4. Beurteile die Sperrklausel.

→ zu 1. a)
Benutze die Begriffe: Erststimme, Wahlkreiskandidat, 299 Abgeordnete, meisten Erststimmen

→ zu 1. b)
Verwende folgende Begriffe: Zweitstimme, entscheidet über Anzahl der Sitze, Verhältniswahl, 299 Mandate, Landesliste

Methode

Eine Umfrage mithilfe von GrafStat erstellen

Sicher habt ihr vor anstehenden Wahlen schon folgenden Satz gehört: „Wenn am kommenden Sonntag Wahl wäre, dann würden die Parteien folgende Zustimmung erhalten ...".

Solche Aussagen sind Prognosen, also Aussagen, die vielleicht eintreten könnten. Diese Prognosen werden mithilfe von Umfragen gemacht und spiegeln die momentane politische Lage wider.

Auch ihr könnt solche Vorhersagen erstellen, indem ihr mithilfe eines Fragenkatalogs die Meinungen zur nächsten anstehenden Wahl erforscht.

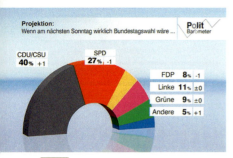

M1 Das Politbarometer (Forschungsgruppe Wahlen, ZDF)

So geht ihr vor:

1. → Programm herunterladen und starten
Ihr müsst GrafStat unter dem Link http://www.grafstat.de/bezugsquellen.htm kostenlos herunterladen. Dazu meldet ihr euch auf der Seite an. Ihr bekommt dann einen Zugangscode per E-Mail. Ladet das Programm herunter und startet es.

2. → Fragen eingeben und Befragungsgruppe festlegen
Nachdem ihr das Programm gestartet habt, legt ihr unter dem Menüpunkt „Fragebogen – Neu" einen Ordner an, den ihr z. B. Wahlumfrage 2013 nennt.
Folgt den Anweisungen bis zum Menüpunkt Fragetext. Hier gebt ihr eure Fragen ein. Dabei habt ihr die Wahl zwischen unterschiedlichen Fragetypen. Am besten nehmt ihr den Fragetyp „Einfachwahl", denn Fragen zur Wahl werden im Allgemeinen so gestellt, dass der Befragte nur eine Antwort geben darf. Gebt jetzt eure erste Frage ein, speichert diese und klickt dann „Neue Frage" an.
Wenn ihr alle Fragen eingegeben habt, beendet ihr den Fragekatalog. Es erscheint dann wieder das Hauptmenü. Unter „Bearbeiten" könnt ihr dann die Fragen noch einmal verbessern, ergänzen oder neu sortieren. Wenn ihr zum Menüpunkt „Druck-Formular" geht, könnt ihr eine aussagekräftige Überschrift wählen, einen Anredetext für die Befragung formulieren und den Fragebogen ausdrucken.

M2 Hauptmenü GrafStat

3. → Befragung durchführen und Daten erfassen
Teilt euch in Gruppen auf und führt die Befragung in eurer Gemeinde, eurer Stadt oder in Stadtteilen durch. Achtet bei der Befragung darauf, dass ihr junge und alte Menschen befragt und dass die Zahl der männlichen und weiblichen Befragten etwa gleich ist.
Wenn ihr die Befragung abgeschlossen habt, müsst ihr die Antworten in das Programm GrafStat eingeben. Das macht ihr unter dem Menüpunkt „Daten erfassen – Bildschirminterview". Es erscheint dann der Fragebogen und mit „Start" gebt ihr die Antwort zur Frage 1 ein. Mit „Weiter" gelangt ihr zur Frage 2 usw. Habt ihr die Antworten der ersten Befragung eingegeben, geht ihr mit der zweiten Befragung, dritten, ... genauso vor. Wenn ihr fertig seid, beendet ihr die Eingabe und gelangt wieder zum Hauptmenü.

M3 Die Befragung vorbereiten

4. → Auswertung der Daten

Im Hauptmenü findet ihr den Bereich „Daten auswerten und präsentieren". Bei der Grundauswertung erhaltet ihr alle Antworten in relativen und absoluten Zahlen. Bei der grafischen Auswertung könnt ihr euch die Antworten in verschiedenen Diagrammen anzeigen lassen. Darüber hinaus könnt ihr auch verschiedene Antworten miteinander kombinieren, zum Beispiel Alter und Wahlverhalten, …
Wertet die Befragung aus und präsentiert eure Ergebnisse im Jahrgang.

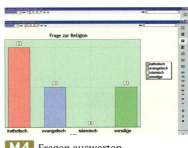

M4 Fragen auswerten

Guten Tag,
meine Name
ist _____
und ich bin Schülerin / Schüler der
_____.

Im Rahmen unseres Politik-Unterrichts führen wir eine Wählerbefragung zur nächsten _____wahl durch. (Bei Telefonbefragung: Wir haben Ihre Telefonnummer zufällig aus dem Telefonbuch gewählt.) Ich möchte Sie fragen, ob Sie so freundlich wären, an der Befragung teilzunehmen.
Selbstverständlich sind die Angaben anonym. Die Umfrage wird höchstens 5 Minuten dauern. Wenn Sie Rückfragen haben, dann können Sie sich an meine Schule wenden:
Tel.: _____
Wenn kein Interview gewünscht wird, trotzdem bedanken und höflich verabschieden.
Wenn ein Interview möglich ist, Befragung starten und anschließend höflich bedanken und verabschieden.

---

1. Wie stark sind Sie an Politik interessiert?
   ☐ äußerst stark
   ☐ stark
   ☐ mittel
   ☐ weniger
   ☐ gar nicht

2. Wenn am nächsten Sonntag Bundestagswahl wäre, gingen Sie dann zur Wahl?
   ☐ auf jeden Fall
   ☐ vermutlich
   ☐ vermutlich nicht
   ☐ auf keinen Fall

3. Wenn am nächsten Tag Bundestagswahl wäre, welche Partei würden Sie dann wählen?
   ☐ CDU
   ☐ SPD
   ☐ Bündnis 90 / Die Grünen
   ☐ Die Linke
   ☐ FDP
   ☐ Piratenpartei
   ☐ rechte Parteien (z. B. NPD)
   ☐ AfD
   ☐ andere und zwar _____

4. Wenn keine der Parteien die absolute Mehrheit gewinnt, welche Koalition würden Sie sich wünschen?
   ☐ Große Koalition (CDU / CSU + SPD)
   ☐ CDU / CSU + FDP
   ☐ SPD + Bündnis 90 / Die Grünen
   ☐ SPD + FDP
   ☐ SPD + Bündnis 90 / Die Grünen + FDP
   ☐ SPD + Bündnis 90 / Die Grünen + Die Linke
   ☐ CDU / CSU + Bündnis 90 / Die Grünen
   ☐ andere und zwar _____

5. Wenn am nächsten Sonntag Bundestagswahl wäre, wie würde vermutlich Ihrer Meinung nach die Wahl ausgehen?
   ☐ Mehrheit für CDU / CSU
   ☐ Mehrheit für CDU / CSU / FDP
   ☐ Mehrheit für SPD
   ☐ Mehrheit für SPD / Bündnis 90 / Die Grünen
   ☐ Mehrheit für SPD / Bündnis 90 / Die Grünen / Die Linke
   ☐ weiß nicht

6. Wenn die Kanzlerin / der Kanzler direkt gewählt werden könnte, wen würden Sie wählen?
   ☐ Angela Merkel
   ☐ Peer Steinbrück
   ☐ keinen von beiden

7. Jetzt noch einige Fragen zur Statistik. Zu welcher Altersgruppe gehören Sie?
   ☐ 18–24   ☐ 45–59
   ☐ 25–34   ☐ 60 und mehr
   ☐ 35–44

8. Welchen Bildungsabschluss haben Sie?
   ☐ keinen Abschluss
   ☐ Hauptschulabschluss
   ☐ Realschulabschluss
   ☐ Abitur / Fachabitur
   ☐ Studium
   ☐ anderes _____

9. Welcher Konfession gehören Sie an?
   ☐ keiner Religionsgemeinschaft
   ☐ evangelisch
   ☐ katholisch
   ☐ islamisch
   ☐ andere Religionsgemeinschaft

10. Geschlecht
    ☐ weiblich   ☐ männlich

11. Frage zur Beschäftigung
    ☐ Arbeiter
    ☐ Angestellter
    ☐ Beamter
    ☐ Selbstständiger
    ☐ arbeitslos
    ☐ Ruhestand

M5 Fragebogen zur Bundestagswahl 2013

ARBEITSAUFTRAG

1. Führt eine Befragung zu einer Wahl oder einem politischen Thema durch. Wertet diese aus und präsentiert euer Ergebnis z.B. im Jahrgang.

Wie wird Deutschland regiert?

M1 Reichstagsgebäude, Sitz des Deutschen Bundestages in Berlin

Das Parlament – Kern unserer Demokratie

Der Bundestag – Vertretung des Volkes

Der Bundestag ist das Parlament, das heißt es ist die Vertretung des deutschen Volkes. Es setzt sich aus gewählten Vertreterinnen und Vertretern, den Bundestagsabgeordneten zusammen. Diese werden alle vier Jahre von den wahlberechtigten Bürgerinnen und Bürgern der Bundesrepublik Deutschland gewählt.

Nach dem Grundgesetz, Artikel 20, vertritt das Parlament auf Bundesebene und auf Länderebene das Volk.

> **Q1** Auszug aus dem Grundgesetz Artikel 20:
>
> *(2) Alle Staatsgewalt geht vom Volke aus. Sie wird vom Volke in Wahlen und Abstimmungen und durch besondere Organe der Gesetzgebung, der vollziehenden Gewalt und der Rechtsprechung ausgeübt.*

Die Abgeordneten vertreten die Interessen der Bevölkerung und treffen für sie Entscheidungen. Das nennt man repräsentative Demokratie.

Bei den Abstimmungen im Bundestag üben die Abgeordneten ihr Mandat frei aus. Das heißt, sie sind an keine Aufträge der Wählerinnen und Wähler gebunden. Sie sind prinzipiell nur sich selbst gegenüber verantwortlich. Das nennt man freies Mandat.

Innerhalb des Bundestages bilden Abgeordnete Gruppen, sogenannte Fraktionen. Diese gehören meistens einer Partei an. Fraktionen haben große Bedeutung, denn die Mitglieder erarbeiten zum Beispiel Gesetzesvorschläge.

> Im 18. Deutschen Bundestag gibt es vier Fraktionen. Die CDU/CSU-Fraktion ist mit 311 Sitzen die stärkste Fraktion, gefolgt von der SPD-Fraktion mit 193 Sitzen, der Fraktion Die Linke mit 64 Sitzen und der Fraktion Bündnis 90/Die Grünen mit 63 Sitzen.

M2 Fraktionen im 18. Deutschen Bundestag

Wie wird Deutschland regiert?

M3 Die Parteivorsitzenden Sigmar Gabriel (SPD), Angela Merkel (CDU) und Horst Seehofer (CSU) halten am 16.12.2013 in Berlin den unterzeichneten Koalitionsvertrag der neuen Großen Koalition in den Händen.

Mehrheitsbildung im Bundestag – die Koalition

Die Bundesregierung bildet sich aus einer Partei oder aus mehreren Parteien. Bislang hat es in der Geschichte der Bundesrepublik nur einmal die CDU/CSU im Jahr 1957 geschafft, mehr als die Hälfte aller Mandate zu gewinnen. Der Normalfall ist aber, dass sich im Parlament Parteien zusammenschließen müssen, um eine Mehrheit zu bekommen. Einen solchen Zusammenschluss nennt man Koalition.

Oft machen Parteien schon vor der Wahl Aussagen, mit wem sie koalieren möchten. Das ist möglich, da sie in einigen politischen Fragen ähnliche Lösungen anbieten. Können diese Parteien im Bundestag nach der Wahl die Mehrheit bilden, dann verhandeln sie, wie sie die nächsten vier Jahre zusammen regieren wollen. Dabei müssen Kompromisse eingegangen werden. Somit können Parteien nicht alles umsetzen, was sie in ihrem Wahlprogramm angekündigt haben.

Die Opposition

Die anderen Parteien, die nicht an der Regierung beteiligt sind, bilden die Opposition. Ihre wichtigsten Aufgaben bestehen darin, die Regierung zu kontrollieren und zu kritisieren. Sie zeigen zu den Gesetzesentwürfen der Regierung Alternativen auf und versuchen auch, ihre politischen Vorstellungen in Ausschüssen mit einzubringen.

ARBEITSAUFTRÄGE

1. Berichte über das Zustandekommen des Deutschen Bundestages.
2. Beurteile die Aussage „Abgeordnete vertreten nicht nur die Interessen ihrer Wählerinnen und Wähler".
3. a) Stelle zusammen, wie es zu einer Mehrheitsbildung im Bundestag kommen kann. Führt anschließend einen Stühletausch durch (Tipps dafür auf Seite 44).
   b) Erkläre den Begriff Opposition.
4. Erörtere den Satz „Durch Koalitionen werden die Wähler betrogen, denn sie haben mit ihrer Stimme für ein Parteiprogramm gestimmt."

zu 2.
Sie werden zum Teil über die Zweitstimme gewählt, also ...

zu 3. a)
Benutze bei deiner Antwort den Begriff Koalition.

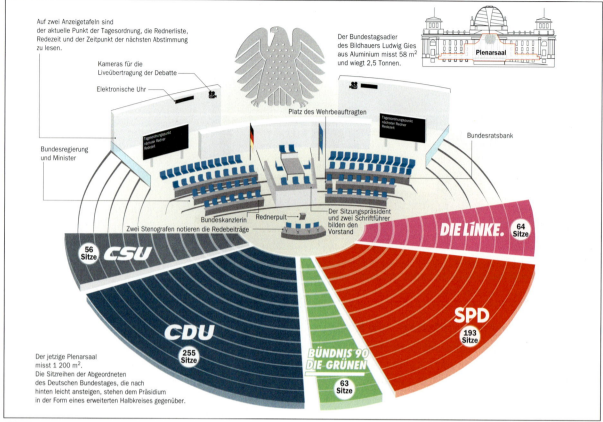

M1 Sitzverteilung im 18. Deutschen Bundestag

Parlament – Ordnung und Aufgaben

Zusammensetzung des Bundestages

In das Parlament darf jeder gewählt werden, der auch wählen darf. Von den 631 Abgeordneten des 18. Deutschen Bundestages sind 230 Frauen. Das ist ein Anteil von etwa 36 %. Allerdings ist der Anteil der Frauen in den einzelnen Fraktionen sehr unterschiedlich.

Die Berufe der Abgeordneten des Bundestages sind sehr verschieden, wie zum Beispiel: Hausfrauen/Hausmänner, Studenten, Arbeiter, Beamte, Angestellte und Selbstständige aus Wirtschaft, Industrie, Handel, Handwerk und Gewerbe sowie Ärzte, Rechtsanwälte, Journalisten und Schriftsteller.

Partei	Frauen	Männer	gesamt
CDU/CSU	78	233	311
SPD	81	112	193
Die Linke	36	28	64
Bündnis 90/ Die Grünen	35	28	63
Bundestag gesamt	230	401	631

M2 Weibliche und männliche Abgeordnete im 18. Deutschen Bundestag

Aufgaben des Bundestages

Der Bundestag ist eine öffentliche Einrichtung, das heißt, jede Bürgerin und jeder Bürger kann den Beratungen, den Diskussionen, die hier stattfinden, zuhören. Dadurch trägt das Parlament wesentlich zur politischen Willensbildung bei. Hier gehaltene Reden sind weniger für die anwesenden Abgeordneten gedacht als vielmehr für die Wählerinnen und Wähler.

Zu den wichtigsten Aufgaben des Parlaments gehört es zum Beispiel, Gesetze zu beschließen und den Kanzler oder die Kanzlerin zu wählen. Ein „Königsrecht", so genannt, weil es besonders wichtig ist, ist das Haushaltsrecht, das heißt, der Bundestag beschließt und kontrolliert die Ausgaben der Regierung.

Wie wird Deutschland regiert?

M3 Sitzordnung im Deutschen Bundestag (2013)

Arbeitsweise des Parlaments und der Abgeordneten

Die eigentliche Arbeit von Abgeordneten geschieht in nicht öffentlichen Ausschüssen. Das sind Arbeitsgruppen, in denen Fachleute aller Fraktionen sitzen. Sie befassen sich mit Angelegenheiten, die nicht vom gesamten Parlament übernommen werden können. Sie bereiten Gesetze vor, was viel Fachwissen erfordert.

Im Bundestag wird die Öffentlichkeit hergestellt. Bei Debatten oder bei Besprechungen von Gesetzen stellen die Abgeordneten der verschiedenen Fraktionen die Vorstellungen ihrer Parteien vor. Die Abstimmung über Gesetze erfolgt dann oft per Handzeichen, manchmal über Stimmkarten und bei wichtigen Entscheidungen per geheimer Abstimmung.

ARBEITSAUFTRÄGE

1. Beschreibe die Sitzordnung des Deutschen Bundestages (M1, M3).
2. a) Berichte über die Zusammensetzung des Parlaments.
   b) Beurteile die berufliche Mischung der Abgeordneten.
   c) Lies noch einmal im Grundgesetz Artikel 3, Absatz 2 nach (Q1, S. 164). Bewerte, inwieweit sich politisch Verantwortliche an den Artikel halten.
3. Erkläre die Aufgaben des Bundestages. Führt einen Stühletausch durch (Tipps dafür auf Seite 44).
4. Zeige die Arbeitsweise der Abgeordneten auf.
5. Abgeordnete haben ein freies Mandat, in der Regel stimmen sie mit ihrer Fraktion einheitlich ab. Erörtere.

zu 2. b)
Denke an die unterschiedlichen Erfahrungen, ...

zu 2. c)
Bei der CDU beträgt die Anzahl der Frauen etwa 25 %, bei ...

Regierungsbildung

Kanzlerwahl

Der Ausgang einer Bundestagswahl bestimmt, wer die Regierung bilden kann. Entweder kann eine Partei alleine regieren oder es wird eine Koalition gebildet.

Ist eine Mehrheit zum Regieren vorhanden, wird die Kanzlerin oder der Kanzler direkt von den Abgeordneten des Bundestags gewählt. Die Kanzlerkandidaten müssen Mitglieder des Bundestages sein. In der Regel dauert die Amtszeit einer Kanzlerin/eines Kanzlers eine Legislaturperiode.

Legislaturperiode: Zeitraum zwischen zwei Wahlen, für den Deutschen Bundestag 4 Jahre

Die Bundesregierung – Mittelpunkt der Entscheidungen

Nachdem die Kanzlerin/der Kanzler gewählt ist, werden die Ministerinnen und Minister für die einzelnen Bereiche von der Kanzlerin/dem Kanzler dem Bundespräsidenten vorgeschlagen, der sie vereidigt.

Die Kanzlerin/der Kanzler und die Ministerinnen und Minister sind die eigentlichen politischen Führungsorgane. Zusammen bilden sie das sogenannte Kabinett. Sie stehen im Mittelpunkt der Öffentlichkeit, werden in den Nachrichten genannt oder es wird berichtet, was sie gesagt oder getan haben. Besonders die Kanzlerin/der Kanzler wird immer wieder in den Medien gezeigt, erwähnt oder interviewt. Ihre/seine Sicht auf politische Probleme oder deren Lösungsmöglichkeiten finden in den Medien besondere Beachtung.

M1 Die Bundesregierung am Kabinettstisch (17.12.2013)

Wie wird Deutschland regiert?

M2 Aufgabenverteilung und Rangordnung in der Bundesregierung

Arbeitsweise und Kontrolle der Regierung

Innerhalb des Kabinetts gibt es eine klare Rangordnung. Die Führungsrolle hat die Kanzlerin/der Kanzler, trotzdem wird im Team zusammengearbeitet. Das bedeutet einerseits, dass die Kanzlerin/der Kanzler die Richtung der Politik bestimmt. Andererseits ist aber jeder Minister und jede Ministerin verantwortlich für das eigene Ressort und leitet dieses auch selbstverantwortlich.

Die Kontrolle der Regierung erfolgt über die Opposition. Sie wird durch die Parteien gebildet, die nicht an der Regierung beteiligt sind. Die Opposition überwacht und kritisiert die Regierung. Sie zeigt aber auch Alternativen zu den politischen Plänen auf und bringt bei ihren Reden im Parlament die Meinungen von Bürgern vor, die mit der Bundesregierung unzufrieden sind. Die Abgeordneten der Opposition arbeiten auch in Arbeitsgruppen mit, sodass sie hier Einfluss auf Gesetzesvorhaben nehmen können. Bei manchen Gesetzen braucht die Regierung auch die Zustimmung der Opposition. Dann sorgt sie dafür, dass die Regierung Vorstellungen der Opposition mit verwirklicht.

Darüber hinaus hat die Opposition die Möglichkeit, Fragen an die Regierung zu stellen, die entweder mündlich oder schriftlich beantwortet werden müssen. Auch kann sie mithilfe eines <u>Untersuchungsausschusses</u> versuchen, Missstände aufzudecken.

Untersuchungsausschuss: Ausschuss, der nur aus Abgeordneten besteht. Er kann einberufen werden, wenn mindestens ein Viertel aller Abgeordneten diesen beantragen. Ziel ist es, Missstände aufzudecken. Der Ausschuss tagt für einen bestimmten Zeitraum, in dem er Zeugen und Sachverständige befragt um die Vorwürfe zu klären.

ARBEITSAUFTRÄGE

1. Erkläre, wie es zu einer Koalition kommt.
2. → Erklärt das Kanzler-, Ressort- und Kollegialprinzip (M2). Führt anschließend ein Kugellager durch (Tipps dafür auf Seite 25).
3. Beurteile: „Die Bundesregierung ist Mittelpunkt der Entscheidungen".
4. Erörtere: „Das Kabinett und nicht das Parlament entscheidet."
5. Arbeite die Mittel heraus, mit der die Opposition Kontrolle ausüben kann.
6. a) ⇨ Recherchiert unter www.bundesregierung.de, welche Ministerien es gibt.
   b) Erstellt in Gruppenarbeit zu jedem Ministerium einen Steckbrief.

→ zu 2.
Die Kanzlerin/der Kanzler bestimmt …

M1 Vereidigung des Bundespräsidenten Joachim Gauck (Foto, 23. März 2012)

Der Bundespräsident und das Bundesverfassungsgericht

Wahl und Aufgaben des Bundespräsidenten

Der Bundespräsident ist das Staatsoberhaupt der Bundesrepublik Deutschland. Er wird von der Bundesversammlung gewählt. Diese besteht aus den Mitgliedern des Bundestages und einer gleich großen Anzahl von Vertretern der 16 Bundesländer. Die Amtszeit dauert fünf Jahre, eine Wiederwahl ist nur einmal möglich.

Der Bundespräsident ist der Präsident aller Bürgerinnen und Bürger. Somit steht er über den Parteien und verkörpert die staatliche Einheit. Seine Macht muss eher als symbolische Macht beschrieben werden. In erster Linie ist er der erste Repräsentant der Bundesrepublik Deutschland.

Der Bundespräsident ernennt und entlässt auf Vorschlag der Kanzlerin / des Kanzlers Ministerinnen und Minister.	Der Bundespräsident empfängt ausländische Staatsoberhäupter.
Bundespräsident auf Deutschlandreise: Antrittsbesuch in Nordrhein-Westfalen	Bundespräsident zu Besuch im Ausland.
Bundespräsident Joachim Gauck in einer Rede: „Es ist unsere Demokratie", sagte [er]. „Wir haben sie gemeinsam erkämpft, wir werden sie gemeinsam gestalten und wir werden sie verteidigen gegen alle, die sie verachten."	Mehr als 10 000 Menschen zu Besuch auf dem Bürgerfest des Bundespräsidenten
Bundespräsident zeichnet junge Ehrenamtliche mit Verdienstorden aus.	Der Bundespräsident schlägt dem Parlament eine Kandidatin / einen Kandidaten zur Wahl der Bundeskanzlerin / des Bundeskanzlers vor.

M2 Aufgaben des Bundespräsidenten

Wie wird Deutschland regiert?

M3 Die acht Richterinnen und Richter des Bundesverfassungsgerichtes, Juni 2012

M4 Eingang zum Bundesverfassungsgericht in Karlsruhe

Aufgaben des Bundesverfassungsgerichts (BVerfG)

Die Aufgabe des Bundesverfassungsgerichts ist es, über die Einhaltung des Grundgesetzes zu wachen. Dabei überprüft das Gericht die Verfassungsmäßigkeit von Gesetzen. Jede Bürgerin und jeder Bürger hat das Recht, eine Klage beim Bundesverfassungsgericht einzureichen, wenn sie oder er der Meinung ist, ein Gesetz verstößt gegen das Grundgesetz.

Als oberster Hüter des Grundgesetzes überprüft das Gericht, ob Gesetze mit der Verfassung übereinstimmen. Die Entscheidungen sind nicht mehr anfechtbar. Bekommen Klägerinnen oder ein Kläger Recht, dann muss das Gesetz entweder zurück genommen werden oder so geändert werden, dass es dem Grundgesetz entspricht.

Urteilspraxis aus Karlsruhe

Die Arbeit des Bundesverfassungsgerichtes hat auch politische Wirkung. Acht Verfassungsrichterinnen und Verfassungsrichter können Gesetze für ungültig erklären, die vorher vom Parlament und dem Bundesrat beschlossen wurden. Deswegen wacht das Gericht nicht nur über die Verfassung, sondern auch über die Politik. Mit einigen Entscheidungen hat das Bundesverfassungsgericht die Politik gebremst. Gesetze, die im Bundestag und Bundesrat verabschiedet wurden, hat das Bundesverfassungsgericht eingezogen oder stark abgeändert.

Q1 In der Süddeutschen Zeitung wird im Mai 2010 über das Urteil des BVerfG zum Luftsicherheitsgesetz Folgendes berichtet:

Abschuss entführter Flugzeuge ist verfassungswidrig
Das Verfassungsgericht hat das Luftsicherheitsgesetz gekippt und dabei unmissverständlich klargestellt: Die Bundeswehr darf im Inland nicht militärisch eingesetzt werden …
Die im Luftsicherheitsgesetz enthaltene Erlaubnis für die Bundeswehr, von Terroristen entführte Passagiermaschinen in Notfällen abzuschießen, ist verfassungswidrig und nichtig …

ARBEITSAUFTRÄGE

1. Skizziere die Wahl des Bundespräsidenten.
2. a) Liste die Aufgaben des Bundespräsidenten auf (M2).
   b) Bewerte die „Macht" des Bundespräsidenten.
3. a) Nenne die grundsätzlichen Aufgaben des BVerG.
   b) Erkläre, was passiert, wenn ein Gesetz vom BVerfG beanstandet wird.
4. a) Zeige auf, an welchen Stellen das Gericht besonders machtvoll ist.
   b) Berichte über das Gerichtsurteil (Q1).
   c) Beurteile die Macht des BVerG.
5. Recherchiere im Internet ein Gerichtsurteil und die dazu gehörende Begründung des BVerfG. Berichte in der Klasse.

zu 2. b)
Beachte die „Macht" der Kanzlerin / des Kanzlers gegenüber der des Bundespräsidenten.

zu 4. c)
Benutze folgende Worte:
Acht Richter – 598 Abgeordnete – gewählte Volksvertreter – Bundesrat – Gesetze – Beschluss – …-

M1 Gliederung des Bundesstaates Deutschland

Der Bundesrat

Deutschland ist ein Bundesstaat

Die Bundesrepublik Deutschland ist ein Bundestaat mit 16 Bundesländern. In jedem Bundesland gibt es ein Parlament, eine Regierung mit Ministerpräsidentinnen bzw. Ministerpräsidenten und Ministerinnen bzw. Ministern. Da die Länder in einigen Bereichen selbstständig sind, erlassen sie Gesetze und Bestimmungen. So können die Länder besser ihre eigenen Interessen durchsetzen. In anderen Bereichen wiederum ist die Bundesregierung zuständig.

Gesetze, die im Bundestag verabschiedet werden, müssen von den Ländern umgesetzt werden. Diese Aufteilung der politischen Macht nennt man Föderalismus.

M2 Blick in den Landtag von Nordrhein-Westfalen in Düsseldorf

M3 Aufgabenverteilung zwischen Bund und Ländern

Wie wird Deutschland regiert?

Bundesrat und Gesetzgebung

Im Bundesrat, dem Bindeglied zwischen Bund und Ländern, vertreten die Länder auf Bundesebene ihre Interessen. Sie können hier eigene Gesetze einbringen und alle Gesetzentwürfe des Bundes gehen ihm zur Stellungnahme zu.

Bei Gesetzentwürfen, die die Finanzen der Länder betreffen, die in die Verwaltung eingreifen oder die das Grundgesetz ändern, muss der Bundesrat mehrheitlich zustimmen. Man spricht dann von zustimmungspflichtigen Gesetzen. Der Bundesrat hat insgesamt 69 Stimmen. Länder haben mindestens drei und höchstens sechs Stimmen. Die Stimmenzahl ist abhängig von der Einwohnerzahl eines Landes.

Zustimmungspflichtige Gesetze benötigen eine Mehrheit von mindestens 35 Stimmen. Wird diese nicht erreicht, versucht man im Vermittlungsausschuss eine Lösung zwischen Bund und Ländern zu erarbeiten. Gelingt dies, wird neu abgestimmt, gelingt das nicht, ist das Gesetz endgültig gescheitert. Wenn im Bundesrat andere Landesregierungen als im Bundestag die Mehrheit haben, wird das Regieren für die Bundesregierung schwer. Andere Parteien haben andere politische Vorstellungen, sodass es zu Interessenskonflikten kommen kann.

Die Verfassungsorgane im Überblick

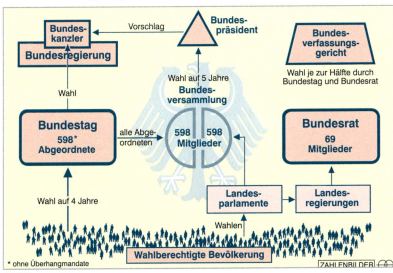

M4 Das Regierungssystem der Bundesrepublik Deutschland

ARBEITSAUFTRÄGE

1. Ordne die Bundesländer und die Hauptstädte der Karte zu. Notiere dazu zum jeweiligen Buchstaben die zugehörige Ziffer (M1).
2. a) Berichte über die Aufgabenverteilung von Bund und Ländern (M3).
   b) Überlege dir mögliche Probleme, die bei einem Schulwechsel von Köln nach Frankfurt für ein Kind auftreten können.
3. a) Arbeite die Aufgaben des Bundesrates heraus.
   b) Erkläre die unterschiedliche Stimmenanzahl der Länder.
   c) Erläutere die Aussage „Das Regieren einer Bundesregierung gegen eine andere Parteienmehrheit im Bundesrat kann zu Konflikten führen".
4. Erklärt euch mit der Methode Think-Pair-Share (S. 211) die Abbildung M4.

zu 2. b)
Schule und Bildung ist Ländersache, andere Schulbücher, Abschlussprüfungen, ...

zu 3. c)
Gehe hier konkret vor: Die Regierungskoalition aus den Parteien x/y/z regiert gegen eine ...

Ein Gesetz entsteht

M1 Personalausweis – nur wer gemeldet ist, kann ihn beantragen.

Gesetzgebung

Notwendigkeit eines neuen Gesetzes

Durch eine Reform im Föderalismus musste das gültige Meldegesetz geändert werden. Unter das Meldegesetz fällt zum Beispiel die Pflicht, sich an seinem Wohnort anzumelden. Bei der Fortentwicklung des Meldegesetzes ging es um Folgendes:
- Das geplante Meldegesetz erfüllt die Vorgaben der Föderalismusreform zur Überführung des Meldewesens von den Ländern in die Gesetzgebungskompetenz des Bundes.
- Grundlegende, neue Datenübermittlungsstandards werden mit aufgenommen.
- Nicht mehr einzelne Länder erlassen unterschiedliche Vorschriften, sondern eine einheitliche Vorschrift durch den Bund sorgt für Gleichheit im Bundesgebiet.
- Der Zugriff von öffentlichen Stellen auf diese Daten wird verbessert.

Gesetzesvorlage

Nachdem ein Ausschuss einen Gesetzesvorschlag erarbeitet hatte, wurde dieser Vorschlag zur Stellungnahme an den Bundesrat weitergeleitet. Im Bundestag kam es nach der 1. und 2. Beratung im Juli 2012 zur 3. Beratung und zur Schlussabstimmung. Das Gesetz wurde angenommen.

Der Bundesrat kippt das Meldegesetz

Das neue Meldegesetz ermöglichte den Meldeämtern auch, Daten ohne Einwilligung der Bürgerinnen und Bürger an Adresshändler und Werbefirmen zu verkaufen. Der Bundesrat stoppte deswegen im September 2012 das Gesetz und leitete es an den Vermittlungsausschuss weiter.

Bund und Länder einigen sich auf neues Meldegesetz

Im Februar 2013 einigten sich Bund und Länder auf ein neues Meldegesetz. Nur wenn Bürgerinnen und Bürger ihre Zustimmung erklären, dürfen Daten weitergegeben werden. Im März 2013 wurde das neue Gesetz vom Bundesrat verabschiedet.

M2 Demonstration vor dem Bundesrat zur Sitzung am 21. September 2012, auf der über das Meldegesetz abgestimmt werden soll.

Ein Gesetz entsteht

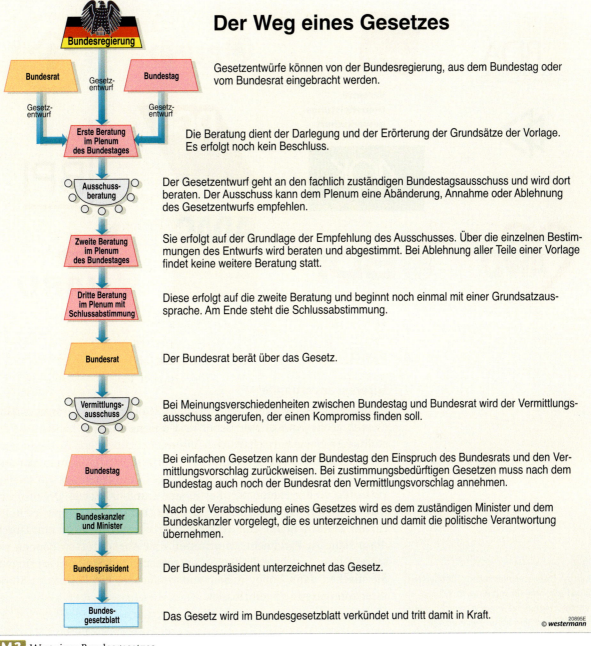

M3 Weg eines Bundesgesetzes

ARBEITSAUFTRÄGE

1. → Fasse die wesentlichen Bereiche des neuen Meldegesetzes zusammen.
2. a) Beschreibe, welche Stationen des Gesetzgebungsverfahrens das Meldegesetz durchlaufen hat (M3).
   b) → Erläutere Positionen, an denen ein Gesetz scheitern kann, bevor es beziehungsweise nachdem es in Kraft getreten ist.
3. Diskutiert die Aussage „Das Gesetz hätte in dieser Form im Bundestag nicht abgestimmt werden dürfen, da es Persönlichkeitsrechte verletzt."
4. ▷ Nimm Stellung zu der Aussage: Der Bundesrat ist bei der Gesetzgebung nicht notwendig.

→ zu 1.
Die Föderalismusreform führt die Gesetzgebungskompetenz von den …

→ zu 2. b)
Schau auch noch einmal auf den Seiten 184/185 nach.

M1 Logos von Verbänden und Vereinigungen

Einflussnahme in die Politik

Interessenverbände

In unserer Demokratie, die die Freiheit des Einzelnen garantiert, gibt es eine große Anzahl politischer und religiös-weltanschaulicher Vorstellungen sowie wirtschaftlicher Interessen. Um eigene Auffassungen besser gegenüber dem Staat und der Politik zu vertreten, um Gesetzesvorhaben zu beeinflussen, bilden gleichgesinnte Personen Interessenverbände. In der Hauptstadt Berlin sind fast 1700 dieser Organisationen registriert. Sie setzen sich für Sport, Behinderte, Umweltschutz, für ihr Unternehmen, für Arbeitnehmer und vieles mehr ein. Durch diese Nähe zu Parlament, Ministerien und Abgeordneten können sie schnell ihre Angelegenheiten an entsprechenden Stellen vorbringen. Sie machen dann Lobby-Arbeit und versuchen, die Politik im Sinne ihrer Interessen zu beeinflussen.

Lobby: Interessenvertretung. Lobbyisten sind Personen, die mit ihren Ansichten, Vorstellungen und ihrem Wissen Einfluss auf die Entscheidungen von Politikern nehmen wollen.

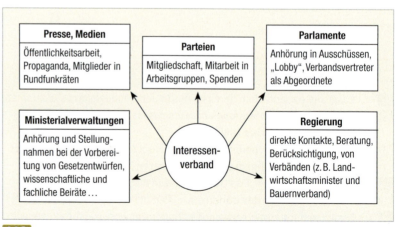

M2 Einflussnahme von Interessenverbänden in der Politik

Interessenverbände gestalten mit

Abgeordnete – unabhängig und frei?

Die Abgeordneten sind Vertreter des Volkes. Im Parlament müssen sie Entscheidungen für alle Bürgerinnen und Bürger der Bundesrepublik treffen. Dabei haben sie ein freies Mandat, sie sind nicht an Weisungen und Aufträge gebunden.

Q1 Ein Journalist schrieb über den Einfluss von Interessenverbänden auf die Politik im Jahr 2005:

Die Einflussnahme in Berlin beginnt im Regierungsalltag. Dort tragen Lobbyisten ihre Ideen und Argumente als Erstes den Ministerialbeamten vor, weil diese den Entwurf für ein künftiges Gesetz schreiben. Die Informationsgrundlage, auf der in den Ministerien ein Gesetz entsteht, ist heute stärker von der Wirtschaft oder einzelnen Unternehmen geprägt als vor 30 Jahren ...
Natürlich werden in diesem Geschäft nicht bloß Informationen ausgetauscht. Konzerne und Verbände üben sehr wohl Druck auf Politiker aus ... Fast nie spielt Geld eine Rolle, fast immer einige hundert oder tausend Arbeitsplätze. Wie viele Jobs in einem Wahlkreis beispielsweise an VW hängen, daran werden Abgeordnete vor wichtigen Entscheidungen schon mal unsanft erinnert ...

M3 Protest der Organisation camp-*act* zum Thema Offenlegung der Nebeneinkünfte von Politikern (Berlin, Mai 2011)

M4 „Das verkaufte Parlament" (Karikatur von Karl-Heinz Schönfeld)

ARBEITSAUFTRÄGE

1. a) Erkläre, wie es zu Interessenvertretungen kommt.
   b) → Berichte, wie Interessenverbände und Vereinigungen Einfluss nehmen.
2. → Beurteile die Information aus Q1, dass Lobbyisten in Ministerien ihre Ideen und Argumente vortragen.
3. Bewerte die Forderungen der Aktivisten von camp*act* (M3).
4. Interpretiere M4. Beachte dabei auch Q1.
5. ⇒ Recherchiere zu der Organisation Lobbycontrol und präsentiere deine Ergebnisse der Klasse.

→ zu 1. b)
Nummeriere durch und beginne:
1. Interessenverbände nehmen Einfluss in den zuständigen Ministerien durch ...

→ zu 2.
Abgeordnete sind in ihrem Mandat frei.

Massenmedien – vierte Gewalt?

M1 Nachrichten aus dem Internet

M2 Nachrichten aus der Presse

M3 Nachrichten im Fernsehen

Medien: Mittel oder Verfahren, mit denen Informationen verbreitet werden. Hierzu zählen zum Beispiel Zeitung, Radio, Fernseher, Internet …

Vierte Gewalt: öffentlichen Medien wie Presse, Rundfunk oder Fernsehsender. Dabei sind die Medien keine eigene Gewalt, sondern nur eine gedachte vierte Säule neben der gesetzgebenden, ausführenden und rechtsprechende Gewalt. Durch konkrete Berichterstattungen und Beiträge zur öffentlichen Diskussion haben Medien die Macht, politisches Geschehen zu beeinflussen.

Kontrolle der Politiker durch Medien

Medienvielfalt

Ein Blick an den Zeitungskiosk, ein Blick in die Fernsehzeitschrift oder das Surfen im Internet zeigen: Noch nie gab es so viele Möglichkeiten, sich zu informieren. Medien sind weltweit fast an jedem Ort präsent und berichten innerhalb weniger Minuten über Ereignisse. Eine Textilfabrik in Bangladesch stürzt ein und fordert hunderte Tote, ein deutscher Politiker muss wegen eines Skandals zurücktreten, ein Gesetz wird verabschiedet oder die Kanzlerin besucht deutsche Soldaten im Ausland. Alles können wir in der Zeitung oder im Internet nachlesen, im Radio hören oder im Fernsehen sehen.

Aufgaben von Medien

Den Medien fallen vier wesentliche Aufgaben zu.
- **Information:** Damit die Demokratie richtig funktioniert, müssen sie Bürgerinnen und Bürger regelmäßig informieren. Sie erklären Zusammenhänge, damit die Nicht-Fachleute die politischen Vorgänge verstehen und sich ein Bild über politische Vorgänge machen können.
- **Kontrolle und Kritik:** Sie kritisieren politische Vorgänge und dadurch, dass sie Skandale in der Politik aufdecken, werden sie auch oft als die vierte Gewalt bezeichnet.
- **Unterhaltung:** Unterhaltungsshows, Spielfilme, Doku-Soaps, Telenovelas, Reiseberichte, Musik, Reise- und Sportberichte werden in der Hoffnung, dass es interessiert, amüsiert und unterhält, dem Leser, dem Zuhörer oder Zuschauer geboten.
- **Bildung:** Medien bringen auch bildende Beiträge aus der Geschichte, den Naturwissenschaften, der Kunst, der Literatur und allgemeinen Lebensfragen.

Massenmedien – vierte Gewalt?

Medien decken auf

Da Medien durch ihre Veröffentlichungen politisches Geschehen beeinflussen, müssen sie bei ihren Berichterstattungen sorgfältig vorgehen. Dazu gehört auch, dass Recherchen gewissenhaft durchgeführt werden. Für ihre Arbeit hat sich die Presse selbst Grundsätze gegeben.

Q1 In dem Pressekodex aus dem Jahr 2013 steht:

> ... Verleger, Herausgeber und Journalisten müssen sich bei ihrer Arbeit der Verantwortung gegenüber der Öffentlichkeit und ihrer Verpflichtung für das Ansehen der Presse bewusst sein. Sie nehmen ihre publizistische Aufgabe fair, nach bestem Wissen und Gewissen, unbeeinflusst von persönlichen Interessen und sachfremden Beweggründen wahr ...
> **Ziffer 1** Wahrhaftigkeit und Achtung der Menschenwürde ...
> **Ziffer 2 – Sorgfalt** ... Zur Veröffentlichung bestimmte Informationen in Wort, Bild und Grafik sind mit der nach den Umständen gebotenen Sorgfalt auf ihren Wahrheitsgehalt zu prüfen und wahrheitsgetreu wiederzugeben. Ihr Sinn darf durch Bearbeitung, Überschrift oder Bildbeschriftung weder entstellt noch verfälscht werden ...
> **Ziffer 8 – Schutz der Persönlichkeit** Die Presse achtet das Privatleben des Menschen ... Ist aber sein Verhalten von öffentlichem Interesse, so kann es in der Presse erörtert werden.

Kodex: Sammlung von Verhaltensregeln und Grundsätzen

Die Affäre Wulff

Ende 2011 wird zum ersten Mal über einen verheimlichten Privatkredit des Bundespräsidenten Christian Wulff berichtet. Die Presse lässt mit den Berichterstattungen nicht locker und berichtet über weitere Verfehlungen. Bevor die Staatsanwaltschaft ein Ermittlungsverfahren gegen Wulff einleitet, tritt er von seinem Amt zurück.

Q2 In den Augsburger Nachrichten heißt es zu dem Rücktritt des Bundespräsidenten Christian Wulff:

> Christian Wulffs Kredit-Affäre und der legendäre Anruf: Bundespräsident Wulff geriet wegen eines verheimlichten Privatkredits Ende 2011 in die Schlagzeilen. Anfang 2012 wurde bekannt, dass Wulff mehreren Reportern mit „Krieg" gedroht habe, sollten sie über die Affäre berichten. Sein wütender Anruf bei „Bild"-Chef Kai Diekmann wurde nicht nur zum Politikum (politischen Ereignis), sondern auch zum Ziel von Häme und Spott.

M4 Christian Wulff gibt seinen Rücktritt als Bundespräsident bekannt (17. Februar 2012).

ARBEITSAUFTRÄGE

1. Liste auf, welche Medien du kennst und nutzt.
2. a) Erkläre die vier Hauptaufgaben der Medien.
   b) Begründe, welche der vier Aufgaben du für die wichtigste hältst. Führt anschließend einen Stühletausch durch (Tipps dafür auf Seite 44).
3. a) Erläutere, warum Medien auch als vierte Gewalt bezeichnet werden.
   b) Bewerte die Macht der Medien (Q1, Q2).
4. Recherchiere im Internet einen Skandal oder eine Verfehlung eines Politikers und schreibe ein Kurzprotokoll dazu.

zu 2. a)
Eine sehr wichtige Aufgabe der Medien ist die Herstellung der Öffentlichkeit, ...

zu 2. b)
Für mich besteht die wichtigste Aufgabe der Medien darin ..., denn ich finde, dass ...

M1 Abgeordnete und Medien (Karikatur von Gerhard Mester)

Massenmedien – vierte Gewalt des Staates?

Politiker und Medien

Medien bedeuten für Politikerinnen und Politiker heute die große Chance, sich besonders in den Blickpunkt der Öffentlichkeit zu stellen. Sie versuchen, über die Massenmedien so präsent wie möglich zu sein. Durch sie haben sie die Möglichkeit, ihre Kompetenzen, ihre politischen Vorstellungen, ihre Lösungsmöglichkeiten für politische Probleme oder ihr Sachwissen einem großen Publikum zu übermitteln. Dabei wissen sie ganz genau, dass Aussehen, Kleidung, dynamisches Verhalten, Freundlichkeit und sicheres Auftreten in dem Bildmedium Fernsehen von allergrößter Wichtigkeit ist.

Politik und Unterhaltung = Infotainment

Heute beinhaltet Politik auch einen großen Anteil Unterhaltung. Dazu werden die Medien von den Politikerinnen und Politikern immer mehr benutzt. Aber auch Medien benutzen und verarbeiten gerne private Informationen. Die Verbindung von politischen Nachrichten mit etwas Privatem, z. B. der Familie oder den Hobbys, macht Politik menschlicher und interessanter für den Konsumenten.

Deswegen wird auch schon von „Infotainment" gesprochen. Diese Wortschöpfung besteht aus den englischen Worten „information" für Information und „entertainment" für Unterhaltung. Besonders in Wahlkämpfen erlangt dieser Begriff große Bedeutung.

Q1 Ein Medienforscher sagt zu dem Bereich Infotainment Folgendes:

Wie bringt man Informationen besser an die Hörer? Durch sachliche Nachrichtensendungen oder durch Unterhaltungsformate? Medienforscher der Ludwig-Maximilians-Universität München stellten fest: „Unterhaltende Politikvermittlung wirkt. Vor allem das jüngere Publikum lässt sich auf diesem Weg erreichen."

M2 ZDF-Gesprächsrunde „Maybrit Illner" am 31.10.2013 zum Thema: „Digitale Besatzungsmacht - müssen wir uns nun vor den USA schützen?" u.a. mit Jürgen Trittin (Bündnis 90/ Die Grünen), Fred B. Irwin, Ehrenpräsident der Amerikanischen Handelskammer, Wolfgang Bosbach (CDU), Moderatorin Maybrit Illner

Politik und Talkshow

Längst haben Politikerinnen und Politiker erkannt, dass die vielen politischen Talkshows im Fernsehen ihnen Plattformen für ihre Politik bieten, wie wenig andere Medien.

> **Q2** In einem Artikel zu Massenmedien und Öffentlichkeit heißt es:
>
> *Sie (politische Talkshow) bietet den politischen Akteuren Gelegenheit, sich vor einem Millionenpublikum dem politischen Wettbewerb zu stellen, eigene Positionen zu vermitteln und sich als Person zu profilieren. ... (So) erreichen Politiker mit der Teilnahme an einer politischen Talkshow „auf einen Schlag mehr Menschen, als man sie in allen Hinter- und Vorderzimmerveranstaltungen pro Jahr zu Gesicht bekommt."*

M3 Wahlkampf in Nordrhein-Westfalen: Ministerpräsidentin und Spitzenkandidatin der SPD, Hannelore Kraft, twittert per Ipad (2012).

Mit dem Web 2.0 unterwegs

Das Web 2.0 ist auch ein Instrument der Politik geworden. Politikerinnen und Politiker haben erkannt, dass sich im Wahlkampf schnell und gezielt Informationen verbreiten lassen. Politische Debatten werden über Twitter ausgelöst, Plattformen eingerichtet oder Informationen über soziale Netzwerke wie Facebook veröffentlicht. Besonders junge Menschen lassen sich so erreichen. Das Web 2.0 verändert die politische Kultur und die Beteiligung der Bürgerinnen und Bürger, denn sie können über das Internet die Politiker beeinflussen.

Web 2.0: die veränderte Nutzung des Internets: Die Nutzer erstellen, bearbeiten und verteilen Inhalte, z. B. über blogs (Art Tagebuch) oder soziale Netzwerke (Gruppen, Communitys).

ARBEITSAUFTRÄGE

1. a) Interpretiere die Karikatur M1.
   b) Finde zu M1 eine eigene Überschrift und begründe deine Wahl.
2. a) Erkläre, was unter Infotainment verstanden wird.
   b) Beurteile diese Entwicklung der Berichterstattung.
3. Erkläre, warum Politiker gerne in Talkshows auftreten.
4. Beurteile die Chancen der modernen Medien, auch politisch uninteressierte Bürgerinnen und Bürger zu erreichen.

Deutschland – ein Sozialstaat

M1 Plakat gegen den Sozialabbau in Deutschland (Bielefeld, 2010)

Prinzipien des Sozialstaates Deutschland

Das Sozialstaatsprinzip

Im Grundgesetz ist festgelegt, dass die Bundesrepublik Deutschland ein Sozialstaat ist. Daraus ergeben sich für die Politik zwei verpflichtende Handlungsbereiche: erstens das Bemühen, soziale Gerechtigkeit herzustellen und zweitens, für die soziale Sicherheit der Bürgerinnen und Bürger zu sorgen.

Soziale Gerechtigkeit kann beispielsweise durch unterschiedliche Besteuerung von Einkommen erreicht werden. So reichen die Steuersätze für steuerpflichtige Einkommen im Jahr 2013 in Deutschland von 0 % bis zu 45 %, je nach Höhe des Einkommens und des Familienstandes. Wer viel verdient, zahlt höhere Steuern als derjenige, der weniger verdient. Auch zahlen Verheiratete, Familien mit Kindern oder Alleinerziehende weniger Steuern als Singles.

Steuern: Geldzahlungen der Bürgerinnen und Bürger an den Staat. Dieser verwendet das Geld, um bestimmte Aufgaben zu erfüllen. Es werden Schulen, Kindergärten, Straßen, Krankenhäuser und vieles mehr gebaut.

M2 Schutz durch den Sozialstaat

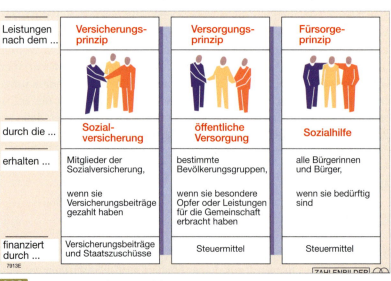

M3 Prinzipien der sozialen Sicherung

Deutschland – ein Sozialstaat

M4 Die Säulen der Sozialversicherungen

Die gesetzlichen Sozialversicherungssysteme

Zur sozialen Sicherung gehört in Deutschland das gesetzliche Versicherungssystem. Die Sozialversicherungen bieten finanziellen Schutz vor den großen Lebensrisiken und deren Folgen wie Krankheit, Arbeitslosigkeit, Altersarmut, Betriebsunfällen und Pflegebedürftigkeit. Die Beiträge zu den Versicherungen sind unterschiedlich hoch und werden zum Teil von Arbeitgebern und Arbeitnehmern bezahlt. Bei der Pflege-, Arbeitslosen- und Rentenversicherung teilen sich beide die Beiträge von 18,9 %, 3,0 % bzw. 2,05 % des Bruttolohns. Die Unfallversicherung zahlt zu 100 % der Arbeitgeber und bei der Krankenversicherung zahlen die Arbeitnehmer 8,2 % und die Arbeitgeber 7,3 %.

Die Kranken- und die Pflegeversicherung sind organisiert nach dem <u>Solidarprinzip</u>. Unabhängig von der Höhe des Einkommens und damit auch ihrer Beiträge erhalten alle Mitglieder die gleichen Leistungen. Bei der Rentenversicherung greift das Solidarprinzip zwar auch, denn die Jungen sorgen für die Alten. Zusätzlich gilt hier das sogenannte <u>Äquivalenzsystem</u>: Je höher die Einzahlungen in die Rentenkasse, desto größer ist später die Rente.

Solidarprinzip die Umverteilung von Lasten und Leistungen zugunsten materiell schwächer gestellter Bevölkerungsgruppen. Der solidarische Ansatz schafft einen Ausgleich zwischen Jungen und Alten, Gesunden und Kranken, Familien und Singles, zwischen besser und weniger gut Verdienenden.

Äquivalenz: Gleichwertigkeit. Hier ist gemeint, dass die Höhe der Rente abhängig ist von der Höhe und der Zeitdauer der Einzahlungen in die Rentenkasse.

ARBEITSAUFTRÄGE

1. Nenne die verpflichtenden sozialen Handlungsbereiche für die Politik.
2. Erkläre, wie soziale Gerechtigkeit erreicht werden kann.
3. Arbeite die drei Prinzipien der sozialen Sicherung in Deutschland aus M2 und M3 heraus.
4. Erklärt euch in einem Partnervortrag (Tipps dafür auf Seite 233) die Säulen der Sozialversicherungen (M4).
5. Erläutere das Prinzip der deutschen Sozialversicherung (M4).
6. Recherchiere im Internet die momentanen gültigen Prozentsätze für die Abgaben an die Sozialversicherungssysteme und berechne die Abgaben einer Auszubildenden mit einem Einkommen von 850 Euro.

zu 1.
Der Staat garantiert die soziale Sicherheit ...

zu 3.
Beachte auch die unterschiedlichen Finanzierungsarten.

Armutsrisiko Arbeitslosigkeit

Arbeitslosenversicherung und Absicherung

Gegen Arbeitslosigkeit müssen sich die meisten Arbeitnehmerinnen und Arbeitnehmer versichern. Die Beiträge für die Arbeitslosenversicherung zahlen Arbeitnehmer und Arbeitgeber je zur Hälfte. Die Leistungen im Falle von Arbeitslosigkeit sind gesetzlich geregelt. So erhalten Personen, die erwerbsfähig sind und arbeitslos werden, auf Antrag Arbeitslosengeld I aus der Arbeitslosenversicherung, in die sie zuvor eingezahlt haben. Das Arbeitslosengeld beträgt 60 % des früheren Nettogehaltes. Allerdings besteht der Anspruch nur für eine bestimmte Dauer. Ist dieser Zahlungszeitraum beendet und wurde keine neue Arbeitsstelle angetreten, wird dem Betroffenen das Arbeitslosengeld II, auch Hartz IV genannt, auf Antrag gewährt.

Staatliche Fürsorge – Arbeitslosengeld II

Im Gegensatz zu dem Arbeitslosengeld I ist das Arbeitslosengeld II keine Versicherungsleistung. Sie ist eine staatliche Fürsorgeleistung, die aus Steuergeldern finanziert wird. Die Zahlung richtet sich nicht nach dem letzten Netto-Gehalt, sondern nach den Bedürfnissen eines Menschen, der in Deutschland lebt. Dazu zählen Ernährung, Kleidung, Körperpflege und persönliche Bedürfnisse in kleinem Umfang wie zum Beispiel Kino oder Theater.

Empfänger von Arbeitslosengeld II sind verpflichtet, jede legale Arbeit anzunehmen, zu der sie geistig, seelisch und körperlich in der Lage sind. Jede Stelle gilt als zumutbar, auch wenn sie weit entfernt ist und nicht früheren Qualifikationen entspricht.

Alter	Einzahlungsdauer (Monate)	Bezugsdauer (Monate)
	12	6
	16	8
	20	10
	24	12
	...	...
50	30	15
55	36	18
58	48	24

M1 Die Anspruchsdauer von Arbeitslosengeld I

erwerbsfähig: werden in der Regel die Personen genannt, die unter den Bedingungen des Arbeitsmarktes mindestens drei Stunden täglich arbeiten können

M2 Grundsicherung

Leistungen zur Sicherung des Lebensunterhalts für erwerbsfähige Hilfebedürftige und ihre Bedarfsgemeinschaft — ALG II

Arbeitslosengeld II - Sozialgeld	Alleinstehende / Alleinerziehende	Volljährige Partner einer Ehe/Lebensgemeinschaft	Kinder von 0 bis unter 6 Jahren	Kinder von 6 bis unter 14 Jahren	Kinder von 14 bis unter 18 Jahren	Kinder von 18 bis unter 25 Jahren
Regelleistung in Euro je Monat 2013	382	345	224	255	289	306

weitere Leistungen:
- Wohn- und Heizkosten in angemessenem Umfang
- Kranken- und Pflegeversicherungsbeiträge für ALG II-Bezieher
- Mehrbedarf u.a. für Schwangere, Behinderte, Alleinerziehende
- Erstausstattung für Wohnung/Bekleidung
- „Bildungspaket" für Schüler und Schülerinnen

ZAHLENBILDER

Deutschland – ein Sozialstaat

M3 Beschäftigte im Niedriglohnbereich

Armut in Deutschland

Immer mehr Menschen sind trotz Vollzeitarbeit auf unterstützende Maßnahmen – Sozialleistungen des Staates – angewiesen. Dies betrifft vorwiegend Leih- oder Zeitarbeiter. Die hier gezahlten Niedriglöhne reichen oft zur Existenzsicherung nicht aus.

Eine Untersuchung aus dem Jahr 2010 zeigt, dass in Deutschland etwa 15,8 % der Bevölkerung armutsgefährdet waren. Am stärksten waren dabei Arbeitslose und alleinerziehende Mütter gefährdet.

Leih- oder Zeitarbeit: bezeichnet ein Arbeitsverhältnis. Man ist bei einer Zeitarbeitsfirma angestellt und wird für einen bestimmten Zeitraum in ein anderes Unternehmen ausgeliehen.

Armutsgefährdung: wenn ein Alleinlebender (Single) weniger als 11.426 Euro im Jahr verdient

Q1 Der Deutsche Gewerkschaftsbund (DGB) kritisierte im Februar 2013:

Tausende Leiharbeiter brauchen zusätzlich Hartz IV zum Leben. Laut DGB kostet das den Staat mehr als 300 Millionen Euro im Jahr. Die Allgemeinheit subventioniert [unterstützt] damit Niedriglöhne ...

Q2 In einem Bericht der Zeitschrift Focus aus dem Jahr 2010 hieß es:

Alleinerziehende Mütter sind überdurchschnittlich häufig von Armut betroffen. Sie leben von Hartz IV oder anderen Sozialunterstützungen ... Dies zeigen am Donnerstag vom Statistischen Bundesamt veröffentlichte Zahlen ... Insgesamt haben 31 Prozent der rund 1,3 Millionen alleinerziehenden Mütter ein monatliches Einkommen von weniger als 1100 Euro – einschließlich der Unterhaltszahlungen der Väter.

M4 Bettler in Dresden (2010)

ARBEITSAUFTRÄGE

1. Erläutere, warum man sich gegen Arbeitslosigkeit versichern muss.
2. Erkläre den Unterschied zwischen Arbeitslosengeld I und II.
3. Ein 54-Jähriger, der seit 25 Jahren ohne Unterbrechung in der gleichen Firma gearbeitet hat und 1950 Euro netto verdient hat, wird arbeitslos.
   a) Bestimme die Bezugsdauer und die Höhe seines Arbeitslosengeldes.
   b) Beurteile, ob die Bezugsdauer angemessen geregelt ist.
   c) Er rutscht in Hartz IV ab. Diskutiert darüber, ob die Leistung gerecht ist.
4. a) Liste Gründe auf, wie es zu Existenzgefährdung trotz Vollzeitarbeit kommen kann (M3, Q1).
   b) Findet Pro- und Kontra-Argumente für die staatliche Unterstützung von Niedriglöhnen. Beurteilt in einem Fishbowl (Tipps auf Seite 104).
5. Bewerte die Überschrift „Deutschland – ein Sozialstaat".

zu 1.
Denke an Einkommensverluste, Familienmitglieder, ...

zu 2.
Wichtige Worte sind hier: Versicherung und staatliche Leistung.

zu 4. b)
Denke an Unternehmensvorteile, Arbeitsplätze, Kosten für den Staat, ...

M1 Der Generationenvertrag (Karikatur von Horst Haitzinger)

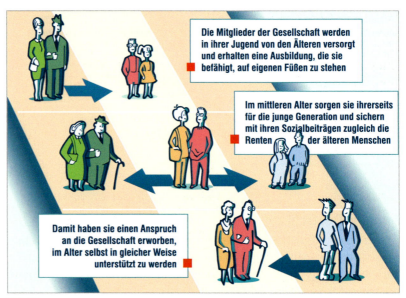

Die Mitglieder der Gesellschaft werden in ihrer Jugend von den Älteren versorgt und erhalten eine Ausbildung, die sie befähigt, auf eigenen Füßen zu stehen

Im mittleren Alter sorgen sie ihrerseits für die junge Generation und sichern mit ihren Sozialbeiträgen zugleich die Renten der älteren Menschen

Damit haben sie einen Anspruch an die Gesellschaft erworben, im Alter selbst in gleicher Weise unterstützt zu werden

M2 Der Vertrag zwischen den Generationen

Sozialversicherungssystem

Die Rentenversicherung

Die Rentenversicherung basiert auf dem Generationenvertrag. Das ist kein Vertrag, der von allen unterschrieben ist, sondern die Idee, dass die arbeitende Bevölkerung für die Rentenzahlung der älteren, nicht mehr arbeitenden Generation aufkommt.

Dieses Verfahren funktioniert aber nur, wenn viele Beitragszahler wenigen Rentenbeziehern gegenüberstehen. Der demografische Wandel gefährdet jedoch das Rentensystem. Der Geburtenrückgang und die höhere Lebenserwartung der Bevölkerung führen dazu, dass es immer mehr Empfänger und immer weniger Beitragszahler gibt. Aber auch die hohe Arbeitslosigkeit führt zu einer Schieflage im Rentensystem, denn dadurch fließt weniger Geld in die Rentenkasse.

Lösungsversuche des Staates

Die Politik versucht, auf die gesellschaftliche Entwicklung zu reagieren. Neben Kürzungen bei der Rente und der Erhöhung des Renteneintrittsalters auf 67 Jahre, wurden Anreize für eine private Altersversorgung geschaffen. Spart man selbst Gelder an, dann wird ein Teil vom Staat hinzugegeben.

Auch im Bereich der Familienpolitik hat der Staat Anreize geschaffen, die für mehr Geburten sorgen sollen. So wurde der Rechtsanspruch auf Krippenplätze für Kinder unter drei Jahren beschlossen.

Zusätzlich zum Kindergeld wurde das Elterngeld eingeführt. Bei dem Elterngeld erhält derjenige Elternteil, der zu Hause bleibt, für maximal 12 Monate 67 % seines letzten Nettolohnes durch den Staat. Allerdings ist das Elterngeld auf maximal 1800 Euro begrenzt.

Bleibt nach den 12 Monaten dann der zweite Elternteil für weitere zwei Monate zu Hause, verlängert sich die Zahlung um diese zwei Monate.

Demografischer Wandel: bezeichnet in diesem Fall das Unterschreiten der Geburtenrate unter die Sterberate. Das heißt, es werden weniger Kinder geboren als Menschen sterben.

Jahr	20–64	65+
2000	100	26,6
2005	100	31,6
2010	100	33,6
2015	100	35,4
2020	100	38,5
2025	100	43,6
2030	100	51,7
2035	100	59,1
2040	100	61,6
2045	100	61,8
2050	100	62,4

M3 Die Tabelle zeigt, wie viele Personen im Alter von 65 Jahren 100 Personen im Alter von 20–64 Jahren gegenüberstehen.

Deutschland – ein Sozialstaat

Gesetzliche Krankenversicherung

Weil Krankheiten oft sehr teure Behandlungen mit sich bringen, können die wenigsten Menschen das Risiko Krankheit selbst tragen. Die Mitgliedschaft in einer gesetzlichen oder privaten Krankenversicherung ist deswegen Pflicht. Der Beitragssatz zur gesetzlichen Krankenversicherung ist mit 15,5 % festgelegt: 7,3 % Arbeitgeber- und 8,2 % Arbeitnehmeranteil. In den letzten Jahren gab es immer wieder Gesundheitsreformen, um die Finanzierbarkeit des Gesundheitssystems zu sichern.

Gesundheitsreform: staatlicher Eingriff bei den Krankenkassen. Damit ist oft die Einschränkung der ärztlichen Leistungen oder die Zuzahlung zu Medikamenten verbunden.

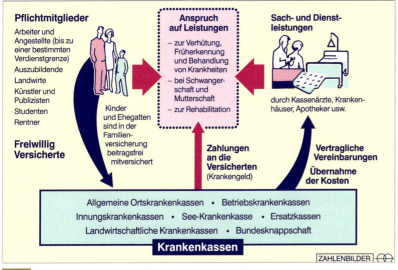

M4 Leistungen der gesetzlichen Krankenversicherung

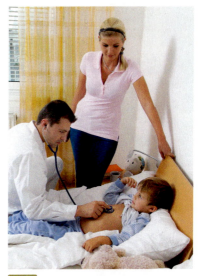

M5 Arzt bei einem Hausbesuch

Die Pflegeversicherung

Die jüngste Säule der Sozialversicherungen ist die Pflegeversicherung. Aufgrund der steigenden Lebenserwartung gibt es immer mehr alte Menschen, die pflegebedürftig sind. Aber auch junge Menschen können durch Erkrankungen oder durch Unfälle zu Pflegefällen werden, weil sie sich nicht mehr selbst versorgen können. Die Pflegeversicherung sichert das Risiko der Pflegebedürftigkeit ab. Der Beitrag wird jeweils zu gleichen Teilen vom Arbeitnehmer und Arbeitgeber gezahlt.

ARBEITSAUFTRÄGE

1. ⇥ Erkläre den Generationenvertrag.
2. a) Fertige zu M3 ein Säulendiagramm an.
   b) ⇥ Erläutere, die Aussage „Der demografische Wandel gefährdet den Generationenvertrag" (M1, Säulendiagramm).
   c) Liste die Lösungsversuche der Politik auf.
   d) Bewertet die getroffenen Maßnahmen mit der Methode Fishbowl (Tipps dafür auf Seite 104).
3. Arbeite aus M4 heraus:
   a) Wer ist in der gesetzlichen Krankenkasse versichert?
   b) Welche Leistungen erhalten die Versicherten?
4. Erklärt euch in einem Partnervortrag (Tipps auf Seite 233) die Gründe für die Einführung der Pflegeversicherung.
5. ▷ Recherchiere die Kosten eines Pflegeplatzes in deiner Region.

M6 Ältere Menschen im Pflegeheim

⇥ zu 1.
Benutze folgende Begriffe: Versorgung, ältere Generation, Ausbildung, Rente, Anspruch auf Rente erwerben.

⇥ zu 2. b)
wenige Menschen sorgen für viele, kaum zu leisten (M1), ...

Projekt

Wir besuchen den Landtag in NRW

Besonders interessant ist es natürlich, Politik einmal in der Wirklichkeit oder in einem Planspiel in den Räumen des Landtages zu erleben. Dazu bietet der Landtag den Schülerinnen und Schülern zwei Möglichkeiten:
– Landtag „live" erleben von der Besuchertribüne aus
– parlamentarische Arbeit – Lesung eines Gesetzes

M1 Blick in den Nordrhein-Westfälischen Landtag (Düsseldorf, November 2012)

M2 Schülerinnen und Schüler auf der Besuchertribüne im Nordrhein-Westfälischen Landtag (Düsseldorf, Sommer 2010)

So geht ihr vor:

1. Vorbereitung des Besuches
Entscheidet euch für eine Möglichkeit: Landtag live oder parlamentarische Arbeit. Sucht euch unter der unten stehenden Internetadresse ein Angebot und einen Termin aus. Bewerbt euch per E-Mail:
http://www.landtag.nrw.de/portal/WWW/Navigation_R2010/060-Besuch-im-Landtag/010-Besuchsprogramme/Inhalt.jsp

Sucht eine geeignete Reisemöglichkeit: öffentliche Verkehrsmittel oder Bus. Die Fahrten werden vom Landtag bezuschusst. Beachtet dazu die entsprechenden Bedingungen (gleiche Internetseite).

2. Kontakt zu den Landtagsabgeordneten herstellen
Vereinbart einen Gesprächstermin mit euren Landtagsabgeordneten. Recherchiert dazu die Namen im Internet unter:
http://www.landtag.nrw.de/portal/WWW/Webmaster/GB_I/I.1/Abgeordnete/abg_ausgabe.jsp

3. Fragen und Redekonzept entwickeln
Bereitet in der Klasse das Redekonzept für die parlamentarische Arbeit vor. Dazu wird euch Material von dem Nordrhein-Westfälischen Landtag zugeschickt.
Darüber hinaus müsst ihr auf jeden Fall das Gespräch mit den Abgeordneten vorbereiten. Überlegt euch Fragen, vielleicht aus den Bereichen Ausbildungssituation für Jugendliche, weiterführende Schulen, kostenlose Beförderung von Auszubildenden, Freizeitmöglichkeiten vor Ort, …

4. Präsentation der Ergebnisse
Nach dem Besuch des Landtages müsst ihr eure Informationen und die Erlebnisse dokumentieren. Teilt die Klasse dazu in Gruppen auf und bearbeitet Folgendes:
– Kurzprotokoll zu den Abgeordneten: Welche unterschiedlichen Lösungen haben sie zu den angesprochenen Problemen formuliert?
– Welches Gesetz haben wir in der 1. Lesung behandelt?
– Was war das Thema im Landtag?
– Fotodokumentation und Beschriftung
– künstlerische Zusammenstellung
– Präsentiert eure Dokumentation entweder durch einen Galeriegang im Jahrgang oder auf einem Elternabend.

In Kürze

Demokratie bedeutet Herrschaft des Volkes.

Im Parlament, dem Kern unserer Demokratie, sitzen die gewählten Volksvertreter.

Das Bundesverfassungsgericht wacht über die Einhaltung des Grundgesetzes.

Die Medien, auch als vierte Gewalt bezeichnet, unterhalten, bilden, informieren, kritisieren und kontrollieren z. B. die Politik.

Die Bundesrepublik ist ein Sozialstaat, mit einem gesetzlich vorgeschriebenen Sozialversicherungssystem.

1945 1960 1975 1990 2005 2020

In Kürze

Demokratie heißt, alle Staatsgewalt geht vom Volke aus. Alle vier Jahre wählen die Wahlberechtigten nach den Wahlrechtsgrundsätzen – frei, geheim, allgemein, gleich, unmittelbar – den Deutschen Bundestag. Die Bundesregierung stellt die ausführende Gewalt dar. Das Parlament ist die gesetzgebende Gewalt, es verabschiedet die Gesetze. Darüber hinaus werden Gesetze auch im Bundesrat, der ein Mitentscheidungsrecht hat, behandelt. Nach der Verabschiedung werden sie vom Bundespräsidenten unterschrieben. Das Staatsoberhaupt hat sonst nur repräsentative Aufgaben. Über die Einhaltung des Grundgesetzes wacht das höchste deutsche Gericht, das Bundesverfassungsgericht.

In unserer Demokratie haben Parteien eine hervorgehobene Bedeutung: Sie tragen zur politischen Willensbildung bei, in dem sie Interessen der Bürgerinnen und Bürger bündeln und in Parteiprogrammen aufnehmen. Neben Parteien bilden sich Interessensgruppen, die versuchen, auf die Politik Einfluss zu nehmen.

Medien haben einerseits unterhaltende Aufgaben, andererseits informieren sie, tragen zur Meinungsbildung bei und decken Fehlverhalten auf.

Deutschland ist auch ein Sozialstaat. Die Politik sorgt für soziale Gerechtigkeit und für die soziale Sicherheit der Bürgerinnen und Bürger. Dies gelingt durch einen Ausgleich zwischen reichen und armen Menschen und durch ein gesetzliches Sozialversicherungssystem.

WICHTIGE BEGRIFFE

Bundeskanzler
Bundespräsident
Bundesrat
Bundesverfassungsgericht
Demografischer Wandel
Demokratie
Erst-, Zweitstimme
Gesetzliche Sozialversicherungen
Interessensvertretung
Medien
Minister
Parlament
Partei
Solidargemeinschaft
Vierte Gewalt
Wahlen

Selbstüberprüfung

M1 Inschrift am Frankfurter Justizgebäude

1. Grundlagen unserer Demokratie

1. Ich weiß, woher die Inschrift M1 stammt und kann zwei weitere zentrale Rechte dem Sinn nach nennen. ●●● SK
2. Ich kann die drei Gewalten erklären. ●●● SK
3. Ich kann begründen, warum die Bundesrepublik Deutschland ein demokratischer, sozialer Bundesstaat ist. ●●● SK, UK

2. Parteien in Deutschland

1. Ich kann die Karikatur M2 beschreiben. ●●● MK, SK
2. Ich kann die Aufgaben von Parteien erklären. ●●● SK
3. Ich kann erläutern, warum es bei vielen Menschen in den letzten Jahren zu Parteiverdrossenheit gekommen ist. ●●● SK, UK

M2 Parteien und ihre Aussagen (Karikatur von Gerhard Mester)

M3 Wahlkabine

3. Wahlen in Deutschland

1. Ich kann den Wahlvorgang in einem Wahllokal mithilfe von M3 beschreiben. ●●● SK
2. Ich kann die Wahlrechtsgrundsätze erklären. ●●● SK
3. Ich kann den Unterschied zwischen der Erst- und der Zweitstimme erklären. ●●● SK

M4 Verfassungsorgane

4. Regierungssystem in Deutschland

1. Ich kann die Schnipsel (M4) in einem Schaubild anordnen. ●●● FK, MK
2. Ich kann erklären, wie es zu einer Regierungsbildung kommt. ●●● SK
3. Ich kann die Aufgaben des Bundesrates erklären. ●●● SK
4. Ich kann die Aufgaben der Verfassungsorgane der Bundesrepublik Deutschland erläutern. ●●● SK, UK

5. Massenmedien – vierte Gewalt?

1. Ich kann die Karikatur M5 beschreiben. ●●● MK, SK
2. Ich kann unterschiedliche Medien nennen. ●●● SK
3. Ich kann die Aufgaben der Medien erklären. ●●● SK
4. Ich kann mithilfe der Karikatur M5 erläutern, wie Politiker die Medien nutzen. ●●● SK, UK

M5 Medien und Politik (Karikatur von Burkhard Mohr)

M6 Karikatur von Kostas Koufogiorgos (2013)

6. Deutschland – ein Sozialsaat

1. Ich kann die drei Prinzipien der sozialen Sicherung nennen. ●●● SK
2. Ich kann die fünf Säulen der Sozialversicherung erklären. ●●● SK
3. Ich kann auch mithilfe der Karikatur M6 Probleme des Sozialstaates erläutern. ●●● MK, SK, UK

Europäische Union

Über viele Jahrhunderte gab es auf dem europäischen Kontinent immer wieder Kriege. Heute sind Deutschland, Frankreich, Polen und viele weitere Staaten Mitglied in der Europäischen Union. Als Partner arbeiten sie in unterschiedlichen Bereichen zusammen und unterstützen sich gegenseitig. Der Beitrag zu einem friedlichen Europa wurde 2012 mit dem Friedensnobelpreis ausgezeichnet. Aber weiterhin steht die Europäische Union vor vielen Herausforderungen.

Drei junge Menschen mit einer Flagge der Europäischen Union (München, 2011)

Die Europäische Union

Europa – ein vielfältiger Kontinent

Mit einer Fläche von zehn Millionen Quadratkilometern ist der Kontinent Europa nach Australien der zweitkleinste Erdteil. Im Norden, Westen und Süden begrenzen Meere den Kontinent. Das Uralgebirge in Russland, der Uralfluss, das Kaspische Meer, das Schwarze Meer und die Meerenge des Bosporus grenzen Europa im Osten von Asien ab. In Europa gibt es viele verschiedene Staaten, darunter auch sehr kleine. Insgesamt leben hier über 700 Millionen Menschen.

M1 Europa auf dem Stier (Vasenmalerei aus dem 4. Jh. v. Chr.)

> **Q1** Die deutsche Politikwissenschaftlerin Dr. Gesine Schwan erläutert:
>
> *Europa ist ein Kontinent mit einer unglaublich reichen, kulturell bezaubernden Geschichte, die zugleich voller unmenschlicher Taten und Verbrechen ist. Europa bietet die Perspektive, den Rahmen für ein sinnvolles Leben zu gestalten, wenn wir es schaffen, Demokratie, Menschenrechte und Gerechtigkeit zu verwirklichen und Engstirnigkeit, Ängstlichkeit und Hartherzigkeit zu überwinden.*

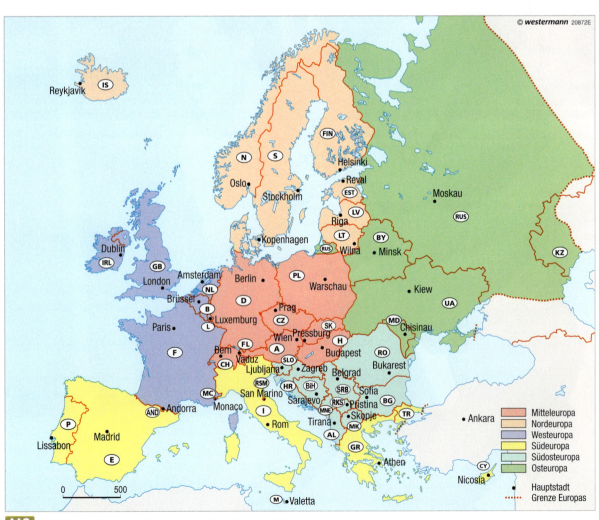

M2 Die Staaten Europas mit ihren jeweiligen Hauptstädten

Die Europäische Union

Europa, eine schöne junge Frau, spielte mit ihren Freundinnen am Strand des Mittelmeeres. Zeus, der Göttervater, sah sie und entflammte sofort in unsterblicher Liebe zu ihr. Er verwandelte sich in einen Stier, ließ sich von den Mädchen streicheln und legte sich zu ihren Füßen nieder. Die Mädchen errieten, was der Stier wollte: „Er will, dass du auf ihm reitest, Europa". Ohne zu zögern, kletterte das Mädchen auf den Rücken des Stiers.

Jetzt erhob sich der Stier und machte einige Schritte. Doch mit einem Mal lief er immer schneller und schneller. Er galoppierte zum Meeresstrand und stürzte sich in die Fluten. Stundenlang schwamm der Stier, bis beide endlich eine Insel erreichten. Nun verwandelte sich Zeus wieder. Er sagte zu Europa: „Wir sind auf der Insel Kreta. Hier bin ich der König. Wenn du willst, kannst du meine Königin werden." „Ich will hierbleiben und so oft wie möglich mit dir zusammen sein", sagte Europa. Und Europa wurde Königin von Kreta.

Aber irgendwann musste auch sie sterben, denn sie war ein Mensch. Ihren Tod konnte selbst Zeus nicht verhindern. Lange überlegte er, wie er Europa unsterblich machen könnte. Schließlich beschloss er, einen Erdteil nach seiner geliebten Gattin zu benennen. Seither heißt der Erdteil Europa.

M3 Aus einer alten griechischen Sage

Die Europäische Union

„In Vielfalt geeint" lautet der Wahlspruch der Europäischen Union. Die EU ist ein Zusammenschluss von europäischen Staaten, der 1951 mit sechs Gründungsmitgliedern seinen Anfang nahm. Nach den Erfahrungen des Zweiten Weltkrieges sollte eine europäische Einigung verhindern, dass Staaten in Europa wieder Krieg gegeneinander führen. Die Länder der EU arbeiten heute in vielen Bereichen eng zusammen. Trotzdem bewahren die EU-Mitglieder ihre Vielfalt an Sprachen, Religionen und kulturellen Traditionen.

M5 Die Europaflagge

M4 Mutter Europa und ihre Kinder (Karikatur von Gerhard Mester)

ARBEITSAUFTRÄGE

1. Benenne mithilfe der Kfz-Kennzeichen die Staaten und ordne sie den Regionen Europas zu (M2).
2. Erkläre die Aussage „in Vielfalt geeint".
3. Werte die Karikatur M4 aus, indem du:
   a) die Karikatur beschreibst,
   b) erklärst was die Bildunterschrift bedeutet,
   c) erläuterst, welches Problem der Karikaturist darstellt.

zu 1.
Erstelle eine Tabelle mit den Regionen (Mitteleuropa, Nordeuropa, Westeuropa, Südeuropa, Südosteuropa, Osteuropa). Trage die Staaten in die jeweilige Spalte ein.

Die Europäische Union

Europa wächst zusammen

Bis 1945 führten die Staaten in Europa über Jahrhunderte immer wieder Kriege gegeneinander. Allein der Zweite Weltkrieg kostete fast 60 Millionen Menschen das Leben und hinterließ zerstörte Fabriken und zerbombte Städte.

Die Menschen sehnten sich nach Frieden und Zusammenarbeit. Ein erster Schritt in Richtung gemeinsames Europa war der Vertrag über die Europäische Gemeinschaft für Kohle und Stahl, auch Montanunion genannt. Der Begriff bezieht sich auf die Montanindustrie, eine zusammenfassende Bezeichnung für den Kohlebergbau, die Eisen- und Stahlindustrie.

Die Montanunion

Der Vertrag sah vor, die Stahlherstellung gemeinsam zu kontrollieren und die Zölle für Kohle und Stahl zwischen den Ländern abzuschaffen. Ein Hauptziel der Montanunion war es, die wichtigen Lieferanten für die Kriegsindustrie zu kontrollieren und so den Frieden zu sichern.

Die Gründungsmitglieder waren Frankreich, Italien, Belgien, Luxemburg, die Niederlande und Deutschland.

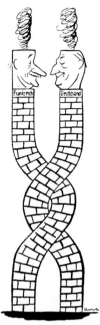

M1 Karikatur des deutschen Karikaturisten Ludwig Koob zur Montanunion (veröffentlicht in der deutschen Tageszeitung „Der Mittag" am 13.05.1950)

Hohe Behörde: Eine gemeinsame Kontroll- und Koordinierungsbehörde mit insgesamt neun Vertretern aus den Mitgliedstaaten

Q1 Der französische Außenminister Robert Schuman, 9. Mai 1950:

Europa lässt sich nicht mit einem Schlag herstellen und auch nicht durch eine einfache Zusammenfassung: Es wird durch konkrete Tatsachen entstehen … Die Vereinigung der europäischen Nationen erfordert, dass der Jahrhunderte alte Gegensatz zwischen Frankreich und Deutschland ausgelöscht wird. Das begonnene Werk muss in erster Linie Deutschland und Frankreich erfassen …
Die französische Regierung schlägt vor, die Gesamtheit der französisch-deutschen Kohle- und Stahlproduktion einer Hohen Behörde zu unterstellen.

M2 „Ist der Mai nicht wunderbar? Selbst das erbverfeindete Paar träumt von klingendem Genuss bei dem ersten Schumankuss" (Karikatur von Klaus Pielert, 1950; links: Marianne, die Nationalfigur Frankreichs; rechts: Michel, Symbolfigur Deutschlands mit der für diese Figur typischen Schlafmütze)

Die Europäische Union

M3 Unterzeichnung des EWG-Vertrages in Rom, 25. März 1957

Gründung der EWG

Bald nach der Gründung der Montanunion stellten die Mitglieder fest, dass eine Zusammenarbeit nur in den Bereichen Kohle und Stahl nicht ausreiche. Auch andere Wirtschaftsbereiche sollten zukünftig unter gemeinsame Verantwortung gestellt werden.

Nach langen Verhandlungen unterschrieben die Gründungsmitglieder der Montanunion 1957 in Rom den Vertrag zur Gründung der Europäischen Wirtschaftsgemeinschaft (EWG) und zur Europäischen Atomgemeinschaft.

Q2 Auszug aus der Präambel des EWG-Vertrages, 1957:

[Wir,] ... in dem festen Willen die Grundlage für einen immer engeren Zusammenschluss der europäischen Völker zu schaffen, entschlossen, durch gemeinsames Handeln den wirtschaftlichen und sozialen Fortschritt ihrer Länder zu sichern, indem sie die Europa trennenden Schranken beseitigen, in dem Vorsatz, die stetige Besserung der Lebens- und Beschäftigungsbedingungen ihrer Völker als wesentliches Ziel anzustreben, in Erkenntnis, dass zur Beseitigung der bestehenden Hindernisse ein einverständliches Vorgehen erforderlich ist, um eine beständige Wirtschaftsausweitung, einen ausgewogenen Handelsverkehr und einen <u>redlichen</u> Wettbewerb zu gewährleisten ... entschlossen, durch diesen Zusammenschluss ihrer Wirtschaftskräfte Frieden und Freiheit zu wahren und zu festigen ... haben beschlossen, eine Europäische Wirtschaftsgemeinschaft zu gründen ...

Think – Pair – Share

1. *Nachdenken:* Denkt in Einzelarbeit über die Aufgabe nach, löst sie und macht euch Notizen.
2. *Austauschen:* Stellt eure Lösung dem Partner vor, lernt die Lösung des anderen kennen, stellt Fragen, tauscht euch aus und notiert ein gemeinsames Ergebnis.
3. *Vorstellen:* Stellt die gemeinsame Lösung in der Klasse vor, lernt weitere Lösungen kennen und vergleicht sie wieder mit der eigenen Lösung.

redlich: anständig, fair

ARBEITSAUFTRÄGE

1. Nenne die Gründe, die zur europäischen Zusammenarbeit führten. Benutze auch Q1 und M2.
2. a) Zähle die Gründungsmitglieder der Montanunion auf.
   b) Zeige die Ziele der Montanunion auf.
   c) Werte die Karikatur M1 aus..
3. Beschreibe die Ziele der EWG (Q2).
4. Diskutiert, inwiefern die Montanunion eine Voraussetzung für ein zukünftiges friedliches Zusammenleben in Europa war.

zu 2. c)
Berücksichtige die beiden Gesichter, den Rauch, die verschlungenen Schornsteine

zu 3.
Erarbeitet die Lösung mithilfe der Methode Think – Pair – Share.

Von der EWG zur Europäischen Union

Maastrichter Vertrag

Bis 1986 traten sechs weitere Staaten der EWG bei. 1992 gelang den inzwischen zwölf Mitgliedstaaten ein weiterer Schritt bei der europäischen Zusammenarbeit. Sie einigten sich 1992 auf den Maastrichter Vertrag, der aus der Europäischen Gemeinschaft eine politische Union machte. Neben das Ziel der gemeinsamen Wirtschaftspolitik traten nun auch die Ziele einer gemeinsamen Außen- und Sicherheitspolitik und der Zusammenarbeit in der Innen- und Justizpolitik. Der Vertrag trat 1993 in Kraft.

Union: Vereinigung (insbesondere von Staaten)

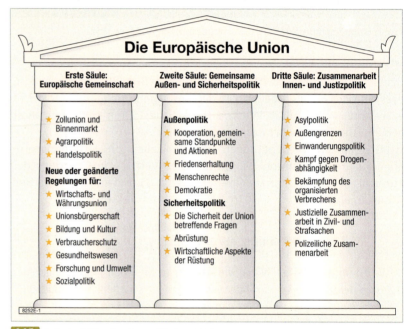

M1 Arbeitsfelder der Europäischen Union

Q1 EU-Soldaten im Kongo (Tagesspiegel vom 22.08.2006):

Die EU-Soldaten im Kongo haben erstmals in die Kämpfe in Kinshasa eingegriffen … Rund 150 Mann einer spanischen Eingreiftruppe hätten mit einem Dutzend gepanzerten Fahrzeugen Stellung in der Hauptstadt bezogen, sagte EUFOR-Sprecher Thierry Fusalba … Der EUFOR gehören 2000 Soldaten aus EU-Ländern an, unter ihnen knapp 800 Soldaten der Bundeswehr. Ziel der auf vier Monate begrenzten Mission ist es, die Wahlen und den Übergang zur Demokratie zu sichern.

EUFOR: Die Abkürzung steht für „European Union Force". Das sind Militärverbände der Europäischen Union, die aus Soldaten verschiedener Mitgliedsländer bestehen.

Q2 Geldfälscherring zerschlagen (Focus vom 02.07.2009):

Die Polizei in Bulgarien hat den größten Geldfälscherring in der Europäischen Union (EU) zerschlagen. In der bulgarischen Stadt Plowdiw wurde eine Druckerei für falsche Euro-Geldscheine ausgehoben, die insgesamt 16 Millionen Euro in verschiedene EU-Staaten vertrieben habe.

Die Europäische Union

Der EU-Binnenmarkt

Mit der Einführung des Binnenmarktes am 1. Januar 1993 wurde ein Kernstück der Europäischen Union verwirklicht. Seitdem kann der Waren-, Dienstleistungs-, Kapital- und Personenverkehr in der EU ungehindert und ohne Grenzhindernisse fließen. Der Handel zwischen den EU-Staaten gilt nicht als Ein- und Ausfuhr, sondern als Binnenhandel. Der europäische Binnenmarkt ist der größte Wirtschaftsraum der westlichen Welt.

M2 Die vier Freiheiten im Binnenmarkt

Jonas (15): Meine Mutter ist Versicherungsvertreterin. Vor einigen Tagen hat sie einem Transportunternehmen aus Liverpool eine Lebensversicherung vermittelt.

Marco (18): Während meiner Lehre werde ich im Rahmen der Ausbildung ein halbes Jahr in einer Niederlassung in Amsterdam arbeiten.

Sandra (16): Meine Großeltern haben sich wegen des guten Klimas und der günstigeren Preise in Südspanien niedergelassen. Ich möchte nach dem Schulabschluss dort ein Jahr arbeiten.

Aydin (15): Mein Onkel handelt mit Obst und Gemüse. Die Sachen kommen aus ganz Europa: Spargel aus Griechenland, Erdbeeren von Mallorca, Tomaten aus Belgien.

Alexander (17): Mein Vater überweist jeden Monat Geld auf sein Konto in Schweden, weil er später dort ein Geschäft gründen möchte.

M3 Aussagen: Europa ohne Grenzen

Wer profitiert vom EU-Binnenmarkt?

Den Bürgerinnen und Bürgern der EU brachte der Binnenmarkt ein vielfältiges Warenangebot. Durch den Wegfall von Zöllen und Einfuhrbeschränkungen entstand ein größerer Wettbewerb. Dieser führte dazu, dass die Preise für viele Güter und Dienstleistungen gesunken sind.

Besonders die deutsche Exportwirtschaft profitiert von dem EU-Binnenmarkt. Im Jahr 2011 exportierten deutsche Unternehmen Waren im Wert von über 500 Milliarden Euro in andere EU-Staaten.

ARBEITSAUFTRÄGE

1. Ordne die Berichte über Aktivitäten der EU den drei Säulen mit den Arbeitsfeldern der EU zu (M1, Q1, Q2).
2. a) Erkläre, was ein Binnenmarkt ist (M2).
   b) Ordne die Aussagen der Jugendlichen jeweils einer der vier Freiheiten im Binnenmarkt zu (M2, M3).
3. Nenne Vorteile, die Verbraucher durch den gemeinsamen Binnenmarkt haben (M2, M3).
4. Diskutiert mithilfe der Methode „Fishbowl" (S. 104), inwiefern der EU-Binnenmarkt auch Nachteile mit sich bringen kann.

zu 2. a)
Ein Binnenmarkt ist ein Wirtschaftsraum, in dem es keine Grenzhindernisse für … Das bedeutet, dass …

Zuwachs für Europa

Bis 1995 hatte sich die EU von sechs auf 15 Mitgliedstaaten erweitert. Im Mai 2004 traten gleich zehn neue europäische Staaten bei. Diese bisher größte Erweiterungswelle wird auch als „Osterweiterung" bezeichnet. Mit dem Beitritt von Rumänien und Bulgarien 2007 sowie Kroatien 2013 besteht die EU nun aus 28 Mitgliedstaaten.

Der Beitritt Kroatiens

Die Beitrittsverhandlungen mit Kroatien dauerten fast sechs Jahre. In dieser Zeit musste Kroatien zeigen, dass notwendige politische und wirtschaftliche Bedingungen erfüllt werden konnten. In diesem Zusammenhang wurden in Kroatien Reformen im Justizwesen umgesetzt und die Korruption im Land bekämpft. Außerdem wurde geprüft, ob Kroatien eine funktionsfähige Marktwirtschaft hat, die dem Wettbewerbsdruck innerhalb der Europäischen Union standhalten kann.

Korruption: Bestechlichkeit von Beamten oder Politikern

Absatzmarkt: Markt (Gebiet), auf dem Produkte und Dienstleistungen verkauft werden können

Q1 Aus dem Vertrag über die Europäische Union:

Artikel 2
Die Werte, auf die sich die Union gründet, sind die Achtung der Menschenwürde, Freiheit, Demokratie, Gleichheit, Rechtsstaatlichkeit und die Wahrung der Menschenrechte einschließlich der Rechte der Personen, die Minderheiten angehören …

Artikel 49
Jeder europäische Staat, der die in Artikel 2 genannten Werte achtet und sich für ihre Förderung einsetzt, kann beantragen, Mitglied der Union zu werden …

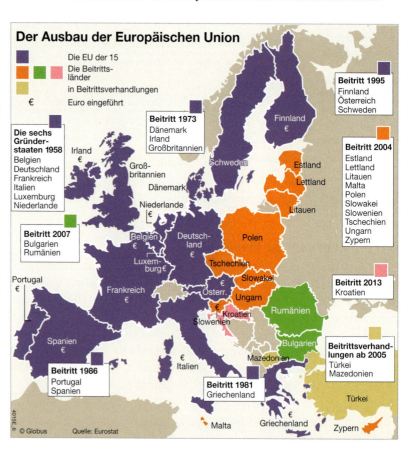

M1 EU-Erweiterung bis 2013

Wer profitiert von einer EU-Erweiterung?

Ein Grund für Beitrittskandidaten sich für eine EU-Mitgliedschaft zu bewerben ist die Zugehörigkeit zum gemeinsamen Binnenmarkt. Sie erhoffen sich neue Absatzmärkte und eine Stärkung der eigenen Wirtschaft. Aber auch für die alten Mitgliedstaaten bringt die stärkere Zusammenarbeit Vorteile. Neben wirtschaftlichen Vorteilen erhofft sich die EU-Staatengemeinschaft durch die Erweiterung eine Stärkung der Demokratie und eine dauerhafte Friedenssicherung in Europa.

Die Europäische Union

Probleme der EU-Erweiterung

Mit der EU-Erweiterung befürchten die „alten" Mitgliedstaaten, dass ansässige Firmen wegen der niedrigeren Lohnkosten in osteuropäischen Ländern ihre Produktion dorthin verlagern könnten. Sie befürchten außerdem im eigenen Land die Zahlung von niedrigeren Löhnen und die Verdrängung der eigenen Arbeitskräfte durch osteuropäische Arbeitnehmer.

Für viele Menschen bestätigte der Fall Nokia diese Befürchtungen. Seit 1989 hatte Nokia in Bochum Handys produziert. Weil die Lohnkosten in Rumänien günstiger waren, schloss Nokia 2008 sein Werk in Bochum und verlagerte die Produktion nach Rumänien. Um Nokia in Bochum zu halten, hatte Nokia vom Land NRW seit 1989 Subventionen in Höhe von insgesamt 88 Millionen Euro bekommen. Nach langen Verhandlungen zahlte Nokia 40 Millionen Euro zurück.

Subventionen: eine finanzielle Unterstützung vom Staat für Unternehmen

M2 Karikatur (Götz Wiedenroth, 16.01.2008)

M3 Mülltonne, in die Nokia-Handys zum Protest gegen die Schließung in Bochum geworfen wurden (2008)

Q2 Nokia streicht 3 500 Stellen (Zeitungsbericht vom 30.09.11):

Das Werk in Rumänien, in das 2008 unter scharfer Kritik die Handyproduktion aus Bochum verlagert wurde, wird dichtgemacht. Damit fallen 2 200 Jobs weg … Die rumänische Nokia-Fabrik in Jucu … war nach einer Investition von 60 Mio. Euro erst 2008 eingeweiht worden … Der rumänische Staat verlangt nun Zuschüsse zurück. Es geht um wenigstens einen Teil der 20 Mio. Euro, mit denen Nokia seinerzeit von Bochum nach Rumänien gelockt worden war …

ARBEITSAUFTRÄGE

1. Nenne die Aufnahmekriterien für neue EU-Mitglieder (Q1).
2. Stelle die Erweiterung der Europäischen Union dar (M1).
3. Erkläre die Gründe, neue Staaten in die Europäische Union aufzunehmen.
4. Beschreibe den Fall Nokia in Form eines kurzen Zeitungsberichts.
5. Erläutere die Bildunterschrift der Karikatur M2.
6. Nimm zu folgender Aussage Stellung: „Subventionen sind ein notwendiges Mittel, um Firmen anzusiedeln und Arbeitsplätze zu schaffen."

zu 2.
Lege eine Tabelle an. Schreibe in die linke Spalte die Beitrittsjahre und in die rechte Spalte die Beitrittsländer.

zu 4.
Holt euch mithilfe der Methode „Stühletausch" eine Rückmeldung zu euren Arbeitsergebnissen. Tipps dafür findet ihr auf Seite 44.

Der Weg zum Vertrag von Lissabon

Das Scheitern einer Verfassung

2001 beschlossen die Regierungschefs der damals noch 16 EU-Staaten, die bestehenden Verträge überarbeiten zu lassen. Die EU sollte, auch mit mehr Mitgliedern, erfolgreich arbeiten können und zudem demokratischer werden.

Es wurde eine Verfassung ausgearbeitet, die im Oktober 2004 von den Regierungschefs unterzeichnet wurde. Bei Volksabstimmungen lehnten die Franzosen und die Niederländer diese jedoch ab, sodass der Versuch, der EU eine Verfassung zu geben, scheiterte.

Der Reformvertrag von Lissabon

Mit dem Vertrag von Lissabon wurde ein weiterer Versuch unternommen, die EU zu modernisieren. An die Stelle einer Verfassung trat ein Grundlagenvertrag, der die wesentlichen Punkte der Verfassung beinhaltete. Im Oktober 2007 wurde dieser in der portugiesischen Hauptstadt Lissabon von den Regierungschefs der EU-Mitgliedstaaten verabschiedet.

Zunächst lehnten die Bürgerinnen und Bürger Irlands den Vertrag ab. Erst 2009, nachdem alle anderen EU-Länder den Vertrag angenommen hatten und einige kleine Nachbesserungen erfolgt waren, stimmte auch Irland zu. Er trat am 1. Dezember 2009 in Kraft.

M1 Feuerwerk zum Vertrag von Lissabon (Foto, 2.12.2009)

> **Q1** Erklärung des damaligen Präsidenten des Europäischen Parlaments Jerzy Buzek am 1.12.2009:
>
> *Der 1. Dezember 2009 wird in die Geschichte der Europäischen Union eingehen. An diesem Tag tritt der Vertrag von Lissabon nach fast einem Jahrzehnt interner Debatten in Kraft. Der Vertrag bedeutet für die Europäische Union einen Zugewinn an Demokratie. Mit dem Vertrag werden die Befugnisse des Europäischen Parlaments beträchtlich ausgeweitet ...*

M2 EUphorie ade! (Karikatur von Paolo Calleri, 2008)

Die Europäische Union

Grundrechtecharta
Die Charta garantiert das Recht auf Meinungsfreiheit, auf Datenschutz, auf Bildung, auf die Vereinbarkeit von Beruf und Familie sowie das Recht auf eine gute Verwaltung. Diese Rechte sind vor dem EU-Gerichtshof einklagbar.

„EU-Außenminister"
Die EU bekommt einen „hohen Vertreter der Europäischen Union für Außen- und Sicherheitspolitik". Seine Aufgabe ist es, die EU gegenüber anderen Ländern zu vertreten und für eine gemeinsame Außen- und Sicherheitspolitik zu sorgen. Er ist zugleich Vize-Präsident der EU-Kommission.

EU-Parlament
Die Anzahl der Sitze im EU-Parlament wird auf 754 reduziert. Das EU-Parlament erhält gleichzeitig mehr Macht. Es bekommt erstmals ein Mitspracherecht in wichtigen Fragen der Justiz-Zusammenarbeit und der illegalen Einwanderung. Das „Mitentscheidungsverfahren" wird zur Regel, das heißt, EU-Parlament und Ministerrat entscheiden gemeinsam über europäische Rechtsakte.

Nationale Parlamente
Die nationalen Parlamente werden künftig acht (bisher sechs) Wochen vor einem geplanten Rechtsakt der EU informiert und können Einspruch erheben, wenn sie ihre nationale Zuständigkeit gefährdet sehen.

Europäische Bürgerinitiative
Mit mindestens einer Million Unterschriften können EU-Bürger die EU-Kommission auffordern, einen Rechtsakt vorzuschlagen. Die Kommission muss zur Bürgerinitiative eine Stellung abgeben, ist darüber hinaus allerdings nicht handlungspflichtig.

M3 Die wichtigsten Bestimmungen des Lissaboner-Vertrags

Q2 EU-Parlament kippt Swift-Abkommen (spiegel.de, 11.02.2010):

Es ist ein deutliches Nein zur Datenschnüffelei: Das Europaparlament hat das umstrittene Swift-Abkommen über die Weitergabe von EU-Bankdaten an die USA gestoppt. Mit 378 zu 196 Stimmen lehnten die Abgeordneten am Donnerstag die Vereinbarung ab. Damit ist das bereits vom EU-Ministerrat und den USA unterzeichnete Abkommen ungültig ...

M4 Catherine Ashton ist als EU-Außenbeauftragte für die Außen- und Sicherheitspolitik der EU zuständig.

M5 Martin Schulz, seit 2012 Präsident des Europäischen Parlaments

---

ARBEITSAUFTRÄGE
1. Beschreibe die Vorgeschichte des Vertrags von Lissabon.
2. Erkläre die Hauptaussage der Karikatur M2.
3. Erläutere die Aussage von Buzek „Der Vertrag bedeutet für die Europäische Union einen Zugewinn an Demokratie" (Q1, M3).
4. Diskutiert, inwiefern die Nachricht Q2 in Zusammenhang mit dem Vertrag von Lissabon stehen könnte.

zu 2.
Der Mann mit der Steinschleuder stellt Irland dar.

So funktioniert die EU

Regieren in Europa

Die EU befasst sich mit vielen Fragen, die sich auf unser tägliches Leben auswirken: Sie achtet auf die Wahrung der Bürgerrechte, auf die Gewährleistung von Freiheit, Sicherheit und Gerechtigkeit, auf den Verbraucherschutz sowie die Einhaltung des Umweltschutzes. Die Entscheidungen und Verfahren der Europäischen Union beruhen auf gemeinsamen verbindlichen Verträgen aller EU-Staaten. Das politische System folgt dem Prinzip der Gewaltenteilung in Legislative (Gesetzgebung), Exekutive (Ausführung von Gesetzen und Vorschriften) und Judikative (Rechtsprechung).

M1 Sitzungssaal des Europäischen Parlaments in Straßburg

M2 Europäischer Gerichtshof in Luxemburg

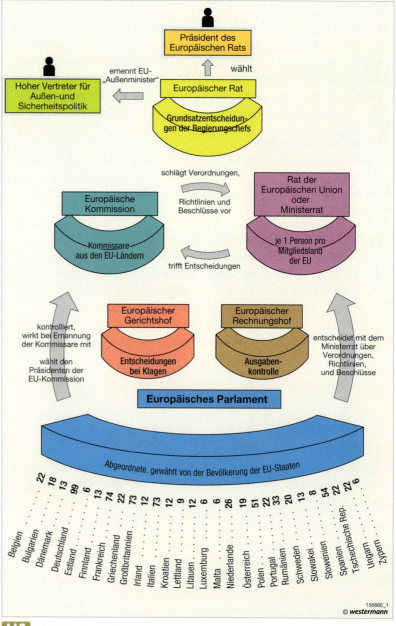

M3 Die Organe der EU

Die Europäische Union

Europäischer Rat
Die Regierungschefs aller Mitgliedstaaten kommen mindestens vier Mal im Jahr zusammen. Diese Treffen heißen Europäischer Rat oder auch „EU-Gipfel". Bei den Gipfeltreffen werden Grundsatzentscheidungen über die künftige gemeinsame Politik getroffen. Den Vorsitz übernimmt der Präsident des Europäischen Rates, der für jeweils zweieinhalb Jahre gewählt wird.

Rat der Europäischen Union („Ministerrat")
Er ist die Vertretung der Mitgliedsstaaten der EU und besteht aus den jeweiligen Fachministern (zum Beispiel Finanz- oder Umweltministern) der Mitgliedstaaten. Sie beschließen gemeinsam mit dem Parlament, was in der EU Gesetz werden soll.

Europäische Kommission
Sie ist die Regierung der EU und vertritt die Interessen der EU insgesamt. Die EU-Kommission kontrolliert die Einhaltung der gemeinsamen Gesetze, verwaltet den gemeinsamen Haushalt und erarbeitet Vorschläge für neue Gesetze. Jeder Mitgliedstaat stellt einen Kommissar.

Europäisches Parlament
Das EU-Parlament hat in den Gesetzgebungsfragen der EU ein Mitentscheidungsrecht und wirkt nahezu gleichberechtigt mit dem Ministerrat als Gesetzgeber. Das Parlament setzt sich aus den gewählten Abgeordneten aller Mitgliedstaaten zusammen.

Europäischer Gerichtshof
Er entscheidet im Streitfall über die Anwendung und Auslegung der Verträge der Europäischen Union.

Europäischer Rechnungshof
Er kontrolliert die ordnungsgemäße Verwendung und Verwaltung der Einnahmen und Ausgaben der EU.

M4 Das Berlaymont-Gebäude in Brüssel: Sitz der EU-Kommission

ARBEITSAUFTRÄGE

1. Nenne die Aufgaben der EU-Institutionen (M3).
2. Vermute, warum im Europäischen Parlament einige Länder mit mehr, andere mit weniger Abgeordneten vertreten sind (M3).
3. Schreibt Europaabgeordnete eurer Region an und bittet um Informationen. Ihr könnt z. B. fragen, wie sie/er sich für die Interessen der Region einsetzt. Fasst die Rückmeldung der/des Abgeordneten zusammen und bereitet eine kurze Präsentation vor.

zu 1.
Lege hierzu eine Tabelle mit den Spalten Institution, Zusammensetzung und Aufgaben an.

Gesetzgebungsverfahren

Das Europäische Parlament

Die Abgeordneten des Europäischen Parlaments werden alle fünf Jahre von den EU-Bürgerinnen und -Bürgern gewählt. Die Parteien aus den jeweiligen Ländern schließen sich auf EU-Ebene zu übernationalen Fraktionen zusammen. Der Hauptsitz des Europaparlaments ist in Straßburg. Das Europäische Parlament darf keine Gesetze beantragen, ist aber dafür verantwortlich gemeinsam mit dem Ministerrat Gesetzesvorlagen zu ändern, zu verabschieden oder abzulehnen.

Fraktion: Zusammenschluss von Abgeordneten im Parlament mit dem Ziel, gemeinsame Interessen durchzusetzen

M1 Karikatur von Freimut Wössner

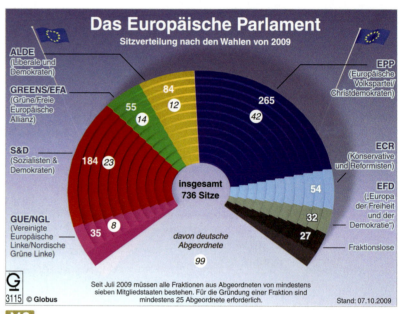

M2 Zusammensetzung des Europaparlaments (Stand: Oktober 2009)

Recht und Gesetz in der EU

Was in einem Staat für alle Bürgerinnen und Bürger gilt, ist in den Gesetzen festgehalten. Auch in der Europäischen Union muss geregelt sein, was für alle EU-Bürger gilt. Man spricht in der Europäischen Union nicht von Gesetzen, sondern unterscheidet zwischen drei verschiedenen Rechtsakten: Verordnungen, Richtlinien und Beschlüssen.

Verordnungen, Richtlinien und Beschlüsse

Verordnungen sind Europäische Gesetze, die in der gesamten Europäischen Union sofort nach der Verabschiedung in jedem Mitgliedstaat gültig sind. Die Verordnung darf von keinem Land verändert werden.

Richtlinien sind gesetzliche Vorgaben der EU, die sich nur auf Sachgebiete der gemeinsamen Wirtschaftspolitik beziehen dürfen. Sie verpflichten Mitgliedstaaten, bestimmte Ziele innerhalb einer gewissen Zeit zu verwirklichen. Es bleibt aber jedem Mitgliedstaat überlassen, in welcher Form und mit welchen Mitteln er sie umsetzt.

Mithilfe eines Beschlusses kann die Union zum Beispiel von einem Mitgliedstaat oder einem Unternehmen verlangen, dass er bzw. es in gewissen Bereichen handelt oder Handlungen unterlässt. Der Beschluss ist somit eine individuelle Angelegenheit.

Aufgaben des EU-Parlaments

- Verabschiedung von EU-Rechtsvorschriften gemeinsam mit dem Ministerrat
- Kontrolle der EU-Kommission: Das EU-Parlament kann die Kommission ablehnen oder auffordern zurückzutreten und prüft ihre Berichte.
- Verabschiedung des EU-Haushalts gemeinsam mit dem Ministerrat

Die Europäische Union

Q1 Kommission belegt Microsoft mit Geldbuße (Meldung vom 6.3.2013):

Die Europäische Kommission hat Microsoft eine Geldbuße in Höhe von 561 Mio. Euro auferlegt, da das Unternehmen seiner Verpflichtung, Nutzern die problemlose Wahl ihres bevorzugten Webbrowsers über einen Auswahlbildschirm zu ermöglichen, nicht nachgekommen ist … In ihrem heutigen Beschluss stellt die Kommission fest, dass Microsoft den Browser-Auswahlbildschirm bei seinem Windows 7 Service Pack 1 von Mai 2011 bis Juli 2012 nicht zur Verfügung gestellt hat. So haben 15 Millionen Windows-Nutzer in der EU den Auswahlbildschirm in diesem Zeitraum nicht in Anspruch nehmen können …

Q2 Ab Sommer günstigere Auslandsgespräche innerhalb der EU (Bericht vom 28.3.2012):

Pünktlich zur Urlaubssaison stoppt die EU die Abzocke bei der Handynutzung und beim mobilen Datendownload im Ausland. … Schon ab dem Sommer werden die Preise für Auslandstelefonate um sechs Cent sinken. Und auch das Verschicken von SMS-Nachrichten oder das Abrufen von E-Mails wird deutlich billiger. Darüber hinaus wird eine Marktöffnung erzwungen. Verbraucher können so auf billige Auslandsanbieter umsteigen – ohne die Sim-Karte oder ihre Nummer zu wechseln.

Q3 Führerschein soll nur noch 15 Jahre gelten (Meldung vom 26.8.2010):

… Rund um den Führerschein werden in Deutschland bald neue Regeln gelten. Wie Ausweise und Reisepässe soll das Dokument künftig nur für einen bestimmten Zeitraum gültig sein: 15 Jahre … Ist der Geltungszeitraum abgelaufen, muss der Bürger einen neuen Führerschein beantragen. Eine neue Fahrprüfung soll aber nicht nötig sein. Alle vor 2013 ausgestellten Führerscheine bleiben vorerst gültig. Allerdings müssen sie bis spätestens 2033 umgetauscht werden.
Grund für die Befristung der Fahrlizenzen ist dem Bericht zufolge eine EU-Richtlinie aus dem Jahr 2006, die die Bundesregierung bis nächstes Jahr umgesetzt haben muss … Mit dem regelmäßigen Austausch seien die Dokumente … stets auf dem neuesten Stand der Sicherheitstechnik …

M3 Bundeskanzlerin Angela Merkel auf der Computermesse CeBIT (Hannover, 2013)

M4 Zwei alte Führerscheine von 1929, ein rosa Führerschein (1986–1998) und ein EU-Führerschein, der seit dem 01.01.1999 ausgegeben wird.

ARBEITSAUFTRÄGE

1. a) Beschreibe die Wahlen zum Europäischen Parlament.
   b) Erkläre den Begriff „übernationale Fraktion" (M2).
2. Arbeite das Problem heraus, das der Zeichner darstellen möchte (M1).
3. a) Zeige den Unterschied zwischen den drei Rechtsakten Verordnung, Richtlinie und Beschluss auf.
   b) Erläutere, um welche Art von Rechtsakt es sich bei Q1 bis Q3 handelt.
4. Diskutiert mithilfe der Fishbowl-Methode (S. 104), ob es richtig ist, dass die Europäische Union durch Verordnungen, Richtlinien und Beschlüsse in nationale Bereiche der Mitgliedsländer eingreift (Q1–Q3).

zu 2.
Überlege, über welche unterschiedlichen Themen die beiden Personen sprechen. Was bedeutet das Missverständnis für die Bedeutung der Europawahl?

Soll die Türkei EU-Mitglied werden?

1959 beantragte die Türkei erstmals die Aufnahme in die Europäische Gemeinschaft. Erst 1999 wurde der islamische Staat als Beitrittskandidat offiziell anerkannt. Im Dezember 2004 beschloss die EU, mit der Türkei Beitrittsverhandlungen aufzunehmen. Diese begannen im Oktober 2005. Ein möglicher EU-Beitritt der Türkei ist umstritten.

M1 Zum Beginn der Beitrittsverhandlungen wehen die türkische Flagge und die EU-Flagge vor einer Moschee in Istanbul.

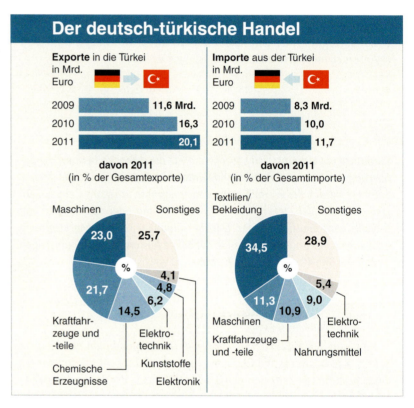

M2 Handelsbeziehungen zwischen Deutschland und der Türkei

Q1 Erdoğan bittet Merkel um Hilfe (Zeitungsbericht vom 25.2.2013):

Der türkische Ministerpräsident Recep Tayyip Erdoğan ... habe die deutsche Bundeskanzlerin Angela Merkel ... um ihre Unterstützung gebeten ... Die engen wirtschaftlichen Beziehungen beider Staaten würden durch einen EU-Beitritt gestärkt ... So seien in der Türkei inzwischen etwa 5 000 deutsche Firmen vertreten, die mehr als 350 000 Menschen beschäftigten. Auch in Deutschland gebe es türkische Investoren.

Q2 Türkei: Meinungsfreiheit stark eingeschränkt (amnesty international, 27.3.2013):

Trotz mehrerer Gesetzesreformen in den vergangenen Jahren ist die Meinungsfreiheit in der Türkei weiter stark eingeschränkt. Hunderte Menschen sind allein deshalb angeklagt oder sitzen im Gefängnis, weil sie friedlich ihre Meinung geäußert haben. Zu diesem Schluss kommt Amnesty International in einem heute in Istanbul vorgestellten Bericht.

M3 Junge Türkinnen in Istanbul (Foto, 2011)

Argumente für und gegen den Beitritt der Türkei

1. „Wer die 74 Millionen Türken nur als Einwanderer und die Türkei nicht als einen vielversprechenden Markt betrachtet, wird seine Sicht in zehn bis 15 Jahren gründlich überdenken müssen."

2. „Eine politische Union verlangt ein europäisches Wir-Gefühl. Dieses setzt gemeinsame historische Erfahrungen und Prägungen voraus. Eine EU, die auch die Türkei umfasst, könnte an ein europäisches Wir-Gefühl nicht mehr appellieren, dazu sind die kulturellen Prägungen der Türkei und Europas zu unterschiedlich."

3. „Jetzt die Türkei wegen ihrer islamischen Bevölkerung auszugrenzen, wäre verheerend. Wenn wir uns gegen einen Beitritt entscheiden, würden wir eine entscheidende Brücke zur immer wichtiger werdenden islamischen Welt, in den Nahen Osten und nach Asien abbrechen."

4. „Der Beitritt der Türken in der EU wäre eine radikale Neudefinition Europas. Nicht nur nach innen, sondern vor allem mit gewaltigen Folgen nach außen. Der geografische Schwerpunkt Europas und damit auch seine politische, strategische Interessenslage würde folgenschwer verschoben."

5. „In der Türkei gibt es Strömungen, die wir als dem politischen Islam zugehörig betrachten. Diese Kräfte sind sicher nicht dafür, dass das Land schließlich Mitglied der EU wird. Diese Kräfte müssen unbedingt überwunden werden – wobei die europäische Perspektive ein entscheidendes Mittel dafür ist."

6. „Die Aufnahme der Türkei würde die bisherigen Machtstrukturen in der Union grundlegend verändern. Rechnet man das gegenwärtige Bevölkerungswachstum hoch, wäre die Türkei 2015 vermutlich das größte Land in der Gemeinschaft – mit allen Konsequenzen bei der Verteilung von Einfluss und Macht in Brüssel."

M4 Aussagen zum EU-Beitritt der Türkei

M5 Karikatur von Horst Haitzinger (2004)

M6 Karikatur von Gerhard Mester

ARBEITSAUFTRÄGE

1. Sammle Informationen zur Türkei (z. B.: Fläche, Einwohnerzahl, Religion und Pro-Kopf-Einkommen).
2. Beschreibe den Handel zwischen der Türkei und Deutschland (M2).
3. a) Formuliere zu jeder Aussage eine treffende Überschrift (M4).
   b) Sammle Argumente für und gegen einen EU-Beitritt der Türkei. Lege hierzu eine Tabelle an (Q1, Q2, M2, M4).
   c) Bereite eine Stellungnahme vor.
4. Interpretiere eine der Karikaturen (M5, M6).
5. Informiere dich über den aktuellen Stand der Beitrittsverhandlungen mit der Türkei.

Informationen zur Türkei findest du auf:
www.auswaertiges-amt.de

Die EU als Solidargemeinschaft

Geldeinnahmen und Geldausgaben

Die Europäische Union braucht zur Umsetzung ihrer Aufgaben jedes Jahr Geld. Dieses Geld erhält sie von den einzelnen Mitgliedstaaten. Wirtschaftlich starke Länder zahlen dabei mehr als die ärmeren Mitglieder der EU. Anders als ein Staat darf die EU nie Schulden machen. Die EU-Kommission, die das gemeinsame Geld verwaltet, darf nur so viel ausgeben wie sie von den Mitgliedstaaten erhält. Der Haushaltsplan wird immer für sieben Jahre festgelegt.

Den größten Posten im EU-Haushalt nimmt die Landwirtschaft ein. Ziel der EU ist es, den Landwirten einen angemessenen Lebensstandard zu gewährleisten. Der zweitgrößte Posten umfasst die Ausgaben für die sogenannte Kohäsionspolitik. Das sind Strukturmaßnahmen für europäische Regionen, die einen wirtschaftlichen Aufholbedarf haben. Damit soll eine Annäherung der Lebensbedingungen und der wirtschaftlichen Stärke innerhalb der EU erreicht werden.

Kohäsion: (lat. cohaerere: verbunden sein) Hier: Zusammenhalt zwischen Staaten und Regionen

Europäische Union: Zahler und Empfänger
im Jahr 2013 in Millionen Euro

Die Nettozahler (mehr an die EU gezahlt als von der EU erhalten)

Deutschland	9 002
Frankreich	6 405
Italien	5 903
Großbritannien	5 565
Niederlande	2 213
Belgien	1 369
Schweden	1 325
Dänemark	836
Österreich	805
Finnland	652
Luxemburg	75

Die Nettoempfänger (mehr von der EU erhalten als an die EU gezahlt)

Zypern	6,8
Malta	67
Estland	350
Irland	383
Slowenien	490
Bulgarien	725
Lettland	731
Slowakei	1 160
Litauen	1 369
Rumänien	1 451
Tschechien	1 455
Portugal	2 983
Spanien	2 994
Ungarn	4 418
Griechenland	4 622
Polen	10 975

Quelle: EU-Kommission

M1 Nettozahler und Nettoempfänger in der EU (2011). Der Nettobetrag ist die Differenz zwischen dem, was ein Land einzahlt und dem, was es zurückerhält.

M2 Straßenbahnen in Bielefeld

Q1 Bericht über das EU-Projekt BAPTS:

Um die Lebensqualität in den Städten zu verbessern und Maßnahmen gegen den Klimawandel zu ergreifen, ist ein nachhaltiger und umweltfreundlicher Verkehr von herausragender Bedeutung. Die Stadt Bielefeld beteiligte sich deswegen zwischen 2008 und 2011 an dem EU-Projekt BAPTS (Boosting Advanced Public Transport Systems). Mit diesem Projekt unterstützte die EU-Kommission neun Städte und Regionen in Nordwesteuropa mit mehr als 15 Mio. Euro bei der Entwicklung konkreter Lösungen, um den Öffentlichen Personen Nahverkehr noch attraktiver, bequemer, sicherer, zuverlässiger und umweltfreundlicher zu machen.

Die Europäische Union

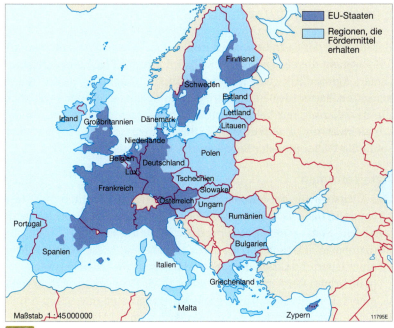

M3 Geförderte Regionen der EU

M4 Wirtschaftlich schwache Gebiete in Deutschland

Solidarität in der EU

Die EU hat sich zum Ziel gesetzt, gleiche Lebensbedingungen für alle EU-Bürger zu schaffen. Um Unterschiede auszugleichen, zahlen die Mitgliedstaaten je nach ihrer wirtschaftlichen Leistungsfähigkeit in Strukturfonds ein. Aus diesen Mitteln werden benachteiligte Regionen z.B. mit Maßnahmen zur Förderung der Landwirtschaft unterstützt.

Auch in Deutschland gibt es Gebiete, die Fördergelder erhalten. NRW erhielt von 2007 bis 2013 rund zwei Milliarden Euro. Die meisten Gelder gehen in wirtschaftlich schwächere Regionen, in denen die Menschen weniger als 75% des EU-Durchschnitts verdienen.

> **Q2** Höchstmarke für deutsche Exporte (tagesschau.de vom 8. Feb. 2013):
>
> *Die heimischen Exportunternehmen haben Deutschland ein weiteres Rekordjahr beschert. Die Ausfuhren stiegen 2012 auf 1,097 Billionen Euro ... Auch die Einfuhren nach Deutschland waren im vergangenen Jahr höher als je zuvor ... Wichtigster Handelspartner waren unverändert die EU-Staaten, in die 57% der exportierten Waren geliefert wurden*

ARBEITSAUFTRÄGE

1. Beschreibe, wie die EU ihren Finanzbedarf regelt.
2. Erläutere die Grafik M1.
3. Erkläre den Begriff „Solidargemeinschaft".
4. Nenne Beispiele für Gebiete in Deutschland und Gebiete in anderen EU-Ländern, die Regionalförderung erhalten (M3, M4).
5. Erörtere: „Deutschland ist Zahlmeister der EU" (M1–M4, Q1, Q2).
6. a) Recherchiere ein Förderprojekt der EU in NRW. Nutze das Internet (ec.europa.eu/regional_policy/index_de.cfm).
   b) Stelle das Förderprojekt der Klasse vor.

→ zu 1.
Beantworte die Fragen:
Woher bekommt die EU Geld?
Wofür braucht die EU Geld?
Wer verwaltet das Geld?
Welchen Grundsatz gibt es?

→ zu 5.
Bedenke auch die Vorteile, die Deutschland durch die EU hat. Deutschland erhält Fördermittel (Q1, M3–M4) und profitiert durch den Handel mit den Ländern der Europäischen Union (Q2).

Europas Landwirtschaft

Bereits nach der Gründung der Europäischen Wirtschaftsgemeinschaft 1957 begann die europäische Politik sich mit der Frage einer Gemeinsamen Agrarpolitik (GAP) zu beschäftigen. Besonders in der Nachkriegszeit hatten die europäischen Staaten immer wieder Probleme, die Bevölkerung mit Lebensmitteln zu versorgen. Es ging am Anfang vor allem darum, die Produktion in der Landwirtschaft zu steigern und somit die Versorgung der Bevölkerung sicherzustellen.

M1 Gleich lastwagenweise kippen französische Bauern am 2. August 1985 ihre Tomatenernte auf eine Müllkippe bei Marseille, da sie keine Käufer für ihre Ware finden konnten.

Agrarreformen

Die Ausgaben für die europäische Landwirtschaft machten 1992 fast 60 % aus. In den 1990er-Jahren verfolgte die EU die Strategie, die Landwirte mit Subventionen zu unterstützen und gleichzeitig Zölle auf Billigimporte aus Nicht-EU-Ländern zu erheben. Diese Politik führte zu einer Überproduktion und der Vernichtung von Lebensmitteln.

In mehreren Reformschritten wurde das System der Agrarförderung geändert. Die Ausgaben für die Landwirtschaft sind mit einem Anteil von 40 % aber immer noch der größte Posten im EU-Haushalt.

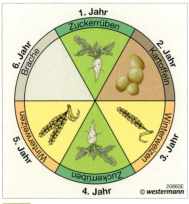

M2 Beispiel einer dreigliedrigen Fruchtfolge

dreigliedrige Fruchtfolge: der abwechselnde Anbau von mindestens drei verschiedenen Feldfrüchten auf einer Ackerfläche

Dauergrünland: Flächen, auf denen über mehrere Jahre Gras und krautige Pflanzen wachsen

ökologische Vorrangfläche: Fläche, auf der z. B. keine Pestizide und Düngemittel eingesetzt werden

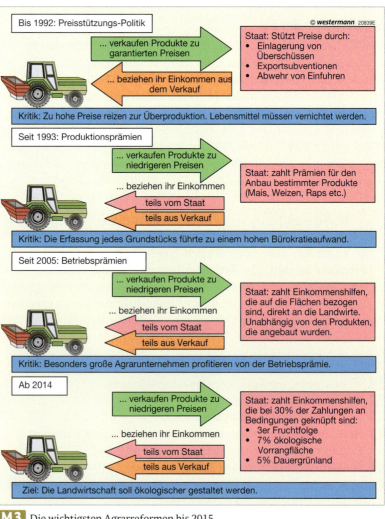

M3 Die wichtigsten Agrarreformen bis 2015

Die Europäische Union

Das „Greening" Konzept der GAP

Der Hauptkritikpunkt an der bisherigen EU-Agrarpolitik war, dass vor allem große Agrarbetriebe von den Fördergeldern profitierten. Das sind Betriebe, die häufig auf die Bewirtschaftung einzelner Pflanzen, z. B. Mais, spezialisiert sind. Bei diesen sogenannten Monokulturen sind hohe Mengen an Düngemittel und Pestiziden nötig. Diese stehen in der Kritik, die Nahrungsmittel und das Grundwasser zu belasten.

Um die Landwirtschaft umweltfreundlicher zu gestalten, hat die EU-Agrarkommission das „Greening"-Prinzip vorgeschlagen, bei dem die Hilfen für die Bauern an Umweltmaßnahmen gebunden sind. Nach diesem Prinzip sollen Bauern nur noch Geld vom Staat, also von der Gesellschaft erhalten, wenn Sie dafür auch etwas für die Gesellschaft leisten, in diesem Falle für den Umweltschutz. Ab 2015 wird dieses Prinzip nun erstmals umgesetzt, allerdings zunächst begrenzt auf 30% der Direktzahlungen und wenigen Umweltauflagen.

M4 Demonstration für die Abkehr von der industriellen Landwirtschaft unter dem Motto „Wir haben es satt" (Berlin, 2012)

Q1 Stellungnahme zum Greening-Konzept von Friedrich Ostendorff, Bundestagsabgeordneter und Bio-Landwirt aus Bergkamen:

Die Landwirtschaft trägt erheblich zum Klimawandel und zum Artensterben bei. Mit dem Greening haben wir ein Instrument geschaffen das dabei hilft, die Landwirtschaft umweltfreundlicher zu machen. Zum ersten Mal werden von den Bauern konkrete Leistungen für die Agrarzahlungen verlangt. Der Anfang ist gemacht, auch wenn das Greening in Zukunft noch deutlich grüner werden muss, um die ökologischen Ziele zu erreichen.

Q2 Monokultur (umweltdatenbank.de):

Monokulturen sind, wirtschaftlich gesehen, rentabler als Mischkulturen: Riesige Felder mit nur einer Pflanzensorte (z. B. Weizen) lassen sich rationeller bearbeiten, man braucht weniger Maschinen ... Die Anlage von Monokulturen bedeutet jedoch einen radikalen Eingriff des Menschen in das Gleichgewicht der Natur: Monokulturen sind biologisch arm (keine Artenvielfalt), sie entziehen dem Boden einseitig Nährstoffe und laugen ihn aus (es muss mehr Kunstdünger eingesetzt werden), sie sind anfälliger für Schädlinge und Krankheiten (Folge: verstärkter Einsatz von Pestiziden).

M5 Ein Landwirt erntet sein Getreide bei Recklinghausen (Foto, 2012).

ARBEITSAUFTRÄGE

1. Erkläre den Ursprung der gemeinsamen Agrarpolitik (GAP).
2. a) Ordne den Reformen der Grafik M3 die Materialien M1, M2 und M4 zu.
   b) Begründe deine Zuordnung.
3. Erläutere den Begriff „Greening".
4. Beurteile
   a) den Nutzen der aktuellen GAP für die EU-Bürger,
   b) die Vorteile der GAP für die Bauern,
   c) das Interesse der EU-Staaten an einer GAP.
5. Verfasse eine eigene Stellungnahme zum Greening-Konzept.

zu 1.
Bedenke die Versorgungslage nach dem Zweiten Weltkrieg.

zu 3.
Bearbeite die Aufgabe mithilfe der Methode Think-Pair-Share.
Tipps dafür findest du auf Seite 211.

Der Euro

Der Euro-Stabilitätspakt

Im Januar 2002 zahlten die Menschen in Deutschland und elf weiteren Ländern der EU erstmals mit dem Euro. Wer sich bereits im Dezember 2001 an die neue Währung gewöhnen wollte, konnte sich für 20 DM ein sogenanntes Starter-Kit kaufen. Dieses enthielt 10,23 Euro in Münzgeld. Bis 2014 schlossen sich sechs weitere europäische Staaten der Wirtschafts- und Währungsunion an. Der Handel zwischen den Euro-Ländern wurde erleichtert. Inzwischen hat sich der Euro weltweit neben dem US-Dollar zur wichtigsten Währung entwickelt.

Im Maastricht-Vertrag von 1992 haben die EU-Staaten Maßnahmen vereinbart, um die Stabilität des Euros sicherzustellen. Eine hohe Inflation, das ist der Wertverlust des Geldes, soll verhindert werden, indem die Staaten eine hohe Verschuldung vermeiden. Der Pakt sieht u.a. strenge Grenzen bezüglich der Neuverschuldung und der Gesamtschulden eines Staates vor. So darf eine Neuverschuldung nicht mehr als drei Prozent des Bruttoinlandprodukts (BIP) betragen und die Gesamtverschuldung nur maximal 60 Prozent des BIP. Die Europäische Zentralbank mit Sitz in Frankfurt am Main überwacht die Finanzpolitik der Euro-Länder und damit die Stabilität des Euros.

M1 Starter-Kit (Dezember 2001)

Bruttoinlandprodukt (BIP): Wert aller in einem Land erzeugten Waren und Dienstleistungen

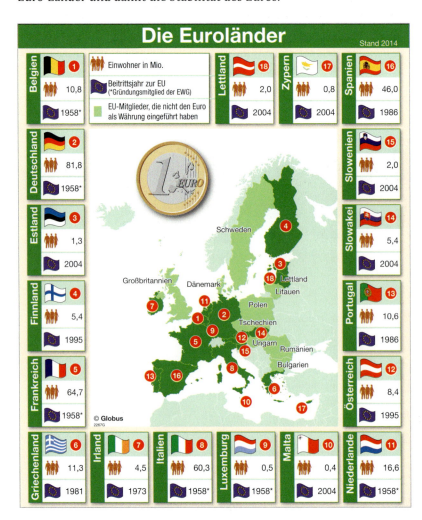

M2 Länder, in denen mit dem Euro bezahlt wird

Euro-Staaten in der Krise

So wie Privatleute und Firmen sich verschulden können, ist es auch für Staaten üblich sich Geld zu leihen, wenn die Ausgaben höher sind als die Einnahmen. Alle Staaten in der Europäischen Union sind verschuldet, wobei die Höhe der Verschuldung sehr unterschiedlich ist. Bei dem Vergleich der Schulden muss man berücksichtigen, dass sich die Wirtschaftsleistung der Staaten stark voneinander unterscheidet. Es werden daher nicht die Gesamtschulden verglichen, sondern die „Schuldenquote"; das ist das Verhältnis der Gesamtschulden zum Bruttoinlandsprodukt (BIP). Wenn ein Land Schwierigkeiten hat, die hohen Zinsen der Kredite zu bedienen, entsteht schnell eine Staatsschuldenkrise, die im schlimmsten Fall in einem Staatsbankrott, der endgültigen Zahlungsunfähigkeit eines Staates, enden kann.

Euro-Rettungsschirm

2010 beantragte Griechenland offiziell Hilfe von der EU, weil absehbar war, dass die fälligen Kredite nicht zurückgezahlt werden konnten. Die EU reagierte mit Hilfsmaßnahmen, die als Euro-Rettungsschirm bezeichnet werden. Das Ziel ist die Stabilität des Euro zu sichern.

Neben Griechenland wurden auch Irland, Portugal, Spanien und Zypern Gelder zugesagt. Im Gegenzug verpflichten sich die Staaten Reformen durchzuführen, um zukünftigen Krisen entgegenzuwirken.

Griechenland	160,5 %
Italien	130,3 %
Portugal	127,2 %
Irland	125,1 %
Belgien	104,5 %
Euro-Zone	92,2 %
Frankreich	91,9 %
Großbritannien	88,2 %
Spanien	88,2 %
Zypern	86,9 %
Ungarn	82,4 %
Deutschland	81,2 %
Malta	75,4 %
Österreich	74,2 %
Niederlande	72,0 %
Polen	57,3 %
Slowakei	54,9 %
Finnland	54,8 %
Slowenien	54,5 %
Tschechien	47,8 %
Dänemark	44,7 %
Litauen	40,8 %
Schweden	39,4 %
Lettland	39,1 %
Rumänien	38,6 %
Luxemburg	22,4 %
Bulgarien	18,0 %
Estland	10,0 %

M3 Staatsverschuldung in der EU im 1. Quartal 2013 in Relation zum Bruttoinlandsprodukt (BIP)

Q1 Große Mehrheit für Rettungspaket (Meldung vom 18.04.2013):

… Der Bundestag hat den Weg für das Zypern-Rettungspaket freigemacht. In namentlicher Abstimmung sprachen sich 487 von 602 anwesenden Abgeordneten dafür aus, dass Kredithilfen von bis zu zehn Milliarden Euro fließen sollen, um das Land vor dem drohenden Staatsbankrott zu retten … Nach dem grundsätzlichen Votum für die Freigabe von Hilfskrediten billigte der Bundestag … auch die Vereinbarung mit der Regierung in Nikosia über die Bedingungen, unter denen die Darlehen gewährt werden. Demnach muss Zypern den Bankensektor drastisch verkleinern … Um die notwendigen Kosten der Umstrukturierung der beiden größten Kreditinstitute zu stemmen, werden deren Eigentümer und Großanleger mit Guthaben von mehr als 100.000 Euro zur Kasse gebeten … Zudem sehen die Auflagen für Zypern vor, dass das Land Steuern erhöhen und sparen muss. Ein Teil des Finanzbedarfs soll durch Privatisierungen und den Verkauf von Goldreserven gedeckt werden. Auf die Bürger kommen Einschnitte bei Renten und Löhnen zu. Zudem müssen die Patienten künftig einen größeren Teil der Kosten im Gesundheitswesen selbst tragen. Die Regierung wird verpflichtet, mehr gegen Geldwäsche und Steuerhinterziehung zu tun.

Geldwäsche: illegal verdientes Geld in den legalen Geldkreislauf bringen mit dem Ziel, die Herkunft zu verbergen

---

ARBEITSAUFTRÄGE

1. Beschreibe die Vorteile einer gemeinsamen Währung in Europa.
2. Liste die Euro-Länder nach Jahr des Beitritts zur EU auf (M2).
3. Erkläre, was unter dem Euro-Stabilitätspakt zu verstehen ist.
4. Erläutere, wie die EU im Fall Zypern versucht, die Krise abzuwenden (Q1).
5. Recherchiere weitere Länder, die von dem Rettungsschirm profitieren.

Gemeinsame Außen- und Sicherheitspolitik

Europäische Sicherheitspolitik

Mit einer gemeinsamen Außen- und Sicherheitspolitik (GASP) möchte die Europäische Union die Sicherheit der eigenen Grenzen gewährleisten. Zu den erklärten Zielen gehörten auch die Förderung der Demokratie und Menschenrechte sowie die Wahrung und Stärkung der internationalen Sicherheit. Die Europäische Union will in der Lage sein, in Fragen der Konfliktverhütung und Krisenbewältigung eigenständig zu entscheiden und in internationalen Krisen, in denen die NATO nicht aktiv wird, auch militärisch einzugreifen.

Der Ministerrat trifft die Entscheidungen über militärische Operationen. Das politische und sicherheitspolitische Komitee, kurz PSK, schlägt im Krisenfall zu ergreifende Maßnahmen vor und ist für die strategische Leitung und politische Kontrolle der Militäroperation zuständig.

Militärisches und nicht-militärisches Eingreifen

Der Einsatz bei internationalen Konflikten kann ganz unterschiedliche Maßnahmen erfordern. Zur Bewältigung militärischer Aufgaben ist die EU in der Lage, eine schnelle Eingreiftruppe von bis zu 60 000 Mann aufzustellen, die innerhalb von 60 Tagen verlegt und deren Einsatz mindestens ein Jahr aufrechterhalten werden kann. Dabei handelt es sich nicht um eine ständige EU-Truppe. Vielmehr haben sich die EU-Staaten verpflichtet, Truppenteile für EU-Operationen bereitzustellen. Im Krisenfall kann der EU-Militärstab diese Truppenteile anfordern.

Bei den nicht-militärischen Aufgaben legt die EU den Schwerpunkt auf den Einsatz von Polizeikräften, die Stärkung des Rechtsstaats (Justiz, Strafvollzug usw.), die Stärkung der Zivilverwaltung und den Zivilschutz in Krisengebieten.

Militäroperation in Mazedonien
350 EU-Soldaten sicherten 2003 den Waffenstillstand nach dem Bürgerkrieg.

Militäroperation im Kongo
2003 waren auf Ersuchen der UN 1500 EU-Soldaten zur Stabilisierung der Lage in dem vom Bürgerkrieg heimgesuchten Land im Einsatz. 2006 sicherten auf Ersuchen der UN 2400 EU-Soldaten die Präsidentenwahl.

Polizeimission in Bosnien-Herzegovina
Seit 2003 überwachen und beraten 800 EU-Polizisten die Polizeikräfte des Landes.

Militäroperation in Bosnien-Herzegovina
Im Dezember 2004 lösten 7000 EU-Soldaten die NATO-Soldaten ab, die bis dahin die Einhaltung des Friedensabkommens überwacht hatten.

EU-Operation Atalanta
Seit Ende 2008 bekämpfen Kriegsschiffe aus EU-Staaten die Piraten vor der Küste Somalias und im Golf von Aden.

M1 Beispiele für EU-Einsätze

Die Situation in Somalia
Seit über 20 Jahren herrscht immer wieder Bürgerkrieg. Es gibt keine stabile Regierung, die im ganzen Land anerkannt ist, sodass in vielen Teilen Somalias Clans und Warlords (militärische Anführer) herrschen. Weil es keine Küstenwache gibt, können Piraten von Somalia aus immer wieder Schiffe angreifen, um sie auszurauben oder durch Geiselnahme Lösegeld zu erpressen.

M2 Somalischer Pirat (September 2012)

Gemeinsame Außen- und Sicherheitspolitik

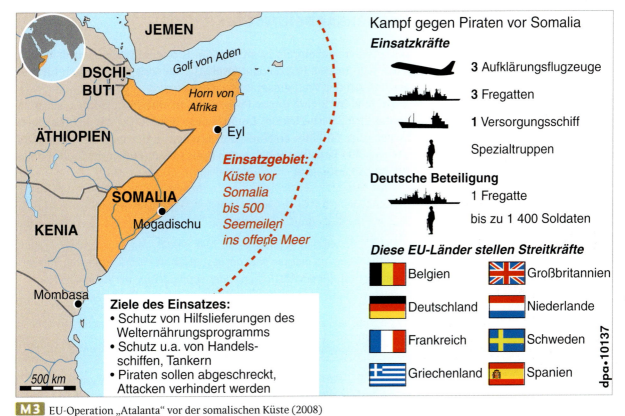

M3 EU-Operation „Atalanta" vor der somalischen Küste (2008)

Q1 EU-Truppen beschießen erstmals Piratenlager an Somalias Küste (Nachrichtenmeldung vom 15.5.2012):

Die Anti-Piraten-Truppe der Europäischen Union hat erstmals Einrichtungen der Seeräuber an der Küste Somalias aus der Luft beschossen. „EU-Kräfte führten eine Operation aus, um Ausrüstung der Piraten an der somalischen Küste zu zerstören", teilte die Einsatzleitung der „Atalanta"-Mission am Dienstag mit … Nach bisherigen Erkenntnissen seien durch den Angriff auch keine Somalier zu Schaden gekommen. Die Außenbeauftragte Catherine Ashton sprach von einer „erfolgreichen Operation" gegen „logistische Lagerplätze" der Seeräuber.

Die Piraterie beeinflusse weiterhin nachteilig den Schiffsverkehr in der Region, bedrohe den friedlichen Handel, schwäche und untergrabe die Wirtschaft der benachbarten Länder, sagte Ashton … Die EU-Außenbeauftragte erinnerte außerdem daran, dass noch immer rund 200 Seeleute in den Händen der Piraten sind.

ARBEITSAUFTRÄGE

1. Erkläre die europäische Sicherheits- und Verteidigungspolitik.
2. Schildere den EU-Einsatz „Atalanta" in Somalia, indem du:
   a) die Probleme in der Region benennst,
   b) die Ziele des Einsatzes beschreibst (M3),
   c) die Einsatzkräfte aufzählst
   d) und über durchgeführte Militäroperationen berichtest (Q1).
3. Recherchiere die Hintergründe zu einem EU-Einsatz. Berichte.

zu 1.
– Welche Ziele hat die GASP?
– Welche Möglichkeiten hat die EU in internationale Konflikte einzugreifen?
– Wer trifft die Entscheidungen über die Einsätze?

Friedensnobelpreis für die EU

Nobelpreis: ein Preis, finanziert aus dem Vermögen des Alfred Nobel, der jedes Jahr an Personen vergeben wird, die der Menschheit Nutzen bringen

Der Friedensnobelpreis ist mit einem Preisgeld verbunden und wird jedes Jahr an eine Person oder Organisation vergeben, die sich für den Frieden auf der Welt einsetzt.

Im Jahr 2012 ging dieser Preis nicht an eine Einzelperson, sondern an die Europäische Union. Damit wurde der Beitrag der EU für einen bisher über 60 Jahre andauernden Frieden in Europa gewürdigt. Drei wichtige EU-Politiker nahmen den Preis in Oslo stellvertretend für alle EU-Bürger entgegen.

Q1 Aus dem Testament Alfred Nobels, 1895:

Die Zinsen werden in fünf gleiche Teile geteilt, von denen zufällt ... ein Teil dem, der am meisten oder am besten für die Verbrüderung der Völker gewirkt hat, für die Abschaffung oder Verminderung der stehenden Heere sowie für die Bildung und Verbreitung von Friedenskongressen.

M1 Ratspräsident Herman Van Rompuy, Kommissionschef Jose Manuel Barroso und Parlamentspräsident Martin Schulz nehmen den Preis entgegen.

Q2 Friedensnobelpreis wird an die EU überreicht (Bericht vom 10.12.2012):

... Für EU-Parlamentspräsident Martin Schulz sind alle Europäer Friedensnobelpreisträger. Doch nicht alle sind glücklich mit dem Preis: „Die EU beteiligt sich an militärischen Missionen. Insofern kann man in Teilen eher von Kriegspolitik als von Friedenspolitik sprechen", meint eine Europäerin.

Dabei hat Europa den Preis nicht für seine derzeitige Außenpolitik bekommen. In der Erklärung des Nobelpreis-Komitees heißt es, die EU habe über sechs Jahrzehnte hinweg dazu beigetragen, Frieden und Aussöhnung, Demokratie und Menschenrechte zu fördern. „Es hat viele Konflikte, Meinungsverschiedenheiten und dramatische Ereignisse gegeben. Aber die Europäische Union war so etwas wie ein andauernder Friedenskongress", sagt Torbjörn Jagland, Vorsitzender des Nobel-Komitees.

M2 Protest gegen den Friedensnobelpreis für die EU (Berlin, 13.10.2012)

M3 Friedensnobelpreis Waffenexporteur (Karikatur von Schwarwel, 2012)

Gemeinsame Außen- und Sicherheitspolitik

Flüchtlingspolitik in der EU

Seit 1995 können sich die Menschen zwischen den meisten EU-Staaten frei bewegen. Gleichzeitig wurde aber die Kontrolle der Außengrenzen verstärkt und es wird gemeinsam gegen illegale Einwanderung vorgegangen.

Die Medien berichten immer wieder von afrikanischen Flüchtlingen, die in überfüllten Booten versuchen, ein europäisches Land zu erreichen. Die Flüchtlinge riskieren ihr Leben in der Hoffnung, in Europa Arbeit und ein besseres Leben zu finden. Viele Menschen leben in ihrem Heimatland in völliger Armut, finden keine Arbeit und werden häufig politisch verfolgt.

Neben Spanien steuern die illegalen Einwanderer auch Malta und Italien an. Viele Europäer sehen in dem Zustrom von Einwanderern eine Gefahr für Europa. Es gibt aber auch Stimmen, die in der Zuwanderung Chancen sehen. Sie argumentieren, dass die Bevölkerung durch die Einwanderer jünger und ethnisch vielfältiger würde. Kritiker werfen den europäischen Staaten vor, dass die Flüchtlingspolitik zwar dem Wohlstand der reichen Staaten dient, aber auf Kosten von Flüchtlingen und Menschen in Armut geht.

M5 Afrikanische Flüchtlinge vor der spanischen Mittelmeerküste

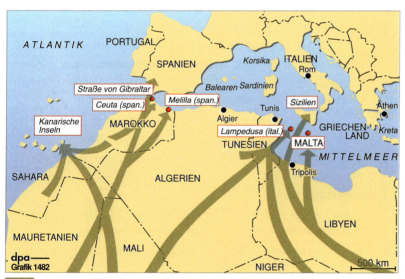

M4 Die Flüchtlingsrouten von Afrika nach Europa

Partnervortrag

1. Lest die Aufgabenstellung. Arbeitet in Einzelarbeit den Vortrag aus.
2. Setzt euch mit eurem Partner zusammen. Einigt euch, wer zuerst der Sprecher und wer der Zuhörer ist.
3. Der Zuhörer hört aufmerksam zu und wiederholt dann, was der Sprecher erzählt hat. Der Sprecher achtet darauf, ob sein Vortrag vollständig und richtig wiedergegeben wird.
4. Danach wechselt ihr die Rollen.

ARBEITSAUFTRÄGE

1. Erkläre, warum der Europäischen Union der Friedensnobelpreis verliehen wurde (Q1, Q2).
2. Erläutert die Kritik am Friedensnobelpreis für die Europäische Union, die aus der Karikatur M3 hervorgeht. Erarbeitet die Lösung mithilfe der Methode „Partnervortrag".
3. a) Nenne Gründe, aus denen Menschen aus Afrika nach Europa fliehen.
   b) Erkläre, warum einige Menschen die Einwanderungspolitik der EU kritisch betrachten. Berücksichtige auch M2.
4. Erörtert die Verleihung des Friedensnobelpreises in einer Fishbowl-Diskussion (Tipps dafür findet ihr auf Seite 104).

zu 1.
Berücksichtige auch dein Wissen über die Geschichte der EU und die Besonderheiten der Europäischen Zusammenarbeit, wie die GASP oder Solidargemeinschaft.

Karikaturen-Rallye: Europäische Union

Eine Karikatur ist ein zeichnerisch gestalteter Kommentar zu einer politischen, wirtschaftlichen oder gesellschaftlichen Streitfrage. Der Karikaturist versucht durch eine übertriebene Darstellung oder eine witzige Idee, auf ein Problem hinzuweisen oder Kritik zu üben.

Bei einer Karikaturenrallye werden zu einem Thema verschiedene Karikaturen untersucht. Ziel ist es, auf die unterschiedlichen Aspekte aufmerksam zu machen und mehr über das Thema zu erfahren.

M1 Karikatur von Christiane Pfohlmann

So geht ihr vor:

1. Vorbereitung
- Wählt Karikaturen zu verschiedenen Aspekten des Themas aus.
- Vergrößert die Karikaturen. Hängt sie an verschiedenen Stellen im Klassenraum auf. Sie sollten gut sichtbar auf Augenhöhe hängen.
- Teilt euch in Kleingruppen auf; dabei sollte die Anzahl der Gruppen der Anzahl der Karikaturen entsprechen.
- Legt eine Bearbeitungszeit für die Karikaturen fest.

2. Durchführung
- Jede Gruppe begibt sich nun zu einer der Karikaturen und untersucht sie unter den folgenden Gesichtspunkten:
  a) Um welches Problem, welchen Sachverhalt geht es?
  b) Mit welchen zeichnerischen und textlichen Mitteln stellt der Karikaturist das Problem dar?
  c) Was soll die Karikatur zum Ausdruck bringen?
- Notiert eure Untersuchungsergebnisse in Stichworten.
- Nach der festgelegten Zeit wechselt jede Gruppe jeweils zur nächsten Karikatur.

3. Auswertung
- Führt mit der Klasse ein Auswertungsgespräch. Hier trägt jede Gruppe vor, was sie zu den Karikaturen notiert hat.
- Besprecht gemeinsam die Unterschiede bei der Deutung.

M2 Karikatur von Frank Cerny

M3 Jenseits von Afrika (Karikatur von Pepsch Gottscheber, 2006)

M6 Festung Europa

M4 Verfassungsvertrag (Karikatur von Gerhard Mester)

M5 Kindersegen (Karikatur von Wolfgang Horsch)

ARBEITSAUFTRAG

1. Führt eine Karikaturenrallye zu dem Thema EU durch.

Methode

Eine Online-Präsentation erstellen

Bei der Vorstellung von Arbeitsergebnissen in der Klasse ist es für die Zuhörer hilfreich, wenn der mündliche Vortrag in einer Präsentation mithilfe von Bildern, Statistiken oder Stichpunkten ergänzt wird.

Das Internet bietet viele Möglichkeiten, Arbeitsergebnisse und Ideen bildhaft zu machen. Diese Präsentationen können dann eingesetzt werden, um den Vortrag zu unterstützen, sind aber auch als Hilfe bei der Vorbereitung für eine Klassenarbeit ein geeignetes Mittel.

Internetseite

Eine Präsentation kann in Form einer Internetseite gestaltet werden. Man kann z.B. ein Wiki erstellen. Dabei verwendet man die Wikipedia-Software, die den Vorteil hat, dass man jederzeit schnell und einfach Änderungen an den Inhalten der Seite vornehmen kann.

www.prezi.com
www.mindomo.com

Arbeiten mit Prezi

Prezi ist eine kostenlose Webanwendung, mit der Präsentationen erstellt werden können, die einer Mind-Map ähneln. Sie können im Internet gleichzeitig von mehreren Personen bearbeitet werden. Die einzelnen Gedankengänge werden bei der Präsentation mit einer virtuellen Kamera abgefahren, deren Reihenfolge vorher festgelegt wird.

M1 Bildschirmansicht einer Prezi-Präsentation

So gehst du vor:

1. → **Auswahl des Themas und der Präsentationsmethode**
   – Formuliere das Thema der Präsentation.
   – Wähle eine Präsentationsform. Diese ist davon abhängig, ob du mit der Präsentation einen mündlichen Vortrag unterstützen möchtest oder ob die Präsentation für sich stehen soll und als Lernhilfe genutzt wird.

2. → **Informationen auswählen**
   – Trage die Informationen zu deinem Thema zusammen. Informationen findest du in Lexika, Zeitungen, Zeitschriften oder im Internet. Auch durch das Befragen von Fachleuten kannst du an wichtige Informationen gelangen.
   – Werte die Informationen aus und wähle Schwerpunkte, auf die du dich in der Präsentation konzentrieren möchtest. Halte die Ergebnisse schriftlich fest und notiere die Quelle.

3. → **Präsentation erstellen**
   – Erstelle mithilfe einer der vorgestellten Möglichkeiten eine Präsentation. Auch hier ist wichtig, wie die Präsentation genutzt wird. In jedem Fall sollten Texte oder Stichpunkte nur das Wesentliche enthalten.
   – Verwende in der Präsentation nach Möglichkeit unterschiedliche Darstellungsformen. Diagramme, Bilder oder Filme machen die Präsentation für den Betrachter anschaulicher.

4. → **Präsentation zeigen**
   – Wenn du die Präsentation über einen Beamer zeigst, ist es wichtig, vor der Präsentation zu überprüfen, ob diese für alle gut sichtbar ist.

Im Internet steht die Präsentation vielen Menschen zur Verfügung. Achte bei der Verwendung deiner Materialien darauf, keine Urheberrechte zu verletzen.

In Kürze

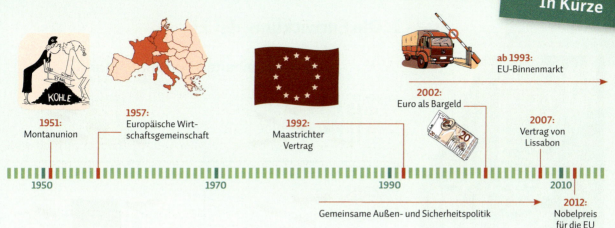

In Kürze

Bis 1945 gab es auf dem europäischen Kontinent immer wieder Kriege zwischen den Staaten. Die europäische Zusammenarbeit begann mit der Montanunion. Die gemeinsame Kontrolle der Kohle- und Stahlindustrie, den wichtigsten Lieferanten der Kriegsindustrie, sollte den Frieden in Europa sichern.

In mehreren Schritten wurde die Zusammenarbeit bis 2007 weiter vertieft. Sie umfasst heute eine gemeinsame Wirtschaftspolitik, die Zusammenarbeit in Außen- und Sicherheitspolitik und eine polizeiliche Zusammenarbeit. Außerdem können sich innerhalb des EU-Binnenmarkts Waren, Dienstleistungen, Kapital und Arbeitnehmer frei bewegen. Seit dem Maastrichter Vertrag 1992 wird diese Staatengemeinschaft als Europäische Union bezeichnet.

Aus den sechs Gründungsländern wurden bis 2013 die 28 Staaten der heutigen EU. Der Europäische Rat, der aus den Staats- und Regierungschefs besteht, trifft die Grundsatzentscheidungen für die europäische Entwicklung. Gesetzesvorlagen für die EU werden von dem Ministerrat und dem Europäischen Parlament verabschiedet.

Ein wichtiges Ziel der EU ist es, gleiche Lebensbedingungen für alle Bürger zu schaffen. Je nach wirtschaftlicher Stärke zahlen die Mitgliedstaaten Geld an die Europäische Union. Mit diesem Geld werden die benachteiligten Regionen mit unterschiedlichen Maßnahmen unterstützt.

WICHTIGE BEGRIFFE

Agrarreform
EU-Binnenmarkt
EU-Erweiterung
Europäische Kommission
Europäischer Gerichtshof
Europäischer Rat
Europäischer Rechnungshof
Europäisches Parlament
Europäische Wirtschaftsgemeinschaft
Eurozone
GASP
Maastrichter Vertrag
Ministerrat
Montanunion
Solidargemeinschaft
Vertrag von Lissabon

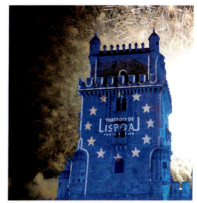

Selbstüberprüfung

1. Die Entwicklung der EU

M1 Vor der Abstimmung für den Vertrag von Lissabon in Irland (Dublin, 2008)

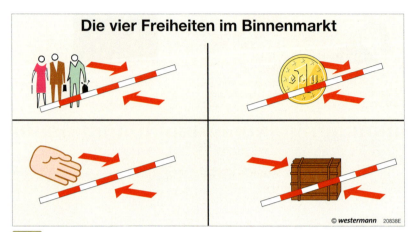

M2 Die vier Freiheiten im Binnenmarkt

1. Ich kann eine Zeitleiste zur Entwicklung der EU erstellen. ●●● SK, MK
2. Ich kann die Folgen der Montanunion für Europa beurteilen. ●●● UK
3. Ich kann mithilfe von M2 die vier Freiheiten im Binnenmarkt erläutern. ●●● SK
4. Ich kann die Vorteile des Vertrags von Lissabon benennen. ●●● SK

2. EU-Erweiterung

1. Ich kann aus den Ländern in M3 die Gründungsstaaten der EU benennen. ●●● SK
2. Ich kann die Karikatur M4 im Hinblick auf die EU-Erweiterung erklären. ●●● MK, SK
3. Ich kann die Hoffnungen und Ängste im Zusammenhang mit der EU-Erweiterung beurteilen. ●●● UK
4. Ich kann meine eigene Meinung zur EU-Erweiterung gegenüber anderen vertreten. ●●● HK

M3 Ausgewählte Staaten der EU

M4 Hurra, wir sind 25 Mann stark (Karikatur von Horst Haitzinger, 2004)

3. Das System der EU

M5 Institutionen der EU und ihre Aufgaben

M6 Karikatur von Gerhard Mester

1. Ich kann den Organen der EU (1-6) aus M5 ihre jeweiligen Aufgaben (A-F) zuordnen. ●●● SK
2. Ich kann die Wahlen zum EU-Parlament in ihren Grundzügen beschreiben. ●●● MK
3. Ich kann einen Lexikoneintrag erstellen, in dem ich den Unterschied zwischen Verordnung, Richtlinie und Beschluss erläutere. ●●● SK, HK
4. Ich kann die Karikatur M6 analysieren. ●●● MK

4. Die Chancen und Herausforderungen der EU

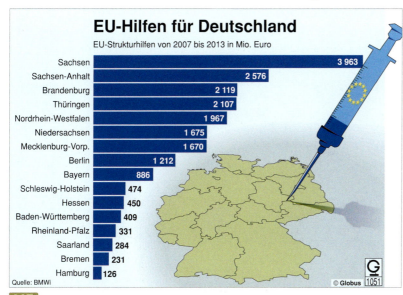

M7 EU-Strukturhilfen für Deutschland von 2007–2013

Q1 Friedensnobelpreis geht an Europäische Union (Nachrichtenmeldung vom 12.10.2012):

In der größten Krise ihrer Geschichte wird die Europäische Union mit dem wichtigsten Preis der Welt ausgezeichnet: Der Friedensnobelpreis 2012 geht an die Staatengemeinschaft. Das Komitee in Oslo will damit den Beitrag der EU zur „friedlichen Entwicklung in Europa" würdigen.

1. Ich kann mithilfe von M7 erläutern, wie in der Europäischen Union benachteiligte Regionen unterstützt werden. ●●● SK, MK
2. Ich kann die unterschiedlichen Sichtweisen im Zusammenhang mit der Verleihung des Friedensnobelpreises erklären. ●●● SK
3. Ich kann die Bedeutung der Agrarreform 2015 für die EU-Mitgliedstaaten beurteilen. ●●● UK
4. Ich kann an einem Beispiel die gemeinsame Außen- und Sicherheitspolitik der Europäischen Union erläutern. ●●● SK

Internationale Politik im Zeitalter der Globalisierung

Die Welt verändert sich. Die Globalisierung mit ihren positiven und negativen Folgen beeinflusst das Leben der Menschen. Politischer und religiöser Terrorismus bedrohen den Weltfrieden. Der Klimawandel gefährdet die Existenz vieler Menschen. Die Vereinten Nationen und andere Organisationen sind darum bemüht, den Wandel und seine Folgen zu steuern und Gefahren zu bekämpfen. Auch jeder Einzelne ist dazu aufgefordert, seinen Beitrag zu leisten.

Weltumspannende Handelsbeziehungen sind ein wesentlicher Bestandteil der Globalisierung.

Die Vereinten Nationen (UNO)

Die Vereinten Nationen

Die Gründung der Vereinten Nationen

Die Gründung der Vereinten Nationen ist das unmittelbare Ergebnis der Erfahrungen aus den beiden Weltkriegen. Bereits nach dem Ende des Ersten Weltkrieges hatte man 1919 mit dem Völkerbund eine internationale Gemeinschaft zur Sicherung des Friedens ins Leben gerufen. Letztlich scheiterte der Völkerbund jedoch, da er nicht in der Lage gewesen war, den Zweiten Weltkrieg zu verhindern.

Die Grundlagen einer neuen Staatengemeinschaft wurden mitten im Zweiten Weltkrieg 1941 von den USA und Großbritannien gelegt. Sie waren entschlossen, das nationalsozialistische Deutschland und seine Verbündeten zu besiegen und endlich eine dauerhaft friedliche Welt aufzubauen. Hierzu sollte eine Staatengemeinschaft gegründet werden, die das Selbstbestimmungsrecht der Völker sichern und einen Gewaltverzicht zur Lösung von Konflikten durchsetzen sollte. Nach Kriegsende kamen am 25. Juni 1945 Vertreter aus 50 Nationen nach San Francisco, um die Charta der Vereinten Nationen zu unterzeichnen. Damit war die „United Nations Organisation" (UNO, deutsch = Vereinte Nationen) gegründet. Aus den ursprünglich 50 Mitgliedsstaaten sind bis heute 193 geworden.

M1 Unterzeichnung der Charta der Vereinten Nationen am 26. Juni 1945 in San Francisco

Charta: Urkunde, die Grundlagen für einen Staat oder eine Vereinigung von Staaten festlegt. Die Charta der Vereinten Nationen könnte man vereinfacht auch als deren Verfassung bezeichnen.

> **Q1** Artikel 1 der Charta der Vereinten Nationen:
>
> *Die Vereinten Nationen setzen sich folgende Ziele:*
> *1. den Weltfrieden und die internationale Sicherheit zu wahren …*
> *2. freundschaftliche, auf der Achtung vor dem Grundsatz der Gleichberechtigung und Selbstbestimmung der Völker beruhende Beziehungen zwischen den Nationen zu entwickeln und andere geeignete Maßnahmen zur Festigung des Weltfriedens zu treffen;*
> *3. eine internationale Zusammenarbeit herbeizuführen, um internationale Probleme wirtschaftlicher, sozialer, kultureller und humanitärer Art zu lösen und die Achtung vor den Menschenrechten und Grundfreiheiten für alle ohne Unterschied der Rasse, des Geschlechts, der Sprache oder der Religion zu fördern und zu festigen;*
> *4. ein Mittelpunkt zu sein, in dem die Bemühungen der Nationen zur Verwirklichung dieser gemeinsamen Ziele aufeinander abgestimmt werden.*

M2 Flaggen vor dem Gebäude der Vereinten Nationen

Die Vereinten Nationen (UNO)

Der Grundsatz der gemeinsamen Sicherheit

Der zentrale Gedanke der Vereinten Nationen ist der Glaube an eine Sicherung des Weltfriedens durch die Zusammenarbeit aller Nationen im Rahmen einer Organisation.

Verbindendes Element aller Mitgliedsstaaten ist die Charta. In diesem völkerrechtlichen Vertrag sind die Rechte und Pflichten der Mitglieder der internationalen Gemeinschaft festgeschrieben. Verstößt einer der Mitgliedsstaaten der Vereinten Nationen gegen die Charta und die darin festgehaltenen Grundsätze – z. B. durch einen militärischen Angriff auf ein anderes Land – so versucht man zunächst, den entstandenen Konflikt durch Verhandlungen zu lösen. Wenn dies nicht möglich ist, können sich die Mitgliedsstaaten der Vereinten Nationen zu einem gemeinsamen Handeln zusammenschließen.

Wie dieses Handeln im Einzelfall aussehen kann, muss innerhalb der Vereinten Nationen zwischen den wichtigen Einrichtungen ausgehandelt werden. Unterschiedliche Interessen können dabei eine Entscheidungsfindung und somit auch ein gemeinsames Handeln erschweren oder unmöglich machen.

M4 Emblem der Vereinten Nationen

Völkerrecht: überstaatliche Rechtsordnung, mit deren Hilfe die Beziehungen zwischen Staaten geregelt werden

M3 Vollversammlung der Vereinten Nationen

M5 Skulptur „Knotted Gun" vor dem UNO-Gebäude in New York

ARBEITSAUFTRÄGE

1. Erkläre, warum die Vereinten Nationen gegründet wurden.
2. Erläutere den „Grundsatz der gemeinsamen Sicherheit".
3. Nenne anhand von Q1 die Ziele der Vereinten Nationen.
4. Interpretiere mit einem Partner die Skulptur in M5. Berücksichtigt dabei die Ziele der Vereinten Nationen.
5. Die Vereinten Nationen werden auch als „das Gewissen der Welt" bezeichnet. Diskutiert die Bezeichnung in der Klasse.

zu 2.
Mit dem Grundsatz ist die Sicherung ... Dabei spielt die Charta eine besondere Rolle. In dieser sind die ...

M1 Sitzung des UN-Sicherheitsrates

Aufbau der Vereinten Nationen

Zentrale Gremien der Vereinten Nationen

Die wichtigsten Gremien der Vereinten Nationen sind die Generalversammlung, das Sekretariat und der Sicherheitsrat. In der Generalversammlung sind alle Mitgliedsstaaten vertreten. Alle Staaten sind gleichberechtigt und haben jeweils eine Stimme. Die Generalversammlung kann politische Beschlüsse fassen, sogenannte Resolutionen. Diese haben jedoch nur einen empfehlenden Charakter. Das Sekretariat ist die Hauptverwaltung der Vereinten Nationen. An seiner Spitze steht der Generalsekretär.

Der Sicherheitsrat

Für die Wahrung von Sicherheit und Frieden innerhalb der Vereinten Nationen ist der Sicherheitsrat zuständig. Dieser besteht aus 15 Mitgliedern. Die fünf ständigen Mitglieder USA, Russland, Großbritannien, Frankreich und China haben seit der Gründung der Vereinten Nationen ein Vetorecht, d. h. es können keine verbindlichen Entscheidungen getroffen werden, wenn eines dieser Länder mit „Nein" stimmt. Die zehn nichtständigen Mitglieder sind nach Weltregionen (Afrika, Asien, Südamerika, Europa) aufgeteilt und werden alle zwei Jahre gewählt. Der Sicherheitsrat der Vereinten Nationen kann als einziges Organ Beschlüsse fassen, an die sich alle Mitgliedsstaaten zu halten haben. Zu seinen Aufgaben zählt der Beschluss von friedlichen oder militärischen Maßnahmen zur Wahrung des Weltfriedens.

Immer wieder wird versucht, die Struktur des Sicherheitsrats zu erneuern. Insbesondere wirtschaftlich aufstrebende, bevölkerungsreiche Länder wie Brasilien und Indien drängen auf Veränderungen.

Gremium: Zusammenarbeit von Personen in einer Gruppe zu bestimmten Themenbereichen

Resolution: Beschlüsse der Vereinten Nationen, die Bewertungen und Forderungen enthalten, besitzen keine politische Verbindlichkeit

Veto: (lateinisch = ich verbiete) Einspruchsrecht. Das Vetorecht der ständigen Mitglieder des Sicherheitsrates soll dazu dienen, die Interessen der Siegermächte des Zweiten Weltkriegs und Gründungsmitglieder der UNO zu schützen.

M2 Karikatur zur Arbeit im UN-Sicherheitsrat: Peace is coming

Die Vereinten Nationen (UNO)

Der Internationale Gerichtshof

Der Internationale Gerichtshof ist das Rechtsprechungsorgan der Vereinten Nationen. Er hat seinen Sitz in Den Haag.

Seine Mitglieder werden von der Generalversammlung und dem Sicherheitsrat jeweils für neun Jahre gewählt. Der Gerichtshof hat im Wesentlichen zwei Aufgaben: Er entscheidet bei Rechtsstreitigkeiten zwischen Staaten und erstellt Rechtsgutachten zu völkerrechtlichen Fragen. Der Gerichtshof kann aber die Durchsetzung seiner Urteile nicht erzwingen.

Sonderorganisationen und Programme

Darüber hinaus unterhalten die Vereinten Nationen eine Reihe von internationalen Hilfs- und Sonderorganisationen, die sich um das soziale, kulturelle und wirtschaftliche Wohl der Erdbevölkerung kümmern sollen. Zu den Sonderorganisationen und Programmen der Vereinten Nationen gehören u.a. das Kinderhilfswerk UNICEF, das Flüchtlingshilfswerk UNHCR sowie die Weltgesundheitsorganisation WHO.

M4 Emblem von UNICEF

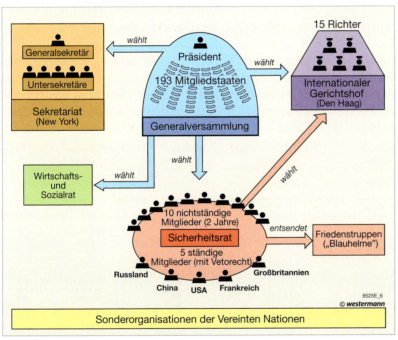

M3 Die Struktur der Vereinten Nationen

M5 Verteilung von Medikamenten in einem Flüchtlingscamp in Kibati (Kongo) durch das UNHCR

ARBEITSAUFTRÄGE

1. Beschreibe die Zusammensetzung und die Aufgaben der Generalversammlung.
2. Erkläre, warum der Sicherheitsrat das mächtigste Organ der UNO ist. Tipp: Ihr könnt auch mit der Methode Think-Pair-Share (S. 211) arbeiten.
3. Interpretiere die Karikatur M2.
4. Begründe, warum die Handlungsfähigkeit des Sicherheitsrates durch das Vetorecht der fünf ständigen Mitglieder eingeschränkt ist.
5. Informiere dich über eine der genannten Sonderorganisationen der Vereinten Nationen und stelle deine Ergebnisse in einem Kurzreferat dar.

zu 3.
Bestimme das Thema der Karikatur. Dann beschreibe genau, was dargestellt wird. Abschließend ermittle die Aussage im Zusammenhang mit dem Kapitel. Berücksichtige dabei die Absicht des Zeichners.

Die Vereinten Nationen (UNO)

Frieden bewahren, Frieden schaffen

„Blauhelme" sollen Frieden gewährleisten

Die Vereinten Nationen verfügen als Organisation über keine eigenen Soldaten. Sie sind darauf angewiesen, dass ihnen die Mitgliedsstaaten Truppen zur Verfügung stellen. Die Friedenssoldaten der Vereinten Nationen werden auch als „Blauhelme" bezeichnet. Sie tragen in der Regel zur besseren Erkennbarkeit einen blauen Helm oder ein blaues Barett jeweils mit dem Zeichen der Vereinten Nationen versehen. 2013 waren etwa 78 000 Blauhelme weltweit im Einsatz.

Friedensmissionen

Die Wahrung bzw. Wiederherstellung des Friedens ist die Hauptaufgabe des Sicherheitsrates der Vereinten Nationen. Dieser kann hierfür u.a. Mandate für Friedensmissionen erteilen. Seit ihrer Gründung haben die Vereinten Nationen 67 Friedensmissionen geleitet. Seit dem Ende des Ost-West-Konfliktes 1991 wurden allein 51 Friedensmissionen durchgeführt.

Mittlerweile haben sich die Anforderungen an internationale Friedensmissionen gewandelt. Die Zunahme von Bürgerkriegen hat dazu geführt, dass der Großteil der heutigen Friedensmissionen Aufgaben sowohl im militärischen als auch im zivilen Bereich wahrzunehmen hat. Zu den zivilen Aufgaben gehören u.a. die Durchführung demokratischer Wahlen, der Wiederaufbau von demokratischen Strukturen, die Rückführung von Flüchtlingen oder grundlegende humanitäre Hilfe.

M1 Deutsche Blauhelmsoldaten 1993 in Somalia

Mandat: ein Auftrag / eine Ermächtigung

Deutsche Blauhelmsoldaten
Im Jahr 2012 waren etwa 7 000 Soldaten der Bundeswehr bei Friedensmissionen der Vereinten Nationen im Einsatz. Der Großteil nahm dabei an den von den Vereinten Nationen in Auftrag gegebenen Missionen der NATO und der EU auf dem Balkan und in Afghanistan teil.

M2 UN-Friedensmissionen (Stand: Oktober 2012)

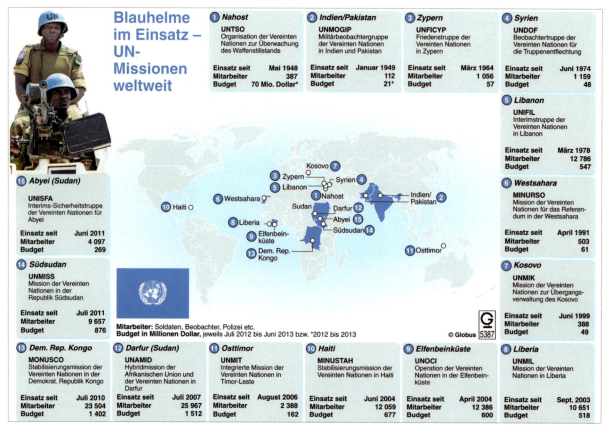

Die Vereinten Nationen (UNO)

Friedensmissionen im Jahr 2012

Im Jahr 2012 waren etwa 115 000 Blauhelmsoldaten, Polizisten und zivile Mitarbeiter im Rahmen von 15 Friedenserhaltenden Missionen (peace keeping) im Einsatz. Durch diese Missionen sollen Feindseligkeiten zwischen Staaten oder in Staaten eingedämmt oder beendet werden. Blauhelm-Soldaten werden hierzu im jeweiligen Krisengebiet stationiert. Ihnen ist es ausdrücklich erlaubt, militärische Gewalt zur Durchsetzung des Mandats anzuwenden.

Der Schwerpunkt derartiger Missionen liegt momentan in Afrika. Hinzu kommen aktuell 13 weitere Friedensschaffende Maßnahmen (peace building). Hierbei werden in erster Linie Strukturen geschaffen, um einen Friedenszustand zu festigen und damit das Wiederaufleben eines Konfliktes zu verhindern.

Probleme bei der Durchführung von Friedensmissionen

Eines der großen Probleme der Friedensmissionen der Vereinten Nationen ist das Missverhältnis zwischen den wachsenden Anforderungen der Missionen und den finanziellen Mitteln. Sowohl die Beschaffung der finanziellen Unterstützung für die Missionen als auch das Bereitstellen von Soldaten ist sehr aufwendig. Vorschläge für eine Reform des Aufbaus der Friedensmissionen wurden bisher nicht umgesetzt.

M3 Räumung von Minen in ehemaligen Kriegsgebieten durch einen Mitarbeiter der Vereinten Nationen

Q1 Aus einem Kommentar in der taz vom 24. August 2000 zu den Reformempfehlungen einer Kommission für die Vereinten Nationen:

Das zentrale Problem bliebe weiterhin ungelöst: die mangelnde Bereitschaft der Mitgliedsstaaten, der UNO qualifiziertes und ausgerüstetes Personal für Peacekeeping-Operationen zur Verfügung zu stellen. Hinsichtlich der Polizisten und anderen Zivilkräfte steckt dahinter vor allem der fehlende Wille der meisten Regierungen, die Rekrutierung, Ausbildung und soziale Absicherung derartigen Personals für UNO-Einsätze zu finanzieren. Doch mit Blick auf die Soldaten spielt dieser Grund kaum eine Rolle. [...] nach wie vor sind Streitkräfte in den meisten Staaten das zentrale Symbol nationaler Souveränität. Das ist der tiefere Grund hinter der mangelnden Bereitschaft der meisten Staaten, der UNO ausreichende militärische Kontingente zur Verfügung zu stellen oder gar Ja zu sagen zur Etablierung einer ständigen UNO-Peacekeeping-Truppe.

Rekrutierung: im Militär die Einberufung von Wehrfähigen in den Wehrdienst

nationale Souveränität: das Recht eines Staates, eigenständige und unabhängige Entscheidungen zu treffen

---

ARBEITSAUFTRÄGE

1. Erkläre die Erweiterung der Friedensmissionen um zivile Aufgaben.
2. ⇥ Nenne anhand der Karte M2 die Schwerpunkte der Friedensmissionen.
3. Bearbeitet die folgende Aufgabe mithilfe eines Partnervortrags. Tipps dafür findet ihr auf Seite 233.
   a) Begründe, warum bei einer Friedensmission die Neutralität der Blauhelm-Soldaten unverzichtbar ist.
   b) Erläutere anhand des Textes und Q1 die Probleme bei der Durchführung von Friedensmissionen.
4. ⇨ „Militärische Mittel sind grundsätzlich falsch, wenn man Frieden schaffen möchte". Erörtere diese Aussage.

⇥ zu 2.
Die Schwerpunkte der Friedensmissionen liegen in … Auffällig ist dabei die große Zahl von Missionen in …

Schutz der Menschenrechte

Allgemeine Erklärung der Menschenrechte

Eine der größten Errungenschaften der Vereinten Nationen seit ihrer Gründung ist die Verabschiedung einer allgemeinen Erklärung der Menschenrechte im Jahr 1948. Schon in der amerikanischen Unabhängigkeitserklärung von 1776 wurden die Menschenrechte als Rechte und Freiheiten des Einzelnen gegenüber dem Staat festgeschrieben.

Die Idee der Menschenrechte ist heutzutage weltweit anerkannt. Sie gelten als universell, unteilbar und miteinander verbunden. Sie sind nicht eine innere Angelegenheit von Nationen, sondern ein Anliegen der internationalen Gemeinschaft. Die allgemeine Erklärung der Menschenrechte wurde bis heute ergänzt durch weitere Übereinkommen zu Kinderrechten oder zum Kampf gegen die Diskriminierung von Frauen.

Menschenrechtsrat der Vereinten Nationen

Im Jahr 2006 stimmte die Generalversammlung der Vereinten Nationen für die Einrichtung eines Menschenrechtsrats. Der Rat besteht aus 47 gewählten Vertretern der Mitgliedsstaaten. Die Aufgabe des Rats ist die Weiterentwicklung und Verteidigung der Menschenrechte. Der Rat kann in Länder Beobachter entsenden, um dort die Umsetzung der Menschenrechte zu überprüfen und zu bewerten. Verbindliche Maßnahmen zur Durchsetzung der Menschenrechte kann er jedoch nicht beschließen.

M1 Demonstration für die Legalisierung von Marihuana (Hanfparade in Berlin, 10.08.2013)

M2 Moschee in Duisburg

M3 Sitzung des Bundesverfassungsgerichts in Karlsruhe

Q1 Übersicht über wichtige Artikel der Menschenrechtserklärung von 1948:

- Art. 1 Alle Menschen sind frei und haben die gleichen Rechte.
- Art. 3 Recht auf Sicherheit der Person
- Art. 4 Verbot der Sklaverei
- Art. 5 Verbot von unmenschlicher Behandlung oder Strafe
- Art. 7 Alle Menschen sind vor dem Gesetz gleich.
- Art. 10 Anspruch auf ein unabhängiges Gerichtsverfahren
- Art. 11 Im Zweifel für den Angeklagten
- Art. 13 Recht auf freie Wahl des Wohnsitzes in einem Staat
- Art. 14 Recht auf Asylsuche
- Art. 15 Anspruch auf Staatsangehörigkeit
- Art. 16 Recht auf Eheschließung
- Art. 17 Recht auf Eigentum
- Art. 18 Recht auf Gewissens- und Religionsfreiheit
- Art. 19 Recht auf freie Meinungsäußerung
- Art. 20 Recht auf Versammlungs- und Vereinigungsfreiheit
- Art. 21 Recht auf freie Wahlen
- Art. 22 Recht auf soziale Sicherheit
- Art. 23 Recht auf Arbeit und freie Berufswahl
- Art. 24 Recht auf Erholung und Freizeit
- Art. 25 Anspruch auf Gewährleistung von Gesundheit und Wohlbefinden
- Art. 26 Recht auf Bildung

Die Vereinten Nationen (UNO)

Einhaltung der Menschenrechte

Trotz aller Fortschritte sind die Lebensumstände vieler Menschen in bestimmten Regionen der Erde mit den Menschenrechten unvereinbar. Gegen diese wird dabei nicht nur in bekannten Krisenregionen, sondern auch in politischen und religiösen Diktaturen verstoßen.

Die Rechte von Kindern

In vielen Regionen der Erde werden die Rechte von Kindern missachtet. Noch immer werden Kinder und Jugendliche in einer Reihe von Ländern als Soldaten missbraucht. Dabei verbietet ein Zusatzprotokoll zur Kinderrechtskonvention der Vereinten Nationen den Kriegseinsatz von Jugendlichen unter 18 Jahren. Dennoch kämpfen nach wie vor schätzungsweise 250 000 Kinder in bewaffneten Gruppen und Armeen.

Ein noch größeres Problem stellt die Kinderarbeit dar. Fast 250 Millionen Kinder zwischen fünf und 14 Jahren arbeiten täglich. Sie arbeiten zur Unterstützung ihrer Familien oder zur Sicherung ihres eigenen Überlebens. Die meisten Kinder sind zur Arbeit gezwungen, da die Eltern zu arm sind, um die Familien zu ernähren. Für die Arbeitgeber lohnt sich der Einsatz von Kindern: Sie sind besser auszubeuten, bekommen weniger Geld und sind folglich gewinnbringender.

M4 Ein 12-jähriger Kindersoldat in Sierra Leone

Konvention: Regel oder Regelkatalog, auf den sich eine Gruppe verständigt hat

Q2 UNICEF berichtet über Kinderarbeit in Bangladesch 2012:

Seit zwei Jahren arbeitet Anwar, 13, als Weber. Von acht Uhr morgens bis neun Uhr abends stellt er die in Bangladesh traditionell getragenen Saris [Kleidungsstück] her. „Früher konnte ich nicht einmal meinen Namen schreiben und hatte schlechte Umgangsformen", erzählt der Junge. „Jeder konnte hören, dass ich überhaupt keine Bildung hatte." Eines Tages überzeugte ein Betreuer eines Bildungsprogramms den Webereibesitzer, die Kinder nachmittags am Kurs teilnehmen zu lassen ... Von drei bis fünf Uhr lernt Anwar jetzt Lesen und Schreiben. Danach geht er für einige Stunden zurück an seinen Webstuhl.

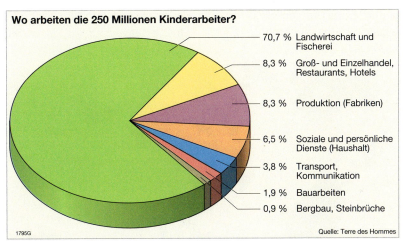

M5 Bereiche, in denen weltweit Kinderarbeit verrichtet wird. Laut UNICEF gibt es allein in Afrika südlich der Sahara etwa 69 Millionen Kinder zwischen 5 und 14 Jahren, die zur Arbeit gezwungen sind und ohne jegliche Schulbildung aufwachsen.

ARBEITSAUFTRÄGE

1. Ordne M1 bis M3 Artikeln in Q1 zu.
2. Erkläre die Aussage „Kinder sind als Soldaten Täter und Opfer gleichermaßen".
3. „Armut ist die Hauptursache für Kinderarbeit. Umgekehrt ist Kinderarbeit aber auch eine Ursache für Armut." Erläutere diese Aussage.
4. a) Beschreibe die Situation von Anwar (Q2).
   b) Bildung verbessert die Lebenssituation der Kinder und ihrer Familien. Nimm zu diesem Zusammenhang Stellung.
5. Diskutiert in der Klasse die Möglichkeiten einer Umsetzung der Menschenrechte in allen Ländern der Erde.

zu 3.
Zum einen macht es die Armut notwendig, dass ... Zum anderen verhindert die Kinderarbeit, dass ...

zu 4. b)
Teilt euch hierzu in Gruppen auf und nutzt die Graffiti-Methode (Tipps dafür auf Seite 170).

Internationale Rechtsprechung

M1 Emblem des Internationalen Strafgerichtshofs

Jugoslawienkriege: Eine Reihe von Kriegen Ende des 20. Jahrhunderts auf dem Gebiet des ehemaligen Jugoslawiens. Der Zerfall des Staates in Teilstaaten wie Kroatien und Serbien war die unmittelbare Folge.

Völkermord in Ruanda: In nur etwa hundert Tagen töteten Angehörige der mehrheitlichen Volksgruppe der Hutu Angehörige der Minderheit der Tutsi. Etwa 800 000 bis zu 1 000 000 Menschen wurden getötet.

Statut von Rom: Mit diesem Vertrag wurde die Errichtung des Internationalen Strafgerichtshofs beschlossen. Es können nur die Täter zur Rechenschaft gezogen werden, die aus Staaten stammen, die das Statut bestätigt haben oder die Verbrechen in solchen Staaten begangen haben.

Der Internationale Strafgerichtshof

Historische Entwicklung der Idee

Bereits im 19. Jahrhundert gab es Forderungen nach der Einrichtung eines Internationalen Strafgerichtshofs. Durch die Ereignisse des Zweiten Weltkriegs und das Verfahren des internationalen Militärgerichtshofs von Nürnberg gegen die Hauptkriegsverbrecher ab 1945 wurde die Idee neu belebt. Doch erst die Kriegsverbrechen in den Jugoslawienkriegen ab 1991 und der Völkermord 1994 in Ruanda veranlasste die Vereinten Nationen, vorübergehend Strafgerichte einzurichten.

Der Strafgerichtshof als dauerhafte Einrichtung

Der Internationale Strafgerichtshof (IStGH) im niederländischen Den Haag ist das erste ständige Weltgericht zur Verfolgung von Verbrechen gegen die Menschlichkeit, Völkermord und Kriegsverbrechen. Der Strafgerichtshof ist eine eigenständige internationale Organisation, die mit den Vereinten Nationen zusammenarbeitet.

Grundlage für die Arbeit des Gerichts ist das Statut von Rom vom 1. Juli 2002. Bisher haben nur 121 Staaten das Statut rechtskräftig bestätigt, darunter alle EU-Staaten, ausgenommen Tschechien. Damit hat der Strafgerichtshof keine umfassende Zuständigkeit. Im März 2012 sprach der Gerichtshof ein erstes Urteil. Momentan werden zudem Ermittlungen geführt gegen Personen in sieben Ländern, u. a. Uganda, Kenia und Mali.

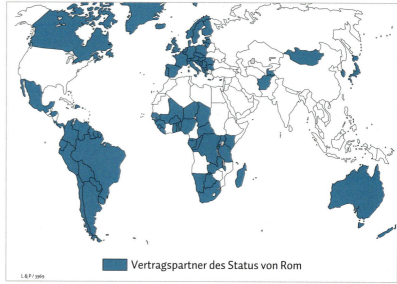

M2 Internationaler Strafgerichtshof – Vertragspartner

ARBEITSAUFTRÄGE

1. Beschreibe die Entstehung und Aufgaben des Strafgerichtshofs.
2. Internationaler Gerichtshof – Internationaler Strafgerichtshof. Erläutere den Unterschied zwischen beiden Einrichtungen. Lies dazu noch einmal auf Seite 245 nach.
3. ➡ Erörtere, welche möglichen Folgen die eingeschränkte Zuständigkeit des Internationalen Strafgerichtshofs haben kann.

Arbeit des Internationalen Strafgerichtshofs

Über die tatsächliche Arbeit des Internationalen Strafgerichtshofs ist in der Öffentlichkeit nur wenig bekannt. Einzig über die öffentlichen Prozesse wird in den Medien berichtet. Doch meist ist das Interesse der Medien nur von kurzer Dauer. Selbst die grausamsten Verbrechen gegen das Völkerrecht geraten rasch wieder in Vergessenheit bzw. treten in den Hintergrund der Berichterstattung.

Im Rahmen des Projektes sollt ihr in Gruppen über die Arbeit des Internationalen Strafgerichtshofs in einem kurzen Artikel für einen Blog oder eine Zeitung berichten. Q1 kann dabei als Hilfestellung verwendet werden. Konzentriert euch zudem auf die Ermittlungen oder das Verfahren gegen Personen: So wurde im Jahr 2012 z. B. ein Urteil gegen den kongolesischen Milizenführer Thomas Lubanga gesprochen. Ein Jahr später stand der ehemalige Präsident der Elfenbeinküste Laurent Gbagbo vor Gericht.

Q1 Zu einem Urteil des Internationalen Gerichtshofs (Süddeutsche Zeitung vom 10.07.2012):

Der Internationale Strafgerichtshof (IStGH) in Den Haag hat am Dienstag den ehemaligen kongolesischen Rebellenführer Thomas Lubanga Dyilo zu 14 Jahren Gefängnis verurteilt. Das Gericht blieb damit hinter der Forderung der Anklage zurück, die 30 Jahre Haft gefordert hatte.

Lubanga war bereits im März schuldig befunden worden, in der Demokratischen Republik Kongo Hunderte Kinder als Soldaten missbraucht zu haben. Er soll einer der schlimmsten Kriegsverbrecher im Osten des zentralafrikanischen Landes gewesen sein. Der frühere Milizenchef sei verantwortlich für Massaker an der Zivilbevölkerung, Vergewaltigungen, Folter und Plünderungen ....

Die Richter billigten Lubanga mildernde Umstände wegen der Kooperation mit dem Gericht zu. Er kann gegen das Urteil Berufung einlegen.

So geht ihr vor:

1. Vorbereitung:
a) Legt das Thema des Artikels fest.
b) Sammelt Informationen zu diesem Thema.

2. Ausarbeitung des Artikels
Entscheidet euch für eine Ermittlung oder eine Verhandlung. Danach könnt ihr mit der Arbeit an eurem Artikel beginnen. Um die Arbeit zu erleichtern und zu gliedern, solltet ihr folgende Schritte nachvollziehen:
a) Ordnet die gesammelten Informationen sinnvoll.
b) Verfasst einen kurzen Artikel, indem ihr folgende Fragen berücksichtigt und beantwortet: Wer? Was? Wann? Wo? Wie?

3. Präsentation
Präsentiert euren Artikel in der Klasse. Danach solltet ihr zusammen mit euren Mitschülerinnen und Mitschülern und der Lehrkraft besprechen, was an eurem Artikel besonders gelungen und was weniger gut war und besser gemacht werden kann.

Umfangreiche Informationen zur Arbeit des Strafgerichtshofs findet ihr im Internet zum Beispiel hier:

www.icc-cpi.int

de.wikipedia.org/wiki/Internationaler_Strafgerichts-hof#F.C3.A4lle_des_IStGH

www.von-nuernberg-nach-den-haag.de/

www.auswaertiges-amt.de/

M1 Richter am Internationalen Strafgerichtshof

Internationale Sicherheitspolitik

Die NATO

Geschichte der NATO

Die Abkürzung NATO steht für den englischen Begriff „North Atlantic Treaty Organization". Dieses militärische Bündnis wurde 1949 von den USA, Kanada und neun europäischen Staaten gegründet. Ursprüngliches Ziel des Verteidigungsbündnisses war es, die kommunistischen Staaten von einem Angriff auf die westlichen Staaten abzuschrecken. Im Gegenzug schlossen sich die kommunistischen Staaten 1955 zum sogenannten „Warschauer Pakt" zusammen. Im selben Jahr traten auch die beiden deutschen Staaten den jeweiligen Bündnissen bei.

Warschauer Pakt: militärisches Bündnis der Staaten des Ostblocks von 1955 bis 1991

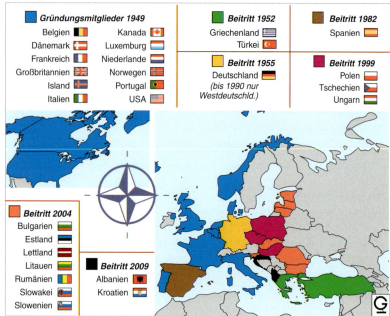

M1 Die Mitgliedsstaaten der NATO (Stand 2012)

M2 Die NATO früher (Karikatur)

M3 Die NATO heute (Karikatur)

Q1 Aus dem strategischen Konzept für die Verteidigung und Sicherheit der Mitglieder der NATO, verabschiedet im November 2010 in Lissabon:

Das Sicherheitsumfeld unserer Zeit birgt vielfältige ... Herausforderungen für die Sicherheit des Gebiets und der Bevölkerungen der NATO-Staaten. Um diese Sicherheit zu gewährleisten, muss und wird das Bündnis drei wesentliche Kernaufgaben wirksam erfüllen ...
a) ... Die NATO ergreift gegen jede angedrohte Aggression und gegen neue Herausforderungen für die Sicherheit, sofern sie die grundlegende Sicherheit einzelner Bündnispartner oder des Bündnisses als Ganzes beeinträchtigen, Abschreckungs- und Verteidigungsmaßnahmen.
b) ... Die NATO wird aktiv ... politische und militärische Instrumente einsetzen, um dabei zu helfen, sich entwickelnde Krisen zu bewältigen, die die Bündnissicherheit betreffen könnten ...; um bestehende Konflikte zu beenden, wenn sie die Sicherheit des Bündnisses betreffen ....
c) Das Bündnis wird sich aktiv engagieren, um die internationale Sicherheit zu stärken ...

Internationale Sicherheitspolitik

Grundlagen der Organisation

Alle Mitgliedsstaaten der NATO behalten innerhalb der Organisation ihre politische Unabhängigkeit. Sämtliche Entscheidungen des Bündnisses werden einstimmig getroffen. Der Schutz der Freiheit und Sicherheit der Mitgliedsstaaten steht im Vordergrund.

Im Bündnis besteht die Verpflichtung, den Mitgliedern im Falle eines Angriffs beizustehen. Diese Verpflichtung bezeichnet man auch als „Bündnisfall".

Ein Bündnis im Wandel

Die NATO befindet sich seit dem Ende des Warschauer Paktes 1991 in einem Prozess des Wandels. Seit 1999 sind viele der ehemaligen Staaten des Ostblocks dem Bündnis beigetreten. Weitere Staaten haben einen Antrag auf Mitgliedschaft gestellt. Sie alle erhoffen sich davon vor allem eine Garantie ihrer Sicherheit.

Im 21. Jahrhundert sind neue Herausforderungen entstanden, auf die man vorbereitet sein muss. Zu den Hauptaufgaben der NATO zählt nun auch der weltweite Einsatz für Frieden und Freiheit. Dabei greift man nicht nur militärisch in Konflikte ein, sondern bemüht sich auch um den Wiederaufbau der zivilen Infrastruktur in ehemaligen Kriegsgebieten, so z.B. in Afghanistan und in der Krisenregion Darfur im Sudan. In der Regel greift die NATO nur dann in Konflikte außerhalb ihrer Mitgliedsstaaten ein, wenn die Vereinten Nationen sie damit beauftragen.

M4 Medizinische Versorgung in Afghanistan

Bündnisfall: Im Zusammenhang mit der NATO ist eine Beistandsverpflichtung gemeint. Ein bewaffneter Angriff auf einen der Bündnispartner wird als Angriff auf das gesamte Bündnis gewertet.

Infrastruktur: Grundausstattung eines Landes, einer Region wie z. B. Verkehrswege, Versorgungseinrichtungen, Schulen etc.

> **Q2** Der ehemalige Bundeskanzler Helmut Schmidt in einem Interview mit der Süddeutschen Zeitung vom 19. März 2010:
>
> *Das Spannungsverhältnis mit der islamischen Welt schafft Sicherheitsprobleme, die kaum und jedenfalls nicht ausschließlich mit militärischen Mitteln zu behandeln sind. Wir sollten sie sehen, aber wir sollten uns nicht einbilden, dass alle Probleme irgendwo auf der Welt unsere Aufgaben sind. Wir haben uns ... an allzu vielen humanitären Interventionen beteiligt ... Ich neige dazu, jeden Einzelfall unter die Lupe zu nehmen und in vielen Fällen nein zu sagen. Wenn andere Leute sich gegenseitig umbringen wollen, dann ist das nicht notwendigerweise unsere Sache, das zu verhindern.*
> *Es ist auch nicht unsere Sache, dafür das Leben der eigenen Soldaten aufs Spiel zu setzen.*

ARBEITSAUFTRÄGE

1. Beschreibe anhand von M1, wie sich die NATO seit ihrer Gründung entwickelt hat.
2. Nenne die wesentlichen Grundsätze der NATO.
3. Vergleiche die Ziele und Aufgaben der NATO während des Kalten Krieges und heute. Nutze hierzu die Abbildungen M2 und M3 sowie die Quelle Q1.
4. Bewerte die Kritik Helmut Schmidts an der Ausrichtung der NATO in Q2.
5. Informiere dich über aktuelle Einsätze der NATO.

zu 3.
Trage deine Ergebnisse in eine Tabelle ein. Unterscheide dabei in die Kategorien „Ziele und Aufgaben der NATO" und „Ziele der Mitgliedsstaaten".
(Blättere dafür auch noch einmal auf Seite 132 / 133 zurück.)

Internationaler Kampf gegen den Terror

Terror als Mittel zum Zweck

Mithilfe von Entführungen, Anschlägen gegen Menschen und Einrichtungen sowie kriegsähnlichen Auseinandersetzungen wollen Terroristen ihre politischen oder religiösen Ziele gegen Staaten durchsetzen. Oft bezeichnen sich Terroristen auch als Befreiungskämpfer. Eine extreme Form des Terrorismus sind Selbstmordattentate.

Ziel von terroristischen Anschlägen sind häufig symbolische Orte oder Gebäude, die für wichtige Werte oder Einstellungen der jeweiligen Gegner stehen. Dabei nehmen die Täter in Kauf, unbeteiligte Menschen zu töten. Mithilfe von Anschlägen sollen Menschen eingeschüchtert werden, das Interesse der Medien geweckt und gleichzeitig die eigene Anhängerschaft in ihrem Kampfeswillen bestärkt werden.

Islamistischer Terrorismus

Mit den Anschlägen des 11. Septembers 2001 in New York und Washington wurden die Mittel und Ziele des fundamentalistischen islamistischen Terrors weltweit bekannt. Verantwortlich für die Anschläge war das Terrornetzwerk Al Kaida. Kopf des Terrornetzwerks war Osama bin Laden. Er wurde im Mai 2011 von US-Soldaten getötet.

Die islamistischen Terroristen begründen ihre Anschläge immer wieder mit der Notwendigkeit, ihre Religion und Kultur gegen westliche Einflüsse und Unmoral verteidigen zu müssen. Um den Gegner wirksam treffen zu können, wollen sie den Kampf „ins Herz des Feindes" tragen. Es darf aber nicht der Fehler begangen werden, den islamistischen Terror mit der Weltreligion des Islams gleichzusetzen. Die meisten Muslime lehnen das Vorgehen der Terroristen ab.

M1 Al Kaida-Führer Osama bin Laden

Terror: Das Wort Terror kommt aus dem Lateinischen und bedeutet Schrecken. Terroristen sind Menschen, die Schrecken verbreiten.

Fundamentalismus: das Beharren auf festen politischen und religiösen Grundsätzen. Spätestens seit 2001 wird insbesondere der islamistische Fundamentalismus als Bedrohung für die Sicherheit und den Weltfrieden angesehen.

M2 Angriff auf das World Trade Center in New York am 11. September 2001

Internationale Sicherheitspolitik

Q1 Die Anfänge des neuen islamistischen Denkens nach den Schriften des ägyptischen Grundschullehrers Sayyid Qutb:

Ihr zentraler Inhalt ist der Kampf gegen den Westen, die Ablehnung seiner Werte und der kulturellen Moderne.
Den Grund für den „Niedergang" der muslimischen Zivilisation sieht Qutb darin, dass die muslimische Welt durch Übernahme westlicher Werte ihre religiöse Orientierung und damit ihre Entwicklungschancen verloren habe. Das aber könne ein rechtgläubiger Muslim nicht dulden. Daher müsse die [religiöse] „Wiedererweckung" der islamischen Länder in einem „Dschihad" durch eine Bewegung zurück zu den Wurzeln betrieben werden. Qutb ... sieht eine derartige Verteidigung mit Gewalt als erforderlich an.

M3 Karikatur zum Islamismus

Bekämpfung des Terrorismus

Es hat sich gezeigt, dass insbesondere der islamistische Terrorismus in Netzwerke eingebunden ist, die über die Grenzen von Ländern hinweg arbeiten. Die Weltgemeinschaft versucht auf verschiedenen Wegen, dem islamistischen Terrorismus vorzubeugen:
– Verringerung der Anziehungskraft islamistischer Organisationen, um das Anwerben neuer Gewalttäter zu erschweren
– bessere Integration von Muslimen und bessere Zusammenarbeit mit deren Interessenvertretungen in den Ländern der westlichen Welt
– Gewährleistung von besseren Lebensumständen in den Herkunftsländern der Terroristen durch wirtschaftliche und soziale Hilfe

M4 Ein deutscher Soldat hilft beim Wasserpumpen (Afghanistan, 2006)

ARBEITSAUFTRÄGE

1. a) Nenne die Ziele des Terrorismus.
   b) Beschreibe die Vorgehensweisen der Terroristen.
2. Erkläre mithilfe von Q1 die islamistische Weltanschauung.
3. Stelle dar, wie es gelingen könnte, den islamistischen Terror zurückzudrängen. Berücksichtige dabei auch M4.
4. Analysiere die Karikatur M3.
5. Informiere dich im Internet (z. B. www.verfassungsschutz.de) über Anschläge mit islamistischem Hintergrund und islamistische Terrororganisationen in Europa seit 2001.

zu 2.
Die Ursache für den Niedergang der muslimischen Welt ist ... Deshalb muss man ...

zu 4.
Beachte hierbei die Funktion der Karikatur und das Verhältnis der islamistischen Terroristen zur Masse der Muslime.

Taliban: Gruppe radikaler Islamisten, die ab 1996 in Afghanistan massiv die Menschenrechte einschränkte

Der Krieg in Afghanistan gegen die Taliban

Taliban als Unterstützer des Terrors

Die Anschläge des 11. Septembers 2001 wurden von den USA als Angriff auf ihren Staat verstanden. Innerhalb der NATO rief man den Bündnisfall aus. Die Aufmerksamkeit der USA richtete sich vor allem auf Afghanistan, das man als Rückzugsgebiet für Terroristen betrachtete. Mithilfe der im Land herrschenden Taliban hatte das Terrornetzwerk Al Kaida dort Lager zur Ausbildung von Terroristen errichtet.

Die Rolle der Vereinten Nationen

Als Reaktion auf die Terroranschläge vom 11. September verabschiedete der Sicherheitsrat der Vereinten Nationen eine Resolution, in der die Anschläge als Bedrohung des Weltfriedens und der internationalen Sicherheit bewertet wurden. Gleichzeitig bekräftigte man das Recht zur Selbstverteidigung gemäß Art. 51 der Charta der Vereinten Nationen. Nach Ansicht der USA und anderer Regierungen rechtfertigte der Sicherheitsrat damit ein Vorgehen gegen die Terroristen und ihre Unterstützer. Unter der Führung der USA begannen im Oktober 2001 die Angriffe in Afghanistan. Die Taliban zogen sich in den Untergrund oder über die Grenze nach Pakistan zurück. Von hier begannen sie einen militärisch-terroristischen Kampf gegen die neue afghanische Regierung und die ausländischen Truppen.

ISAF

Der Sicherheitsrat der Vereinten Nationen beschloss am 20. Dezember 2001 die Aufstellung einer internationalen Sicherheitsunterstützungstruppe (ISAF) unter der Führung der NATO. Zu den Aufgaben der ISAF zählt die Unterstützung der afghanischen Regierung bei der Wiederherstellung der inneren Sicherheit sowie beim Wiederaufbau des Landes. Auch Deutschland beteiligt sich mit Soldaten an der Sicherheitstruppe.

Q1 Der Politologe Dr. Hans-Georg Erhart 2012 über die Zukunft des internationalen Eingreifens in Krisenländer:

Internationales Engagement in Krisenländern wie Afghanistan ist auch künftig nötig. Es sollte aber einer nachhaltigen friedenspolitischen Logik folgen und nicht einer machtpolitischen. Mit anderen Worten: Die Entwicklung des Ziellandes sollte Vorrang haben vor militärischen (war on terror), geostrategischen (Kontrolle des Mittleren Ostens und Südasiens), ideologischen (Regimewechsel) oder bündnispolitischen Interessen (Rolle und Zukunft der NATO). Letztlich ist es an den Afghanen zu entscheiden, wie sie in ihrem Land leben wollen.

M1 ISAF-Soldaten beim Bau einer Schule

Internationale Sicherheitspolitik

Die Lage heute

Mittlerweile kann man beim Wiederaufbau des durch Kriege und Bürgerkrieg weitgehend zerstörten Afghanistans erste Erfolge erkennen. Die Armut in der Bevölkerung hat abgenommen, vor allem Jungen können in vielen Gebieten des Landes wieder die Schulen besuchen. Mädchen und Frauen haben teilweise ihre Rechte wiedererlangt. Die medizinische Versorgung der Bevölkerung hat sich erheblich verbessert. Zudem erhielten die Menschen demokratische Rechte und konnten ein Parlament sowie eine Regierung wählen.

Demgegenüber stehen allerdings auch viele Misserfolge. Korruption und Drogenanbau konnten bisher noch nicht wirksam bekämpft werden. Seit Ende 2008 wurden die Taliban in manchen Regionen des Landes wieder stärker. Die Zahl der Anschläge und Überfälle auf die Truppen der ISAF und auch auf die Zivilbevölkerung nahmen rasch zu. Als Folge dieser Entwicklung wuchs die Kritik vor allem in westlichen Ländern am Einsatz in Afghanistan. Im Frühjahr 2013 wurde die Verantwortung für die Sicherheit im Land weitgehend von der ISAF an die afghanischen Sicherheitskräfte übergeben. 2014 soll der Rückzug der ISAF-Soldaten zum großen Teil abgeschlossen sein.

M2 Anschlag auf ISAF-Einheiten in Afghanistan

Korruption: Bestechlichkeit

Q2 Aus einem Interview mit der afghanischen Politikerin und Menschenrechtsaktivistin Fawzia Koofi vom 6.11.2012:

2014 verlässt das internationale Militär Afghanistan. Sind Sie damit einverstanden?
Nein. Ich befürchte, dass der Westen Afghanistan aufgeben könnte. Die internationale Gemeinschaft ist im Namen von Sicherheit und Stabilität angetreten. Zwölf Jahre später sehen die Menschen davon nur wenig. Meine Heimatprovinz Badakhshan war für gewöhnlich ein ruhiger und sicherer Ort. Jetzt verschlechtert sich die Lage zusehends. Ein zu früher Abzug macht alles nur noch schlimmer und gefährdet die noch schwachen Institutionen. …

Was bedeutet das Abzugsdatum 2014 wirtschaftlich für Afghanistan?
Wir steuern auf eine wirtschaftliche Krise in Afghanistan zu. Bisher sorgt das Geld aus der Militär- und Entwicklungshilfe für eine Anzahl von Arbeitsplätzen. Aber jetzt werden viele Menschen ihre Arbeit verlieren. Ohne klare Alternative besteht die Gefahr, dass einige dieser Menschen in Kriminalität oder Extremismus abrutschen könnten.

M3 Proteste gegen die Beteiligung der Bundeswehr in Afghanistan

ARBEITSAUFTRÄGE

1. Erkläre die Aufgaben der ISAF (M1, M2).
2. Nenne die Maßnahmen der Vereinten Nationen im Zusammenhang mit Afghanistan und ihre Folgen.
3. Beurteile den Erfolg des internationalen Einsatzes in Afghanistan mithilfe von Q1 und Q2.
4. Erörtert die generelle Notwendigkeit eines internationalen Eingreifens in Krisenländern oder Regionen. Bildet hierzu Gruppen und versucht mit der Fishbowl-Methode (Tipps dafür auf Seite 104) zu Ergebnissen zu kommen.

zu 3.
Vermerke in einer Tabelle Erfolge und Misserfolge des Einsatzes und wäge beide Spalten gegeneinander ab.

Globalisierung

Aspekte der Globalisierung

Die Welt als Dorf

Globalisierung ist heutzutage ein häufig gebrauchter Begriff für verschiedene positive und negative Erscheinungen des Alltags. Doch was sich genau dahinter verbirgt und welche Zusammenhänge bestehen, bleibt oftmals unklar. Eine Möglichkeit, Globalisierung zu beschreiben ist die Folgende: Es handelt sich um einen Prozess der wachsenden weltweiten Verflechtung und Vernetzung. Ereignisse an einem Ort der Welt können durch Vorgänge in anderen Teilen der Welt beeinflusst werden und umgekehrt. Betroffen sein kann davon jeder Einzelne, aber auch Gesellschaften, Institutionen und Staaten.

Institution: bedeutet wörtlich Einrichtung; meint hier zweckgerichtete Einrichtungen wie öffentliche Verwaltung, Parteien, etc.

Kennzeichnend für die Globalisierung ist eine stete Zunahme des Austausches von Menschen, Waren, Informationen und Ideen. Begünstigt wird diese Zunahme durch immer schnellere Kommunikationsmöglichkeiten und sinkende Transportkosten. Die Grenzen von Zeit und Raum verlieren an Bedeutung. Die Globalisierung ist in Wirtschaft, Kultur, Politik und Umwelt besonders deutlich zu erkennen.

M1 UNO-Wüstenkonferenz in Buenos Aires

M3 Dimensionen der Globalisierung

M2 McDonalds-Filiale in Südkorea

M4 Urlaub unter Palmen (Strand in Goa, Südindien)

Globalisierung

M5 Jugendliche nutzten im „Arabischen Frühling" das Internet, um ihre Aktionen abzustimmen.

M7 Hindu-Tempel in Hamm-Uentrop

Arabischer Frühling: ab Dezember 2010 Aufstände und Rebellionen in vielen Staaten Nordafrikas und des Nahen Ostens mit dem Ziel, politische Veränderungen zugunsten des Volkes herbeizuführen

M6 Container-Hafen in Singapur

M8 Produktionshalle einer ausländischen Firma in China

ARBEITSAUFTRÄGE

1. Nenne die wesentlichen Merkmale der Globalisierung (M3).
2. Erläutert, weshalb jedes der Fotos für Globalisierung steht.
3. Findet Beispiele aus eurem Alltag, die eine Schnelligkeit des Austausches von Menschen, Waren, Informationen und Ideen belegen. Begründet eure gewählten Beispiele.
4. „Die Globalisierung ist eine Tatsache. Wir diskutieren ja auch nicht, ob wir die Schwerkraft gut finden oder schlecht." Interpretiere diese Aussage.

zu 2.
Teilt euch hierzu in Gruppen ein und gelangt mithilfe der Graffiti-Methode (Tipps auf S. 170) zu Ergebnissen.

zu 3.
Denkt dabei an Kommunikationsmöglichkeiten, Handel, Transport etc.

Produkt der Globalisierung – Smartphone

Smartphones in unserem Alltag

Handys und Smartphones sind mittlerweile zu einem wesentlichen Bestandteil unserer Lebenswelt geworden. Mehr als 90 Prozent aller Kinder und Jugendlichen im Alter von 12 bis 19 Jahren besitzen ein eigenes Handy. Weltweit bestanden 2011 knapp sechs Milliarden Handyverträge und es werden jährlich mehr als eine Milliarde Geräte hergestellt. Handys und Smartphones sind globale Produkte, an denen man globale Zusammenhänge gut nachvollziehen kann.

Planung und Produktion

Die großen Hersteller von Smartphones wie Samsung, Nokia, Apple, und LG haben heute keine eigenen Produktionsstätten mehr. Sie sind Global Player, die vermehrt im Ausland produzieren und verkaufen. Sie beauftragen Fremdfirmen in anderen Ländern mit dem Zusammenbau der Einzelteile eines Smartphones. In den Firmenzentralen werden nur noch die Produkte erdacht und entworfen. Hier organisiert man auch das Marketing und die Überwachung der Produktion.

Die anspruchsvollen Teile der Smartphones wie Leiterplatten und Chips werden aufgrund der hohen Ansprüche an Qualität und an technisches Wissen in Ländern wie den USA oder Deutschland hergestellt.

Der Zusammenbau der Smartphones hingegen erfolgt vor allem in Asien. Hier werden nur geringe Löhne an die Arbeiter gezahlt. Zudem sind die Arbeits- und Umweltstandards sehr niedrig und verursachen kaum Kosten. Gleichzeitig sind die Hersteller der Smartphones so in den Wachstumsmärkten der Zukunft präsent.

Global Player: Unternehmen, die sich in einem weltweiten Markt dem Wettbewerb stellen

Leiterplatte: dient zur Befestigung von elektrischen Verbindungen

Chip: elektronische Schaltung aus miteinander verbundenen Elementen

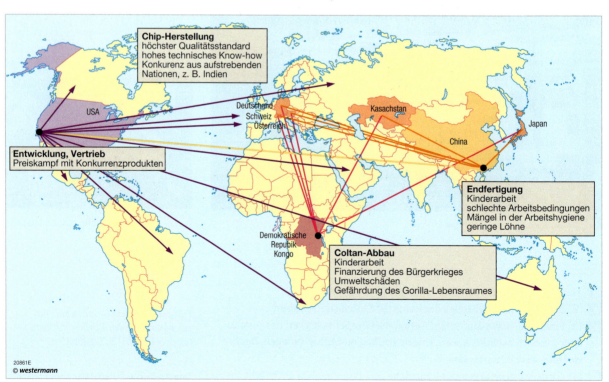

M1 Globale Zusammenhänge bei der Produktion eines iPhones der Firma Apple

Globalisierung

Verwendung von Rohstoffen

Neben Kunststoff, Glas und Keramik werden zur Herstellung von Smartphones auch etwa 30 verschiedene Metalle verwendet. Viele dieser meist sehr seltenen Rohstoffe kommen aus Minen in Asien oder Afrika. Dort werden sie oft unter menschenunwürdigen Bedingungen abgebaut. Auch auf die Umwelt wird beim Abbau selten Rücksicht genommen. So werden häufig giftige Chemikalien, die zum Auslösen der wertvollen Metalle aus dem Gestein benutzt werden, in das Grundwasser und die Flüsse geleitet. Menschen, Tiere und Pflanzen haben die Folgen zu tragen.

Rohstoff	Verwendung	Vorkommen
Gallium	Photovoltaik	Namibia
Indium	Displays, Photovoltaik	Kanada, China, Peru, Südafrika
Kupfer	Chips	Chile, USA, Russland, Sambia, Kongo
Lithium	Akkus	Australien, Kanada, Russland, China
Palladium	Kontakte	Russland, Australien, Äthiopien, Simbabwe
Tantal	Kondensator	Australien, Brasilien, Kongo, Äthiopien
Zinn	Lötverbindungen	China, Indonesien, Peru, Bolivien, Kongo

M2 Wichtige Rohstoffe zur Herstellung von Smartphones und ihre Vorkommen

Recycling

Die ständige Zunahme der Nutzer von Smartphones hat zwangsläufig eine Zunahme von Altgeräten zur Folge. Doch nur zum Teil werden diese Altgeräte sachgemäß entsorgt und recycelt. Ein großer Teil des Elektroschrotts wird in Ländern wie Indien, China oder in Afrika wiederaufbereitet. Dabei kommen häufig primitive Methoden zur Anwendung, die das Leben der Arbeiter gefährden und gleichzeitig der Umwelt in diesen Ländern schweren Schaden zufügen können.

M3 Kinder recyceln Elektroschrott in Afrika (Ghana, 2010)

Q1 Über die Produktionsbedingungen bei Foxconn, einem Hersteller von Elektronikprodukten in China:

Über die Produktionsstätten von Foxconn ist bekannt, dass die vielen Mitarbeiterinnen und Mitarbeiter unter zum Teil menschenunwürdigen Bedingungen arbeiten. Eine 21-jährige Mitarbeiterin berichtet ..., dass sie an sechs Tagen die Woche zwölf Stunden am Tag arbeiten müsse. Die Atmosphäre auf den Arbeitsstätten sei sehr deprimierend ... Sie dürften die gesamten zwölf Stunden nicht miteinander sprechen. Inklusive der Überstunden würde sie im Monat ein Gehalt von 2.000 Yuan (230 Euro) erhalten – weniger, als das 16-Gigabyte iPhone kostet.
Und auch außerhalb der Arbeitszeiten seien die Lebensbedingungen miserabel. Viele Mitarbeiter [würden] zu Dutzenden in Baracken zusammen gepfercht. Das Fabrikgelände dürfen viele von ihnen nur mit speziellen Genehmigungen verlassen.

ARBEITSAUFTRÄGE

1. Erläutere, inwiefern das Smartphone ein globales Produkt ist (M1).
2. a) Beurteile die Arbeitsbedingungen bei Foxconn (Q1).
   b) Überlege, wie man als Käufer und Benutzer von Smartphones zur Verbesserung der Situation der Arbeiter beitragen kann.
3. Begründe die Bedeutung eines sachgemäßen Recyclings von Handys.
4. Informiere dich über das Projekt „Fairphone" (www.fair-phone.com)
   a) Schildere das Anliegen des Projektes.
   b) Diskutiert in der Klasse seine Erfolgschancen.

zu 1.
Das Smartphone ist ein globales Produkt, da ... Selbst als Altgerät ...

zu 2. b)
Denkbare Kriterien wären hier u.a. Produktionsort, Informationen über Herstellerfirma, etc.

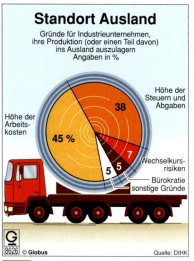

M1 Gründe, warum deutsche Unternehmen ihre Produktion oder Teile davon ins Ausland verlagern

Wechselkurs: Preis einer Währung wiedergegeben in einer anderen Währung

Bürokratie: rechtliche Organisation der Verwaltung im öffentlichen Bereich

Globalisierungsgewinner Deutschland?

Positive Auswirkungen

Ein großer Teil der deutschen Unternehmen stellt Waren für den Export, d.h. für den Verkauf im Ausland her. Der stetige Anstieg des Welthandels im Rahmen der Globalisierung begünstigt somit den Export deutscher Produkte. Weltweit besonders begehrt sind Autos, Maschinen und chemische Erzeugnisse. Mehr als jeder fünfte Arbeitsplatz hängt direkt oder indirekt vom Export ab. Damit sichert und vermehrt die Globalisierung Arbeitsplätze in Deutschland.

Negative Auswirkungen

Demgegenüber stehen jedoch andere Entwicklungen. Viele deutsche Unternehmen verlagern aus Kostengründen und um sich Zugang zu neuen Absatzmärkten zu verschaffen ihre Produktion in andere Staaten. Die Verlagerung der Produktion führt wiederum zu einem Arbeitsplatzverlust in Deutschland. Die Folgen dieser Entwicklung belasten das soziale System, da im produzierenden Wirtschaftssektor mehr Arbeitsplätze verloren gehen, als durch den gestiegenen Export hinzukommen.

Durch unser Kaufverhalten begünstigen wir diese negativen Auswirkungen der Globalisierung. Als Kunden sind wir oft auf der Suche nach dem günstigsten Angebot. Doch niedrige Preise bedeuten zwangsläufig, dass die jeweiligen Güter nicht in Deutschland hergestellt werden können oder der Erzeuger nicht auf seine Kosten kommen kann.

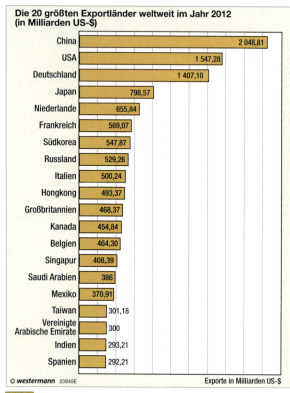

M2 Die weltweit größten Exportländer

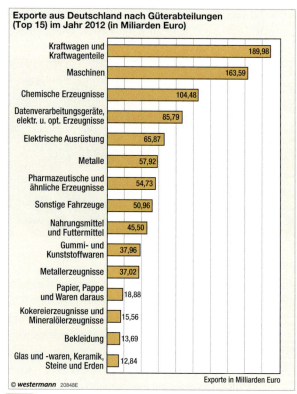

M3 Waren, die Deutschland ins Ausland exportiert

Globalisierung

China – eine neue Weltmacht

China als Wirtschaftsmacht

In den letzten 20 Jahren hat sich in China mit seinen 1,34 Milliarden Einwohnern eine enorme wirtschaftliche Entwicklung vollzogen. 2013 war das Land die zweitgrößte Volkswirtschaft der Erde und die größte Exportnation. Exportiert werden vor allem Elektrogeräte, Textilien, Spielzeug und Möbel. Der wirtschaftliche Erfolg versetzt China in die Lage, in Industrie- und Entwicklungsländer zu investieren und sich so weltweit politischen Einfluss zu sichern.

Die Schattenseiten des Aufstiegs

Das wirtschaftliche Wachstum Chinas bringt viele Nachteile mit sich. Nicht alle Menschen werden gleichermaßen am Wohlstand beteiligt. Das Einkommensgefälle zwischen Stadt und Land – hier leben etwa 800 Millionen Menschen – ist enorm. Das Wachstum geht häufig zu Lasten der Umwelt. Korruption in der Bürokratie ist weit verbreitet. Steigende Lohnkosten führen zur Abwanderung der Produktion in billigere Länder wie Kambodscha. Arbeitslosigkeit ist die Folge.

M5 Ländliches China: Frau in Xizhou beim Wasserholen

M4 Skyline der chinesischen Wirtschaftsmetropole Shanghai

M6 Luftverschmutzung in China

ARBEITSAUFTRÄGE

1. Erläutere die Auswirkungen der wirtschaftlichen Globalisierung in Deutschland. Verwende hierzu auch M1.
2. a) Beschreibe anhand von M2 Deutschlands Stellung im Welthandel.
   b) Nenne mithilfe von M3 diejenigen Industriebereiche, die für den Großteil der deutschen Exporte verantwortlich sind.
3. Fasse die negativen Folgen des Wirtschaftswachstums in China zusammen. Berücksichtige dabei auch M4, M5 und M6.
4. Begründe, warum viele Firmen in China eigene Produktionsstätten errichten. Vergleicht eure Ergebnisse mit der Methode Stühletausch (S. 44).
5. Entwickle einen Zusammenhang zwischen dem wirtschaftlichen Erfolg Chinas und dem Exporterfolg Deutschlands.

zu 1.
Deutschland profitiert von der Globalisierung, da … Gleichzeitig jedoch …

zu 4.
Berücksichtige hierbei u. a. folgende Aspekte: Einwohnerzahl, Umweltschutz, Kosten

Kulturelle Globalisierung

Die Welt rückt zusammen

Die Erdbevölkerung nimmt stetig zu. Mittlerweile sind es mehr als sieben Milliarden Menschen, die in mehr als 200 Staaten leben und die sich zahllosen Kulturkreisen zugehörig fühlen. Dank des Fortschritts in der Kommunikationstechnik scheint es heutzutage dennoch möglich zu sein, in kürzester Zeit mit jeder Region und jedem Menschen der Erde in Kontakt zu treten. Vor allem das Internet ermöglicht eine weltweite Kontaktaufnahme und einen schnellen Informationsfluss. Folglich nimmt auch der Austausch von Wertvorstellungen, kulturellen Ereignissen, Erfahrungen sowie Lebensstilen ständig zu. Diese Entwicklung begünstigt den Prozess einer kulturellen Globalisierung.

Kulturelle Trends ergreifen die ganze Welt

Das Interesse an wichtigen Kulturerscheinungen wie z. B. Musik, Film, Lifestyle oder Mode wird immer stärker durch globale Trends bestimmt. Diese Trends werden häufig von weltweit tätigen Unternehmen geprägt und gelenkt. Ein Beispiel für diese Entwicklung ist z. B. die Firma Apple, der es mit ihren Produkten (iPod, iPhone etc.) gelungen ist, neue Märkte zu erschließen und einen weltweiten Bedarf zu schaffen. Im Bereich der Ernährung ist McDonalds Ähnliches gelungen. Restaurants dieser Kette finden sich beinahe auf der ganzen Welt.

Gefahr einer Einheitskultur?

Die umfangreiche weltweite Vermarktung von Modetrends, Filmen, Musik, Lifestyle-Produkten und Sportarten bzw. -stars lässt viele Kritiker der Globalisierung das Entstehen einer weltweiten Einheitskultur befürchten. Prägend für diese Kultur wären dann die jeweils bestimmenden Firmen.

M1 iPhone der Firma Apple

M2 Globalisierung? (Karikatur)

M3 Starbucks-Filiale in Dubai

Globalisierung

M4 Kommunikationsströme der weltweiten facebook-Nutzung (14. Dezember 2010)

Sonderrolle der sozialen Netzwerke

Eine besondere Bedeutung beim Austausch von Informationen im Internet kommt den sozialen Netzwerken wie facebook, twitter, netlog, google+, wer-kennt-wen u.a. zu. Hier kann man privat oder beruflich kommunizieren und gleichzeitig können rasch Daten und Informationen zu unterschiedlichsten Themen ausgetauscht werden. Trends und Neuigkeiten können sich so in Windeseile verbreiten.

facebook als Marktführer

Das mittlerweile weltweit bedeutendste soziale Netzwerk im Internet ist facebook. 2012 hatten sich bei facebook mehr als eine Milliarde User registriert. Die Site gehört heute zu den fünf am häufigsten besuchten im Internet.

Immer wieder gibt es Kritik an den Betreibern der sozialen Netzwerke. So kontrolliert facebook den Mailverkehr der Nutzer und wertet diesen nach wichtigen Schlagwörtern aus. Es ist möglich, Informationen über die Vorlieben der Nutzer zu sammeln. Auch persönliche Daten der Nutzer sind für die Betreiber frei verfügbar. Damit ist die Privatsphäre nicht gewährleistet und Daten können gewinnbringend ausgebeutet werden.

ARBEITSAUFTRÄGE

1. Erläutere die Zusammenhänge der kulturellen Globalisierung.
2. Nennt weitere weltweit bekannte Marken, Personen, Produkte oder Trends.
3. Erklärt, warum die Abbildungen M2 und M3 den Prozess der kulturellen Globalisierung veranschaulichen.
4. Beschreibt eure Aktivitäten in sozialen Netzwerken.
5. Diskutiert Möglichkeiten, sich weltweiten kulturellen Trends und der kulturellen Globalisierung zu entziehen. Beachtet die Folgen eurer Handlungsüberlegungen.

zu 3.
Die Abbildungen veranschaulichen den Prozess ..., da sie ...

Schattenseiten der Globalisierung

Die Wirtschaft profitiert wie kaum ein anderer Bereich von der Globalisierung. Doch neben den zahlreichen Vorteilen gibt es viele negative Entwicklungen, von denen viele Menschen betroffen sind.

Eine lokale Krise wird zur globalen Finanzkrise

Die weltweite Finanzkrise, die in einigen Wirtschaftsbereichen noch anhält, begann 2005 als Immobilienkrise in den USA. Hier konnten viele Hausbesitzer, die ihr Haus auf Kredit gekauft hatten, das Geld nicht mehr zurückzahlen. Da gleichzeitig die Preise der Häuser deutlich gesunken waren, konnten die Banken ihre Verluste nicht mehr ausgleichen. Eine Vielzahl von Banken geriet daraufhin in finanzielle Schwierigkeiten.

Viele amerikanische Banken hatten sich das Geld für die Geschäfte mit den Immobilien wiederum bei Banken in Europa und Asien geliehen. Auch hier gerieten nun viele Banken in Finanznöte, einige mussten Konkurs anmelden. Durch die Krise wurden die Banken vorsichtiger und verliehen kein oder nur noch wenig Geld an Firmen, die dringend Geld benötigten. Die Folge war, dass auch viele Firmen in Konkurs gingen. Ihre Mitarbeiter wurden arbeitslos. Aus Furcht um den eigenen Arbeitsplatz gaben nun viele Menschen weniger Geld aus. Die Konjunktur brach ein, der Welthandel ging deutlich zurück.

M1 Zwangsversteigerung in den USA

Immobilie: ein Grundstück oder ein Bauwerk
Konkurs: Zahlungsunfähigkeit
Konjunktur: Auslastungsgrad von Produktionseinrichtungen

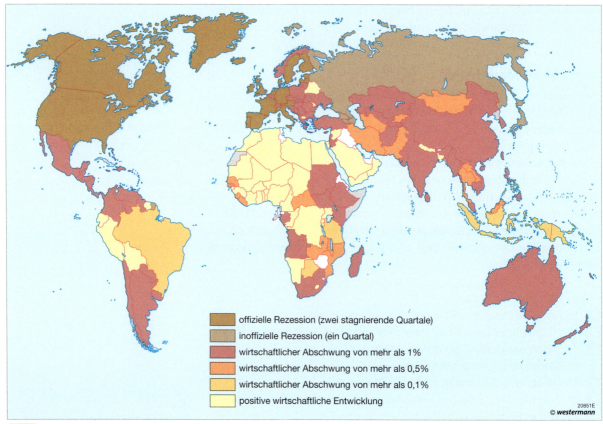

M2 Rückgang der Wirtschaftsleistung in einzelnen Ländern als Folge der globalen Finanzkrise

Globalisierung

Verlagerung der Textilindustrie nach Asien

Im Zuge der Globalisierung haben viele europäische Textilunternehmen ihre Produktion in sogenannte Billiglohnländer vor allem in Asien verlagert. China ist dabei mit Abstand der größte Lieferant für die deutsche Textilindustrie. Doch auf der Suche nach immer niedrigeren Herstellungskosten und somit auch Löhnen wandert die Produktion in den Südosten des Kontinents.

Die Lage in Bangladesch

In Bangladesch, einem der ärmsten Länder der Erde, ist die Textilindustrie mit mehr als drei Millionen Beschäftigten der größte Arbeitgeber. Neben vielen Billiganbietern nutzen auch angesehene Markenfirmen die niedrigen Produktionskosten, um ihre Gewinne zu steigern. Der Zwang, die Produktionskosten möglichst gering zu halten, führt zu menschenunwürdigen Arbeitsbedingungen in den Betrieben. Lange Arbeitszeiten, körperliche Gewalt und Stress bestimmen den Alltag der Arbeiterinnen und Arbeiter.

Die Produktionsstätten sind meist in Gebäuden untergebracht, die viel zu wenig Raum bieten und oftmals auch baufällig sind. Die Löhne sind mit durchschnittlich 28 Euro im Monat derart niedrig, dass sie selbst in Bangladesch kaum zum Leben reichen.

M3 Eingestürztes Fabrikgebäude Rana Plaza (Bangladesch, 2013)

M4 Herkunft deutscher Textilimporte

Q1 Bericht über die Textilindustrie in Bangladesch (Süddeutsche Zeitung vom 11. Mai 2013):

In Bangladesch wird produziert ... weil es sich dort billig produzieren lässt. Die niedrigen Löhne der Näherinnen treiben die Margen [Gewinnspannen] der Firmen hoch – und entwerten die Arbeit der Frauen. Oft genug bezahlen sie das mit ihrem Leben. Wie am 24. April beim Einsturz des Fabrikgebäudes Rana Plaza in Bangladesch nahe der Hauptstadt Dhaka. Mehr als 1000 Menschen starben. Die meisten Toten sind Frauen. Sie nähten Bekleidung für nordamerikanische und europäische Unternehmen, als das achtstöckige Gebäude zusammenbrach.

ARBEITSAUFTRÄGE

1. Erkläre, warum es sich bei der Finanzkrise um ein globales Phänomen handelt. Beachte dabei auch M2.
2. Nenne weitere negative Folgen der Globalisierung.
3. Stelle den Zusammenhang zwischen preisgünstiger Kleidung und den Arbeitsbedingungen in der Textilindustrie in Bangladesch her (Q1).
4. a) Stellt fest, wo eure Lieblingskleidungsstücke hergestellt wurden.
   b) Ordnet eure Ergebnisse den Kontinenten zu.
5. a) Informiert euch in Gruppen über die Kampagne für saubere Kleidung (www.saubere-kleidung.de).
   b) Haltet eure Ergebnisse auf Plakaten fest und vergleicht.

zu 3.
Beachte die für die Herstellung und den Transport wichtigen Aspekte.

Steuerung und Regelung der Globalisierung

Weltweite Regulierung

Die zunehmende Globalisierung fördert die wirtschaftliche Verflechtung. Hieraus ergeben sich Chancen und Risiken. Unternehmen und auch Volkswirtschaften stehen in unmittelbarer Konkurrenz zueinander. Zahlreiche Organisationen bemühen sich darum, die Folgen dieses Konkurrenzkampfes abzuschwächen und zu regulieren. Die bekannteste ist die Organisation der Vereinten Nationen. Doch auch andere Organisationen wie die Welthandelsorganisation (WTO) erarbeiten Regeln für einen funktionierenden Welthandel. Die WTO bemüht sich zum Beispiel um den Abbau von zwischenstaatlichen Handelshindernissen.

Hinzu kommen regionale Wirtschaftsbündnisse, die versuchen, sich gegen Folgen der Globalisierung – z. B. durch Zölle auf die Einfuhr von Gütern – zu schützen. Hierzu zählt auch die Europäische Union.

Nicht-Regierungsorganisationen

Neben diesen den Staaten nahe stehenden Organisationen gibt es eine wachsende Zahl von nichtstaatlichen Organisationen. Sie gehören keiner politischen Partei an und vertreten nur die Interessen der Allgemeinheit. Diese Nicht-Regierungsorganisationen (NRO) werden weitgehend von freiwilliger Arbeit getragen. Die NROs betätigen sich vor allem in der Sozial- und Umweltpolitik sowie in der medizinischen Versorgung.

Einige NROs, wie z. B. das Bündnis Attac, sind globalisierungs-kritisch. Attac geht davon aus, dass die Globalisierung einseitig zugunsten der großen Wirtschaftsakteure und der Industrieländer ausgerichtet ist. Sie setzen sich für mehr Kontrolle der Finanzmärkte ein und kämpfen gegen die wachsende soziale Ungleichheit.

M1 Organisation für die globale Wirtschaft: Welthandelsorganisation WTO

M2 Beispiele für NROs

M3 Protestaktion von Attac

ARBEITSAUFTRÄGE

1. ➔ Nenne die Aufgaben der WTO.
2. a) Informiere dich über eine der NROs (M2, M3).
   b) Erläutere das Anliegen der gewählten NRO.

➔ zu 1.
Aufgabe dieser Organisation ist es ...
Zudem ...

Projekt

Der Globalisierung auf der Spur

Die Mehrzahl der Gegenstände im Haushalt einer Familie sind Handelswaren: Möbel, Elektrogeräte, Kleidung oder auch Spielzeug. Vieles davon wurde nicht in Deutschland hergestellt. Woher diese Dinge stammen und wie sie in euren Haushalt kamen, könnt ihr im Rahmen eines Projektes nachvollziehen.

So geht ihr vor:

1. Planung
a) Stellt die Arbeitsgruppen in der Klasse zusammen und verteilt die Aufgaben. Wählt zehn beliebige Produkte aus.
b) Vereinbart, wie ihr euch Informationen zu den Produkten, ihrem Herstellungsort und den möglichen Transportwegen beschaffen könnt.

2. Durchführung und Informationsbeschaffung
a) Sammelt aus den zuvor erarbeiteten Quellen die notwendigen Informationen, um diese Fragen beantworten zu können.
– Wo ist die Ware hergestellt worden?
– Welche Transportwege sind angefallen?
– Ist der Produzent ein Global Player?
b) Ordnet eure Informationen und überlegt euch, wie ihr sie anschaulich präsentieren könntet (z. B. Karte, Kurzreferat, Plakat, Collage).

3. Präsentation und Auswertung
a) Stellt eure Ergebnisse als Gruppe in der Klasse vor.
b) Erörtert die Ergebnisse gemeinsam mit der Lehrkraft.
c) Überlegt bei der Auswertung, ob sich weiterführende Fragen ergeben haben (Tipps für Fragen findet ihr in M1).

Die Globalisierung können wir alle jeden Tag hautnah erleben. Exotische Lebensmittel, Bekleidung, Smartphones, die Ableger globaler Firmen in den Städten, die tägliche Berichterstattung der Medien aus allen Winkeln der Welt, der Kontakt mit Freunden über facebook, twitter etc. – dies sind allesamt Beispiele für die Realität der Globalisierung in unserem Alltag.

– Welche Rolle spielt die Globalisierung für mich / für meine Familie?
– Wie könnte man globale Abhängigkeiten und negative Auswirkungen mit einfachen Mitteln vermeiden?
– Lässt sich hieraus etwas für den allgemeinen Umgang mit der Globalisierung ableiten?

M1 Mögliche weiterführende Fragen zum Thema Globalisierung

M2 Schülerarbeit zum Projektthema „Wege einer Jeans" (Düsseldorf, 2013)

Nachhaltigkeit

Nachhaltige Entwicklung als globales Ziel

Begriffsbestimmung der Vereinten Nationen

Die Vereinten Nationen beschreiben nachhaltige Entwicklung „als eine Entwicklung, die die Lebensqualität der gegenwärtigen Generation sichert und gleichzeitig zukünftigen Generationen die Wahlmöglichkeit zur Gestaltung ihres Lebens erhält." Das bedeutet: Wir dürfen nicht auf Kosten der Menschen in anderen Regionen der Erde und auf Kosten zukünftiger Generationen leben.

Ein Gleichgewicht der Welt

Eine wichtige Erkenntnis in Hinblick auf das Ziel einer nachhaltigen Entwicklung ist die gegenseitige Abhängigkeit von Umwelt, Wirtschaft und Gesellschaft. In Zukunft werden wirtschaftlicher Erfolg und gesellschaftlicher Fortschritt ohne eine intakte Umwelt nicht möglich sein. Industriestaaten müssen aus diesem Grund ihr Wirtschaftssystem und ihre Lebensweise ändern. Ein wirksamer Schutz der Umwelt ist jedoch unmöglich, solange Menschen in einigen Regionen der Erde um ihr Auskommen kämpfen müssen.

Eine ideale nachhaltige Entwicklung schont die Natur, garantiert die Leistungsfähigkeit der Wirtschaft, ist gerecht und sichert das friedliche Zusammenleben der Menschen.

M1 Das Dreieck der Nachhaltigkeit

Verantwortungsvoller Umgang mit natürlichen Ressourcen

Zu einer jeden Nachhaltigkeitsstrategie gehört der schonende Umgang mit natürlichen Rohstoffquellen. Statt fossiler Energierohstoffe wie Erdöl, Erdgas und Kohle sollten z. B. vermehrt klimafreundlicher Energiequellen, die sich durch natürliche Prozesse ständig erneuern, verwendet werden.

fossile Energierohstoffe: Brennstoffe, die aus Resten von toten Pflanzen und Tieren entstanden sind

M2 Luftaufnahme einer brennenden Ölplattform im Golf von Mexiko (2010)

M3 Brandrodung im Amazonas-Urwald, um Weidefläche für die Rinderzucht zu gewinnen (2013)

Nachhaltigkeit

Ansätze einer internationalen Zusammenarbeit

Auf der Konferenz der Vereinten Nationen 1992 in Rio de Janeiro wurden erstmals in einem größeren Rahmen auch die Herausforderungen einer nachhaltigen Entwicklung diskutiert. Am Ende der Konferenz wurde eine Erklärung über Umwelt und Entwicklung verabschiedet. Zudem wurde mit der Agenda 21 eine Anleitung mit konkreten Maßnahmen formuliert, die von Staaten, Unternehmen und Organisationen umgesetzt werden konnten. Auch auf den nachfolgenden Konferenzen der Vereinten Nationen wurden Erklärungen verabschiedet, die allesamt etwas gemeinsam haben: Sie besitzen keinerlei Verbindlichkeit für die teilnehmenden Staaten.

Agenda: eine Liste abzuarbeitender Dinge

Gesellschaftliche Handlungsmöglichkeiten

Um die Ziele der Nachhaltigkeit zu erfüllen, bedarf es konkreter Strategien, die auch umgesetzt werden. In Deutschland hat im April 2002 die damalige Bundesregierung eine politisch verbindliche Nachhaltigkeitsstrategie verabschiedet. Auch auf EU-Ebene gibt es Strategien und Maßnahmen zur Förderung der nachhaltigen Entwicklung.

Die Vereinten Nationen sind davon überzeugt, dass ein umfassender Bewusstseinswandel für die Umsetzung der Ziele einer nachhaltigen Entwicklung entscheidend sein wird. Dieser Wandel kann nur durch Bildung und Aufklärung erreicht werden.

> **Q1** Kritik am UN-Nachhaltigkeitsgipfel (aus der Tageszeitung DIE WELT vom 23.6.2012):
>
> Der UN-Nachhaltigkeitsgipfel Rio+20 ist nach den dreitägigen Beratungen überwiegend kritisch bewertet worden. Der Gipfel sei von den Interessen der einzelnen Staaten geprägt gewesen, kritisierten Beobachter zum Abschluss der Gespräche. ... Vor allem bei Umweltorganisationen stießen die Ergebnisse auf scharfe Kritik. ... Beobachter erklärten, das System der Vereinten Nationen sei nicht in der Lage, den Herausforderungen des Klimawandels und der Notwendigkeit des Schutzes des Planeten gerecht zu werden. ... „Die einzigen, die heute in Rio tanzen, werden diejenigen sein, die weiterhin von einem kaputten Wirtschaftsmodell profitieren, das Profit höher als Menschen und den Planeten bewertet." UN-Generalsekretär Ban Ki Moon sprach dagegen von einem „sehr guten Dokument".

M4 Rauchwolken über einer Industrieanlage der Stadt Shizuishan im Nordwesten der Volksrepublik China

---

ARBEITSAUFTRÄGE

1. Erkläre den Begriff der Nachhaltigkeit (M1).
2. Erläutere, warum die Abbildungen dem Ideal einer nachhaltigen Entwicklung widersprechen (M2, M3).
3. Findet heraus, ob und welche erneuerbaren Energiequellen bei euch in der Stadt oder Region genutzt werden.
4. Arbeite Gründe für die Kritik an den Ergebnissen des Gipfels heraus (Q1).
5. a) „Und Welt? Wie war ich heute?" Interpretiert diese Aussage im Hinblick auf die Nachhaltigkeit.
   b) Informiert euch hier www.wir-ernten-was-wir-saeen.de/ über Möglichkeiten, das Ziel der Nachhaltigkeit selbst voranzubringen.

zu 1.
Vielleicht hilft es dir, wenn du versuchst, ein eigenes Schaubild zu entwickeln.

Klimawandel und seine Folgen

M1 Die Erderwärmung hat Folgen für die Umwelt.

Erdatmosphäre: die gasförmige Hülle, die die Erde umgibt

Malaria: wird auch als Sumpffieber bezeichnet; Übertragung durch Stechmücken

Klimawandel als globales Problem

Ursachen des Klimawandels

Ein Ziel der nachhaltigen Entwicklung ist auch, den Klimawandel zu verlangsamen. Ausgelöst wird dieser durch den sogenannten Treibhauseffekt. In der Erdatmosphäre befinden sich Gase, die verhindern, dass die Wärmestrahlung der Sonne entweicht. Um Leben auf der Erde zu ermöglichen, ist dieser Effekt notwendig. Doch seit dem Beginn der industriellen Revolution im 19. Jahrhundert hat sich der Treibhauseffekt verstärkt. Der Mensch hat immer mehr Treibhausgase produziert und diese haben sich in der Atmosphäre angereichert. Die Folge ist eine zunehmende Erwärmung der Erde bis zum heutigen Tag um etwa 0,8 °C im Durchschnitt.

Als Hauptverursacher des wachsenden Treibhauseffekts gilt Kohlendioxid (CO_2). Es entsteht vor allem bei der Verbrennung fossiler Energierohstoffe wie Erdöl, Erdgas und Kohle.

Folgen des Klimawandels

Die Erderwärmung hat erhebliche Auswirkungen auf Umwelt und damit auch Menschen. Gebirgsgletscher schmelzen ebenso wie die Eisschichten in Grönland, am Nordpol und am Südpol. Würde zum Beispiel das Eis Grönlands vollständig abschmelzen, würde sich der Wasserspiegel der Meere um mehrere Meter anheben. Für Küstenregionen und Inseln hätte dies schlimme Folgen. Die Erderwärmung wird zu einer Verschiebung von Klimazonen und Jahreszeiten führen. Tier- und Pflanzenarten werden aussterben. Stürme, Dürren und Überflutungen werden zunehmen. Hunger und tropische Krankheiten wie Malaria werden bisher sichere Regionen erreichen.

M2 Rückgang eines Gletschers in Patagonien als Folge des Klimawandels (Fotos, 1928 und 2004)

Klimawandel und seine Folgen

Soziale Folgen des Klimawandels

Dürreperioden und Überschwemmungen als Folgen des Klimawandels werden dazu führen, dass viele Menschen keinen Zugang zu sauberem Trinkwasser mehr haben werden. Allein in Afrika könnten davon bis 2020 etwa 250 Millionen Menschen betroffen sein.

Der Klimawandel wird am stärksten die Landwirtschaft treffen. Gerade in Entwicklungsländern in Afrika und Asien wird der Klimawandel zu Ernteausfällen führen. Die Erträge könnten in einigen Regionen Afrikas bis 2020 um etwa 50 Prozent zurückgehen. Menschen verlieren ihre Lebensgrundlage und leiden Hunger. Wirtschaftliche und technische Maßnahmen, um dieser Entwicklung entgegenzuwirken, kosten viel Geld, das in vielen Regionen Afrikas nicht vorhanden ist.

Wasserknappheit, Ernteausfälle und der Anstieg des Meeresspiegels begünstigen Bevölkerungsmigrationen. Millionen von Menschen werden aus betroffenen Regionen fliehen und sich ein Auskommen an einer anderen Stelle suchen. Hieraus wiederum können sich Konflikte ergeben, die den Frieden regional und auch global bedrohen könnten.

Migration: der meist dauerhafte Wohnortwechsel von Menschen

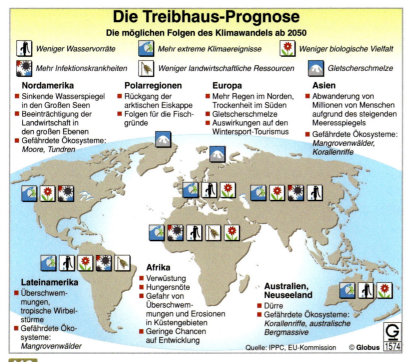

M3 Mögliche Folgen des Klimawandels

ARBEITSAUFTRÄGE

1. Erläutere den Treibhauseffekt.
2. a) Nenne die Folgen des Klimawandels (M1, M2, M3).
   b) Erstelle eine Bildcollage zu den Folgen des Klimawandels. Benutze hierzu das Internet.
3. ⇥ Denke dir Möglichkeiten aus, sich gegen die Folgen des Klimawandels zu schützen.
4. ⇨ „Der Klimawandel kann nicht mehr aufgehalten werden. Also müssen wir uns anpassen, um das Überleben der Menschheit zu sichern." Erörtert diese Aussage mithilfe eines World Cafés (S. 63) in der Klasse.

⇥ zu 3.
Berücksichtige dabei sowohl dich als Einzelperson, als auch deine Familie, deine Stadt, dein Bundesland etc.

Nachhaltigkeit und Klimaschutz

Ansätze zum verbesserten Klimaschutz

Klimakonferenzen der Vereinten Nationen

Teilweise sind die Folgen der Klimaerwärmung schon eingetreten. Deshalb hat man weltweit die Notwendigkeit erkannt, dem Klimawandel mit Maßnahmen entgegentreten zu müssen.

Auf der Konferenz 1992 in Rio de Janeiro („Earth Summit") unterzeichneten 150 Staaten eine Übereinkunft, in der man den Klimawandel als Problem anerkannte. Auf der Konferenz von 1997 in Kyoto verpflichtete sich dann die Mehrzahl der Industriestaaten durch die Unterzeichnung eines Protokolls, die Emission von Treibhausgasen zu reduzieren. Die USA, als zum damaligen Zeitpunkt größter Verursacher von Treibhausgasemissionen, setzten jedoch das Protokoll nicht um. Auf nachfolgenden Konferenzen hat man sich mittlerweile darauf geeinigt, einen Nachfolger des Kyoto-Protokolls zu formulieren. 2020 soll die neue Regelung in Kraft treten.

Einzelstaatliche Interessen

Es erweist sich als schwierig, Klimaschutz, wirtschaftliches Wachstum und Wohlstand miteinander in Einklang zu bringen. Viele Länder verweigern sich Reduzierungszielen beim Ausstoß von Treibhausgasen. So ist für die Wirtschaft der USA die Verfügbarkeit billiger Energie entscheidend.

Die Schwellen- und Entwicklungsländer betrachten eine Beschränkung des Ausstoßes von Treibhausgasen als hinderlich für ihre wirtschaftliche Entwicklung. Sie weisen die Schuld an der Erderwärmung den nördlichen Industriestaaten zu.

Emission: Ausstoß von Stoffen in die Umwelt

M1 „Auf Kyoto" (Karikatur von Horst Haitzinger)

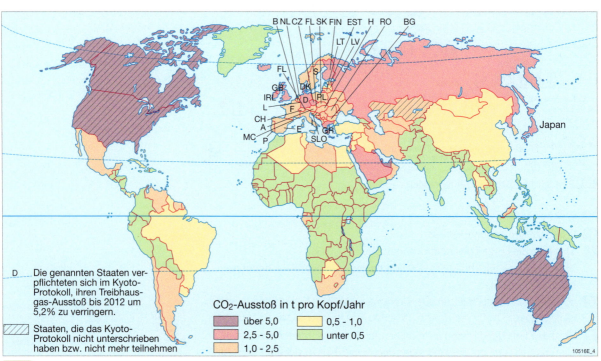

M2 Ausstoß von Kohlendioxid in Tonne pro Person und Jahr

Nachhaltigkeit und Klimaschutz

Private Haushalte als Klimasünder

Etwa ein Drittel des gesamten Energieverbrauchs in Deutschland wird durch die privaten Haushalte verursacht. Für die Zukunft ist sogar noch mit einer Steigerung zu rechnen.

Dabei wäre es möglich, den ProKopf-Verbrauch in Deutschland auf etwa die Hälfte zu senken. Hierzu ist es notwendig, dass jeder Einzelne sein Alltagsverhalten überdenkt und an Notwendigkeiten anpasst. Jeder kann etwas tun.

Energiesparen im Alltag

Es gibt zahlreiche Möglichkeiten, den eigenen Energieverbrauch zu senken. Bei den Nahrungsmitteln kann man Energie sparen, indem man keine Tiefkühlkost, sondern regionale und saisonale Lebensmittel verwendet. Auch ein gelegentlicher Verzicht auf Fleisch trägt dazu bei. Ein anderer Bereich, in dem man Energie sparen kann, ist das Wohnen. Niedrigere Heiztemperaturen, wirksamere Heizungen, kein Stand-by-Betrieb von Elektrogeräten, Energiesparlampen und das Ausschalten von nicht benötigten Lichtquellen sind nur einige Maßnahmen, die hilfreich sind.

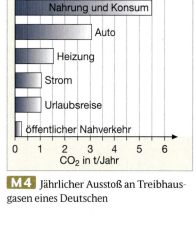

M4 Jährlicher Ausstoß an Treibhausgasen eines Deutschen

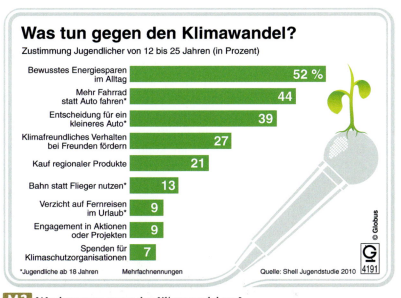

M3 Was kann man gegen den Klimawandel tun?

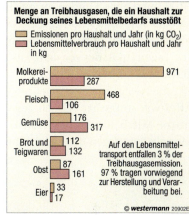

M5 Jährlicher Ausstoß an Treibhausgasen zur Deckung des Lebensmittelbedarfs in einem Haushalt

---

ARBEITSAUFTRÄGE

1. Nenne verschiedene Ansätze den Klimaschutz zu verbessern.
2. a) Analysiere die Karikatur M1.
   b) → Werte die Karte M2 aus.
   c) Nimm Stellung, ob das Klima durch das Kyoto-Protokoll wirkungsvoll geschützt wird.
3. → Berechnet mithilfe eines CO_2-Rechners euren persönlichen CO_2-Ausstoß.
4. Überlegt euch weitere Bereiche, in denen ihr persönlich jeden Tag Energie sparen könnt (M3 – M5).
5. → Diskutiert in der Klasse das Verhalten der USA sowie der Schwellen- und Entwicklungsländer im Hinblick auf den Klimaschutz.

→ zu 2 b)
Achte bei deiner Auswertung besonders darauf, wo viel CO_2 ausgestoßen wird und welche Staaten das Kyoto-Protokoll nicht unterzeichnet haben.

→ zu 3.
Zum Beispiel hiermit:
http://uba.klimaktiv-co2-rechner.de/

Warten auf Rettung

Seit Tagesanbruch waren Grandpa und ich nun schon auf dem Dach des Farmhauses und hielten Ausschau nach Booten oder Hubschraubern, die uns retten konnten. Doch wie schon an den vorangegangenen Tagen waren unsere Hoffnungen bisher enttäuscht worden. In der Hitze sahen wir nur die flirrenden Umrisse der aus dem Wasser ragenden Bäume. Alle anderen Häuser waren von der Flut weggespült worden. Die braune Brühe, die das Haus bis zur Dachkante umspülte und das Land so weit das Auge reichte bedeckte, verströmte einen Ekel erregenden Geruch. Das Meerwasser hatte die Kläranlagen in der Region überschwemmt und die Rohrleitungen zerstört. Das stinkende Abwasser vermischte sich mit dem Wasser der Flut. An den wenigen Bäumen sammelte sich Unrat aller Art – Plastiktüten, kleine Tierkadaver, Abfall, Toilettenpapier –, der in der Hitze unzählige Fliegen anzog. Immer wieder trieben die aufgedunsenen Leiber von Tieren und Menschen am Haus vorbei. Die Behörden hatten schon vor Tagen im Radio vor dem Ausbruch von Seuchen gewarnt.

Alles war unfassbar schnell gegangen. Der Wirbelsturm Mitch hatte über Florida gewütet und das Meerwasser gegen die Deiche gepeitscht. Nach nur zwei Tagen waren die maroden Deiche gebrochen. Das Wasser war so rasch gestiegen, dass es uns nicht mehr gelungen war, das Haus zu verlassen und in höher liegende Regionen zu fahren. Bis zuletzt war Grandpa davon überzeugt, die Deiche und Dämme würden standhalten. Er hätte es besser wissen müssen. Seit Jahren hatte die Regierung die Deiche nicht mehr verstärkt oder ausgebessert. Es fehlte das Geld dazu, das gesamte Land gegen den seit Jahrzehnten steigenden Meeresspiegel abzusichern.

In der Radioansprache kurz nach dem Brechen der Deiche hatte der Präsident gesagt, dass die betroffenen Regionen mit rascher Hilfe rechnen konnten und dass man alles wieder aufbauen werde. Doch daran glaubte schon lange keiner mehr. Viele niedrig liegende Regionen entlang der Küste, vor allem hier in Florida, hatte man in den letzten Jahren aufgegeben und dem Wasser überlassen. Angeblich wurden dort mittlerweile schon Tauchexpeditionen für wohlhabende Touristen angeboten, die sich die überfluteten Florida Keys und die nun unter Wasser liegenden Stadtteile von Miami anschauen wollten.

Und nun standen wir hier auf dem Dach des alten Farmhauses. Die Vorräte, die wir auf den Dachboden hatten retten können, waren bald aufge-

Eine Geschichtserzählung

braucht. Ohne Essen konnten wir noch ein paar Tage durchhalten, aber ohne Trinkwasser konnten wir nicht lange überleben. Und bei der Hitze würde das Wasser schnell aufgebraucht sein. Grandpa war sich dessen bewusst und lief ruhelos von einer Seite des Daches zur anderen. Immer wieder hielt er die Hände schützend über die Augen und versuchte, in der Ferne etwas zu erkennen.

„Glaubst du, sie werden uns retten?", fragte ich Grandpa.

„Sicher werden sie das. Es wird nur noch eine Weile dauern. Der Sturm und die Überschwemmungen haben wohl überall große Schäden angerichtet. Das haben sie vorher im Radio durchgegeben", antwortete er.

„Wir hätten fliehen sollen als der Sturm angekündigt war", sagte ich.

„Ja, das hätten wir wohl machen sollen. Jetzt ist es zu spät", entgegnete er mir lapidar.

Seit Jahren hatten die Behörden Grandpa nahegelegt, sein Haus aufzugeben und in eine höher gelegene Region Floridas zu ziehen. Aber er hing an dem Haus. Schon seit Generationen hatte seine Familie hier gelebt und Zuckerrohr angebaut. Das hatte er nicht einfach so aufgeben wollen. Zudem war er kein reicher Mann, der sich einfach in einer anderen Gegend ein Haus oder eine Wohnung leisten konnte.

Jetzt war alles wahrscheinlich für immer verloren. Die Zuckerrohrernte war zerstört, das Haus auf Jahre unbewohnbar. Durch den Anstieg des Meeresspiegels würde es zudem Monate dauern, bis sich das Wasser aus den Überschwemmungsgebieten zurückgezogen haben würde. Auch Strom und Trinkwasser würde es für eine lange Zeit nicht mehr geben.

„Was sollen wir machen, wenn wir in der Ferne ein Boot oder ein Flugzeug sehen? Wie wollen wir auf uns aufmerksam machen?", fragte ich Grandpa.

„Wir haben auf dem Dachboden noch etwas von dem Dämmmaterial, das mit Alufolie überzogen ist. Ein großes Stück habe ich schon vor Tagen abgeschnitten, während du geschlafen hast. Es liegt hinter der Leiter bereit. Wenn wir die Seite mit der Folie geschickt in die Sonne halten, sollte es als Signal auf eine große Entfernung zu erkennen sein", antwortete Grandpa.

„Vielleicht sollten wir es gleich aufs Dach legen, um ja nicht den richtigen Zeitpunkt zu verpassen", meinte ich.

„Warum nicht. Klettere nach unten und hole es. Aber sei vorsichtig, es ist groß", bat mich Grandpa.

Schwungvoll richtete ich mich auf. Endlich etwas anderes zu tun als zu starren und zu warten. Ich war die Leiter noch nicht ganz nach unten gestiegen, da hörte ich Grandpa rufen: „Schnell! Beeil dich! Ich glaube, der Punkt dahinten am Himmel ist ein Flugzeug. Wir müssen sie auf uns aufmerksam machen!"

Ich sprang von der Leiter und griff hektisch nach dem Dämmmaterial, das bereit lag. Rasch eilte ich die Sprossen der Leiter nach oben auf das Dach. Grandpa riss mir das Stück geradezu aus der Hand und versuchte sofort, es so auszurichten, dass die Sonne reflektiert wurde. Tatsächlich: Dort am Horizont war ein sich bewegender Punkt zu erkennen. Das musste ein Flugzeug sein!

„Es muss einfach klappen", sagte Grandpa.

Er hielt das Stück in Richtung des Flugzeugs und knickte es etwas, sodass er genug Sonnenlicht reflektieren konnte. Immer wieder kippte er seine Hände nach vorne, um Lichtblitze entstehen zu lassen. Hektisch begann ich, auf und ab zu springen und zu winken.

Jetzt blieb uns nichts mehr anderes übrig, als darauf zu hoffen, dass der Pilot oder die anderen Insassen des Flugzeugs uns gesehen hatten. Nach wenigen Minuten konnten wir erkennen, dass sich der Kurs des Flugzeuges veränderte. Es schien nun auf uns zuzukommen. Ob sie uns wirklich bemerkt hatten?

ARBEITSAUFTRÄGE

1. Fasse die Handlung der Erzählung zusammen.
2. Nenne die hier dargestellten Folgen des Klimawandels.
3. Begründe, warum die dargestellten Ereignisse in der Zukunft stattfinden.
4. Informiere dich im Internet über die Auswirkungen des Klimawandels für Deutschland.
   http://www.umweltbundesamt.de/themen/klima-energie
   http://klimagipfel.greenpeace.de/category/klimawandel-in-deutschland/

Projekt

Klimaschutz in der Schule

Ein großer Teil des in die Atmosphäre abgegebenen Treibhausgases entstammt eurem unmittelbaren Lebensumfeld. Das tägliche Leben ist ohne die Aufwendung von Energie nicht möglich. Auch in der Schule gibt es genug Verursacher von Treibhausgasen, allen voran die Beleuchtung, die Heizung, die Mensa und die vielen elektrischen Geräte.

Dieses Projekt soll für euch nachvollziehbar machen, wie ihr in eurer Schule Energie sparen und somit auch zum Klimaschutz beitragen könnt. Eine Möglichkeit wäre es, die erzielten Ergebnisse in einer „Hausordnung" zum sinnvollen Energiesparen in der Schule zusammenzufassen.

M1 Lehrer, Schüler und Eltern der Emilia Heyermann Realschule in Bonn montieren Sonnenkollektoren auf das Dach eines Schulanbaus.

So geht ihr vor:

1. Vorbereitung
Unterteilt das Thema Energiesparen in verschiedene Unterbereiche wie zum Beispiel Heizung, Beleuchtung, Schulmensa etc. auf. Bildet Gruppen und verteilt die Unterbereiche in der Gruppe.

2. Durchführung
Jede Gruppe legt für ihren Bereich fest, wie sie vorgehen möchte. Um den Überblick zu behalten, bietet sich ein Arbeitsplan mit Spalten an (M2). Nun folgt die Informationsbeschaffung mithilfe eines Fragebogens. Wichtig ist dabei festzulegen, wer sich wann und wo zu welchem Thema informiert.

3. Auswertung
Wertet mit einem Galeriegang eure Ergebnisse aus. Jede Gruppe stellt ihre Ergebnisse in der Klasse vor. In einer anschließenden Diskussion kann geklärt werden, welche Vorschläge sinnvoll sind und sich für eine Umsetzung eignen.

Vielleicht könnt ihr eure Ergebnisse der Schulleitung vorstellen. Sammelt hierzu die besten Vorschläge.

Galeriegang

Arbeitsergebnisse können mithilfe der Methode „Galeriegang" präsentiert werden.

1. Bildet möglichst gleich große Gruppen.
2. Innerhalb der Gruppen werden unterschiedliche Themen bearbeitet.
3. Anschließend werden die Gruppen neu zusammengesetzt: Aus jeder alten Gruppe wechselt ein Mitglied als Experte in eine neue Gruppe.
4. Dort präsentiert der Experte die Arbeitsergebnisse und beantwortet Fragen.

Was?	Wie?	Wo?	Wer?	Wann?
– Energiebedarf der Geräte – Raumtemperatur – Isolierung der Wände / Fenster – etc.	Erkundungs- und Fragebogen	Mensa Hausmeisterin / Hausmeister Schulträger Bauamt Schulleiterin / Schulleiter	Namen der Gruppenmitglieder	Zeiteinteilung der Arbeit: – Planen – Erkunden / Befragen – Ergebnisdarstellung

M2 Arbeitsplan der Gruppe Schulmensa

In Kürze

25. Juni 1945: Gründung Vereinte Nationen

Die Rechte der Kinder werden missachtet

Klimawandel

1987: Vereinte Nationen bestimmen Nachhaltigkeit

11.9.2001: Anschläge in New York und Washington

Prozess der Globalisierung schreitet voran

1940   1960   1980   2000   2020

1948: Erklärung der Menschenrechte

1949: Gründung NATO

1992: Earth Summit in Rio de Janeiro

2005: Beginn globale Finanzkrise

2020: Nachfolger Kyoto-Protokoll

In Kürze

Den Vereinten Nationen ist es nach dem Zweiten Weltkrieg gelungen, den Frieden in Europa und großen Teilen der Welt zu sichern. Mittlerweile ist man vor allem darauf bedacht, Konflikte zu beenden oder zu verhindern sowie die Menschenrechte weltweit durchzusetzen. Mit dem religiös und politisch begründeten Terrorismus ist jedoch eine weitere Bedrohung für den Weltfrieden entstanden.

Die Globalisierung beeinflusst das Leben eines jeden Menschen. Ihre Verflechtungen und Vernetzungen zeigen sich vor allem in der Wirtschaft, aber auch in der Kultur, der Politik und in der Umwelt. In diesen Bereichen birgt sie sowohl Chancen als auch Risiken. Organisationen wie die Welthandelsorganisation WTO und viele unabhängige Organisationen versuchen die Globalisierung zu steuern.

Auch Umweltprobleme haben sich globalisiert. Das Konzept der Nachhaltigkeit stellt einen Versuch dar, Umwelt, Wirtschaft und Gesellschaft in Einklang zu bringen und zukunftsfähig zu machen. Besonders dramatisch sind der Klimawandel und seine Folgen. Sie werden alle Bereiche des menschlichen Lebens beeinflussen. Eine Reduzierung des Ausstoßes von Treibhausgasen kann den Klimawandel jedoch nicht mehr aufhalten, nur noch eindämmen.

WICHTIGE BEGRIFFE

Blauhelmsoldat
Einheitskultur
Friedensmission
Globalisierung
Globale Finanzkrise
Klimawandel
Kyoto-Protokoll
Menschenrechte
Nachhaltigkeit
NATO
NRO
UN-Sicherheitsrat
Soziales Netzwerk
Strafgerichtshof
Terrorismus
Vereinte Nationen
Welthandelsorganisation

Selbstüberprüfung

1. Die Vereinten Nationen

M1 „Ich habe es Ihnen gesagt, dass es unausgewogen ist!" (Karikatur von Zapiro)

1. Ich kann wichtige Einrichtungen der Vereinten Nationen nennen. ●●● SK, UK
2. Ich kann die Karikatur M1 analysieren. ●●● SK, MK
3. Ich kann die Bedeutung der Vereinten Nationen für eine friedliche und gerechte Weltordnung einschätzen. ●●● SK, UK
4. Ich kann bewerten, ob die Menschenrechte weltweit Beachtung finden. ●●● SK, UK

2. Internationale Sicherheitspolitik

1. Ich kann wichtige Akteure der internationalen Sicherheitspolitik nennen. ●●● SK
2. Ich kann erläutern, warum und wie sich die Aufgaben der NATO gewandelt haben. ●●● SK, UK
3. Ich kann erklären, warum der islamistische Terror eine Gefahr für den Weltfrieden ist. ●●● SK
4. Ich kann mithilfe von Q1 Ursachen für die Zunahme des radikalen Islamismus aufzeigen. ●●● SK, UK, MK, HK

Q1 Die Journalistin Claudia Sautter über eine Umfrage unter jungen Muslimen (2006):

Wir haben vielmehr herausgefunden ..., dass junge Leute auf der Sinnsuche sind, nach Sinnangeboten suchen und der Islam ist eine und er begründet Identität. ... Wir waren in England und haben versucht herauszufinden, warum junge Briten pakistanischer Herkunft Bombenanschläge in U-Bahnen machen und haben herausgefunden, dass diese sich in ihren Gesellschaften diskriminiert fühlen, dass sie begriffen haben, wer sind wir denn, wir sind ja nicht wirklich Briten, obwohl wir in England geboren sind. Wer sind wir? Wir sind Muslime. Und wir sehen, wenn wir auf die Weltkarte schauen, wie Muslime überall behandelt werden. Dann haben diese Leute das Gefühl, der Westen führt einen Kampf gegen Muslime, ob das in Afghanistan ist oder im Irak oder jetzt auch im Libanon, dass der Westen sich zu einer großen Verschwörung zusammen getan hat gegen Muslime und dass jeder einzelne Muslim die persönliche Pflicht hat, muslimische Erde oder muslimische Brüder zu verteidigen.

3. Globalisierung

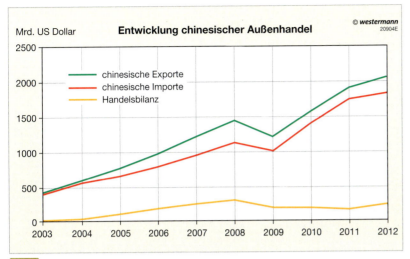

M2 Die Entwicklung des chinesischen Außenhandels

1. Ich kann erklären, was Globalisierung bedeutet. ●●● SK
2. Ich kann mithilfe der Grafik M2 begründen, warum China zu den Gewinnern der Globalisierung zählt. ●●● SK, UK, MK
3. Ich kann an einem Beispiel Vorteile und Nachteile der Globalisierung aufzeigen. ●●● SK, UK
4. Ich kann beurteilen, inwieweit mein eigenes Leben von der Globalisierung betroffen ist. ●●● SK, UK

4. Nachhaltigkeit

1. Ich kann mithilfe von M3 erklären, was Nachhaltigkeit bedeutet. ●●● SK, MK
2. Ich kann begründen, warum Bildung und Aufklärung für den Gedanken der Nachhaltigkeit von Bedeutung sind. ●●● SK, UK
3. Ich kann den Zusammenhang zwischen alternativen Energiequellen und Nachhaltigkeit erläutern. ●●● SK

M3 Aspekte der Nachhaltigkeit

5. Klimawandel

1. Ich kann mithilfe von M4 beschreiben, wie Treibhausgase entstehen und welche Bedeutung sie für den Klimawandel haben. ●●● SK
2. Ich kann zwischen Ursachen und Folgen des Klimawandels unterscheiden. ●●● SK, UK
3. Ich kann die Chancen und Grenzen von überstaatlichen Vereinbarungen bei der Bekämpfung von Umweltproblemen erörtern. ●●● SK, UK
4. Ich kann Handlungsmöglichkeiten nennen, die die Gesellschaft hat und die ich habe, um dem Klimawandel und seinen Folgen zu begegnen. ●●● SK, UK, HK

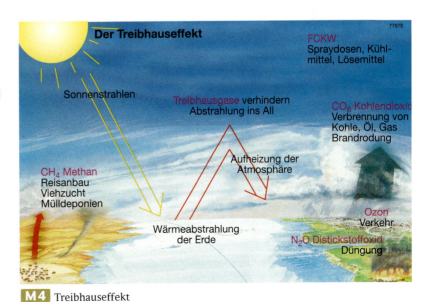

M4 Treibhauseffekt

Methodenglossar

Einen Sachtext verstehen

1. **Überschrift beachten**
   Vorwissen klären: Was ist über das Thema bereits bekannt? Wovon könnte der Text handeln?

2. **Bildlich vorstellen**
   Text lesen, das Gelesene in Bilder verwandeln: Bei einer Geschichte einen Film vorstellen, bei einem Sachtext einzelne Bilder.

3. **Unverstandene Stellen/Wörter markieren**
   Textschwierigkeiten anstreichen. Zur Klärung unbekannter Wörter:
   - aus dem Textzusammenhang heraus erklären
   - im Lexikon nachschlagen, Sitznachbarn oder Lehrkraft fragen

4. **Schlüsselbegriffe unterstreichen**
   Das sind Begriffe, die auf die W-Fragen antworten: Wer tut was, wo, wann und warum?

5. **Wichtiges zusammenfassen**
   - Oberbegriffe für die Abschnitte finden
   - Schlüsselbegriffe notieren
   - in eigenen Worten Inhalt aufschreiben
   - Ergebnis vorstellen

Eine Geschichtskarte auswerten

1. **Thema der Karte nennen**

2. **Dargestellte Zeit bestimmen**
   Handelt es sich um einen Zeitpunkt (z. B. ein bestimmtes Jahr) oder um einen Zeitraum (z. B. mehrere Jahre)?

3. **Legende auf Karte anwenden**
   Linien, Symbole und Farben in der Legende mit der Karte vergleichen. Welche Farben haben möglicherweise eine besondere Bedeutung?

4. **Namen der dargestellten Gebiete mit ihrer heutigen Bezeichnung vergleichen**
   Welche Länder haben heute möglicherweise andere Namen? Atlas und Internet für die Recherche nutzen.

5. **Karteninhalt beschreiben**
   Welche Ereignisse und Entwicklungen zeigt die Karte? Ist ein Konflikt oder eine entscheidende Veränderung zu erkennen?

6. **Fragen formulieren**
   Welche Fragen ergeben sich aus der Karte?

Statistiken auswerten

1. **Thema und Darstellungsart**
   - Was ist das Thema der Statistik?
   - Was steht in der Überschrift?
   - Welche Darstellungsform wurde gewählt (Kreis-, Balken- oder Kurvendiagramm)?
   - Welche Maßeinheiten werden verwendet?

2. **Glaubwürdigkeit der Veröffentlichung**
   - Wer hat die Daten erfasst?
   - Ist die Statistik glaubwürdig?
   - Was ist die Absicht der Veröffentlichung?
   - Werden Argumente durch die Statistik gestützt oder widerlegt?

3. **Aussagekraft der Daten**
   - Was sagen die Daten beim Vergleich untereinander aus?
   - Wie ist ein Merkmal zu verschiedenen Zeiten ausgeprägt?
   - Welche Entwicklung wird verdeutlicht?
   - Gibt es besondere Auffälligkeiten?

Eine Textquelle auswerten

1. **Inhalt der Textquelle erschließen**
   - Text langsam und mehrmals durchlesen. Laut lesen, falls der Text in Dialekt oder altem Deutsch geschrieben ist.
   - Unbekannte Wörter herausschreiben und klären
   - Punkte ... bedeuten, dass Wörter ausgelassen wurden. Wörter in Klammern [ ] sollen die Quelle verständlicher machen.

2. **Textquelle untersuchen**
   - Wer ist der Verfasser (Lebensdaten, Beziehung zum Textinhalt)?
   - Wann, wo und in welchem Zusammenhang wurde der Text verfasst?
   - Um welche Art von Quelle handelt es sich (Urkunde, Brief, ...)?
   - Wovon handelt der Text?
   - Wen spricht der Verfasser an? Was will er beim Leser erreichen?
   - Verwendung sprachlicher Mittel, z. B. Satzlänge, Wortwahl, ...

3. **Textquelle bewerten**
   - Wie berichtet der Verfasser (als Beteiligter, vom Hörensagen, ...)?
   - Gibt es Textstellen, die eine bestimmte Meinung enthalten?
   - Welche Absichten verfolgt der Verfasser?

Zeitgenössische Spottbilder analysieren

1. **Beschreiben der Einzelheiten**
   - Welche Personen, Tiere und Gegenstände sind dargestellt?
   - Was machen die Personen/Tiere?

2. **Untersuchen des Spottbildes**
   - Wie ist das Bild aufgebaut?
   - Welche Elemente befinden sich im Vordergrund/im Hintergrund?
   - Wie sind die Personen/Tiere dargestellt (Größe, Anordnung, ...)?
   - Was wurde an ihnen verändert oder übertrieben dargestellt?
   - Gibt es auffällige Gegenstände? Welche Bedeutung haben sie?
   - Gibt es Beschriftungen oder Begleittexte?
   - Von wem und aus welcher Zeit stammt das Spottbild?
   - Auf welches Ereignis bezieht sich das Bild?

3. **Deuten des Spottbildes**
   - Welche Person, welche Verhaltensweise wird verspottet?
   - An wen richtet sich das Spottbild?
   - Welche Absicht verfolgt der Künstler?

Karten auswerten

1. **Orientierung**
   Thema:
   - Welcher Gegenstand wird für welche Zeit und welchen Raum dargestellt?
   Legende:
   - Welche Zeichen werden verwendet, was bedeuten sie?

2. **Analyse des Karteninhalts**
   Raum:
   - Welche Meere, Gebirge, Städte etc. sind auf der Karte zu sehen?
   - Welche heutigen Staaten/Städte liegen im dargestellten Gebiet?
   - Welche Ausdehnung hat der dargestellte Raum (Maßstab)?
   Zeit:
   - Welcher Zeitpunkt bzw. Zeitraum wird dargestellt?
   Details:
   - Welche Einzeleinträge finden sich (Städtegründungen, Bodenschätze, ...)?
   - Welche Veränderungen werden sichtbar?

3. **Interpretation**
   - Welche Rückschlüsse lassen sich aus den Details ziehen?
   - Welche weitergehenden Erkenntnisse lassen sich gewinnen?
   - Welche Aspekte werden nicht dargestellt?

Historische Bilder analysieren

1. **Bild beschreiben**
   Bild als Gegenstand:
   - Um welches Material/welche künstlerische Technik handelt es sich?

   Inhalt und Aufbau des Bildes:
   - Welches Thema/welcher Inhalt wird dargestellt?
   - Welche Personen, Gegenstände oder Szenen werden gezeigt?
   - Wie sind die Bildinhalte angeordnet (Vorder- oder Hintergrund, ...)?
   - Wie wird Farbe im Bild verwendet?

2. **Bild historisch einordnen**
   - Wann ist das Bild entstanden?
   - Wer ist der Auftraggeber und wer der Künstler des Bildes?
   - Welchen Bezug zur Geschichte enthält das Bild? Zeigt es historische Personen oder Ereignisse?

3. **Geschichtlichkeit der Darstellung erfassen**
   - Erscheint die Darstellung realistisch oder verfälschend?

4. **Sich mit dem Bild als Quelle kritisch auseinandersetzen**
   - Inwiefern ergreift der Künstler durch seine Darstellung Partei?
   - Lässt sich seine Auffassung durch andere Quellen bestätigen?

Mit PowerPoint präsentieren

1. **Folien erstellen**
   Erste Folie erscheint beim Programmstart. Neue Folien erstellen: In Menüleiste auf „Start", dann auf „neue Folie" klicken und Layout auswählen.

2. **Layout verändern**
   In Menüleiste „Start", danach „Layout" anklicken; Layout-Vorschlag wählen. Felder in der Folie können in der Größe verändert oder gelöscht werden.

3. **Texte einfügen**
   Texte in Textfelder der Folie schreiben. Neue Textfelder öffnen: In Menüleiste „Einfügen", dann „Textfeld" anklicken, anschließend neues Textfeld aufziehen. Schriftart und -farbe ändern: Text markieren, in Menüleiste auf „Start" klicken und Schrift mit entsprechenden Symbolen ändern.

4. **Bilder oder Filme einfügen**
   In Menüleiste auf „Einfügen" klicken, danach auf „Grafik" oder „Film". Im erscheinenden Dialogfenster Bild oder Film auswählen.

5. **Präsentation starten**
   In Menüleiste auf „Bildschirmpräsentation" klicken, dann auf Symbol „von Beginn an". Mit „Esc"-Taste kann die Präsentation jederzeit beendet werden.

Schaubilder auswerten

1. **Das Schaubild einordnen**
   - Was wird in dem Schaubild dargestellt?
   - Hat das Schaubild einen Titel oder eine Bildunterschrift?

2. **Das Schaubild beschreiben**
   - Wird ein Ablauf, ein Zustand oder eine Entwicklung dargestellt?
   - Wie ist das Schaubild aufgebaut? Welche Elemente gibt es und wie sind sie zueinander angeordnet?
   - Werden Farben verwendet, die eine besondere Funktion haben?
   - Für welche Elemente werden die gleichen Farben verwendet?
   - Werden Pfeile, Symbole oder andere Zeichen eingesetzt?

3. **Das Schaubild deuten**
   - Welche Aussagen können mithilfe des Schaubildes gemacht werden?
   - Wie lassen sich die wichtigsten Aussagen zusammenfassen?

Ein Rollenspiel gestalten

1. **Ausgangssituation beschreiben und notieren**
   - Was ist das Problem, über das es unterschiedliche Meinungen gibt?
   - Wer sind die beteiligten Personen?
   - Soll eine gemeinsame Lösung für das Problem gefunden werden?

2. **Rollen beschreiben und besetzen**
   Auf Rollenkarten für jede Person notieren:
   - Wer soll dargestellt werden (Name, Alter, ...)?
   - Welche Bedeutung hat der Konflikt für die Person?
   - Wer soll welche Rolle übernehmen?
   - Gibt es einen Erzähler, der in die Handlung einführt?

3. **Rollenspiel üben, aufführen und auswerten**
   - Aufführung planen, Rollen einüben
   - Besprechen, worauf das Publikum achten soll
   - Rollenspiel aufführen
   - Aufführung anschließend in der Klasse besprechen:
     War alles nachvollziehbar (Konflikte der Personen, Lösung, ...)?
     Gibt es Verbesserungsvorschläge (Sprache, Gestik, ...)?
     Wie haben sich die Schauspieler in ihrer Rolle gefühlt?

Eine Karikatur verstehen

1. **Eine Karikatur beschreiben**
   - Hat die Karikatur einen Titel oder einen begleitenden Text?
   - Wer hat die Karikatur gezeichnet?
   - Welche Personen, Tiere oder Gegenstände sind dargestellt?
   - Was stellt der Zeichner übertrieben dar?
   - Werden Zeichen, Symbole oder besondere Farben verwendet?

2. **Eine Karikatur verstehen**
   - Welches Ereignis oder welches Problem stellt die Karikatur dar?
   - Wofür stehen die verwendeten Symbole, Zeichen oder Farben?
   - In welchem Zusammenhang stehen die Zeichnung und der Text?

3. **Eine Karikatur in den richtigen Zusammenhang stellen**
   - Sind zusätzliche Informationen zum Verständnis notwendig?
   - In welchem Zusammenhang ist die Karikatur zu sehen?

4. **Eine Karikatur auswerten**
   - Was will der Zeichner mit der Karikatur aussagen oder kritisieren?

Eine Befragung durchführen

1. **Ziel festlegen**
   - Thema und Ziel der Befragung formulieren
   - Überlegen, welche Personen befragt werden sollen

2. **Fragebogen erstellen**
   - Das eigene Vorhaben den Befragten kurz vorstellen
   - Angaben zur Person (Alter, Geschlecht, ...) erfragen
   - Fragen eindeutig formulieren
   - Auswertung der Ergebnisse planen

3. **Befragung durchführen**
   - Festlegen, wo und wann die Befragung stattfinden soll
   - Gruppen einteilen, die die Befragung durchführen sollen

4. **Ergebnisse auswerten**
   - Auswertung der Fragebögen planen (Strichliste, Computer, ...)
   - Ergebnisse in der Klasse präsentieren (Plakat, Bericht, Grafik, ...)
   - Ergebnisse diskutieren (Auffälligkeiten, mögliche Verbesserung, Tipps, ...)

Einen Dokumentarfilm auswerten

1. **Den Film vorbereiten**
   Thema des Films festlegen: Worüber soll der Film Auskunft geben? Fragen sammeln, mit deren Hilfe der Film ausgewertet werden soll. Grundsätzliche Fragen:
   – Für wen und für welche Altersgruppe wurde der Film gemacht?
   – Welchen Zeitraum erfasst der Film?
   – Wann wurde der Film gedreht?
   – Wer hat den Film gedreht? Zu welchem Zweck wurde er gedreht?
   – Wurde der Film an Originalorten gedreht?
   – Werden in dem Film originale Dokumente gezeigt/vorgelesen?
   – Werden Zeitzeugen interviewt oder Szenen nachgestellt?

2. **Während der Filmvorführung**
   Nur das Wichtigste notieren, festgelegte Fragen beantworten

3. **Den Film auswerten**
   – Fragen mithilfe der Aufzeichnungen klären
   – Informationen des Filmes mit vorhandenem Vorwissen abgleichen
   – Hat der Film Partei ergriffen? Warum?

Im Internet recherchieren

1. **Vorbereitung**
   – Zu welchem Thema sollen Informationen gesucht werden?
   – Welche Fragen sollen dazu beantwortet werden?
   – Welche Stichwörter sind für die Suche sinnvoll?

2. **Informationssuche**
   – Suche erfolgt über Internetadressen oder Suchmaschinen
   – Stichwort in Suchmaschine eingeben. Dabei auf korrekte Schreibweise achten. Wenn zu viele Informationen erscheinen, weitere Begriffe hinzufügen, um das Thema einzugrenzen.

3. **Auswertung**
   – Den Inhalt verschiedener Seiten vergleichen, um zu klären, ob die gewonnenen Informationen korrekt und glaubwürdig sind.
   – Prüfen, ob die Informationen aus seriösen Quellen stammen. Vorsicht bei privaten Homepages oder Internetforen!
   – Überprüfen, wie aktuell die gewonnenen Informationen sind
   – Herkunft der Informationen genau notieren

Eine Pro- und Kontra-Diskussion führen

1. **Die Diskussion vorbereiten**
   – Thema festlegen, für das sich klare Argumente sammeln lassen
   – Vor Beginn der Diskussion in der Klasse abgestimmt, um ein erstes Meinungsbild zu erhalten
   – Klasse in eine Gruppe für Pro-Position und eine Gruppe für Kontra-Position aufteilen; Moderator/-in der Diskussion bestimmen
   – Jede Gruppe sammelt Informationen und Argumente für ihre Position. Tipp: Auch mit den Argumenten der Gegenseite beschäftigen.

2. **Die Diskussion führen**
   Jede Gruppe trägt ihren Standpunkt vor, dann beginnt die offene Debatte. Moderator/-in sorgt für Einhaltung der Gesprächsregeln und des Zeitrahmens.

3. **Auswertung der Diskussion**
   – Wurde fair diskutiert?
   – Wurde alles Wichtige besprochen?
   – Welche Gruppe konnte überzeugen?

Ein Säulendiagramm erstellen

1. **Achsenkreuz zeichnen**
   - Grundlinie (x-Achse) zeichnen
   - Senkrechte Achse (y-Achse) zeichnen

2. **Beschriftung der Achsen**
   - Höchsten und niedrigsten Zahlenwert ermitteln und davon ausgehend einen geeigneten Maßstab für die Achsen wählen
   - Anhand der vorliegenden Zahlen entscheiden, wie groß die einzelnen Einheiten auf den Achsen sein sollen
   - Achsen beschriften: Maßstäbe angeben, Einheiten eintragen

3. **Säulen einzeichnen**
   - Werte entsprechend der Einheiten der x- und y-Achse in das Diagramm übertragen, davon ausgehend die Säulen zeichnen
   - Für unterschiedliche Säulen verschiedene Farben wählen

4. **Diagramm beschriften**
   - Legende erstellen, in der die Farben erklärt werden
   - Überschrift formulieren

Ein Kurvendiagramm erstellen

1. **Achsenkreuz zeichnen**
   - Grundlinie (x-Achse) zeichnen
   - Senkrechte Achse (y-Achse) zeichnen

2. **Beschriftung der Achsen**
   - Höchsten und niedrigsten Zahlenwert ermitteln und davon ausgehend einen geeigneten Maßstab für die Achsen wählen
   - Anhand der vorliegenden Zahlen entscheiden, wie groß die einzelnen Einheiten auf den Achsen sein sollen
   - Achsen beschriften: Maßstäbe angeben, Einheiten eintragen

3. **Kurve einzeichnen**
   - Werte entsprechend der Einheiten der x- und y-Achse übertragen
   - Eingetragene Werte mit einer Linie zu einer Kurve verbinden
   - Falls mehrere Kurven in das Diagramm eingetragen werden, für jede Kurve eine eigene Farbe wählen

4. **Diagramm beschriften**
   - Falls notwendig, Legende erstellen
   - Überschrift formulieren

Ein Kreisdiagramm erstellen

1. **Kreis vorbereiten**
   - Kreis zeichnen
   - Mittelpunkt markieren
   - Radius einzeichnen

2. **Werte in den Kreis eintragen**
   - Als erstes Mittelpunktswinkel der Kreisteile errechnen: Der ganze Kreis hat einen Winkel von 360°, dies entspricht 100 %. Dividiert man die 360° durch 100, erhält man 3,6°, das entspricht 1 %. Nun den Mittelpunktswinkel jedes Kreisteiles berechnen, indem man den jeweiligen Prozentanteil mit 3,6° multipliziert.
   - Die errechneten Mittelpunktswinkel der verschiedenen Kreisteile mithilfe eines Geodreiecks in den Kreis übertragen
   - Für unterschiedliche Kreisteile verschiedene Farben wählen

3. **Diagramm beschriften**
   - Legende erstellen, in der die Farben erklärt werden
   - Überschrift formulieren

Worterklärungen

Alliierte
Die gegen das Deutsche Reich verbündeten Staaten im Ersten und Zweiten Weltkrieg, unter anderem Großbritannien, Frankreich, die Vereinigten Staaten und die Sowjetunion.

Antisemitismus
Abneigung oder Feindseligkeit gegenüber Juden aufgrund von völkisch-rassistischen Anschauungen, die sich auf soziale, religiöse und ethnische Vorurteile stützen. Derartige Vorstellungen spielten eine zentrale Rolle in der Ideologie der Nationalsozialisten.

Besatzungszonen
Die Besatzungsgebiete der vier alliierten Siegermächte (Großbritannien, Frankreich, Sowjetunion und Vereinigte Staaten), in die Deutschland nach einem Abkommen vom 5.6.1945 aufgeteilt wurde. Berlin wurde ebenfalls in vier Sektoren unterteilt.

Binnenmarkt
Wirtschaftsraum, der durch den freien Verkehr von Waren, Dienstleistungen, Kapital und Personen gekennzeichnet ist. Innerhalb dieses Wirtschaftsraumes gibt es somit weder Zölle noch sonstige Handelsbeschränkungen. Die größten Binnenmärkte sind die USA, die Europäische Union, China und Indien.

Bundeskanzler
Deutscher Regierungschef, der von einer Mehrheit des Deutschen →Bundestages auf Vorschlag des →Bundespräsidenten gewählt wird. Er bestimmt die Richtlinien der Politik und ist Chef der ausführenden Gewalt (Exekutive).

Bundespräsident
Deutsches Staatsoberhaupt, das von der Mehrheit der Bundesversammlung für fünf Jahre gewählt wird. Seine Aufgaben sind die Vertretung Deutschlands und der Abschluss von Verträgen des Bundes mit dem Ausland sowie die Verkündung und Ausfertigung der Gesetze. Außerdem besitzt er das Recht, den Bundeskanzler vorzuschlagen. Er ernennt diesen und entlässt ihn auf Ersuchen des Deutschen →Bundestages.

Bundesrat
Der Deutsche Bundesrat ist die zweite Kammer des Parlaments in Deutschland. Durch ihn wirken die Bundesländer bei der Gesetzgebung und Verwaltung des Bundes und in Angelegenheiten der →Europäischen Union mit.

Bundesstaat
Zusammenschluss von Bundesländern zu einem Gesamtstaat. Jedes Bundesland hat ein Landesparlament, eine Landesregierung und eine Landesverwaltung. Die Bundesrepublik Deutschland besteht aus 16 Bundesländern.

Bundestag
Oberstes Parlament in Deutschland. Seine Mitglieder, die Abgeordneten, werden in allgemeiner, unmittelbarer, freier, gleicher und geheimer Wahl für vier Jahre von den deutschen Bürgern und Bürgerinnen gewählt. Der Bundestag wählt unter anderem den →Bundeskanzler und beschließt Gesetze (Legislative).

Bundesverfassungsgericht
Selbstständiger, unabhängiger Gerichtshof in Karlsruhe und höchstes Rechtssprechungsorgan der Bundesrepublik Deutschland. Es entscheidet, ob das Grundgesetz verletzt worden ist.

Cyber-Mobbing
(auch Internet-Mobbing) Das systematische Beleidigen, Belästigen oder Bedrohen von Personen mithilfe digitaler Medien wie z. B. dem Internet oder Mobiltelefonen.

DDR
In der sowjetischen Besatzungszone am 7.10.1949 gegründeter deutscher Teilstaat. In der Deutschen Demokratischen Republik sollte unter Führung der Arbeiterklasse und der SED der Sozialismus verwirklicht werden. Er bestand bis zur Wiedervereinigung Deutschlands am 3.10.1990.

Demokratie
(griech. = „Herrschaft des Volkes") In einer repräsentativen Demokratie, wie z. B. der Bundesrepublik Deutschland, wählen die Bürger und Bürgerinnen ihre Repräsentanten, die Politiker. Direkte Demokratie durch Volksabstimmungen oder Volksentscheide ist in der Bundesrepublik Deutschland nur bedingt möglich.

Demontage
Erzwungener Abbau von Industrieanlagen in einem besiegten Land. Die Reparationen, welche die Alliierten Deutschland nach dem Zweiten Weltkrieg auferlegten, sollten vor allem die Demontage der deutschen Industrie betreffen.

Diktatur
Herrschaft einer einzelnen Person oder einer Gruppe, die die gesetzgebende, ausführende und richterliche Gewalt des Staates vereint und damit unkontrollierbar wird. Diese Machtkonzentration bewirkt eine weitgehende Rechtlosigkeit des Volks.

Emanzipation
In der Aufklärung wurzelnde Bewegung, welche die rechtliche und gesellschaftliche Gleichstellung aller Bürger anstrebte. Dazu zählen die Bauernbefreiung, die Judenemanzipation oder die Frauenbewegung.

Ermächtigungsgesetz
Ein Gesetz, durch das ein Parlament die Regierung dazu ermächtigt, an seiner Stelle Gesetze zu erlassen. Die Gewaltenteilung ist damit aufgehoben und die demokratische Ordnung gefährdet. Katastrophale Folgen hatte das Ermächtigungsgesetz vom 23.03.1933 („Gesetz zur Behebung der Not von Volk und Reich"). Es übertrug die gesamte Staatsgewalt der nationalsozialistischen Regierung und schuf die Grundlage der NS-Diktatur.

Europäische Kommission
Die Europäische Kommission ist die Regierung der EU und vertritt ihre Interessen. Zu ihren Aufgaben gehören das Vorschlagen von neuen Gesetzen und die Verwaltung des europäischen Haushalts. Außerdem kontrolliert sie, dass die gemeinsam beschlossenen Gesetze eingehalten werden. Jeder Mitgliedstaat stellt einen Kommissar.

Europäische Union
Seit dem Maastrichter Vertrag 1992 die Bezeichnung für die Europäische Gemeinschaft (EG), einem Zusammenschluss europäischer Staaten zur Verwirklichung eines Binnenmarktes und einer gemeinsamen Außen-, Innen-, und Justizpolitik. 2013 bestand die EU aus 28 Mitgliedsstaaten.

Europäischer Gerichtshof
Der Europäische Gerichtshof entscheidet darüber, wie die Verträge der EU ausgelegt und angewendet werden dürfen, wenn es Unstimmigkeiten oder Streit gibt.

EWG
(Europäische Wirtschaftsgemeinschaft) Am 25.3.1957 schlossen die Regierungen von Belgien, der Bundesrepublik Deutschland, Frankreich, Italien, Luxemburg und den Niederlanden den Vertrag über die Gründung der Europäischen Wirtschaftsgemeinschaft. Die Vertragsstaaten verpflichteten sich, untereinander alle Zoll- und sonstigen Handelsschranken schrittweise abzubauen. Diese Zollunion war der Beginn der wirtschaftlichen Einigung in Westeuropa.

FDJ
Freie Deutsche Jugend. Als staatliche Jugendorganisation der SED in der DDR diente sie vor allem der Kontrolle der Jugendlichen und der Vermittlung sozialistischer Erziehungsziele.

Freie Marktwirtschaft
Wirtschaftsordnung, die keiner Lenkung durch den Staat unterliegt, sondern dem freien Spiel der Marktkräfte gehorcht. Angebot und Nachfrage bestimmen hierbei den Preis einer Ware oder Dienstleistung. Das Gegenteil ist die →Planwirtschaft.

Gewaltenteilung
Teilung der Staatsgewalt in eine gesetzgebende (Legislative), eine Gesetze vollziehende (Exekutive) und eine Recht sprechende (Judikative) Gewalt. Dem Prinzip entsprechen die voneinander unabhängigen Verfassungsorgane Parlament, Regierung und Gerichte. Die gegenseitige Kontrolle der Gewalten soll einen Missbrauch staatlicher Macht verhindern.

Globalisierung
Ein Prozess der wachsenden weltweiten Verflechtung und Vernetzung. Ereignisse an einem Ort der Welt können durch Vorgänge in anderen Teilen der Welt beeinflusst werden und umgekehrt. Betroffen sein kann davon jeder Einzelne.

Holocaust
(griech. = Brandopfer) Bezeichnung für den Massenmord am jüdischen Volk durch die Nationalsozialisten. In Israel wird dafür auch der hebräische Begriff „Shoa" (= Zerstörung, Katastrophe) verwendet.

Identität
Alles, was eine Person ausmacht, ist Teil ihrer Identität. Dazu gehört das Aussehen, Charaktermerkmale und vieles mehr.

Ideologie
Ideenlehre, die den Aufbau eines Staates oder einer Gesellschaft beschreibt.

Inflation
Vergrößerung der Geldmengen eines Landes, die nicht mehr durch ausreichende Waren und Güter gedeckt sind. Dadurch erhöhen sich die Preise auf Waren und das Geld wird immer weiter entwertet.

Kalter Krieg
Phase des Ost-West-Konflikts zwischen der Sowjetunion und den USA, in der Konflikte häufig bis an den Rand einer kriegerischen Auseinandersetzung ausgetragen wurden (1945–1962).

Kapitalismus
Von Karl Marx geprägter Begriff, der zur Beschreibung einer Wirtschafts- und Gesellschaftsordnung verwendet wird, die nach marktwirtschaftlichen Prinzipien funktioniert.

Klimawandel
Die Veränderung des Klimas auf der Erde. Eine wesentliche Ursache hierfür ist die wachsende Erderwärmung, die wiederum ihren Ursprung in einer Zunahme der Treibhausgase in der Erdatmosphäre hat.

Kommunismus
Von Karl Marx und Friedrich Engels begründete Ideologie, die im „Kommunistischen Manifest" von 1948 zusammengefasst wurde. Sie beinhaltet die Abschaffung des →Kapitalismus und fordert die Herrschaft der Arbeiterinnen und Arbeiter sowie eine klassenlose Gesellschaft.

Konzentrationslager
Von den Nationalsozialisten errichtete, der SS untergeordnete Häftlingslager. In die KZs wurden ab 1933 politische Gegner und Menschen verschleppt, die von den Nationalsozialisten zu Gegnern erklärt wurden (Juden, Sinti und Roma, später Kriegsgefangene). Die Häftlinge wurden zu Zwangsarbeit verpflichtet, gefoltert und anfangs vereinzelt, später zu Hunderttausenden ermordet. Ab 1941 entstanden in den besetzten Gebieten Polens Vernichtungslager, wie z.B. Auschwitz, die allein der Ermordung von Menschen dienten. Hier wurden etwa sechs Millionen Juden umgebracht.

Kriegsschuldfrage
Die Frage nach der Verantwortung für den Ausbruch des Ersten Weltkriegs. Sie erhielt politische Bedeutung durch Artikel 231 des →Versailler Vertrags, der dem Deutschen Reich die alleinige Kriegsschuld aufbürdete.

Marshallplan
Vom US-Außenminister Marshall 1947 angeregtes Europäisches Wiederaufbauprogramm, das in Form von Maschinen, Nahrungsmitteln und Krediten als Wirtschaftshilfe für das im Zweiten Weltkrieg zerstörte Europa diente.

Menschenrechte
Die Rechte, die jedem Menschen gleichermaßen zustehen. Sie gelten als universell, unteilbar und miteinander verbunden. Sie sind nicht eine innere Angelegenheit von Nationen, sondern ein Anliegen der internationalen Gemeinschaft.

Nachhaltigkeit
Ein Zustand, in dem wir nicht auf Kosten der Menschen in anderen Regionen der Erde oder auf Kosten zukünftiger Generationen leben. Eine ideale nachhaltige Entwicklung schont die Natur, garantiert die Leistungsfähigkeit der Wirtschaft, ist gerecht und sichert das friedliche Zusammenleben der Menschen.

Nationalsozialismus
Nach dem Ersten Weltkrieg in Deutschland entstandene rechtsradikale Bewegung, die nationalsozialistische und demokratiefeindliche Ziele vertrat.

Nationalversammlung
Gewählte Volksversammlung, die vor allem zur Ausarbeitung einer Verfassung zusammentritt (Frankfurter Nationalversammlung 1848, Weimarer Nationalversammlung 1919).

NATO
(North Atlantic Treaty Organisation, Nordatlantikpakt) Ein im Jahr 1949 gegründetes westliches Verteidigungsbündnis, dessen ursprüngliches Ziel es war, die kommunistischen Staaten von einem Angriff abzuschrecken. Mittlerweile zählt der weltweite Einsatz für Frieden und Freiheit zu den Hauptaufgaben.

Notverordnung
Durch Artikel 48 der Weimarer Verfassung war der Reichspräsident ermächtigt, bei Gefährdung der „öffentlichen Sicherheit und Ordnung" selbst gesetzesvertretende Verordnungen zu erlassen, welche die Grundrechte völlig oder teilweise außer Kraft setzen. Diese Maßnahmen mussten zwar auf Verlangen des Reichstags rückgängig gemacht werden, doch da der Reichspräsident den Reichstag jederzeit auflösen konnte, verlieh ihm der Artikel 48 praktisch diktatorische Vollmachten. In der Endphase der Weimarer Republik (1930–1933) wurden Notverordnungen zum eigentlichen Regierungsinstrument.

NSDAP
Abkürzung für Nationalsozialistische deutsche Arbeiterpartei, in der Adolf Hitler am 1921 als „Führer" die wichtigste Stellung einnahm. Die Partei wurde 1919/1920 gegründet und übernahm 1933 die Macht in Deutschland. Die Nationalsozialisten lösten daraufhin alle anderen Parteien auf. Die NSDAP wurde 1945 nach dem Ende des Zweiten Weltkriegs von den Alliierten verboten und aufgelöst.

Partei
Parteien sind Organisationen politisch gleichgesinnter Menschen. Sie verfolgen bestimmte wirtschaftliche, gesellschaftliche und andere Vorstellungen, die meist in Parteiprogrammen festgeschrieben sind. Parteien haben das Ziel, den Staat zu regieren.

Planwirtschaft
Bezeichnung für ein Wirtschaftssystem, in dem der Staat die gesamte Volkswirtschaft lenkt und kontrolliert. Produktion, Verteilung von Waren und Preisfestsetzung erfolgen nach einem einheitlichen Plan, dessen Erfüllung eine zentrale Planbehörde überwacht. Ein Wettbewerb ist in diesem System nicht vorgesehen. Die Planwirtschaft ist vor allem in sozialistischen Staaten verbreitet. Das gegensätzliche Modell ist die →Marktwirtschaft.

Politik
Im engeren Sinne die Ordnung und Führung eines Staates im Inneren und die Gestaltung seiner Beziehungen zu anderen Staaten. Im weiteren Sinn jedes Verhalten und Handeln von Einzelnen, Gruppen, Organisationen usw. mit dem Ziel, innerhalb eines Gemeinwesens Macht zu erwerben, um eigene Interessen durchzusetzen.

Rat der Europäischen Union
(auch „Ministerrat") Im Ministerrat der EU entscheiden die Fachminister der Mitgliedstaaten, was in der EU Gesetz werden soll. Dies geschieht zusammen mit dem Europäischen Parlament.

Räterepublik
Staatsform, die unterprivilegierte Bevölkerungsschichten direkt an der Macht beteiligt. Gewählte Vertreter bilden einen Rat, der alle Entscheidungsbefugnisse besitzt und ausführende, gesetzgebende und richterliche Gewalt in seiner Hand vereinigt. Die Gewaltenteilung ist damit aufgehoben. Die Räte sind ihrer Wählerschaft direkt verantwortlich und jederzeit abwählbar.

Rechtsstaat
Staat, in dem jeder Bürger seine Rechte wahrnehmen und einklagen kann, auch gegenüber dem Staat.

Reichspogromnacht
Von den Nationalsozialisten inszenierte Ausschreitungen gegen die jüdische Bevölkerung im Deutschen Reich, die eine neue Phase der Judenverfolgung einleiteten. In der Nacht vom 9. zum 10. November 1938 zerstörten nationalsozialistische Gruppen etwa 7 000 jüdische Geschäfte, setzten Synagogen in Brand und demolierten Wohnungen, Schulen und Betriebe. Im Verlauf des Pogroms wurden viele Juden misshandelt, 91 getötet und über 30 000 ohne Rechtsgrundlage in „Schutzhaft" genommen. Nationalsozialisten nannten das Pogrom „Reichskristallnacht".

Reparationen
(lat.: reparare = wiederherstellen) Alle Leistungen, die ein besiegter Staat an den Siegerstaat zahlen muss, um die Kriegsschäden des Siegerstaates zu beheben. Hierzu zählen Geld-, Sach- oder Dienstleistungen. Das Deutsche Reich wurde nach dem Ersten Weltkrieg durch den →Versailler Vertrag zur Zahlung von hohen Reparationszahlungen verpflichtet.

SA
(Sturmabteilung) Militärisch organisierter Kampfverband der Nationalsozialisten. Sie war bei Saalschlachten und Straßenkämpfen gefürchtet, verlor jedoch nach Ausschaltung ihrer Führungsspitze 1934 (Röhm-Putsch) an Bedeutung.

SED
(Sozialistische Einheitspartei Deutschlands) Führende Staatspartei in der DDR. Die SED wurde am 21.4.1946 durch den erzwungenen Zusammenschluss von KPD und SPD in der sowjetischen Besatzungszone gegründet.

Solidargemeinschaft
Eine Gruppe von Personen, die ein gemeinsames Ziel verfolgen und sich die Kosten und Mühen teilen. In der Bundesrepublik Deutschland funktionieren die gesetzlichen Versicherungen nach dem Solidarprinzip: alle Mitglieder zahlen Geld ein und die Versicherung übernimmt in einem Notfall die Ausgaben.

Sozialismus
Im 19. Jahrhundert entstandene politische Bewegung, die bestehende gesellschaftliche Verhältnisse mit dem Ziel sozialer Gleichheit und Gerechtigkeit verändern will. Als Mittel hierzu dient die Abschaffung des Privateigentums, die Überführung der Produktionsmittel in Staatseigentum und die Beseitigung aller sozialen Klassenunterschiede.

Sozialstaat
Ein Staat, der sich verpflichtet, für soziale Gerechtigkeit zu sorgen und die sozialen Verhältnisse zu gestalten. Damit soll v. a. den Schwächeren Schutz gegeben werden.

Sozialversicherung
Eine gesetzliche Pflichtversicherung für die meisten Arbeitnehmerinnen und Arbeitnehmer. Die Sozialversicherung besteht aus der Kranken-, Renten-, Arbeitslosen-, Pflege- und Unfallversicherung.

SS
(Schutzstaffel) Elite und Terrororganisation der Nationalsozialisten. Unter der Leitung von Heinrich Himmler stieg sie nach 1933 zum stärksten Machtfaktor im nationalsozialistischen Deutschland auf. Als Herrschaftsinstrument der Nationalsozialisten verübte die SS viele Verbrechen, wie die brutale Verfolgung politischer Gegner und den millionenfachen jüdischen Völkermord in den Vernichtungslagern.

Subventionen
Zahlungen des Staates an Wirtschaftsunternehmen ohne Gegenleistung und Rückzahlverpflichtung, im weiteren Sinne auch an Privathaushalte.

Terrorismus
Gewaltaktionen bestimmter Gruppen, die sich gegen eine politische oder religiöse Ordnung richten. Mit diesen Aktionen werden Menschen eingeschüchtert, das Interesse der Medien geweckt und gleichzeitig die eigene Anhängerschaft in ihrem Kampfeswillen bestärkt.

Vereinte Nationen
(eng. = United Nations Organization, UNO) Die UNO wurde 1945 gegründet, ihr Hauptsitz ist in New York. 2013 waren 193 Staaten Mitglied der Vereinten Nationen. Ihre Hauptaufgaben sind die Sicherung des Friedens und die Garantie der internationalen Sicherheit sowie der Schutz der Menschenrechte.

Versailler Vertrag
Von den Alliierten diktierter Frieden mit dem Deutschen Reich nach dem Ersten Weltkrieg, der im Spiegelsaal des Schlosses von Versailles durch einen Vertrag besiegelt wurde. Den Versailler Vertrag von 1919 mussten zivile deutsche Politiker und nicht die für den Krieg verantwortlichen Militärs unterzeichnen, was in der Folgezeit dazu führte, dass ihnen die Schuld an der deutschen Niederlage gegeben wurde (Dolchstoßlegende).

Völkerbund
Internationale Organisation zur Sicherung des Friedens mit Sitz in Genf. Der Völkerbund wurde 1920 auf Anregung des amerikanischen Präsidenten Wilson von den Siegermächten des Ersten Weltkrieges gegründet (Deutschland war seit 1926 Mitglied) und nach Gründung der Vereinten Nationen 1946 aufgelöst.

Warschauer Pakt
Nach dem Beitritt der Bundesrepublik Deutschland zur →NATO wurde 1955 der Warschauer Pakt als Militärbündnis des Ostblocks unter Führung der Sowjetunion gegründet. Mitglieder waren die DDR, Ungarn, Polen, die Tschechoslowakei, Bulgarien, Rumänien und bis 1968 auch Albanien. Das Bündnis löste sich nach Zerfall des Ostblocks auf.

Weltwirtschaftskrise
Ende der 1920er-Jahre verschlechterten sich die Wirtschaftsdaten der USA. Die Gründe lagen in einer hohen Überproduktion, einem Absatzrückgang sowie einem aufgeblähten Kreditvolumen. Dies führte am 24.10.1929 („Schwarzer Freitag") zu einem Kurssturz an der New Yorker Börse, der eine weltweite Wirtschaftskrise auslöste und auch Deutschland erfasste.

Wertewandel
Die Veränderung von individuellen und gesellschaftlichen Werten und Normen über die Zeit. So können bestimmte Werte anders verstanden werden oder völlig andere Werte gewinnen an Bedeutung.

Textquellen

16 Q1: nach Albert, Mathias u. a.: 16. Shell Jugendstudie. Jugend 2010, Fischer Taschenbuch, Frankfurt am Main 2010, S. 251; 283; 305, 332.

17 Q3: http://www.werteindex.de/blog/jugendforscher-thomas-gensicke-der-neue-idealismus-ist-grun-konservativ/ (Stand: 02.10.2013).

18 Q1: Nach Aufzeichnungen der Autorin Monika Rüter, Bielefeld 2013

26 Q1: nach Albert, Mathias u. a.: 16. Shell Jugendstudie. Jugend 2010, Fischer Taschenbuch, Frankfurt am Main 2010, S. 282; 292; 301; 320 f.

27 Q2: Ebd., S. 292 f.

39 Q1: http://www.dhm.de/lemo/html/dokumente/scheidemann/index.html (Stand: 30.09.13).

47 Q1: Interview des Autors Martin Lücke mit der Zeitzeugin Erna Arntz, Hildesheim 1995.

50 Q1: http://www.documentarchiv.de/wr/1925/locarno-vertrag.html (Stand: 16.09.13).

52 Q1: Interview mit der Zeitzeugin Erika Runge, Göttingen 08.01.1988.

53 Q2: von Soden, Kristine: Frauen und Frauenbewegung in der Weimarer Republik. In: Luks, Irene (Hg.): Die wilden Zwanziger. Weimar und die Welt 1919–33, Elefanten Press, Berlin 1986, S. 166 f.
Q3: Frevert, Ute: Zwischen bürgerlicher Verbesserung und neuer Weiblichkeit, Suhrkamp, Berlin 1986, S. 198.

57 Q1 und Q2: „Der Tag", 22.09.1932. In: Grolle, Joist u.a. (Hg.): Erinnern und Urteilen. Unterrichtseinheiten Geschichte, Bd. IV, Klett, Stuttgart 1982, S.62.

58 Q1: Berliner Tageblatt, Nr. 581, vom 08.12.1932.

70 Q1: Jäger, Wolfgang: Es begann am 30. Januar, Funkmanuskript, 1958, S. 9 f.

71 Q2: Conze, Werner: Der Nationalsozialismus, Teil 1, Klett, Stuttgart 1972. S. 62 f.

73 Q1: zit. nach: Reuth, Ralf Georg: Joseph Goebbels – Tagebücher, Bd. 2, Piper, München 1999, S. 758–759.
Q2: Becker, Josef / Becker, Ruth (Hg.): Hitlers Machtergreifung, dtv dokumente, München 1992, S. 39.

74 Q1: Becker, Josef: Hitlers Machtergreifung 1933, dtv dokumente, München 1983, S. 340.

76 Q1: Feder, Gottfried: Das Programm der NSDAP und seine weltanschaulichen Grundgedanken. Franz Eher Nachfolger GmbH., Berlin 1934, S. 15 f.

77 Q2: Hitler, Adolf: Mein Kampf 1925/1927, München 1933, S. 420 ff.

78 Q1: Hitler, Adolf: Mein Kampf 1925/1927, München 1933, S.738 f.

79 Q2: Möller, Horst u.a. (Hg.): Die tödliche Utopie, Stiftung zur wissenschaftlichen Erforschung der Zeitgeschichte, München 1999, S. 120.

80 Q1: http://www.dhm.de/lemo/html/dokumente/hjgesetz/index.html (Stand: 03.09.2013).

81 Q2: Bartoletti, Susan Campbell: Jugend im Nationalsozialismus: Zwischen Faszination und Widerstand, Berlin-Verlag, Berlin 2007, S. 153 f.

82 Q1: Domarus, Max (Hg.): Hitler. Reden und Proklamationen 1932–1945, Bd. 1, Pamminger und Partner, Leonberg 1988, S.450f.
Q2: NSDAP: Der Schulungsbrief 6, Franz Eher Nachfolger GmbH, Berlin 1939, S. 154.

83 Q3: Ruhl, Klaus-Jörg: Brauner Alltag 1933–1939 in Deutschland, Droste Verlag GmbH, Düsseldorf 1981, S. 75.

85 Q1, Teil 1: Lautemann, Wolfgang / Schlenke Manfred (Hg.): Geschichte in Quellen. Weltkriege und Revolutionen 1914–1945, Bayerischer Schulbuch Verlag, München 1975, S. 322.
Q1, Teil 2: Michalka, Wolfgang (Hg.): Deutsche Geschichte 1933–1945. Dokumente zur Innen- und Außenpolitik, Fischer Taschenbuch Verlag, Frankfurt am Main 2002, S. 111 f.

87 Q1: http://www.documentarchiv.de/ (Stand: 03.09.2013).

89 Q1: Interview des Autors Frank Gerstenberg mit der Zeitzeugin Irene Dahl aus Dormagen.

90 Q1: Broszat, Martin (Hg.): Kommandant in Auschwitz: Autobiographische Aufzeichnungen des Rudolf Höß, Deutscher Taschenbuch Verlag, München 1979, S. 170 f.
Q2: Liebermann-Shiber, Ella: Am Rande des Abgrunds, Alibaba-Verlag, Frankfurt am Main 1997, S.100.

91 Q3: http://www.sintiundroma.de/sinti-roma/ns-voelkermord/vernichtung/medizinische-experimente/versuche-in-dachau.html (Stand: 03.09.2013).

98 Q1: Michalka, Wolfgang (Hg.): Das Dritte Reich, Bd. 2, dtv dokumente, München 1985, S. 56 f.
Q2: Zit. nach: Buchbender, Ortwin/Sterz, Reinhold (Hg.): Das andere Gesicht des Krieges. Deutsche Feldpostbriefe 1939–1945, C.H. Beck Verlag, München 1982, S. 72 f.

99 Q3: Kohl, Paul: Warum haben wir das getan? – Auf der Spur der Heeresgruppe Mitte. Sowjetische Augenzeugen berichten. In: Goldschmidt, Dietrich (Hg.): Frieden mit der Sowjetunion – eine unerledigte Aufgabe, Gütersloher Verlagshaus, Gütersloh 1989, S. 387.

101 Q1: Landeshauptarchiv Koblenz, Bestand 700. 153. Nr. 80.
Q2: http://www.dradio.de/dlf/sendungen/feldpost-stalingrad/briefe.html (Stand: 13.06.2012).
Q3: http://www.dradio.de/dlf/sendungen/feldpost-stalingrad/briefe.html (Stand: 13.06.2012).
Q4: http://www.dradio.de/dlf/sendungen/feldpost-stalingrad/briefe.html (Stand: 13.06.2012).
Q5: http://www.dradio.de/dlf/sendungen/feldpost-stalingrad/briefe.html (Stand: 13.06.2012).

104 Q1: http://www.dhm.de/lemo/html/dokumente/weisserose6/index.html (Stand: 03.09.2013).

106 Q1: Hachiya, Michihiko: Hiroschima-Tagebuch, Hyperion-Verlag, Freiburg 1955, S. 1 f.

108 Q1: Saller, Walter: Flucht und Vertreibung. In: GEO-Epoche 9/2003, S. 48 f.

109 Q2: Saller, Walter: Flucht und Vertreibung. In: GEO-Epoche 9/2003, S. 48 f.

110 Q1: Harasko, Alois: Die Vertreibung der Sudetendeutschen.

Sechs Erlebnisberichte. In: Reichardt, Sven / Zierenberg, Malte: Damals nach dem Krieg. Eine Geschichte Deutschlands 1945 bis 1949, Deutsche Verlags-Anstalt, München 2008, S. 139 f.

111 Q2: Frankfurter Allgemeine Sonntagszeitung, Frankfurt am Main. 01.02.2013, S.8.

112 Q1: http://www.mut-gegen-rechte-gewalt.de (Stand: 03.09.2013).
Q2: www.njuuz.de/beitrag16627.html (Stand 03.09.2013).

116 Q1: Hitler, Adolf: Rede in Reichenberg am 2.12.1938, erschienen im „Völkischen Beobachter" am 04.12.1938.

120 Q1: Landkreis Ludwigsburg (Hg.): Die Eingliederung der Vertriebenen in den Landkreis Ludwigsburg, Landratsamt Ludwigsburg 1986, S. 89. Zit. nach: Lienert, Eva / Lienert Wilhelm: Tausendfach Einmaliges geleistet. Die Zeit des Wiederaufbaus. In: Praxis Geschichte 4/2002, S. 14.

121 Q2: Meyer, Sibylle / Schulze, Eva: Wie wir das alles geschafft haben. Alleinstehende Frauen berichten über ihr Leben nach 1945, Büchergilde Gutenberg, München 1984, S. 97.
Q3: Berger-von der Heide, Thomas: Lebenssituationen 1945-1948, Hannover 1983, S. 78.

123 Q1: Hilger, Hans: Der Wiederaufbau des Volksschulwesens im Dürener Land. In: DGBl 66/1977, S. 55-73. Zit. nach: http://www.geschichtswerkstatt-dueren.de/nachkrieg/mat.html (Stand: 03.09.2013).

124 Q1: Lautemann, Wolfgang / Schlenke, Manfred (Hg.): Geschichte in Quellen. Die Welt seit 1945, Bayerischer Schulbuch Verlag, München 1980, S. 370 f.

127 Q1: zit. nach: Handro, Saskia: Alltagsgeschichte. Alltag, Arbeit, Politik und Kultur in der SBZ und DDR, Wochenschau-Verlag, Schwalbach am Taunus 2006, S.169 f.

130 Q1: Djilas, Milovan: Gespräche mit Stalin, Fischer, Frankfurt am Main 1962, S. 146.
Q2: zit. nach: Dennis, Mike / Steinert, Johannes-Dieter: Deutschland von 1945-1990. Von der bedingungslosen Kapitulation zur Vereinigung, Wochenschau-Verlag, Schwalbach am Taunus 2005, S. 80 f.

134 Q1: Karasek, Hellmuth: Deutscher Ritt über den Bodensee. In: Der Spiegel 14/1978, S. 98.

135 Q2: Brandt, Heinz: Ein Traum, der nicht entführbar ist. Fischer, Frankfurt am Main 1985, S. 242.
Q3: Brant, Stefan: Der Aufstand. Vorgeschichte, Geschichte und Deutung des 17. Juni 1953, Steingrüben, Stuttgart 1954, S. 107.

136 Q1: Kroll, Hans: Lebenserinnerungen eines Botschafters, Kiepenheuer und Witsch, Köln 1967, S. 512. Zit. nach: Dennis, Mike / Steinert, Johannes-Dieter: Deutschland von 1945-1990. Von der bedingungslosen Kapitulation zur Vereinigung, Wochenschau-Verlag, Schwalbach am Taunus 2005, S. 133.
Q2: http://www.berliner-kurier.de/archiv/regine-hildebrandt-bernauer-str--2--parterre-links--leben-an-und-mit-der-mauer,8259702,8118986.html (Stand: 03.09.2013).

138 Q1: Völlinger, Andreas: Ich möchte ausreisen, Rezension vom 19.01.2010. In: www.comicgate.de/rezensionen/drueben.html (Stand: 13.09.2013)
Schwartz, Simon: drüben!, 4. Erw. Auflage, avant-Verlag, Berlin 2011.

143 Q1: Abgeschlossen. Jugend in der DDR, Spiesser spezial 2008, S. 5. Zit. nach: Tschirner, Martina: Lernstationen als Chancen für Differenzierung. Am Beispiel des Themas „Kindheit und Jugend in der DDR". In: Geschichte Lernen 131/2009, S. 58.

145 Q1: Übernommen aus der Dokumentation „Geh Voran, Pionier!", DVD Deutschland 2006.

147 Q1: Mothes, Jörn u.a. (Hg.): Beschädigte Seelen. DDR-Jugend und Staatssicherheit, Edition Temmen, Bremen 1996, S. 174-178. Zit. nach: Gieseke, Jens: Die DDR-Staatssicherheit, Bundeszentrale für politische Bildung, Bonn 2001, S. 51.

148 Q1: http://www.zeit.de/1983/40/friedensbewegung-und-demokratie (Stand: 03.09.2013).

149 Q2: Weber, Jürgen: Deutschland und die Welt nach 1945, Buchner, Bamberg 2002, S. 147.

153 Q1: www.spiesser.de/meinung/duplikat-von-gibt-es-noch-ossis-und-wessis (Stand: 03.09.2013).

155 Q1: Interview von Heike Schuster mit der Zeitzeugin Kerstin Kuzia, Berlin 07.10.2013.

158 Q1: Sonderausgabe der Berliner Zeitung vom 13. August 1961.

159 Q2: http://www.hna.de/nachrichten/politik/joachim-gauck-interview-schweigen-bringt-keinen-frieden-1608681.html (Stand: 03.09.2013).

164 Q1: http://www.bundestag.de/bundestag/aufgaben/rechtsgrundlagen/grundgesetz/gg_01.html (Stand: 27.09.2013).

166 Q1: http://www.bundestag.de/bundestag/aufgaben/rechtsgrundlagen/pg_pdf.pdf (Stand: 27.09.13).

168 Q1: http://www.bundestagswahl-bw.de/wahlprogramm_cdu-csu.html (Stand: 27.09.13).
Q2: http://www.bundestagswahl-bw.de/wahlprogramm_die_gruenen.html (Stand: 27.09.13).

169 Q3: http://www.bundestagswahl-bw.de/wahlprogramm_fdp.html (Stand: 27.09.13).
Q4: http://www.bundestagswahl-bw.de/wahlprogramm_spd.html (Stand: 27.09.13).
Q5: http://www.bundestagswahl-bw.de/wahlprogramm_die_linke.html (Stand: 27.09.13).

170 Q1: http://jugendstadtrat.blogspot.de (Stand: 27.09.13).
Q2: http://www.rp-online.de/bergisches-land/solingen/nachrichten/die-stadt-jung-halten-1.2866753 (Stand: 27.09.13).

171 Q3: http://www.landtag.nrw.de/portal/WWW/GB_II/II.1/Jugend/Jugend-Landtag/2011/1407_Startschuss_zum_4._Jugend-Landtag121414.jsp (Stand: 27.09.13).

172 Q1: http://www.bundestag.de/bundestag/aufgaben/rechtsgrundlagen/grundgesetz/gg_03.html (Stand: 27.09.13).

173 Q2: http://blog.ninanight.e/?tag=bundestagswahl (Stand: 27.09.13).

178 Q1: http://www.bundestag.de/bundestag/aufgaben/rechtsgrundlagen/grundgesetz/gg_02.html (Stand: 27.09.13).

185 Q1: www.sueddeutsche.de/politik/urteil-abschuss-entfuehrter-

flugzeuge-ist-verfassungswidrig-1.887010 (Stand: 27.09.13).

191 Q1: http://www.zeit.de/2005/04/Lobby (Stand: 27.09.13).

193 Q1: http://www.presserat.info/inhalt/der-pressekodex/pressekodex.html (Stand: 27.09.13).
Q2: http://www.augsburger-allgemeine.de/politik/Ex-Bundespraesident-Christian-Wulff-von-Ex-Sprecher-Olaf-Glaeseker-belastet-id22796141.html (Stand: 27.09.13).

194 Q1: http://www.bpb.de/gesellschaft/medien/hoerfunker/74152/politik-im-radio (Stand: 27.09.13).

195 Q2: http://www.bpb.de/politik/grundfragen/sprache-und-politik/42678/einstieg (Stand: 27.09.13).

199 Q1: http://www.spiegel.de/wirtschaft/soziales/dgb-staat-subventioniert-leiharbeit-mit-hartz-iv-a-885748.html (Stand: 27.09.13).
Q2: http://www.focus.de/politik/deutschland/soziales-hohes-armutsrisiko-fuer-alleinerziehende-muetter_aid_535917.html (Stand: 27.09.13).

210 Q1: von Siegler, Heinrich (Hg.): Dokumentation der Europäischen Integration mit besonderer Berücksichtigung der Verhältnisse EWG-EFTA, Siegler, Bonn/Wien/Zürich 1961, 4 f.

211 Q2: http://eur-lex.europa.eu/de/treaties/dat/11957E/tif/TRAITES_1957_CEE_1_XM_0174_x111x.pdf (Stand: 30.09.2013).

212 Q1: http://www.tagesspiegel.de/politik/international/kongo-einsatz-feuerprobe-fuer-eufor-soldaten/743618.html (Stand: 30.09.2013).
Q2: http://www.focus.de/panorama/welt/kriminalitaet-polizei-zerschlaegt-groessten-geldfaelscherring-der-eu_aid_413615.html (Stand: 30.09.2013).

214 Q1: http://eur-lex.europa.eu/LexUriServ/LexUriServ.do?uri=OJ:C:2010:083:0013:0046:DE:PDF (Stand: 30.09.2013).

215 Q2: www.welt.de/print/die_welt/wirtschaft/article13634366/Nokia-streicht-3500-Stellen.html (Stand: 30.09.2013).

216 Q1: http://www.europarl.europa.eu/aboutparliament/de/0042423726/Parliament-and-the-Lisbon-Treaty.html (Stand: 30.09.2013).

217 Q2: http://www.spiegel.de/politik/ausland/bankdaten-eu-parlament-kippt-swift-abkommen-a-677232.html (Stand: 30.09.2013).

221 Q1: http://europa.eu/rapid/press-release_IP-13-196_de.htm (Stand: 30.09.2013).
Q2: http://www.spiegel.de/wirtschaft/service/roaming-eu-macht-surfen-und-telefonieren-im-ausland-billiger-a-824406.html (Stand: 30.09.2013).
Q3: http://www.spiegel.de/politik/deutschland/eu-richtlinie-fuehrerschein-soll-nur-noch-15-jahre-gelten-a-713825.html (Stand: 30.09.2013).

222 Q1: www.zeit.de/politik/ausland/2013-02/merkel-erdogan-tuerkei-eu (Stand: 30.09.2013).
Q2: http://www.amnesty.de/2013/3/26/tuerkei-meinungsfreiheit-stark-eingeschraenkt (Stand: 30.09.2013).

224 Q1: http://www.bielefeld.de/de/sv/verkehr/vakt/ (Stand: 30.09.2013).

225 Q2: http://www.tagesschau.de/wirtschaft/deutsche-exporteure-auf-rekordjagd100.html (Stand: 30.09.2013).

227 Q1: http://f-ostendorff.de/webseiten/gemeinsame-agrarpolitik-gap.html (Stand: 30.09.2013).
Q2: http://www.gapinfo.de/gesundheitsamt/alle/umwelt/lex/m/015.htm (Stand: 30.09.2013).

229 Q1: http://www.tagesschau.de/wirtschaft/zypern-bundestag104.html (Stand: 30.09.2013).

231 Q1: http://www.spiegel.de/politik/ausland/eu-antipiraten-mission-beschiesst-erstmals-ziele-an-somalias-kueste-a-833208.html (Stand: 30.09.2013).

232 Q1: http://www.nobelpreis.org/ (Stand: 30.09.2013).
Q2: http://www.tagesschau.de/ausland/eu-nobelpreis104.html (Stand: 30.09.2013).

239 Q1: http://www.spiegel.de/politik/ausland/friedensnobelpreis-geht-an-eu-a-860905.html (Stand: 30.09.2013).

242 Q1: http://www.documentarchiv.de/in/1945/un-charta.html (Stand: 25.09.2013).

247 Q1: www.ag-friedensforschung.de/themen/UNO/brahimi.html (Stand: 25.09.2013).

248 Q1: http://www.un.org/depts/german/grunddok/ar217a3.html (Stand: 25.09.2013).

249 Q2: http://www.unicef.de/projekte/bangladesch/bangladesch-bildung/bangladesh-feature3

251 Q1: http://www.sueddeutsche.de/politik/thomas-lubanga-dyilo-internationaler-strafgerichtshof-verurteilt-rebellenfuehrer-zu-jahren-haft-1.1407402 (Stand: 25.09.2013).

252 Q1: http://www.nato.diplo.de/contentblob/2970688/Daten/971427/strat_Konzept_Lisboa_DLD.pdf (Stand: 25.09.2013).

253 Q2: http://www.sueddeutsche.de/politik/helmut-schmidt-im-sz-interview-nicht-alle-probleme-gehen-uns-etwas-an-1.2373-2 (Stand: 25.09.2013).

255 Q1: www.bpb.de/izpb/8686/internationaler-terrorismus?p=all (Stand: 25.09.2013).

256 Q1: http://www.bpb.de/internationales/weltweit/innerstaatliche-konflikte/141216/meinung-das-ende-der-illusionen (Stand: 25.09.2013).

257 Q2: http://www.tagesspiegel.de/politik/ich-fuerchte-der-westen-gibt-uns-auf/7233900.html (Stand: 25.09.2013).

261 Q1: http://www.taz.de/!53041/ (Stand: 25.09.2013).

267 Q1: Süddeutsche Zeitung, 11. Mai 2013.

271 Q1: http://www.welt.de/newsticker/news1/article107110849/UN-Nachhaltigkeitsgipfel-stoesst-ueberwiegend-auf-Kritik.html (Stand: 25.09.2013).

280 Q1: http://www.dradio.de/dkultur/sendungen/kulturinterview/527033/ (Stand: 25.09.2013).

Bildquellen

ADAC e.V., München: 190 M1
akg-images GmbH, Berlin: Titel Vordergrund, 8 + 118/119, 19 M7 (PARAMOUNT PICTURES/Album), 38 M2, 45 M3 + 65 u.Mi., 48 M1, 50 M1, 50 M3, 56 M4 (W. Ballhause), 58 M1, 60 M1, 61 M4 - M6, 65 M1 + 237 u.li. (E. Lessing), 70 M1, 73 M2 (H. Hoffmann), 75 M3, 78 M1, 83 M3, 85 M7, 87 M3, 89 M3, 90 M1, 92 M1, 98 M1, 99 M2, 102 M3, 104 M1 (J.G. Wittenstein), 105 M3, 107 M4, 108 M1, 109 M3 + 115 u.re. (A. Less), 111 M4, 116 M2.1, 117 M3 + M4, 120 M2, 121 M3, 124 M3 (Hilbich), 125 M4, 125 M5 (Voller Ernst), 126 M4, 127 M6, 129 M4, 130 M2 (E. Lessing), 132 M3, 133 M5 (E. Lessing), 134 M2 + M3, 141 M3, 142 M1, 142 M3 (Straube), 148 M1, 158 M2 (U. Litzmann), 158 M3
alamy images, Abingdon/Oxfordshire: 29 M5 (Trinity Mirrorpiix), 264 M1 (Adrian Lyon)
AOK Bundesverband, Berlin: 190 M1
Appenzeller, H., Stuttgart: 163 M6
archivberlin, Berlin: 9 + 160/161 Hintergrund (Henkelmann)
Archiv der sozialen Demokratie der Friedrich-Ebert-Stiftung (AdsD), Bonn: 47 M4, 67 M6, 132 M2 (J. H. Darchinger)
argum, München: 22 M1 (C. Lehsten)
ARTUR IMAGES, Stuttgart: 242 M2 (F. Toelle)
Ärzte ohne Grenzen, Berlin: 268 M2
AWO Bundesverband, Berlin: 190 M1

Baaske Cartoons, Müllheim: 14 M1 (T. Plaßmann), 163 M4 (G. Mester), 166 M1 (G. Mester), 194 M1 (G. Mester), 204 M2 (G. Mester), 209 M4 (G. Mester), 220 M1 (F. Wössner), 235 M4 (G. Mester)
Bergmoser + Höller Verlag AG, Aachen: 45 M2 (nach ZAHLENBILDER 50067), 151 M5 (nach ZAHLENBILDER 58290), 165 M2, 183 M2, 187 M4, 196 M3, 198 M2, 200 M2, 201 M4
Berliner Zeitung, Berlin: 180 M1
Böthling, J., Hamburg: 259 M7
bpk - Bildagentur für Kunst, Kultur und Geschichte, Berlin: 41, 42 M1, 46 M3, 62 M1 (Archiv H. Hoffmann), 63 M3 (H. Hoffmann), 67 M7, 71 M5, 73 M3 (Bayerische Staatsbibliothek/H. Hoffmann), 75 M4, 76 M2 (Bayerische Staatsbibliothek/ H. Hoffmann), 77 M4 (Bayerische Staatsbibliothek), 86 M2, 87 M4 u.115 u.MI., 96 M2, 97 M5, 102 M2, 107 M5 (Voller Ernst /J. Chaldej), 108 M2 (V. Engel), 116 M2.2 (A. Grimm), 120 M1 (B. Wundshammer), 121 M4, 159 M8 (J. Schacht)
bsd-photo-archiv, Berlin: 19 M6 (COL.EZ)
Bund für Umwelt und Naturschutz Deutschland, Berlin: 190 M1
Bundesarchiv Berlin: 79 M3 (SAPMO)
Bundesarchiv Koblenz: 44 M1 (Plak 002-008-015), 46 M2 (Bild 183-R09876/Scherl), 51 M4 (Bild 102-00187/G. Pahl), 51 M5 (Bild 102-00921A/G. Pahl), 52 M1 (Bild 102-15732/G. Pahl), 57 M5 + 65 u.re. (Bild 183-N0904-318), 61 M3 (Plak 002-025-027), 61 M7 w(Plak 002-040-010), 82 M1 (Plak 003-015-019), 124 M1 (Plak 005-002-008)
Bundesverband der Deutschen Arbeitgeberverbände, Berlin: 190 M1
Bundesverband der Deutschen Industrie e.V., Berlin: 190 M1

Calleri, P., Ulm: 216 M2
Caro, Berlin: 15 M4 (Oberhaeuser), 34 M3 u.Mi. (D. Dobiey)
Carrillo, T.: 28 M1
CartoonStock Ltd, GB-Bath: 35 M4 (R.andall McIlwaine), 244 M2
Cerny, F., Velbert: 234 M2
Cinetext, Frankfurt/M.: 104 RS, 134 M4, 146 M3 (Buena Vista), 159 M7

ddp images, Hamburg: 112 M1 (N. Treblin), 146 M4 (M. Kappler), 257 M3 (C. Bilan)
Deiseroth, D., Niederaula: 204 M1
Deutscher Fußball-Bund, Frankfurt/M.: 190 M1
Deutscher Kinderschutzbund Bundesverband, Berlin : 190 M1
Deutsches Historisches Museum, Berlin: 6 u. + 36/37, 29 M4, 66 M3, 70 M2, 77 M3, 79 M2 (I. Desnica), 88 M1 (Stadtbildstelle Essen), 99 M3 (© J.J. Heydecker/Österreichische Nationalbibliothek), 102 M1, 132 M1, 142 M2 (A. Psille)
DGB Bundesvorstand, Berlin: 190 M1
die bildstelle, Hamburg: 263 M5 (REX FEATURES LTD)
Dux, H.A., Aachen: 94 M1
Dägling, A., Wardenburg: 20 M1

ecopix Fotoagentur, Berlin: 34 M3 li.Mi. (Weingartner)
Europäische Gemeinschaft, Luxemburg: 211 M3, 217 M5 (M. Schulz)
Europäisches Parlament, Berlin: 218 M1

Focus, Hamburg: 153 M4 o. (T. Hoepker)
Foto - Sarbach, Bremen: 16 M1 + 33 li.
fotolia.com, New York: 10 u. + 240/241 (SyB), 16 M2 (PhotoSG), 34 M3 li.u. (T. Schon), 34 M3 re.u. (Fotowerk), 228 M1 (kogge), 272 M1 + 279 u.re. (ferkelraggae)
fotosearch.com, Waukesha: 6 o. + 12/13 (Stock Fotograf)
Franz, R., Essen: 54/55 (7)
Füßmann, A., Bischberg: 175 M2

Gedenkstätte Geschlossener Jugendwerkhof Torgau: 155 M4
Geisel, H., Düsseldorf: 49 M3, 164 M1, 269 M2
Getty Images, München: Titel Hintergrunde (The Image Bank/B. Wolman), 10 o. + 206/207 (Echo), 265 M4 (AFP/K. Bleier), 276 M1 (The Image Bank)
Gottscheber, P., München: 235 M3
Greenpeace Deutschland, Hamburg: 31 M3 (J. Denzel), 268 M2, 272 M2 o.(© Archivo Museo Salesiano © 2004 Greenpeace/Beltra) u. (© Greenpeace/De Agostini Caprie)

Haitzinger, H., München: 200 M1, 223 M5, 238 M4, 274 M1
Haus der Geschichte, Bonn: 128 M2, 133 M4, 146 M1, 158 M1 (M. Szewczuk), 210 M2 + 237 u.Mi. (K. Pielert), 252 M2 (J. Wolter)
Horsch, W., Niedernhall: 235 M5

Image & Design - Agentur für Kommunikation, Braunschweig: 20 M2
imagebroker.net, Grünwald: 18 M3 (Okapia/F. Waldhaeusl)
imagetrust, Koblenz: 259 M6 (K. Hartmann)
InfectoPharm, Heppenheim: 163 M5
INTERFOTO, München: 97 M4 (Alinari)
Internationales Institut für Sozialgeschichte, Amsterdam: 53 M4
IPON, Berlin: 232 M2 (S. Boness), 248 M1 (S. Boness)

Jochen Tack Fotografie, Essen: 192 M1 + 203 u. Mi.
JOKER: Fotojournalismus, Bonn: 278 M1 (P. Albaum)
Junge Union Deutschlands, Berlin: 171 M4.2
Kaiser, E., Waiblingen: 252 M3
Keystone Pressedienst, Hamburg: 18 M5 (J. Zick), 123 M4, 192 M2 (V. Schulz)
Koufogiorgos, K., Stuttgart: 205 M6

laif, Köln: 247 M3 (R. Venturi), 259 M8 (M. Wolf), 261 M3 (S. Hoyn), 271 M4 (Redux/M. Leong)
Landeshauptarchiv Koblenz: 101 Q5 (LHA ko Best. 700, 153 Nr. 80)
Landtag Nordrhein-Westfalen, Düsseldorf: 171 M3
Lang, E. M., München: 130 M1
Langner & Partner, Hemmingen: 173 M2, 174 M1, 186 M1, 250 M2
Lantelmé, J., Kassel: 26 M3
Lueger, R., Essen: 114 M3
Löwensteiner Cartoon Service, Wannweil: 235 M6

mauritius images, Mittenwald: 151 M3 + 157 u.re. (imagebroker/N. Michalke), 263 M4 (AGE photostock), 264 M3 + 279 u.Mi. (imageborker/F. von Poser)
media consulta International Holding AG, Berlin: 173 M3 (K. Bruhn)
Mester, G., Wiesbaden: 223 M6, 239 M6

Minkus IMAGES Fotodesignagentur, Isernhagen: 17 M5
Mohr, B., Königswinter: 152 M2, 205 M5

NABU Deutschland e.V., Berlin: 190 M1
NS-Dokumentationszentrum der Stadt Köln: 81 M4 + 81 M6

Otto, W.,Oberhausen: 143 M5
Oxfam Deutschland e.V., Berlin: 268 M2

Pankratz, W. , Wallenhorst : 176 M2 + M3, 177 M4
Panther Media (panthermedia.net), München: 192 M3 (R. G. Brenner)
Parschau, H. , Wandlitz/Stolzenhagen: 141 M4
Pfannenschmidt, D., Hannover: 122 M2
Pfohlmann, C., Landsberg am Lech: 234 M1
photothek, Radevormwald: 23 M4 (U.Grabowsky), 243 M3 (T. Imo)
Picture-Alliance, Frankfurt/M.: 9 + 160/161 (dpa/M. Jung), 14 M2 (united-archives/mcphoto), 15 M5 (dpa/P. Seeger), 16 M3 (CROMORANGE/P. Raider), 18 M4 (chromorange/H.-J. Schunk), 27 M5 (dpa/J. Stratenschulte), 31 M4 (Oredia/Lucenet Patrice), 34 M2 (ZB/A. Lander), 34 M3 li.o. (dpa/S. Puchner), 34 M3 re.o. (dpa/ P. Kneffel), 35 M5 (empics), 35 M6 (ZUMA Press), 63 M4 (AP), 103 M5 (dpa), 106 M2 (dpa), 111 M3 (dpa/CTK-Photo), 112 M2 (ANP), 113 M3 (dpa/M. Becker), 114 M1 (R. Hackenberg), 135 M5 (ZB), 135 M6 (akg-images), 148 M2 (JOKER/H. Lohmeyer), 150 M1 (ZB/E. Klöppel), 150 M2 (ZB/W. Kluge), 152 M3 (dpa/P. Kneffel), 159 M6 (ZB/E. Klöppel), 168 M1 (dpa/T. Brakemeier), 168 M2 (dpa/M. Gambarini), 169 M3 (ZB/K. Schindler), 169 M4 (dpa/P. Grimm), 169 M5 (dpa/M. Kappeler), 172 M1 (dpa/P. Grimm), 179 M3 (dpa/H. Hanschke), 181 M3 + 203 u.li.(dpa/H.-Chr. Plambeck), 182 M1 (dpa/M. Gambarini), 184 M1 (dpa/R. Jensen), 185 M3 (dpa/R. Wittek), 185 M4 (dpa/U. Deck), 186 M2 (dpa/J. Stratenschulte), 188 M2 (dpa/S. Pilick), 191 M3 (dpa/S. Stache), 193 M4 (dpa/M. Gambarini), 195 M2 (ZB/K. Schindler), 196 M1 (dpa/M. Benirschke), 201 M5 (Bildagentur-online), 202 M1 (dpa/H. Kaiser), 202 M2 (dpa/F.-P. Tschauner), 204 M3 (ZB/K.-D. Gabbert), 215 M3 (dpa/F.-P. Tschauner), 216 M1 + 237 u.re. (landov/ZENG YI), 217 M4 (W. Dabkowski), 218 M2 (ZB/Euroluftbild), 219 M4 (EPA/Vergult), 221 M3 (dpa/J. Stratenschulte), 221 M4 (dpa/D. Ebener), 222 M1 (dpa/T. Bozoglu), 222 M3 (R. Hackenberg), 226 M1 (AFP), 227 M4 (dpa/F. Schuh), 227 M5 (dpa/C. Seidel), 230 M2 (AP/F. A. Warsameh), 232 M1 (Scanpix Pool/C. Poppe), 232 M3 (dieKLEINERT.de / Schwarwel), 233 M5 (EPA/Lerida), 238 M1 (epa/Aidan Crawley), 244 M1 (epa/A. Gombert), 246 M1 (dpa/H. Spies), 248 M2 (Arco Images/R. Kiedrowski), 248 M3 (dpa/U. Deck), 249 M4 (Unicef/G. Pirozi), 251 M1 (ANP/J. Lampen), 253 M4 (EPA/J. Rezayee), 254 M1 (AFP), 254 M2 (AFP/Macallister), 255 M3 (AP/Daniel Roland), 256 M1 (EPA/J. Rezayee), 257 M2 (EPA/Sabawoon), 258 M2 (EPA/Yun Suk-Bong), 258 M4 (Bildagentur Huber/R. Schmid), 259 M5 (abaca/F. Nicolas), 263 M6 (Imaginechina/Wang Yunlong), 266 M1 (epa/S. Thew), 267 M3 (dpa/Abir Abdullah), 268 M3 (dpa/M- Mettelsiefen), 270 M2 (ZUMA Press/mr7), dpa.infografik: 27M6, 30 M2, 167 M2, 214 M1, 220 M2, 222 M2, 224 M1, 228 M2, 231 M3, 233 M4, 239 M7, 246 M2, 252 M1, 262 M1, 273 M3, 275 M3
pixelio media, München: 178 M1
plainpicture, Hamburg: 21 M4 (apply picture), 26 M1 (apply picture)
Prezi: 236 M1

Rüter, M., Bielefeld: 18 M1, 25 M5, 32 M1 (3), 35 M7

Scheuerlen, H.-M., Ludwigsburg: 196 M2
Schmidt, B., Karlsruhe: 162 M3
Schoenfeld, K.-H., Potsdam: 191 M4 (Karl-Heinz Schoenfeld)
Schuster, H., Köln: 154 M1, 155 M2, 156 M1 + M2, 158 M5
Schwartz, Simon, Hamburg: 138 /139 (avant-verlag)
Schönauer-Kornek, S., Wolfenbüttel: 281 M3
Science & Society Picture Library, Berlin: 28 M2
Simianer, N., Ostfildern: 116 M1
Stadt Solingen: 170 M2 (Jugendförderung)
Stadtarchiv Münster: 74 M1 (Fotosammlung Nr. 5162)
Stadtarchiv Offenbach: 67 M8
Stadtwerke Bielefeld: 224 M2 (V. Mette)
Stiftung Pro Juventute, Zürich: 30 M1
Swed, Y., Berlin: 95 M3
Süddeutsche Zeitung Photo, München: 58 M2 (Scherl), 96 M1, 96 M3, 105 M2, 116 M2.4 (dpa/ap), 116 M2.1 (Scherl)

Tonn, Dieter, Bovenden: 33 o., 64 M1, 65 o., 115 o., 157 o., 165 M3, 203 o., 237 o., 279 o.
TV-yesterday, München: 18 M2

ullstein bild, Berlin: 34 M1, 38 M1 (Gircke), 39 M3 (Haeckel), 46 M1 (Becker & Bredel), 49 M6 + 65 u.li., 51 M6 (Granger Collection), 52 M2 (Gircke), 53 M5, 59 M5 (TopFoto), 66 M1 (Archiv Gerstenberg), 66 M2, 67 M4 (Archiv Gerstenberg), 67 M5, 71 M3, 76 M1 (Pachot), 80 M1 (Wolff & Tritschler), 80 M2 (SZ Photo), 80 M3 u. 115 u.li. (SZ Photo), 82 M2, 84 M2 (SZ Photo), 84 M3 + M4, 86 M1 (Archiv Gerstenberg), 93 M2 (Nowosti), 93 M3, 94 M2 (united archives/Luhr), 100 M2 + 100 M3, 103 M4 (Borgas), 106 M1 (ddp), 107 M3 (KPA), 113 M4 (ddp), 122 M1 + 157 u.li., 126 M1 (ADN-Bildarchiv), 128 M1 (Haus der Geschichte/E. Wagner-Hehmke), 134 M1, 136 M2 + 157 u.Mi. (dpa), 140 M2 (Sven Simon), 149 M3 (AP), 158 M4 (Hilde), 242 M1, 243 M5 + 279 u.li. (Hohlfeld)
UNHCR Germany, Berlin: 245 M5 (P. Taggart)

vario images, Bonn: 26 M2 + 33 u.re., 27 M4, 137 M4
ver.di, Berlin: 190 M1
Verlag Der Tagesspiegel, Berlin: 52 M3
© VG Bild-Kunst, Bonn 2013: 85 M7 (The Heartfield Community of Heirs)
Visum, Hamburg: 29 M3 (The Image Works), 31 M5 (T. Langreder), 153 M4 u. (S. Doering), 195 M3 (R. Sondermann)

Weisflog, R., Cottbus: 199 M4, 201 M6 + 203 u. re.
Wiedenroth, G./www.wiedenroth-karikaturen.de, Flensburg: 215 M2
wikipedia: 188 M1
Wildlife Bildagentur, Hamburg: 270 M3 (M. Edwards)
World Trade Organization, Genf: 268 M1
WWF Deutschland, Berlin: 268 M2

Zapiro, Cape Town: 280 M1
Zeitenspiegel, Weinstadt-Endersbach: 22 M2 + 33 Mi. (C. Moro)
Zorro-Film, München: 144 M1, 145 M3

Alle übrigen Karten und Schaubilder: Westermann Kartographie/Technisch Graphische Abteilung, Braunschweig